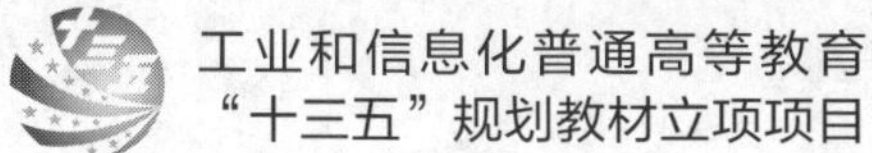

工业和信息化普通高等教育
"十三五"规划教材立项项目

市场营销名校名师
新形态精品教材

2021年天津市高校课程
思政优秀教材

网络营销

理论、工具与方法

微课版 第2版

李东进 秦勇 陈爽 编著

Internet Marketing

人民邮电出版社
北京

图书在版编目（CIP）数据

网络营销 ：理论、工具与方法 ：微课版 / 李东进，
秦勇，陈爽编著. -- 2版. -- 北京 ：人民邮电出版社，
2021.2（2021.8重印）
市场营销名校名师新形态精品教材
ISBN 978-7-115-55353-9

Ⅰ. ①网… Ⅱ. ①李… ②秦… ③陈… Ⅲ. ①网络营
销－高等学校－教材 Ⅳ. ①F713.365.2

中国版本图书馆CIP数据核字(2020)第229194号

内容提要

本书主要介绍了网络营销基础、网络营销工具与方法及网络营销具体应用三大模块的内容。基础部分主要介绍网络营销导论、网络市场与网络消费者行为分析、网络营销调研、网络广告等内容；工具与方法部分是本书的重点，主要介绍短视频营销与直播营销、App 营销、O2O 营销、微信营销、博客营销与微博营销、网络事件营销、网络软文营销、大数据营销、搜索引擎营销，以及其他网络营销工具与方法等内容；具体应用部分介绍了网店开设与运营等内容。

本书可作为高等学校网络营销课程的授课教材，也可作为各类成人高等教育的教学书和企业在职人员的学习书。

◆ 编　　著　李东进　秦　勇　陈　爽
责任编辑　刘向荣
责任印制　杨林杰
◆ 人民邮电出版社出版发行　　北京市丰台区成寿寺路 11 号
邮编　100164　　电子邮件　315@ptpress.com.cn
网址　https://www.ptpress.com.cn
大厂回族自治县聚鑫印刷有限责任公司印刷
◆ 开本：787×1092　1/16
印张：15.75　　2021 年 2 月第 2 版
字数：439 千字　　2021 年 8 河北第 3 次印刷

定价：49.80 元

读者服务热线：(010) 81055256　印装质量热线：(010) 81055316
反盗版热线：(010) 81055315
广告经营许可证：京东市监广登字 20170147 号

前言

FOREWORD

本书第1版自2017年8月出版以来，承蒙广大高校同行和读者们的厚爱，被多所高校选为教学用书。在此，我们向每一位支持本书的教师和读者表示最衷心的感谢。鉴于网络营销的发展日新月异，新的营销模式不断涌现，本书第1版中的一些知识已不再适用，而新的内容又亟待补充，因此我们在广泛听取教师和读者意见的基础上开启了本书第2版的编写工作。

此次再版，我们在保留原书总体风格和特色的基础上，对篇章结构和内容做了较大调整，如更新了数据，替换了书中70%以上的案例与阅读资料，增加了短视频营销与直播营销等新的内容，压缩和删减了一些陈旧的知识，并添加了配套的微课教学资源等。本书第2版的具体修订内容如下。

第1章替换了开篇案例和案例讨论，重新编写了“网络营销的理论基础”和“网络营销的实现方式”这两节的内容，修订了“网络营销的策略”的部分知识点。

第2章替换了开篇案例和阅读资料，重新编写了我国网络市场现状和我国网上用户现状的相关内容。

第3章替换了开篇案例、阅读资料和案例讨论，改写了网络营销调研的不足及撰写调研报告的相关内容，在“网络问卷调查法”部分增加了关于专业的问卷调查平台的介绍。

第4章替换了开篇案例、阅读资料和案例讨论，删去网络公关部分，增加了“网络广告预算与效果评估”一节的内容，改写了“网络广告的发布方式与类型”及“网络广告策划”这两节的内容。

第5章为新增内容，主要介绍短视频营销与直播营销的概念、特点、实施、商业模式等，并对主流的短视频平台和直播平台进行了分析。

第6章为第1版的第9章，替换了开篇案例、案例讨论和部分阅读资料，重新编写了“App营销的应用实例”一节的内容。

第7章为第1版的第12章，替换了开篇案例、案例讨论和阅读资料，重新编写了“O2O营销的应用实例”一节的内容。

第8章为第1版的第11章，替换了开篇案例、案例讨论和阅读资料，改写了“微信营销的商业价值”，重新编写了“微信接入第三方应用”，增加了“微信小程序营销”这一节的内容。

第9章为第1版的第10章，替换了开篇案例、案例讨论和阅读资料，调整了本章的结构，将原来的5节内容改写为4节，强化了对博客营销的主要策略以及微博营销的主要任务与实施的介绍。

第10章为第1版的第7章，替换了开篇案例、案例讨论和阅读资料，修订了“网络事件营销的策划”和“网络事件营销成功的关键要素”这两节的部分知识点。

第11章为第1版的第8章，替换了开篇案例和部分阅读资料，增加了一些网络软文营销的应用实例。

第12章为第1版的第13章，替换了开篇案例、案例讨论和阅读资料，改写了“大数据+移动营销”这一节的部分内容。

第13章为第1版的第5章，替换了开篇案例、案例讨论和阅读资料，优化了本章的结构，将内容由5节压缩为3节。

第14章为重写章节，新增了“论坛营销”“许可E-mail营销”和“二维码营销”的内容，重新编写了“病毒式营销”这一节的内容，删去第1版的RSS营销、精准营销和嵌入式营销的相关内容。

第15章替换了开篇案例和阅读资料，改写了案例讨论，在“开展有效的促销活动”这一节增加了对淘宝直播和抖音、火山等短视频平台引流的介绍。

本书由李东进、秦勇、陈爽编者，张黎、梁丽军、闫键、刘爽、夏清智、于洁、梁馨月、何天林、王荣作为编委参与了本书的编写工作。

本书第 2 版将继续提供电子课件、教学大纲、电子教案、PPT 版教学案例、各章习题答案、案例讨论参考答案、题库、试卷等，并增加了微课、互动学习设计及部分慕课等新的教辅资料。另外，本书建立了授课教师 QQ 交流群（网络营销交流群，QQ 号：203026492），我们会定期上传新的教学资料，期待良师益友们的加入。

本次再版参考了众多用书教师和读者的宝贵意见与建议，在此表示最诚挚的谢意！衷心希望各位教师和读者不吝赐教，对本书的不足之处提出批评指正，我们将在再版时加以改进。

本书参考和借鉴了众多学者的研究成果，在此表示诚挚的敬意！另外，鉴于书中所引用的部分案例和阅读资料流传较广，引用较为频繁，作者无法确定其最初出处，因而未能一一标以出处，在此谨向这些材料的原创者致以真诚的谢意！

鉴于编者学识有限，书中难免存在不足之处，敬请各位教师和读者批评指正。

李东进　秦勇　陈爽

2020 年 12 月于南开园

目录

CONTENTS

第1章 网络营销导论

本章导读

网络营销是伴随着国际互联网的蓬勃发展而兴起的一种全新的营销方式。本章主要介绍网络营销的概念与理论基础、网络营销的内容与实现方式等。通过对本章的学习，读者可以全面了解网络营销的基本知识，从而为后续知识的学习奠定良好的基础。

知识结构图

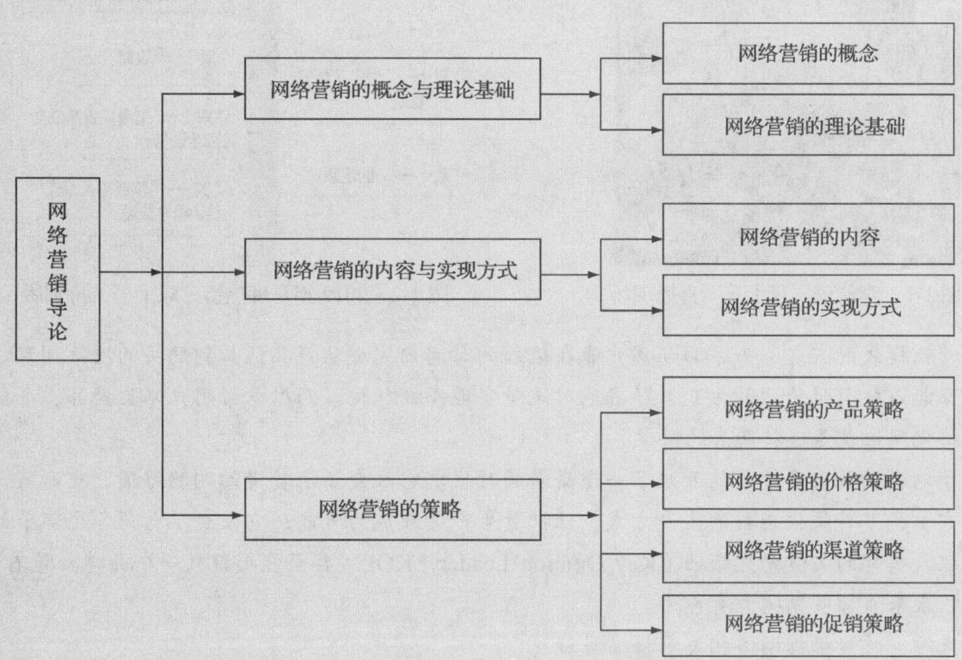

李佳琦“双十一”直播销售额10亿元

“天不怕，地不怕，就怕李佳琦一句‘OMG（Oh My God）’。”

如果你打开与李佳琦相关的视频，无一例外总会听到标志性的“买它、买它”。尽管在外人看来这种促销方式有些“聒噪”，但它却帮助李佳琦从一个不知名的柜台导购，转身成为拥有千万粉丝的“口红一哥”。

2019年“双十一”预售开启的第一天，39款单品、5分钟“封神”、3 100多万人实时观看直播、巅峰主播榜第一，凭借出色的成绩，李佳琦冲上了当天微博热搜榜。2018年的“双十一”，李佳琦一个人完成了3亿元人民币的销售额，而2019年的“双十一”，李佳琦不仅接连收获热搜，更是完成了10亿元的营业额，展现了超强的直播带货能力。李佳琦“双十一”直播现场如图1-1所示。

2019年11月12日，百度发布《百度2019年双11大数据报告》。报告显示，在“百度热榜‘双十一’特别版”中，李佳琦力压“双十一”晚会，话题热度遥遥领先。2019年百度热榜“双十一”特别版如图1-2所示。

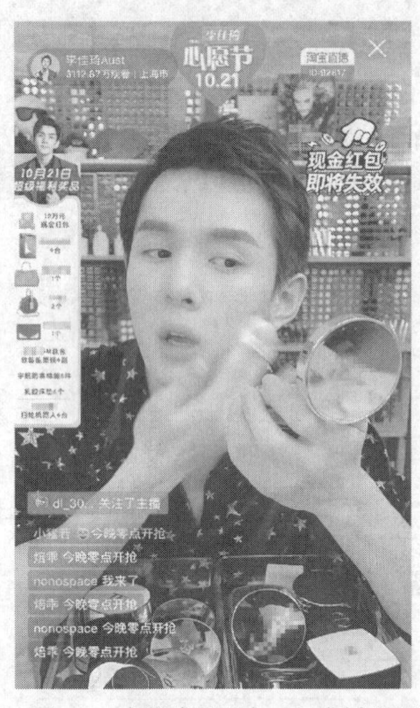

图1-1　李佳琦“双十一”直播现场

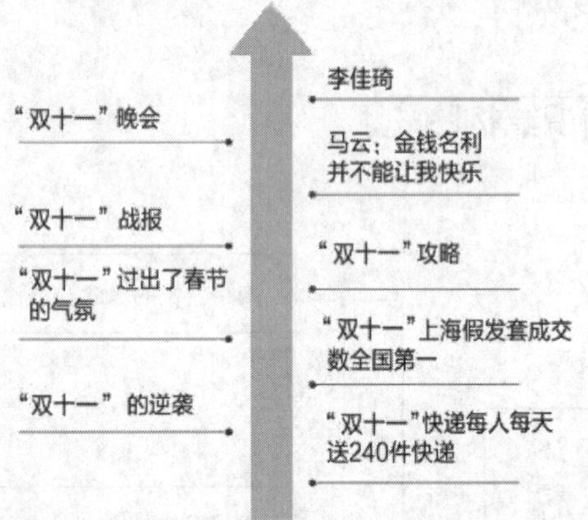

图1-2　2019年百度热榜“双十一”特别版

直播营销模式的兴起，一方面让用户能在极短的时间内完成从产品认知到购买的决策闭环，另一方面也让商家能以极具性价比的方式，精准地对流量实现高效转化。而愿意帮用户体验产品，并能为用户发声的人格化网红就是连接两者的桥梁。

不同于电视购物，直播营销开启了一个崭新的时代。它改变了消费者的购物习惯，重新定义了人、货、场；它重构了传统供应链的生产方式，让批量生产爆款成为可能；它改变了电商各个环节的利润分配及话语权，头部的关键意见领袖（Key Opinion Leader，KOL）甚至能够挽救一个品牌。随着5G等技术的普及，未来直播营销将大有作为。

资料来源：作者根据网络相关资料编写。

1.1 网络营销的概念与理论基础

1.1.1 网络营销的概念

基于不同的视角，学者们对网络营销的定义有着不同的解读。综合诸多观点，本书认为网络营销（Online Marketing 或 E-Marketing）是指以现代营销理论为指导，以国际互联网为基础，利用数字化的信息和网络媒体的交互性来满足消费者需求的一种新型的市场营销方式。可见，网络营销的实质仍然是市场营销，是传统的营销方式在网络时代的变革与发展。

与传统营销相比，网络营销具有可以降低营销成本、突破市场的时空限制、满足消费者的个性化需求、提供更好的购物体验、实现与消费者的实时互动等优点，因而成为当前最受企业重视的主流营销方式。

阅读资料 1-1 我国网络营销的发展阶段

从 1994 年至今，我国网络营销的发展大致可以划分为以下 5 个阶段。

1. 萌芽阶段（2000 年前）

1994 年我国接入国际互联网，此时我国的网络营销并没有清晰的概念。1997 年，我国第一个商业性网络广告的出现，逐渐打开了网络营销的大门。1999 年，以阿里巴巴为代表的一批 B2B 网站诞生，极大地推动了网络营销的发展，网络营销开始走向实际应用。

2. 发展应用阶段（2000—2004 年）

2000 年之后，我国的网络营销正式进入实质应用和发展时期。该阶段网络营销的主要表现为，网络营销服务市场逐步形成，企业网站发展迅速，网络广告形式和应用不断丰富，E-mail 营销市场环境改善，搜索引擎销售向深层次发展，网络销售环境日趋完善。

3. 高速发展阶段（2005—2009 年）

我国的网络营销在高速发展阶段最突出的特点是第三方网络营销服务市场蓬勃兴起，网站建设、网站推广、网络营销顾问等业务均获得了快速发展。在此阶段，网络营销服务市场的规模不断扩大，网络营销的专业水平、人们对网络营销的认识和需求层次持续提升，网络营销资源和网络营销模式不断涌现。

4. 向社会化转变阶段（2010—2015 年）

2010 年之后，我国的网络营销进入全员营销的时代，社会化媒体性质的网络营销蓬勃兴起，建立于移动智能设备基础上的网络营销的重要性不断增强，传统营销模式开始衰落，移动营销逐渐崛起。

5. 多元化与生态化阶段（2016 年之后）

2016 年以后，我国的网络营销向开放式转变，传统网络营销模式不断调整和创新，向多元化与生态化模式转变，信息社交化、用户价值、用户生态思维、社会关系资源等成为影响网络营销的主要因素。

资料来源：许耿，李源彬. 网络营销：从入门到精通（微课版）. 北京：人民邮电出版社，2019：4-5.

1.1.2 网络营销的理论基础

1. 直复营销理论

直复营销（Direct Marketing）最初出现于美国。1872 年，蒙哥马利·华尔德创办了美国第一家邮购商店，标志着直复营销的诞生。20 世纪 80 年代，直复营销得到了飞速的发展，其独特的优势日益为人们所了解。进入 21 世纪以来，随着国际互联网的不断普及，直复营销的发展获得了良好的契机。

直复营销的关键是“直”与“复”，“直”即直接，“复”即回复。直复营销就是企业借助一种或多种广告媒体，反复、直接地与目标消费人群接触，并与之形成长期顾客关系的互动性营销体系。在直复营销模式中，企业不经过分销商这一环节，而是通过 E-mail、电视广告、电话、微信等方式直接与消费者建立一对一的互动关系。

一个典型的直复营销过程一般包括直复营销者、直复营销媒体、产品或服务传递渠道以及目标市场成员 4 个部分，如图 1-3 所示。直复营销者通过电话、E-mail、QQ 群、微信等直复营销媒体与目标市场成员沟通产品信息，并寻求对方的直接回应（问询或订购）。目标市场成员一旦产生购买欲望，即可通过电话、邮购、互联网等直复营销媒体来订货或购买。直复营销者通过产品或服务传递渠道将产品或服务送达目标市场成员手中，最终达成交易。

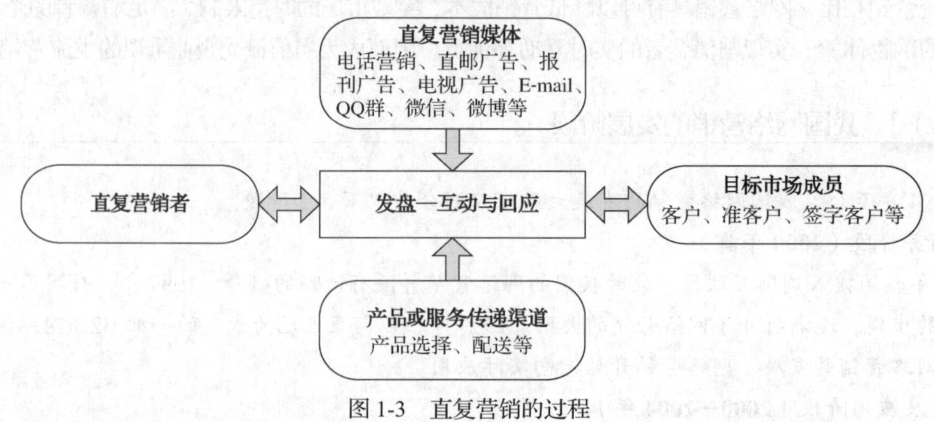

图 1-3　直复营销的过程

2. 关系营销理论

20 世纪八九十年代，营销学者提出了关系营销理论。所谓关系营销，是指把营销活动看成一个企业与消费者、供应商、分销商、竞争者、政府机构以及其他公众发生互动作用的过程。其核心是建立和发展与这些公众的长期、稳定的良好关系，通过为消费者提供高度满意的产品和有效的服务来加强与消费者的联系，维持与消费者的长期关系，提高消费者的忠诚度，从而实现企业的营销目标。关系营销的基本要素就是发现消费者需求、满足消费者需求、获得消费者满意，进而提高消费者的忠诚度。关系营销与交易营销的区别如表 1-1 所示。

表 1-1　关系营销与交易营销的区别

关系营销	交易营销
注重维护消费者	注重单次交易的利润最大化
高度重视服务/产品质量	较少关注服务/产品质量
注重长期利益	注重短期利益
更加关注产品/服务质量	视价格为主要竞争手段
追求消费者基础	追求市场占有率
客户关系最佳化	交易利润最大化
频繁的消费者联系	适度的消费者联系

关系营销强调双向沟通、合作、双赢、亲密、承诺以及控制，其基本立足点是建立、维持和促进与消费者和其他商业伙伴之间的关系，以实现参与各方的目标，从而形成一种兼顾各方利益的长期关系。

3. 软营销理论

软营销是指企业以强化与消费者或者公众的感情和文化交流为内容，以淡化商业活动的盈利意图为手段，间接服务于企业经营目标的一种营销活动。这种营销方式之所以被称作“软营销”，并不是指其营销力度较弱，而是指营销活动更具有灵活性、委婉性和全局性。软营销不等同于软文营销，其范围更广泛，软文营销只是软营销的一个大类。软营销理论的要点如图 1-4 所示。

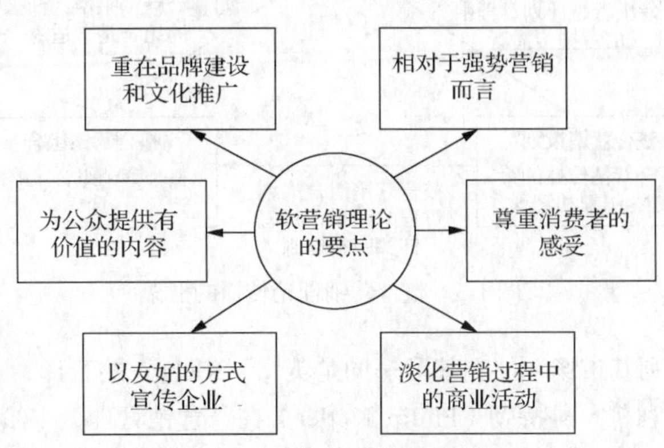

图 1-4　软营销理论的要点

软营销与强势营销的根本区别在于，软营销的主动方是消费者，强势营销的主动方是企业。在传统营销活动中，广告和推销人员是强势营销的两个重要部分。传统广告一般不考虑消费者是否愿意和是否需要，而对消费者不断地进行信息灌输；推销人员也根本不考虑消费者的意愿，只是根据自己的判断强行开展推销活动。

软营销理论是基于网络本身的特点和消费者的个性化需求而提出来的，强调企业必须尊重消费者的感受和体验，让消费者能主动接受企业的营销活动，在给公众提供有价值的内容的同时，提升软实力，打造社会型企业。用一句话来总结软营销就是：“上善若水，以德服人；价值驱动，人文精神。”

4. 整合营销传播理论

整合营销传播理论是美国西北大学教授唐・舒尔茨（Don Schultz）于 1991 年率先提出的。整合营销传播理论的核心思想是，以受众为中心，以整合企业内外部所有资源为手段，再造企业的生存行为与市场行为，充分调动一切积极因素以实现企业统一的营销目标。

整合营销传播理论主要具有以下 3 个方面的特征。

（1）传播资讯的统一性，即企业用一个声音说话，让消费者从各个媒体所获得的信息都是统一的、一致的。

（2）互动性，即企业与消费者之间展开富有意义的交流，能够迅速、准确、个性化地获得信息和反馈信息。

（3）目标营销，即企业的一切营销活动都应围绕企业的目标来进行，实现全程营销。

整合营销传播理论从整体上来划分，可以分为整合营销策划、整合营销组合、整合营销传播过程等三大部分，如图 1-5 所示。

网络的发展不仅使得整合营销更为可行，而且能充分发挥整合营销的特点和优势，使消费者这个角色在整个营销过程中的地位得到提高。因此，网络营销首先要把消费者整合进整个营销过程中，从他们的需求出发开始整个营销过程。

5. 长尾理论

长尾（The Long Tail）这一概念最早由《连线》杂志主编克里斯・安德森（Chris Anderson）在 2004 年 10 月的《长尾》一文中提出，用来描述诸如亚马逊和 Netflix 之类企业的商业和经济模式。“长尾”实际上是统计学中幂律（Power Laws）和帕累托分布（Pareto Distributions）特征的一个口语化表达。

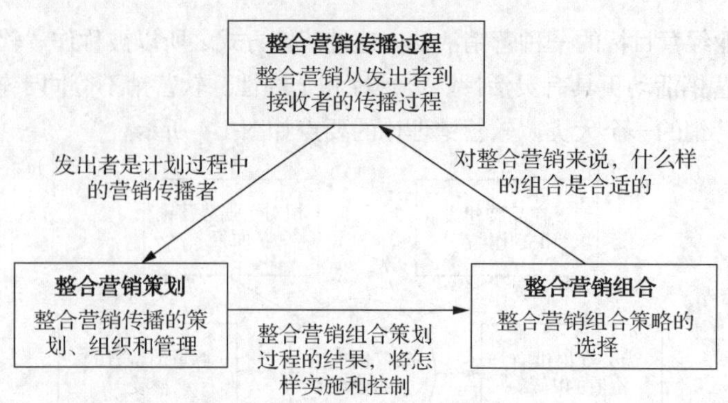

图 1-5 整合营销理论传播的框架

长尾市场也被称为“利基市场”。“利基”一词是英文“Niche”的音译，意译为“壁龛”，有拾遗补阙或见缝插针的意思。菲利普·科特勒（Philip Kotler）在《营销管理》中给利基下的定义为：利基是指针对企业的优势细分出来的市场，这是一个小市场并且它的需要没有被服务好，或者说“有获取利益的基础”。

过去人们只能关注重要的人或重要的事，如果用正态分布曲线来描绘这些人或事，则人们只能关注曲线的“头部”，而将处于曲线“尾部”、需要更多的精力和成本才能关注到的大多数人或事忽略。例如，在销售产品时，厂商关注的是少数几个所谓的 VIP 客户，而无暇顾及在人数上居于大多数的普通消费者。而在网络时代，由于关注的成本大大降低，人们有可能以很低的成本关注正态分布曲线的“尾部”，关注“尾部”产生的总体效益甚至会超过“头部”。又如，某知名企业是世界上最大的网络广告商，它没有一个大客户，收入完全来自被其他广告商忽略的中小企业。安德森指出，网络时代是关注长尾、发挥长尾效益的时代。长尾理论曲线如图 1-6 所示。

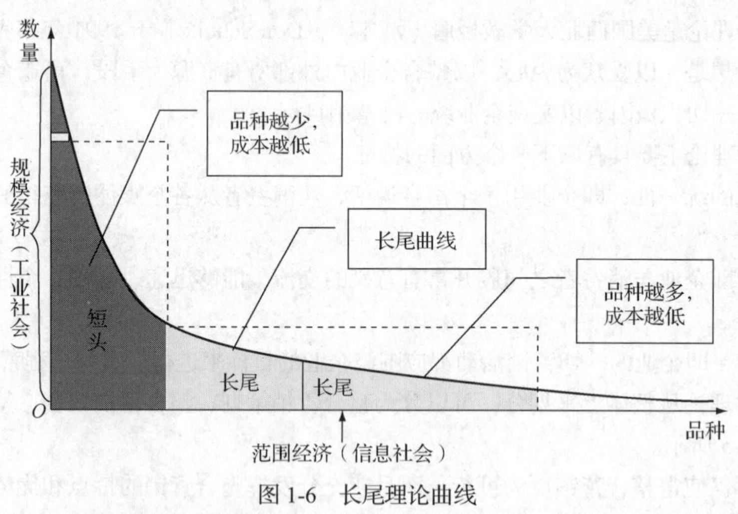

图 1-6 长尾理论曲线

安德森认为，只要存储和流通的渠道足够多，需求不旺或销量不佳的产品共同占据的市场份额就可以和那些数量不多的热卖品相匹敌，甚至更大。

6. 数据库营销理论

数据库营销是指企业通过搜集和积累消费者的大量信息，经过处理后预测消费者有多大能力去购买某种产品，以及利用这些信息给产品以精确定位，有针对性地制作营销信息以达到说服消费者购买产品的目的。[①]通过建立数据库和对数据的分析，企业可以准确了解用户信息，确定目标消费群体，同时使促销工作具有针对性，从而提高营销效率。

数据库营销可以追溯到20世纪80年代中期，那时西方发达国家的市场经济体制已发展得比较成熟，市场的基本特点是供给大于需求，形成了买方市场，企业之间的竞争日趋激烈，企业短期利益减少。追求利润最大化的经营目标逐渐被追求适当利润和较高市场占有率的经营目标所替代，以消费者需求为导向的营销观念已被大部分企业所接受。因此，在企业营销的实践中，加强消费者管理，及时了解和反馈消费者需求，以便维持和提高市场占有率就成了决策层普遍关心的一个重点。随着信息科技的迅猛发展，数据库强大的数据处理能力逐步被应用到消费者关系营销管理当中。企业可以通过消费者数据库及时掌握现有消费者群体的需求变化，再把信息反馈到决策层，以便决策层做出正确的生产或投资决策。

1.2 网络营销的内容与实现方式

1.2.1 网络营销的内容

网络营销涉及的范围较广，所包含的内容也较为丰富。与传统营销相比，网络营销的目标消费者和营销手段均有所不同，因此，网络营销活动的内容也有很大的差异。具体来说，网络营销的内容主要包括以下几个方面。

1. 网络市场调查

网络市场调查是开展网络营销活动的前提和基础，也是企业了解市场、准确把握消费者需求的重要手段。网络市场调查是指企业通过互联网，针对特定营销任务而进行的调查活动，主要包括调查设计、资料收集、资料处理与分析等。网络市场调查的重点是充分利用互联网的特性，提高调查的效率和改善调查效果，以求在浩瀚的网络信息资源中快速获取有用的信息。

2. 网络消费者行为分析

网络消费者是伴随着电子商务的蓬勃发展而产生的一个特殊消费群体，这类群体的消费行为有着自身的典型特征。因此，企业开展网络营销活动前必须深入了解网络消费者不同于传统消费者的需求特征、购买动机和购买行为模式。网络消费者行为分析的内容主要包括分析网络消费者的用户特征、需求特点、购买动机、购买决策等。

3. 网络营销策略制定

为实现网络营销目标，企业必须制定相应的网络营销策略。与传统营销类似，网络营销策略也包括产品策略、价格策略、渠道策略和促销策略 4 个方面，但企业在具体制定时应充分考虑互联网的特性、网络产品的特征和网络消费者的需求特点。例如，企业在制定网络营销的价格策略时，通常可以对体验类产品采取免费或部分免费的价格策略，而这些在传统营销中则很难实现。

4. 营销流程改进

与传统营销相比，网络营销的流程发生了根本性的变化。利用互联网，企业不仅可以实现在线销售、在线支付、在线服务等，还可以通过网络收集信息并分析消费者的特殊需求，以生产消费者需要的个性化产品。例如，美国著名的李维斯（Levi's）公司，就是利用互联网为消费者量身定做个性化产品的典范。消费者可以在 Levi's 公司的网站直接输入所需服装的尺寸、款式和喜欢的颜色等信息，如此公司就可为

① 劳帼龄．网络营销．北京：化学工业出版社，2012.

其量身定做，从而使消费者的个性化需求得以满足。

5. 网络营销管理

营销管理是企业为了实现营销目标而采取的计划、组织、领导和控制等一系列管理活动的统称。传统营销管理的许多理念和方法虽然也适用，但网络营销依托全新的网络平台开展营销活动，难免会遇到新情况和新问题，如网络消费者的隐私保护问题以及信息安全问题等，这些都要求企业必须做好有别于传统营销的网络营销管理工作。

1.2.2 网络营销的实现方式

1. 企业网站营销

企业网站是开展网络营销活动的基础。没有网站，许多网络营销方法将无用武之地，网络营销的效果也会大打折扣。企业网站的网络营销功能主要有企业形象塑造、产品/服务展示、客户关系管理、网络市场调研和在线销售等。

2. 搜索引擎营销

搜索引擎（Search Engine）会根据一定的策略，运用特定的计算机程序搜集互联网上的信息，在对信息进行组织和处理后，将处理后的信息展示给用户，是为用户提供检索服务的系统，能使人们在浩瀚的信息海洋里方便快捷地找到需要的信息。由于搜索引擎的商业价值极高，越来越多的企业都将搜索引擎营销作为一种重要的网络营销手段，并取得了较好的营销效果。

3. 交换链接营销

交换链接也称互惠链接或友情链接，是具有一定资源互补优势的网站之间的简单合作形式，即分别在自己的网站上放置对方网站的 Logo 或网站名称并设置对方网站的超级链接，以此达到互相推广的目的。

4. 网络广告营销

网络广告是指以数字化信息为载体，以国际互联网为传播媒介，以文字、图片、音频、视频等形式发布的广告。网络广告具有非强迫性、实时性与互动性、易统计性与可评估性、低成本性、发布方式多样性等优点，是很多企业投放广告的优先选择。目前，我国网络广告的营业额已超过四大传统广告媒体（广播、电视、报纸、杂志）之和。

5. 许可 E-mail 营销

许可 E-mail 营销是在经过用户允许的情况下，通过电子邮件的方式向目标用户传递营销信息的一种网络营销手段。用户允许商家发送电子邮件是开展许可 E-mail 营销的前提。许可 E-mail 营销具有成本低、实施快速、目标精准、主动性强等优势，因此自诞生之日起，就被众多开展网络营销的企业所重视。

6. 微信营销

微信营销是伴随着微信的普及而兴起的一种新型的网络营销方式。借助微信平台，商家可以实现与用户之间点对点的精准营销。微信营销包括个人账号营销和微信公众号平台营销这两种方式，本书将在第 8 章中进行详细的介绍。

7. 会员制营销

会员制营销是指企业以某项利益或服务为主题，将用户组成一个俱乐部形式的团体，通过提供会员需要的服务，开展宣传、销售、促销等活动，培养企业的忠诚用户，以此获得经营利益。会员制营销最主要的优点是能够增加用户黏性，从而为企业培养众多忠诚的用户。

8. 博客/微博营销

博客/微博营销是指企业或个人利用博客/微博开展营销活动的一种新型网络营销方式。企业借助博客/

微博平台可以开展广告宣传、品牌推广、活动策划及产品促销等一系列的网络营销活动。

9. 病毒式营销

病毒式营销是一种常用的网络营销方法，其原理是通过“让大家告诉大家”的口口相传的用户口碑传播方式，利用网络的快速复制与传递功能让企业要传递的营销信息在互联网上像病毒一样迅速扩散与蔓延。病毒式营销常被用于网站推广、品牌推广、为新产品上市造势等营销实践中。需要注意的是，病毒式营销成功的关键是要关注用户的体验感受，即营销活动是否能给受众带来积极的体验感受。

10. 网络事件营销

网络事件营销是指企业借助热点事件开展网络营销的一种新型营销方式。借助网络事件营销，企业往往可以快速、有效地宣传产品或服务。在网络营销实践中，网络事件营销因成本低、传播迅速、影响面广以及关注度高等优点而备受企业青睐。

11. 网络视频营销

网络视频营销近年来异军突起，成为网络营销的又一个重要风口。它具有互动性强、传播迅速、成本低廉等优势，因而为企业所高度重视。尤其是抖音、快手、哔哩哔哩等短视频平台的兴起，更是推动了直播营销等场景营销的蓬勃发展。网络视频营销呈现品牌视频化、视频网络化以及视频广告内容化的趋势，产生了新的特点，值得我们深入学习。

12. O2O 营销

O2O（Online to Offline）是指从线上到线下，即充分利用互联网挖掘线下的商务机会，让互联网成为线下交易的前台，达成线上用户与线下商品、服务的交易。互联网时代，O2O 营销成为互联网领域最具潜力的营销模式之一。相对于实体商店传统的“等客上门”营销模式，O2O 营销代表着一种新的营销逻辑。“逛在商场，买在网上”“网上下单，线下体验”即是对这种营销模式的最好诠释。

13. 大数据营销

大数据营销是通过大数据技术，对从多平台获得的海量数据进行分析，并依据分析结果改善营销策略的一种新的营销方式。大数据营销具有全样本调查、数据化决策、强调及时性和个性化营销的特点，能大大提高企业营销的效率，促进营销平台的互联互通，而且还能够有效改善顾客的体验，因而日益成为当前营销行业的热点。

14. 网络营销的其他实现方式

除了上述 13 种方式之外，网络营销的实现方式还包括 App 营销、论坛营销、社交网络服务（Social Networking Services，SNS）营销、网络软文营销、二维码营销等，本书将在后面的章节中分别进行介绍。

1.3 网络营销的策略

网络营销策略是指开展网络营销的企业为实现营销目标而采取的对企业内部要素（包括生产要素、经营要素等可控要素）的把握和利用，一般包括产品策略、价格策略、渠道策略和促销策略 4 个方面，下面分别进行介绍。

1.3.1 网络营销的产品策略

网络营销的产品策略

1. 网络营销中的产品

（1）实体产品。实体产品是指具有物理形态的，人们可以通过视觉和触觉感觉到的产品。网络营销是市场营销方式的一种，从理论上说任何一种实体产品都可以通过这种方式进行交易，但在实践中仍有少数产品因物流成本太高等原因而不适合在网上销售。

（2）虚拟产品。虚拟产品一般是无形的，即使呈现一定的形态也是通过其载体体现出来的。例如，计算机软件是存储在磁盘上有规则的数字编码，磁盘是软件的载体。在网络上销售的虚拟产品分为软件和服务两大类，包括各种软件、视听产品、电子书籍、在线培训、电子游戏等。相比于实体产品，虚拟产品更适合在网上销售。

2. 网络营销产品的特性

（1）产品性质。在电子商务发展的早期，网络上销售的大多是虚拟产品、图书、电子产品等。后来随着网络技术、安全技术、物流技术等的发展以及人们消费观念的改变，一些最初人们认为不适合在网上销售的产品，如汽车、地产、生鲜等均实现了在线销售。尤其是当前O2O模式兴起，打通了线上与线下，大大拓展了网络营销的范围，但网络营销产品还是会受到一些自身属性的影响。一般来说，标准化的产品、易于保存和运输的产品、数字化的产品、远程服务等尤为适合在网上销售。

（2）产品质量。网上购物使得消费者在购买时无法亲身体验产品，而只能查询商家提供的文字、图片、视频等介绍，无法做到“眼见为实”。因此，在虚拟的网络世界里，要想取得消费者的信赖，商家所售产品的质量必须有保障，要能赢得消费者好的评价。基于网络的特性，一旦产品失信于消费者，商家的“恶名”就会广为传播，这些商家也必将被消费者所抛弃。

3. 网络营销产品策略的内容

企业的营销活动以满足消费者需求为中心，而需求的满足只能通过提供某种产品或服务来实现。因此，产品是企业营销活动的基础，产品策略直接影响和决定着企业营销活动的成败。网络营销的产品策略主要包括新产品开发策略、产品生命周期策略、产品组合策略、品牌策略等。

网络营销的产品策略与传统营销的产品策略所应用的基本理论是一致的，不同之处在于制定网络营销的产品策略时需要加入互联网思维。例如，企业在新产品研发过程中可以充分利用网络平台的互动性，倾听消费者的心声，甚至可以邀请消费者共同参与产品的研发、设计过程。此外，在电子商务时代，产品的生命周期更短，更新换代更快，这对企业制定的网络营销产品策略提出了新的挑战。

1.3.2 网络营销的价格策略

1. 网络营销产品的价格特征

与传统营销的产品价格相比，网络营销的产品价格具有如下一些新的特征。

（1）低价位。网络经济是直接经济，因为减少了交易的中间环节，所以能够降低所销售产品的价格。另外，由于网络信息的共享性和透明性，消费者可以方便地获得产品的价格信息，因此要求企业必须以尽可能低的价格向消费者提供产品或服务。如果产品定价过高或降价空间有限，那么该产品就不太适合在网上销售。

（2）消费者主导。消费者主导定价是指消费者通过充分的市场信息来选择购买或定制自己满意的产品或服务，同时以最小代价（购买费用等）获得这些产品或服务。在网络营销过程中，消费者可以利用网络的互动性与卖家就产品的价格进行协商，这使得消费者主导定价成为可能。

（3）价格透明化。在网上，产品的价格是完全透明的。网络消费者足不出户，轻点鼠标就可以查询同一产品不同商家的报价信息，如果商家的定价过高，产品将会很难销售出去。下面通过图1-7来进行说明。

从图1-7中可以看出，页面中不仅展示了《广告学：理论、方法与实务（微课版）》这本图书在京东商城的价格走势，还给出了升序排列的全网价格信息。这样消费者一眼就能发现最低报价，并可迅速做出购买决策。

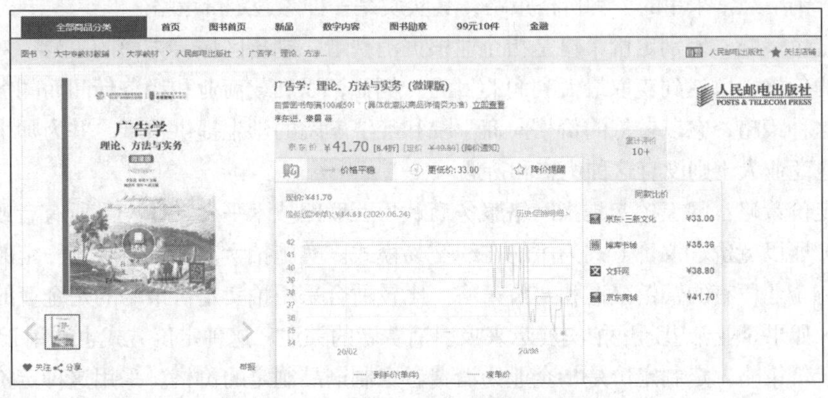

图 1-7　京东商城图书报价页面

2. 网络营销的定价策略

（1）免费定价策略。面对浩瀚无边的网络信息海洋，注意力无疑是最为珍贵的资源。因此，经济学家提出了“注意力经济”“眼球经济”的概念。很显然，免费是吸引消费者“注意力”或“眼球”的一大利器。

免费定价是指企业将产品（服务）的全部或是部分无偿提供给消费者使用的定价方式。免费定价策略主要有 4 种形式：完全免费、限制免费（一定时间内或一定次数内免费，如网络杀毒服务）、部分免费（部分内容免费，部分内容收费，如研究报告数据）和捆绑式免费（在购买产品后，其附属的一些东西免费，如正版软件附带的小软件）。从成本的角度分析，免费定价策略适合复制成本几乎为零的数字化产品和无形产品。例如，奇虎 360 将旗下 360 安全卫士、360 杀毒软件等安全产品免费提供给互联网用户，以达到吸引用户的目的，并在此基础上推出网络增值服务以获取利润，通过“免费+增值”的商业模式获得了巨大的成功。

（2）新产品定价策略。新产品定价策略关系到新产品能否顺利地进入市场，能否在市场立足以及能否为目标消费者所接受和认可等，因此制定正确的新产品定价策略至关重要。在网络营销实践中，可供选择的新产品定价策略主要有以下 3 种。

① 撇脂定价策略。撇脂定价是指为新产品制定高价。这种策略主要适用于新产品上市之初，此时市场上缺少竞争者而又存在大量的潜在消费者，且产品的需求价格弹性较小，短期内没有类似产品出现。此时采取撇脂定价策略，可以使企业在短期内获取高额收益，从而能尽快收回前期投资。

② 渗透定价策略。渗透定价策略主要是指在新产品上市之初制定较低的价格，利用低价格迅速占领市场，以阻止竞争对手进入，进而谋取优势的市场地位。这种定价策略适用于规模经济显著、需求价格弹性较大的新产品。

③ 满意定价策略。满意定价策略是指企业为新产品制定适中的、买卖双方均感觉合理的价格。它是介于撇脂定价和渗透定价这两者之间的折中策略，一般适用于需求弹性适中、销量稳定增长的新产品。企业采用这种定价策略，既能吸引消费者、促进销售，又能避免价格竞争带来的风险，同时还可以防止定价过低给企业带来损失。

（3）折扣定价策略。折扣定价策略是指企业对现行定价做出一定的调整，直接或间接地降低价格，以争取消费者，提高销量。折扣定价策略可采取以下几种形式：一是数量折扣，目的是鼓励消费者多购买本企业的产品；二是现金折扣，旨在鼓励消费者按期或提前付款，以加快企业资金周转；三是季节折扣，主要是为鼓励中间商淡季进货或消费者淡季购买。此外，还有功能折扣和时段折扣等形式。折扣定价策略是网络营销中经常采用的一种价格策略，其实质是一种渗透定价策略。

（4）差别定价策略。差别定价策略是指企业根据消费者、销售区域等方面的差异，对同一种产品或服务设置不同的价格，以达到获取最大利润的目的。例如，以刊载商业和经济新闻而闻名的《华尔街日报》就采取了这种策略，它以较低的价格向商学院和经济学院的学生提供报纸，并为师生提供特别的订阅服务，而其他商业人士则没有这种优惠和待遇。

（5）拍卖定价策略。网上拍卖是指网络服务商利用互联网技术平台，让产品所有者或某些权益所有人在其平台上开展以竞价、议价方式为主的在线交易模式。实施拍卖定价策略具有一定的风险，因为这样做可能会破坏企业原有的营销渠道和定价策略。比较适合采用拍卖定价策略的是企业的库存产品或二手产品。当然，如果企业希望通过拍卖展示来吸引消费者的关注，这种定价方式也适用于部分新产品。

（6）定制定价策略。定制定价是指企业为消费者定制产品制定的价格。采用这种定价策略，每一个产品的价格会因消费者的独特需求而不同。例如，计算机组装企业完全根据消费者的指定配置来提供产品，所以每台计算机的定价自然由配置的高低来决定。

（7）使用定价策略。所谓使用定价，是指消费者只需根据使用次数进行付费，而不需要完全购买产品。企业采取这种定价策略有助于吸引消费者使用产品，增加市场份额。使用定价策略比较适合虚拟产品，如计算机软件、音乐、电影、电子出版物和电子游戏等。

（8）品牌定价策略。品牌是影响产品定价高低的重要因素，如果企业具有良好的品牌形象，就可以给产品制定较高的价格。例如，名牌产品采用“优质高价”的策略，既能增加盈利，又能让消费者在心理上获得极大的满足。

1.3.3 网络营销的渠道策略

1. 网络营销渠道概述

营销渠道是使产品从企业流通至消费者的通道。对于从事网络营销的企业来说，熟悉网络营销渠道的结构，分析、研究不同网络营销渠道的特点，合理地选择网络营销渠道，无疑会大大促进产品的销售。

网络营销既可采取直接渠道，也可采取间接渠道开展营销活动。两者各有利弊，下面分别进行介绍。

2. 网络直接渠道

网络直接渠道又称网络直销，是指开展网络营销的企业不经过任何中间商而直接通过网络将产品销售给消费者的营销模式。

（1）网络直接渠道的优点。①降低产品售价。由于没有中间商赚差价，网络直销可以有效地降低交易费用，从而为企业降低产品售价提供保障。②及时获取消费者的反馈信息。开展网络直销的企业可以通过网络及时了解消费者对产品的意见和建议，并可针对这些意见和建议改进产品质量或提高服务水平。

（2）网络直接渠道的缺点。网络直接渠道的缺点主要在于由于企业自身能力有限，企业很难建立能吸引消费者关注的销售平台，因而销量有限。当前我国企业自建的销售网站不计其数，然而除个别行业和部分特殊企业外，大部分网站的访问者寥寥无几，营销效果平平。

3. 网络间接渠道

网络间接渠道又称网络间接销售，是指开展网络营销的企业通过网络中间商将产品销售给消费者的营销模式。

（1）网络间接渠道的优点。①可以利用网络中间商的强大分销能力迅速覆盖市场并提高产品销量。

②提高交易的成功率。网络中间商的规范化运作，可以降低交易过程中的不确定性，从而提高交易的成功率。

（2）网络间接渠道的缺点。网络间接渠道销售的缺点也很明显，如企业容易受制于中间商，市场反馈信息不如直接渠道通畅，中间商的存在提高了产品的售价，使得产品缺乏竞争力等。

1.3.4 网络营销的促销策略

1. 网络促销的概念及特点

（1）网络促销的概念。促销是企业为了激发消费者的购买欲望，影响他们的消费行为，为促进产品销售而进行的一系列宣传报道、说服、激励、联络等促进性工作。企业的促销策略实际上是各种不同促销活动的有机组合。与传统促销方式相比，基于国际互联网的网络促销有了新的含义和形式，它是指利用现代化的网络技术向虚拟市场传递有关产品和服务的信息，以激发需求，引起消费者的购买欲望和购买行为的各种活动。

（2）网络促销的特点。①虚拟性。在网络环境中，消费者的消费行为和消费理念都发生了巨大的变化。因此，网络营销者必须突破传统实体市场和物理时空观的局限，采用全新的思维方式，调整自己的促销策略和方案。②全球性。虚拟市场的出现，将所有的企业，无论其规模大小，都推向了全球市场。传统的区域性市场正在被逐步打破，因此，企业开展网络促销活动所面对的将是一个全球化的大市场。③发展变化性。这种促销方式建立在计算机与现代通信技术的基础之上，将随着这些技术的不断发展而改进。

2. 网络营销的促销形式

传统营销的促销形式主要包括广告、公关、人员推销和销售促进等方式。与之相比，网络营销的促销形式更为丰富，除了上述方式之外，还包括网络事件、电子邮件、网络软文、O2O 等。所有这些网络促销方式，本书都将在后续章节中详细介绍。

练习题

一、单选题

1．2016 年之后，我国的网络营销发展进入（　　）。

A．萌芽阶段　　B．发展应用阶段
C．高速发展阶段　　D．多元化与生态化阶段

2．（　　）的基本立足点是建立、维持和促进与顾客和其他商业伙伴之间的关系，以实现参与各方的目标，从而形成一种兼顾各方利益的长期关系。

A．体验营销　　B．关系营销　　C．服务营销　　D．直复营销

3．（　　）是开展网络营销活动的基础。没有它，许多网络营销方法将无用武之地，企业网络营销的功能也会大打折扣。

A．企业网站营销　　B．搜索引擎营销　　C．许可 E-mail 营销　　D．博客/微博营销

4．（　　）策略主要是指在新产品上市之初制定较低的价格，利用低价格迅速占领市场，以阻止竞争对手进入，进而谋取优势的市场地位。

A．撇脂定价　　B．满意定价　　C．渗透定价　　D．随行就市

5．网络营销产生的现实基础是（　　）。

A．商业竞争的激烈化　　B．人才竞争激烈化
C．营销手段的多样化　　D．互联网技术的飞速发展

二、多选题

1．以下属于网络营销的功能的有（　　）。

A．信息发布功能　　B．商业调查功能
C．销售渠道开拓功能　　D．特色服务功能
E．客户关系管理功能

2．以下属于网络营销理论基础的有（　　）。

A．直复营销理论　　B．关系营销理论　　C．整合营销传播理论
D．计划营销理论　　E．长尾理论

3．网络营销的策略包括（　　）。

A．价格策略　　B．渠道策略　　C．促销策略
D．产品策略　　E．定位策略

4．网络营销的实现方式包括（　　）。

A．企业网站营销　　B．搜索引擎营销　　C．许可 E-mail 营销
D．博客/微博营销　　E．微信营销

5．网络营销产品的价格特征主要包括（　　）。

A．高价位　　B．价格透明化　　C．消费者主导
D．低价位　　E．生产者主导

三、名词解释

1．网络营销　　2．数据库营销　　3．虚拟产品　　4．网络营销策略　　5．网络促销

四、简答及论述题

1．网络营销的理论基础主要有哪些？
2．网络营销的内容主要包括哪些方面？
3．试论网络营销的实现方式。
4．试论述网络营销产品的价格特征。
5．试论述网络直接渠道的优缺点。

卫龙辣条的“网红”营销

新媒体时代，从来就不缺“网红”。曾经藏匿在学校小卖店角落里的辣条、面筋和辣片等也出了一个“网红”品牌——卫龙。“80 后”“90 后”对卫龙的记忆包括两个阶段，第一个阶段是童年时购买的各种零食，经常被成年人认为是“垃圾食品”。第二个阶段就是近几年，卫龙已经从各种品牌的辣条中脱颖而出，与其他网红合作，更换包装、开设天猫店、推出多种口味，变身“高端”零食。卫龙，已经成为一种潮流，已经从学生蔓延到白领。“来包辣条压压惊”“辣条给我吃一根！”“来包辣条冷静一下”等表情包广为流传，这些表情包中的辣条无一例外均为卫龙品牌。在麻辣零食界，卫龙好比可乐界的可口可乐、薯片界的乐事。

找准消费者人群

卫龙走红，也只是近几年的事情。新媒体时代，是品牌营销最“坏”的时代，稍不留神就坏事传千里。同时，这也是最好的时代，企业利用网络可以精准地找到营销对象，让一个产品快速走红。卫龙的成功，在很大程度上是因为其营销团队找准了对象。辣条的消费者多为“90后”，他们擅长解构事物，富有个性，讨厌传统和一成不变，他们更需要碎片化的信息，需要情绪发泄的渠道。他们喜欢的事物没有固定的套路，随时会将注意力从一个事物转移到另一个事物。直接、感性、有趣与口语化是他们喜欢的沟通方式。认清了“90后”喜欢什么，卫龙的营销就成功了一半。

全方位线上营销

网络平台是多元化的，“90后”喜欢通过社交媒体获得信息，包括微博、微信和QQ空间等。而社交媒体同时也是网络信息的发源地，是“网红”走红的平台，甚至也成为电视、报刊等平面媒体的信息采集地。在2013年和2014年，网络中出现了辣条表情包或者关于辣条的段子。卫龙的营销团队敏锐地抓住了这一点，继而在网络上投放更多的表情包，并与微博段子手合作，让段子手通过段子和表情包“隐秘”地推荐品牌。这种营销方式的效果是显著的，在“90后”的文化圈子里，卫龙一下子变成辣条的代名词。“硬推广”对“90后”并不奏效，这种隐藏在段子里的广告才是主流。这一阶段的推广无比重要，它为日后网民自发传播奠定了基础。此外，卫龙开通了官方微博和微信，在两个平台上尽显幽默气质。但是，卫龙在这两个平台上均存在信息发布不及时和缺乏维护的问题，这也是其营销过程中的一个缺憾。

与草根网红合作

卫龙产品价格便宜，符合大众口味。从诞生起，卫龙就与“草根”二字紧密相关。在卫龙的新媒体营销中，与草根“网红”的合作也成为其一个亮点。卫龙曾邀请“网红”“张全蛋”到卫龙位于漯河的车间进行网络直播，以展示卫龙车间的卫生安全，该直播获得了大量粉丝关注。卫龙最广为人知的，就是与暴走漫画（以下简称“暴漫”）的合作。通过和暴漫合作，卫龙推出了更多的表情包，甚至将表情包印在了包装袋上。

线上炒作

炒作是一个中性词汇，可以使品牌在一段时间内“爆红”，而炒作也极有可能对品牌名誉造成一定损害，让消费者感到被欺骗。因此，把握好炒作的度十分重要。2016年6月8日，卫龙的天猫旗舰店被“黑”，页面显示出“凭什么不给我发货”等大红字。实际上，这只是卫龙的一次炒作。页面被“黑”后，卫龙团队在微博上制造了“辣条被黑了”的话题，话题关注度一度超过“高考”。几小时之后，卫龙官博公布“真相”，表示是一名顾客留下奇葩地址，客服表示无法发货，导致店面被“黑”。两小时之后，卫龙天猫旗舰店再次被“黑”，这一次，首页变成了一大堆表情包。而后，卫龙在首页放置道歉信。当大家纷纷表示心疼卫龙的时候，卫龙放出真相：这是一场营销。卫龙随后又更新数幅图片要求大家找出隐藏线索，这一系列动作表示：卫龙即将和暴漫合作。这次线上炒作既有成功之处，又有失败之处。成功的是，该事件的确让卫龙成为热搜关键词，让更多的人知道原来卫龙还有天猫旗舰店。失败的是，这次炒作时间过长，而人们的注意力有限，且卫龙承认了炒作行为，影响了品牌声誉。

卫龙从小品牌变为辣条领军者，其基础在于品牌全面升级，而其新媒体营销策略发挥的作用也不容忽视。卫龙通过表情包、段子、视频、线上炒作等方式，牢牢抓住了“90后”的心，让卫龙辣条变成了“网红”级别食物。一旦成为“网红”，就意味着网民会进行自发传播。目前，仍然有不少网民自发制作卫龙辣条表情包、辣条测评、老外吃辣条等视频，这足见其影响力。

资料来源：柠檬公关网。

思考讨论题

卫龙辣条为何能迅速成为“网红”级别的食品？这对我们有哪些启示？

第 2 章 网络市场与网络消费者行为分析

本章导读

了解网络市场的发展现状，认识其类型和功能，有利于企业更好地把握网络消费者的需求。本章共分为两节：第一节主要介绍网络市场的概念、类型、功能及网络市场的演变与现状；第二节主要分析我国网上用户现状，网络消费的需求特点和趋势，影响网络消费者购买决策的因素以及网络消费者的购买行为过程。本章的教学重点是使学生掌握分析网络消费者行为的思路与方法，以帮助他们今后更好地开展网络营销工作。

知识结构图

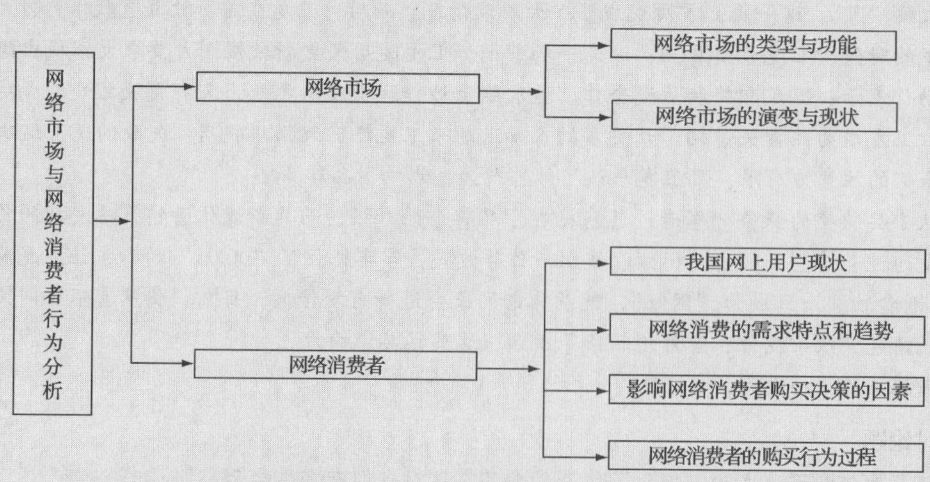

开篇案例

拼多多借电影《我和我的家乡》带动农货热销

2020 年国庆期间最大的电影票房黑马非《我和我的家乡》莫属。10 月 9 日，国庆档电影榜单出炉，《我和我的家乡》以 18.7 亿元的票房成绩、4 732 万的观影人次独占鳌头。消费者在感受家乡巨变的同时，也纷纷以在线下单、实地旅游等形式支持家乡的好货与美景。

作为这部电影的官方合作伙伴，新电商平台拼多多特别上线了“家乡好货”专区，并对应影片故事分别设置了京津冀、云贵川、江浙沪、西北和东三省销售专场，通过特色产品的集中展示、大规模的补贴让利，进一步带领消费者体验家乡风貌的深刻变化。消费者可在拼多多 App 内“家乡好货”专区页面选购各地的特色产品，如图 2-1 所示。

图 2-1 拼多多“家乡好货”专区页面

受电影感召，不少消费者对影片涉及的陕西、贵州、浙江、辽宁等地产生了浓厚的兴趣。相关地区特色农产品和农副产品的销量随着电影票房一路上涨，国庆期间拼多多“家乡好货”专区的产品订单量已突破 1 亿单。

从各地热销产品上看，拼多多数据显示，10 月 1 日至 8 日期间，北京的糕点、河北的山楂等在京津冀专场中销量靠前。在假期消费的带动下，拼多多北京糕点类产品的订单量同比上涨近 70%。

云贵川专场的产品种类最多，从四川的丑橘、石榴，到云南的鲜花饼、土豆，再到贵州的辣椒、牛肉粉，热门产品不一而足。值得一提的是，电影中《天上掉下个 UFO》章节描述的黔货运输难题近年来已随着道路交通和物流基础设施的不断完善而逐步得到解决。

在拼多多“家乡好货”江浙沪专场中，江苏的螃蟹、糯米藕，以及浙江的梅干菜、水磨年糕等产品较受欢迎。此前，在长三角区域合作办公室和沪苏浙皖一市三省农业主管部门的共同指导下，包括太湖、固城湖、洪泽湖、长荡湖等在内的长三角大闸蟹优质产区联合拼多多共同成立了“长三角大闸蟹云拼优品联盟”，为消费者带来了众多优质产区的源头好蟹。

电影里陕西苹果在《回乡之路》章节中频繁曝光，现实中陕西苹果、冬枣、猕猴桃等牢牢占据着西北专场产品销量前三的位置；东三省专场则几乎是黑龙江大米、红肠，辽宁小米、果梨和吉林人参的天下。

随着平台商品补贴力度的不断加大、优惠举措的不断丰富，“家乡好货”专区的产品订单量仍在快速上涨。在拼多多5周年庆之际，平台希望与消费者分享生日的喜悦，助力家乡好货一起拼。

资料来源：经济日报-中国经济网。

2.1 网络市场

网络市场是参与商品交易的各方以现代信息技术为支撑，以互联网或移动互联网为媒介，以实现信息沟通、交易谈判、合同签订、买卖交易以及售后服务等各种市场职能的交易平台。21 世纪是网络市场高速发展的时代，网络市场高效、便捷、低成本的优势吸引了越来越多的企业积极参与。

2.1.1 网络市场的类型与功能

1. 网络市场的类型

按照交易的主体来分，当前的网络市场主要分为企业对消费者、企业对企业、消费者对消费者、企业对政府等多种类型。其中，企业对企业的网络市场也称企业电子采购平台，是最大的网络市场，代表性的电商为阿里巴巴、慧聪网和中国化工网等。但一般网络消费者最为熟悉的还是企业对消费者（Bussiness to Consumer，B2C）及消费者对消费者（Consumer to Consumer，C2C）这两大市场，其中天猫商城和京东商城是 B2C 的典型代表，淘宝网则是最大的 C2C 平台。

2. 网络市场的功能

网络市场的功能主要有以下几个。①

（1）促使资源合理流动功能。资源是指社会经济活动中人力、物力、财力的综合。网络市场具有通过供求、价格、竞争和风险等因素之间相互作用的机理，促使资源实现全社会合理流动。具体表现为各种资源通过参与网络市场交换在全社会范围内自由流动，按照网络市场形成的价格信号所反映的供求比例流向最有利的部门和地区，企业通过在网络市场上参与竞争实现各项要素的最佳组合。

（2）交换功能。交换表现为以网络市场为场所和中介，促进和实现商品交换的活动。在网络经济条件下，商品生产者出售商品以及经营者买进卖出商品的活动，都可以通过网络市场进行。网络市场不仅为买卖各方提供了交换商品的场所，而且通过等价交换的方式促成商品所有权在各当事人之间让渡和转移，从而实现商品所有权的交换。

（3）快速反馈功能。商品出售者和购买者在网络市场上进行交换活动时，会不断交换有关生产、消费等方面的信息。这些信息经过网络市场转换，又以新的形式反馈给当事人。网络市场的反馈功能可以为企业生产经营决策提供重要依据。企业可以根据商品的市场销售状况的信息反馈，对消费偏好和需求潜力做出判断和预测，从而决定调整企业的经营方向和范围。

（4）直接导向功能。网络市场对企业的生产经营活动有直接导向作用。参与网络市场竞争的企业，其经营活动直接取决于市场的调节和导向。网络市场运用供求、价格、竞争等调节机制引导企业的生产方向，企业也根据市场供求信息来决定生产什么、生产多少。

① 劳帼龄. 网络营销. 北京：化学工业出版社，2012.

2.1.2 网络市场的演变与现状

1. 网络市场演变的3个阶段

从网络市场交易的方式和范围来看，网络市场经历了3个发展阶段。

第一个阶段，生产者内部的网络市场。该阶段的基本特征是工业界内部为缩短业务流程和降低交易成本，采用电子数据交换系统形成的网络市场。20世纪60年代末，西欧地区和北美地区的一些大企业利用电子方式进行数据、表格等信息的交换，两个贸易伙伴之间依靠计算机直接通信传递具有特定内容的商业文件，这就是所谓的电子数据交换（Electronic Data Interchange，EDI）。后来，一些工业集团开发出用于采购、运输和财务应用的标准，但这些标准仅限于工业界内的贸易，如生产企业的EDI系统。这个系统可以使订货、生产和销售过程贯穿起来，从而形成生产者内部网络市场的雏形。

第二个阶段，国内的、全球的生产者网络市场和消费者网络市场。企业使用国际互联网向国内的或全球的消费者提供产品和服务，其发展的前提是家庭个人计算机（Personal Computer，PC）的普及和网络技术的发展。这一阶段的基本特征是企业在互联网上建立一个站点，将企业的产品信息发布在网上供所有消费者浏览，或销售数字化产品，或通过网上产品信息的发布来推动实体化产品的销售。从市场交易方式的角度来讲，这一阶段也可称为“在线浏览、离线交易”的阶段。

第三个阶段，信息化、数字化、电子化的网络市场。这是网络市场发展的最新阶段，其基本特征是虽然网络市场的范围没有发生实质性的变化，但网络交易方式却发生了根本性的变化，即由“在线浏览、离线交易”演变成了“在线浏览、在线交易”。这一阶段的最终到来取决于电子货币及电子货币支付体系的开发、应用、标准化以及其安全性和可靠性的提升。

时至今日，全球电子商务的交易额依然保持较高的增长速度，尤其是在中国市场上，电子商务发展速度之快、对传统商务模式冲击的力度之大可谓前所未有。

2. 我国网络市场的现状

中华人民共和国商务部电子商务和信息化司发布的《中国电子商务报告2019》显示，2019年全国电子商务交易额达34.81万亿元，其中网上零售额10.63万亿元，同比增长16.5%。实物商品网上零售额8.52万亿元，占社会消费品零售总额的比重上升到20.7%。2019年我国电子商务市场规模持续引领全球，服务能力和应用水平进一步提高。我国网民规模已超过9亿人，互联网普及率达64.5%，电子商务从业人员达5 125.65万人。

从国内市场来看，2019年网络零售对社会消费品零售总额增长的贡献率达45.6%，电子商务在促消费、稳外贸、助扶贫、扩就业，以及带动产业数字化转型等方面做出了积极贡献，成为稳定经济增长和高质量发展的重要动能。

另外，中国互联网络信息中心（China Internet Network Information Center，CNNIC）2020年4月发布的第45次《中国互联网络发展状况统计报告》显示，2020年1—2月，全国实物商品网上零售额同比增长3.0%，实现逆势增长，占社会消费品零售总额的比重为21.5%，比上年同期提高5个百分点。网络消费作为数字经济的重要组成部分，在促进消费市场蓬勃发展方面正在发挥日益重要的作用。

2.2 网络消费者

2.2.1 我国网上用户现状

1. 我国网上用户规模

第45次《中国互联网络发展状况统计报告》显示，截至2020年3月，我国网民规模约达9.04亿人，较 2018 年年底新增 7 508 万人。互联网普及率为 64.5%，较 2018 年年底提升了 4.9 个百分点。

在 2010 年之前，我国的网民规模与互联网普及率一直呈高速增长之势，但近年来，这两项指标的增长率明显下降，均低于 5%。这种变化趋势是由当前我国互联网已经较为普及的现状所决定的，因此未来我国网民规模与互联网普及率的增长会进一步放缓。近年来我国的网民规模与互联网普及率如图 2-2 所示。

图 2-2　近年来我国的网民规模与互联网普及率

资料来源：中国互联网络信息中心发布的第 45 次《中国互联网络发展状况统计报告》。

截至 2020 年 3 月，我国手机网民规模约达 8.97 亿人，较 2018 年年底增加 7 992 万人。2020 年，我国网民使用手机上网的比例高达 99.3%，较 2018 年年底提升 0.7 个百分点。近年来，我国手机网民规模及其占整体网民比例如图 2-3 所示。

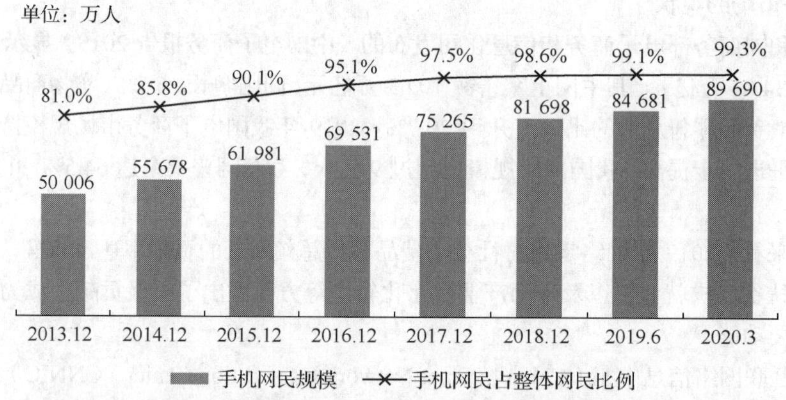

图 2-3　近年来我国手机网民规模及其占整体网民比例

资料来源：中国互联网络信息中心发布的第 45 次《中国互联网络发展状况统计报告》。

统计数据表明，过去几年在手机网民规模激增之后，潜在手机网民已被大量转化，手机网民在整体网民中的占比已接近百分之百，未来由非手机网民向手机网民转化的网络用户将极为有限。但截至 2020 年 3 月，我国非网民用户规模仍高达 4.96 亿人，这其中的相当一部分人拥有手机，因此仍有潜力可挖掘。电商需要依靠创新类移动应用来推动非网民向手机网民转化，以提升手机网民的规模。

2. 我国网上用户结构特征

（1）性别结构。截至 2020 年 3 月，我国网民男女比例为 51.9∶48.1，男性网民比女性网民多 3.8%，男性网民占比略高于总人口中男性比例。与 2019 年 6 月的统计数据相比，我国女性网民所占比例增加

0.5%。总体来说，我国网民的性别比例基本保持稳定。

（2）年龄结构。截至 2016 年 12 月，10～39 岁群体占整体网民的 73.7%。其中，20～29 岁年龄段的网民占比最高，达到 30.3%；10～19 岁、30～39 岁群体的占比分别为 20.2%和 23.2%，较 2015 年年底略有下降。与 2015 年年底相比，10 岁以下低龄群体和 40 岁以上中高龄群体的占比均有上升，互联网继续向这两部分人群渗透。

第 45 次《中国互联网络发展状况统计报告》显示，截至 2020 年 3 月，我国网民中 20～29 岁、30～39 岁群体的占比分别为 21.5%、20.8%，高于其他年龄段群体；40～49 岁网民的占比为 17.6%；50 岁以上网民群体的占比为 16.9%，互联网持续向中高龄人群渗透。截至 2020 年 3 月，我国网民的年龄结构如图 2-4 所示。

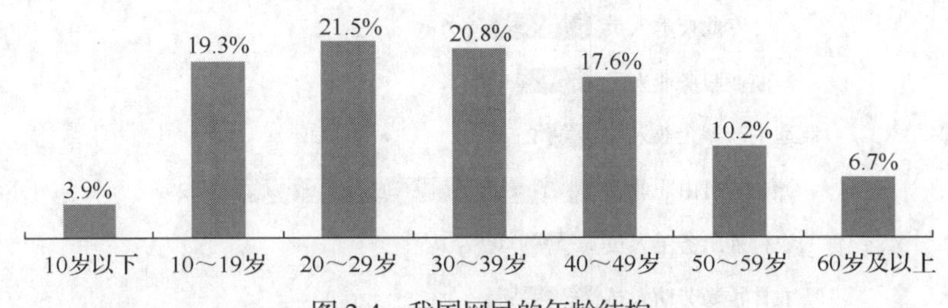

图 2-4　我国网民的年龄结构

资料来源：中国互联网络信息中心发布的第 45 次《中国互联网络发展状况统计报告》。

（3）学历结构。我国网民的学历结构相对稳定。高中和大专以上学历人群中互联网普及率已经达到了较高的水平，尤其是大专以上学历人群的上网比例接近饱和，网民的增长动力来自低学历人群。截至 2020 年 3 月，整体网民中，小学及以下学历人群的占比为 17.2%，初中学历人群占 41.1%，高中/中专/技校学历人群的占比为 22.2%，受过大学专科及以上教育的网民群体的占比为 19.5%。与 2019 年 6 月的统计数据相比，我国网民的学历结构基本稳定。截至 2020 年 3 月，我国网民的学历结构如图 2-5 所示。

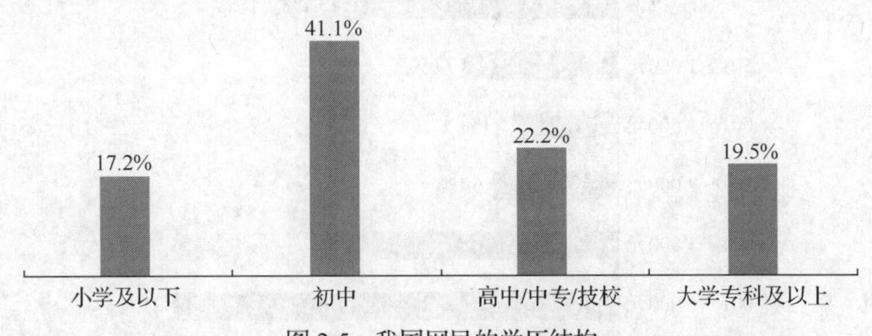

图 2-5　我国网民的学历结构

资料来源：中国互联网络信息中心发布的第 45 次《中国互联网络发展状况统计报告》。

（4）职业结构。截至 2020 年 3 月，在我国网民群体中，学生依然是规模最大的群体，占比为 26.9%。个体户/自由职业者构成了我国网民的第二大群体，占比为 22.4%。企业/公司的管理人员和一般人员的占比为 10.9%。无业/下岗/失业人员的占比为 8.8%。截至 2020 年 3 月，我国网民的职业结构如图 2-6 所示。

（5）收入结构。第 45 次《中国互联网络发展状况统计报告》显示，截至 2020 年 3 月，我国月收入在 5 000 元以上的网民占比较 2016 年 12 月有较大增长，其中月收入（其中，学生收入包括家庭提供的生活费、勤工俭学工资、奖学金及其他收入，农林牧渔劳动人员收入包括子女提供的生活费、农业生产收入、政府补贴等，无业、下岗、失业群体收入包括子女给的生活费、政府救济、补贴、抚恤金、低保等，退休人员收入包括子女提供的生活费、退休金等）5 001～8 000 元的群体的占比为 14.3%，月收入 8 000

元以上的群体的占比为 13.3%，两者合计占比达 27.6%。月收入在 2 001～3 000 元的网民占比下降明显，由 17.7%下降为 11.9%。截至 2020 年 3 月，我国网民的个人月收入结构如图 2-7 所示。

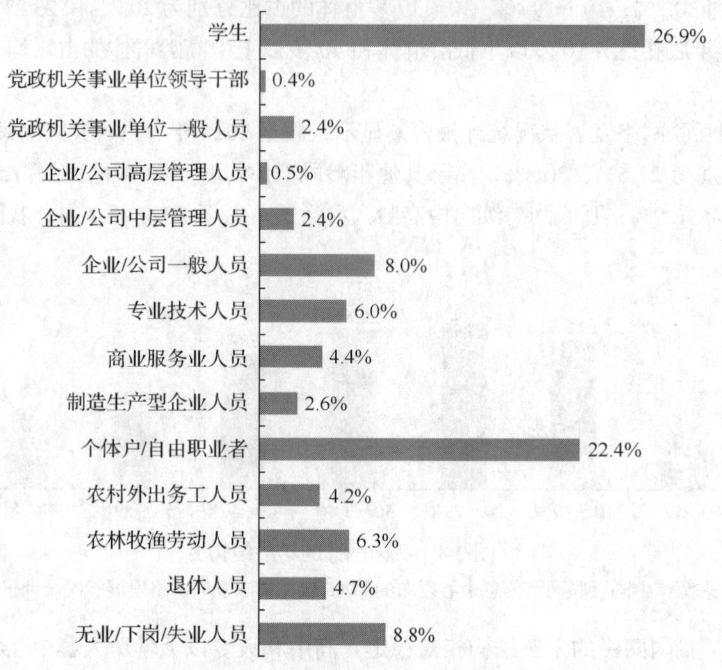

图 2-6 我国网民的职业结构

资料来源：中国互联网络信息中心发布的第 45 次《中国互联网络发展状况统计报告》。

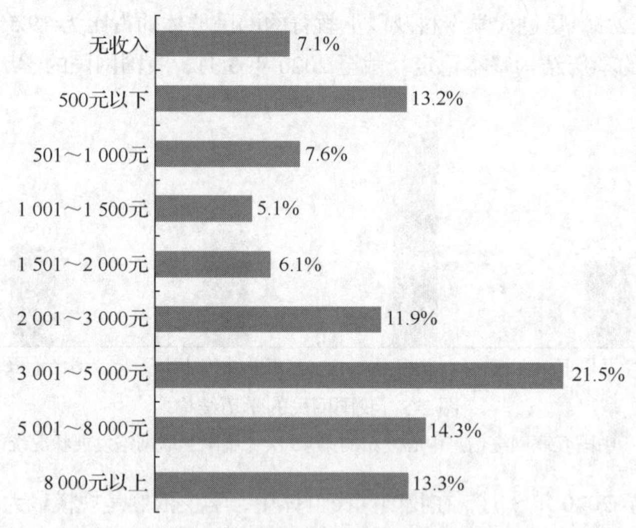

图 2-7 我国网民的个人月收入结构

资料来源：中国互联网络信息中心发布的第 45 次《中国互联网络发展状况统计报告》。

（6）城乡结构。截至 2020 年 3 月，我国农村网民规模为 2.55 亿人，占网民整体的 28.2%，较 2018 年年底增长 3 308 万人；城镇网民规模为 6.49 亿人，占网民整体的 71.8%，较 2018 年年底增加 4 200 万人。我国网民的城乡结构如图 2-8 所示。

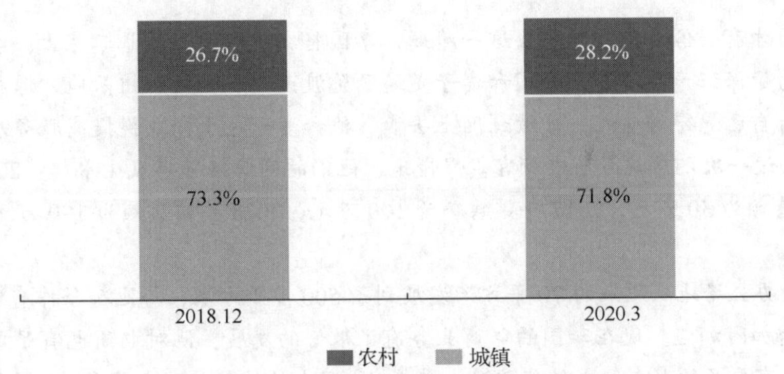

图 2-8 我国网民的城乡结构

资料来源：中国互联网络信息中心发布的第 45 次《中国互联网络发展状况统计报告》。

在互联网普及率方面，与 2018 年年底相比，城乡地区差异缩小 5.9 个百分点。截至 2020 年 3 月，我国城乡互联网普及率分别为 76.5%和 46.2%，分别较 2018 年年底增长 1.9%和 7.8%。我国城乡地区互联网普及率如图 2-9 所示。

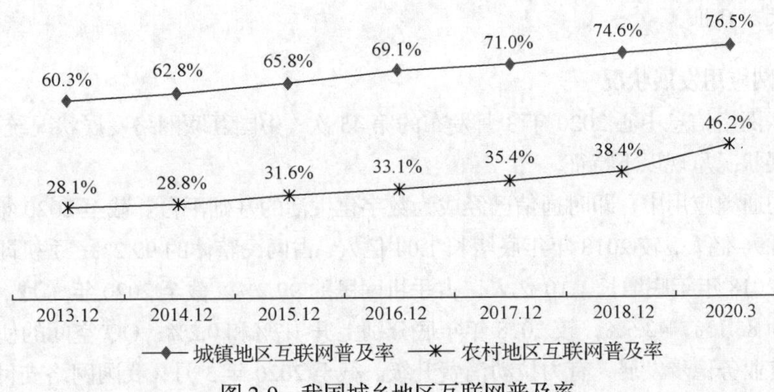

图 2-9 我国城乡地区互联网普及率

资料来源：中国互联网络信息中心发布的第 45 次《中国互联网络发展状况统计报告》。

根据以上统计数据，可见农村地区网民的增长率和互联网的普及率增速均大大超过城镇地区，在城镇地区电子商务日益饱和的背景下，农村地区将成为电商的新热点。事实也的确如此，以阿里巴巴、京东、苏宁等为代表的电商巨头不断发力，开始布局农村市场，并取得了丰硕的成果。与此同时，越来越多的农民开始通过互联网销售农特产品，成为优秀的电商创业者。

阅读资料 2-1 农村走出来的“电商达人”

李国是云南省弥渡县苴力镇白云村人，1998 年从昆明畜牧兽医学校毕业后，一直从事销售工作，先后卖过饲料、蔬菜、百货等。李国说，他接触网络销售比较早，早在 2008 年就曾注册过一个网店，但没有用心经营，没有坚持下来。卖百货时，他大都从网上购买百货，然后到市场上卖，赚取一点差价。长期与网络销售接触后，李国一直在想，为什么人家可以把当地的农副产品放在网上卖，而弥渡很多的土特产品不能在网上卖？2015 年 11 月，在进行了一番深思熟虑和认真学习考察后，李国和妻子在淘宝网上又注册了一家名叫“弥渡特色馆”的网店，开始了他的职业电商之路。

弥渡农副产品的品质很好，但当时由于外地消费者对产品的认知不够，网购邮费过高、速度慢等原因，产品在淘宝网上的竞争力不高。也因此，他们的淘宝店前期客源少，举步维艰。最初一天也没有几份订单，甚至几天才有一份订单。为解决这一难题，李国将突破点放在质量二字上。李国认为，质量就是电商的生命。为了保证产品质量，李国和妻子跑遍了弥渡大大小小的种植基地，像神农尝百草一般亲自品尝验收，只有自己觉得好吃的，才放到网上去卖。他和妻子也十分重视提高服务质量，让消费者满意，一些消费者买过一次之后就成了老顾客。慢慢地，他们的网店经营得风生水起：2015 年销售额为 20 万元，2016 年销售额为 30 万元，2017 年销售额为 100 万元，2018 年销售额为 190 万元，2019 的销售额有望突破 250 万元。

如今，李国的办公场地从原来的 70 平方米发展到了 500 多平方米，与他人合作有了冷库，可以把农产品进行冷藏，增加附加值。现在李国的电商业务有了很好的发展，他对电商也有了更深刻的理解和思考。"真高兴！现在有更多的人在网上销售弥渡土特产品，网上的销售量越来越多，也增加了群众的收入。"李国说，"尽管经过几年的探索，我为弥渡的电商创业者提供了经验，但现在的电商已经日趋成熟，需要不断学习，更需要大家报团取暖、合作共赢。"

当问及下一步打算时，李国说："一方面要保证产品的质量，与种植合作社合作，做好技术指导，保证农产品的质量；另一方面，要以公司的名义注册网店，吸纳更多的农户，将公司做大做强，带领更多群众共同致富。"

资料来源：大理日报。

3. 个人互联网应用发展状况

根据中国互联网络信息中心 2020 年 3 月发布的第 45 次《中国互联网络发展状况统计报告》，我国个人互联网应用发展状况呈现以下特征。

（1）在交流沟通类应用中，即时通信已经成为数字化生活的基础平台。截至 2020 年 3 月，我国即时通信用户规模达 8.96 亿人，较 2018 年年底增长 1.04 亿人，占网民整体的 99.2%；手机即时通信用户规模达 8.90 亿人，较 2018 年年底增长 1.10 亿人，占手机网民的 99.2%。截至 2020 年 3 月，微信朋友圈、微博的使用率分别为 85.1%、42.5%，较 2018 年年底分别上升 1.7%和 0.2%；QQ 空间的使用率为 47.6%。

（2）网络支付业务稳步发展，有力拉动消费升级。截至 2020 年 3 月，我国网络支付用户规模达 7.68 亿人，较 2018 年年底增长 1.68 亿人，占网民整体的 85.0%；手机网络支付用户规模达 7.65 亿人，较 2018 年年底增长 1.82 亿人，占手机网民的 85.3%。移动商务类应用在移动支付的推动下高速发展，手机网上支付、手机网络购物、手机网上银行和手机旅行预订应用的用户规模持续增长。移动商务类应用在互联网中越来越重要。

（3）在休闲娱乐类应用中，网络直播快速崛起，网络视频和网络游戏的用户规模持续增长。截至 2020 年 3 月，我国网络直播用户规模达 5.60 亿人，较 2018 年年底增长 1.63 亿人，增幅约 41.1%。网络直播用户占网民整体的 62.0%。其中在 2019 年兴起并实现快速发展的电商直播用户为 2.65 亿人，占网民整体的 29.3%。在网络视频方面，截至 2020 年 3 月，我国网络视频（含短视频）用户规模达 8.50 亿人，较 2018 年年底增长 1.26 亿人，占网民整体的 94.1%。其中短视频用户较 2018 年年底增长 1.25 亿人，用户规模达 7.73 亿人，已占到网民整体的 85.6%。2019 年，网络视频行业发展进一步规范化，互动视频成为行业热点，平台跨领域合作创造会员服务新生态。在网络游戏方面，截至 2020 年 3 月，我国网络游戏用户规模达 5.32 亿人，较 2018 年年底增长 4 798 万人，手机网络游戏用户规模达 5.29 亿人，较 2018 年年底增长 7 014 万人。

（4）在线教育用户规模大幅增长。截至 2020 年 3 月，我国的在线教育用户规模达 4.23 亿人，较 2018 年年底增长 2.22 亿人，占网民整体的 46.8%；手机在线教育用户规模达 4.20 亿人，较 2018 年年底增长 2.26 亿人，占手机网民的 46.9%。2019 年，教育部门出台多项政策，规范在线教育市场；在线教育企业通过多种方式，推动获客率和营收增长。

2.2.2 网络消费的需求特点和趋势

网络消费是一种全新的消费方式，与传统的消费方式相比，网络消费需求呈现如下的特点和趋势。

1. 回归个性化消费

在早期手工作坊式生产阶段，企业无法对商品进行标准化的大规模批量式生产。在这一时期，消费者获得的商品是定制化的，消费方式属于个性化消费。工业革命之后，机器生产取代了手工生产，现代工厂代替了手工作坊，工业化和标准化的生产方式使得个性化消费被湮没于大量低成本、单一化的商品洪流之中。然而，消费者对个性化消费的追求永远都是客观存在的。互联网的迅速普及以及现代制造技术的高速发展，使得企业满足消费者个性化消费需求成为可能。因此，在网络时代，个性化消费再度成为消费的主流。

2. 消费需求的差异化明显

消费需求的差异是始终存在的，但当前网络消费者之间的需求差异比任何一个时期都要明显。这是因为网络营销没有地域上的界线，消费者可能来自本国市场，也可能来自地球另一端的某一个国家或地区。地域、民族、宗教信仰、收入水平以及生活习俗上的差异造就了网络消费者较大的需求差异。因此，从事网络营销的企业要想取得成功，就必须认真思考这种差异性，应该针对不同消费者的需求差异，采取有针对性的方法和措施。

3. 消费者获取的商品信息更加充分

消费主动性的增强来源于现代社会的不确定性和人类追求心理稳定和平衡的欲望。网络消费者在做出购买决策之前，可以通过互联网主动获取欲购买商品的信息并进行比较，从而做出最佳的购买决策。

4. 对购买方便性的需求与对购物乐趣的追求并存

购买便利性是影响消费者购买行为的一个重要原因。一般而言，消费者的购买成本除了货币成本外，还有体力成本、精力成本等。购物中心无论离消费者有多近，总不及在网上购物方便。网络为消费者提供了便利的交易平台，也促使消费者对便利性有了更高的追求。此外，现代人生活方式的改变，使人与人之间面对面的沟通越来越少，为保持与社会的联系，减少心理孤独感，人们愿意花费大量的时间进行网络社交。因此在网上购物，消费者除了能够满足购物需求，还能排遣寂寞。

5. 价格是影响消费心理的重要因素

互联网经济是直接经济，由于大量中间环节的减少以及销售终端费用的下降，网上销售的绝大多数商品的价格都要低于线下售价，这也是吸引消费者网上购物的重要原因。

6. 网络消费需求的超前性和可诱导性

电子商务构建了一个全球性的虚拟大市场，在这个市场中，最先进和最时尚的商品会以最快的速度与消费者见面。具有创新意识的网络消费者很容易接受这些新商品。从事网络营销的企业应当充分发挥自身的优势，采用多种促销方法，启发、刺激网络消费者的新需求，唤起他们的购买兴趣，诱导网络消费者将潜在的需求转变为现实的需求。

2.2.3 影响网络消费者购买决策的因素

网络消费者的购买决策除了受个人因素，如个人收入、年龄、职业、学历、心理、对网络风险的认知等因素的影响之外，还受到网购商品的价格、购物的便利性、商品的选择范围、商品的时尚性与新颖性等因素的影响。

1. 消费者的个人因素

网上购物与传统购物方式有不同的特点。要实现网上购物，消费者需要一定的软硬件基础，同时也需要消费者具备一定的网络知识。一般来说，年轻的、高学历的、高收入的、对网络风险有着正确认知（受消费者网络知识、学历、职业等因素影响）的消费者更倾向于在网上购物。不过随着网络的不断普及，越来越多的消费者加入了网购的群体。

2. 商品的价格

一般来说，价格是影响消费者心理及行为最主要的因素，即使在今天消费者收入普遍提升的时代，价格的影响仍然是不可忽视的。只要商品价格降幅超过消费者的心理预期，消费者通常就会迅速采取购买行动。网络的开放性和共享性使得消费者可以第一时间方便地获得众多不同商家最新的报价信息，因而在同类商品中价格占优势的商家更能得到网络消费者的青睐。

3. 购物的便利性

购物的便利性是影响网络消费者购物的重要因素之一。这里的便利性是指消费者在购物过程中能够节省更多的时间成本、精力成本和体力成本。当前，拥挤的交通，陈列杂乱无序的购物场所耗费了消费者宝贵的时间和精力，商品的多样化使得消费者眼花缭乱，而假冒伪劣商品又使消费者难以辨别。因此，消费者迫切需要一种全新的、快速而又方便的购物方式，而网上购物恰好适应了消费者的这种需求。网上购物模式下，消费者可以坐在家中与卖家达成交易，足不出户即可获得所需的商品或服务。网上购物顺应了现代社会消费者对便利性的追求，因而为越来越多的消费者所接受。

4. 商品的选择范围

商品的选择范围也是影响消费者购物的重要因素。在网络平台上，消费者挑选商品的范围大大拓展。网络为消费者提供了多种搜索工具，借助搜索工具，消费者可以方便快速地获得所需商品的信息，通过比较和分析，消费者很容易做出最终的购买决策。

5. 商品的时尚性与新颖性

追求商品的时尚性与新颖性是许多网络消费者重要的购买动机。这类消费者特别重视商品的款式、格调和流行趋势。他们是时髦的服饰、新潮的数码商品的主要购买者。因此，时尚、新颖的商品更能激发这类网络消费者的购买欲望。

阅读资料 2-2 我国网络消费者购买行为的特征

1. 购买者多而分散

消费涉及每一个人和每一个家庭，购买者多而分散。因此，消费者市场是一个人数众多的市场。消费者所处的地理位置各不相同，闲暇时间不一致等，造成了购买地点和购买时间的分散性。

2. 购买量少，多次购买

消费者的购买行为是以个人和家庭为购买和消费单位的。由于受到消费人数、需要量、购买力、储藏地点、商品保质期等诸多因素的影响，消费者为了保证自身的消费需要，购买时往往批量小、批次多，购买频繁。

3. 购买行为差异性大

消费者受年龄、性别、职业、收入、文化程度、民族、宗教等影响，其需求有很大的差异性，对商品的要求也各不相同。而且随着社会经济的发展，消费者的消费习惯、消费观念、消费心理等不断发生变化，从而导致消费者的购买行为差异性大。

4. 大多属于非专家购买

绝大多数消费者缺乏相应的专业知识、价格知识和市场知识，尤其是对某些技术性较强、操作比较复杂的商品，更显得专业知识缺乏。因此很容易受广告宣传、商品包装、装潢以及其他促销行为的影响，产生购买冲动。

5. 购买行为流动性强

消费者在购买时必然会慎重选择，加之在市场经济比较发达的今天，人口在地区间的流动性较强，因而消费者购买行为的流动性也很强，消费者经常在不同商品、不同地区及不同企业之间流动。

6. 购买行为具有周期性

有些消费者需要常年购买、均衡消费，如食品、副食品、牛奶、蔬菜等生活必需商品；有些消费者需要按季节购买或按节日购买，如一些时令服装、节日消费品；有些消费者需要等商品的使用价值基本消费完毕才重新购买，如电话与家用电器。这就表明消费者的购买行为有一定周期性。

7. 购买行为具有时代特征

消费者常常受到时代精神、社会风俗的影响，从而对消费产生一些新的需要。例如，亚太经合组织第九次领导人非正式会议以后，唐装成为时代的风尚，随之流行起来。又如，社会对知识更加重视，对人才的需求量增加，使人们对书籍、文化用品的需要明显增加。这都显示出消费者购买的行为具有时代特征。

8. 购买行为具有发展性

随着社会的发展和人民消费水平、生活质量的提高，消费需求也在不断向前推进。过去人们只要能买到商品就行了，现在追求品牌；过去少有人问津的高档商品如汽车等，现在有人消费了；过去消费者自己承担的劳务，现在可以由劳务从业人员承担了；等等。这些新的需求不断产生，而且是永无止境的，这表明消费者的购买行为具有发展性。

资料来源：新浪博客。

2.2.4 网络消费者的购买行为过程

网络消费者的购买行为过程

与线下购买行为类似，网络消费者的购买行为在实际购买之前就已经开始，并且延长到购买后的一段时间，有时甚至是一个较长的时期。具体的购买行为过程大致可分为诱发需求、收集信息、比较选择、购买决策和购后评价等不同的阶段。

1. 诱发需求

消费者购买行为的起点是诱发需求，这种需求是在内外因素的刺激下产生的。传统的营销理论认为，诱发需求的因素是多方面的：有人体内部所形成的生理刺激，如冷暖饥渴等，也有外部环境所形成的心理刺激等。

对于网络营销来说，诱发需求的动因只能局限于视觉和听觉。文字的表述，图片、声音的配置成为诱发网络消费者购买的直接动因。从这方面来讲，网络营销想吸引消费者具有相当高的难度。这就要求从事网络营销的经营者注意了解与自己商品有关的实际需求和潜在需求，了解在不同时间段消费者产生这些需求的程度，了解这些需求是由哪些刺激因素诱发的，进而采取相应的促销手段去吸引更多的消费者，诱导他们的需求。

2. 收集信息

需求被唤起之后，每个消费者都希望自己的需求能得到满足。所以，收集信息、了解行情成为消费者购买过程的第二个阶段。在这个阶段消费者的主要工作就是收集商品的有关资料，为下一步的比较选择奠定基础。

消费者在网上购买的过程中，主要通过互联网收集商品信息。与传统购买方式不同，消费者在网上进行购买信息的收集具有较大的主动性。一方面，消费者可根据已了解的信息，通过互联网跟踪查询；另一方面，消费者又在网上浏览中寻找新的购买机会。

3. 比较选择

比较选择是购买过程中必不可少的阶段。消费者对通过各种渠道收集而来的资料进行比较、分析、研究，从而了解各种商品的特点及性能，从中选择最为满意的一种。一般来说，消费者的综合评价主要考虑商品的功能、质量、可靠性、样式、价格和售后服务等。通常，消费者对一般消费品和低值易耗品较易选择，而对耐用消费品的选择比较慎重。

网上购物不直接接触实物，因此网络消费者对商品的比较主要依赖于企业对商品的描述，包括文字的表述、图片的展示和视频的介绍等。企业对自己的商品描述得不充分，就不能吸引众多的消费者。如果过分夸张地描述，甚至带有虚假的成分，则可能永久地失去消费者。对这种分寸的把握，是每个从事网络营销的企业都必须认真考虑的。

4. 购买决策

网络消费者在完成对商品的比较选择后，便进入购买决策阶段。购买决策是指网络消费者在购买动机的支配下，从两件或两件以上的商品中选择一件满意商品的过程。

购买决策是网络消费者购买活动中最主要的组成部分，基本上反映了网络消费者的购买行为。与传统购买方式相比，网络消费者的购买决策有许多独特之处。一方面，网络消费者理智动机所占比重较大，而感情动机的比重较小，这是因为消费者在网上寻找商品的过程本身就是一个思考的过程。网络消费者有足够的时间仔细分析商品的性能、质量、价格和外观，从而从容地做出自己的选择。另一方面，网上购买受外界影响较小。消费者通常是独自上网浏览、选择，受身边人的影响较小。因此，网上购物的决策较之传统的购买决策要快得多。

网络消费者在决定购买某种商品时，一般必须具备 3 个条件：第一，对企业有信任感；第二，对支付有安全感；第三，对商品有好感。所以，树立企业形象，提升支付的安全保障，改善商品物流方式以及全面提高商品质量，是每个参与网络营销的企业必须重点抓好的 4 项工作。

5. 购后评价

消费者购买商品后，往往通过使用对自己的购买行为进行检验和反省，重新考虑这种购买是否正确、效用是否满意、服务是否周到等问题。这种购后评价往往决定了消费者今后的购买动向。

练习题

一、单选题

1．网络市场发展的第一个阶段是（　　）。

A．生产者内部的网络市场

B．国内的、全球的生产者网络市场和消费者网络市场

C．信息化、数字化、电子化的网络市场

D．以上均不正确

2．2019 年，全国电子商务交易额达（　　）万亿元。

A．30.2　　B．33.6　　C．34.81　　D．35.7

3．截至（　　），我国手机网民规模达 8.97 亿人。

A．2018 年 12 月　　B．2019 年 6 月　　C．2019 年 12 月　　D．2020 年 3 月

4．在以下个人互联网应用中，发展最快的是（　　）。

A．网络视频　　B．网络支付　　C．在线教育　　D．网络游戏

5．以下哪一项不属于网络消费的需求特点？（　　）

A．价格是影响消费心理的重要因素

B．对购买方便性的需求与对购物乐趣的追求并存

C．消费需求的差异化明显

D．消费者需求逐渐趋同

二、多选题

1．下列有关我国网上用户结构特征的描述，正确的有（　　）。

A．在网民群体中，女性占比比男性占比高 3.8 个百分点

B．截至 2020 年 3 月，我国网民中 20～29 岁、30～39 岁群体分别占 21.5%、20.8%，高于其他年龄段群体

C．与 2019 年 6 月的统计数据相比，当前我国网民的学历结构发生了较大变化

D．截至 2020 年 3 月，在我国网民群体中，个体户/自由职业者构成我国网民的最大群体

E．农村地区网民的增长率和互联网的普及率增速均超过城镇地区

2．针对我国网民的月收入统计中，以下哪些项目被记录在列？（　　）

A．学生的勤工俭学工资　　B．农林牧渔劳动人员的农业生产收入

C．家庭提供给学生的生活费　　D．政府对无业、下岗、失业群体的救济

E．退休人员的退休金

3．网络市场通过（　　）等因素之间相互作用的机理，促使资源实现全社会合理流动。

A．供求　　B．价格　　C．渠道

D．竞争　　E．风险

4．网络消费者在决策购买某种商品时，一般必须具备哪 3 个条件？（　　）

A．对物流有信任感　　B．对企业有信任感

C．对支付有安全感　　D．对自己的判断力有信心

E．对商品有好感

5．网络消费者的购买行为过程包括（　　）。

A．诱发需求　　B．收集信息　　C．比较选择

D．购买决策　　E．购后评价

三、判断题

1．电子商务在促消费、稳外贸、助扶贫、扩就业，以及带动产业数字化转型等方面做出了积极贡献。（　　）

2．根据近年来的发展情况，未来我国网民的规模与互联网普及率会进一步增加。（　　）

3．在城镇地区电子商务日益饱和的背景下，农村地区将成为电商的新热点。（　　）

4．电商需要依靠创新类移动应用来推动非网民向手机网民转化，以扩大手机网民的规模。（　　）

5．移动商务类应用在移动支付的推动下高速发展，手机网上支付、手机网络购物、手机网上银行和手机旅行预订应用的用户规模持续扩大。（　　）

6．网络为消费者提供了便利的交易平台，也使消费者对便利性有了更高的追求。（　　）

7．随着网络消费者个性的回归，价格已经不再是消费者主要考虑的因素了。（　　）

8．网络市场对企业生产经营活动有直接导向作用。（　　）

9．网络消费者主动性的增强来源于现代社会的不确定性和人类追求心理稳定和平衡的渴望。（　　）

10．网上购买决策是指网上消费者在购买动机的支配下，从两件或两件以上的商品中选择一件满意商品的过程。（　　）

四、简答及论述题

1．从网络市场交易的方式和范围看，网络市场经历了哪3个发展阶段？

2．网络市场的功能主要体现在哪几个方面？

3．试论述网络消费的需求特点和趋势。

4．试论述网络消费者的购买行为过程。

5．试论述影响网络消费者购买决策的主要因素。

童装品牌“NATUNAKIDS纳桔”的快速崛起

从法语专业毕业后，张艳加入了外交部援建项目组。当她带着公文包奔波在坦桑尼亚、安哥拉、刚果（布）的烈日下时，于楠刚从清华建筑系毕业，背着画板，在阿根廷、朝鲜、蒙古国等边旅行边工作，寻找创作灵感。

两个拥有完全不同人生轨迹的人，最终因淘宝走在一起。2014年10月，回国后的张艳和于楠在上海酝酿成立了童装品牌“NATUNAKIDS纳桔”（以下简称“纳桔”）。

“纳桔”定位在中高端消费人群，夏装单价集中于80～200元。有意思的是，“纳桔”客单价却高达500～700元。日均客流中，老客户占八九成。

“熊孩子经济”，先搞定妈妈

张艳曾任多家跨国公司的市场部高管，而于楠曾就职于路易威登，她们是典型的一、二线城市中产阶级高知白领。因此，她俩决定做童装品牌时，很自然地圈定了这部分妈妈人群。

这部分妈妈大都是“80后”“90后”，有足够的消费能力，且对品牌、品质有较高要求。而国内大多数童装品牌偏于大众化，定位中低端，因此她们常常通过代购国外的高端童装品牌来满足需求。她们普遍面临的痛点是小孩身体长得快，童装穿着时间短，代购的时间成本和价格较高。

从她们的消费习惯出发，张艳认为，消费升级其实就是消费分化，品牌定位和人群更加细分和精准。“纳桔”要做的就是让妈妈们买到品质稳定、性价比高的独立设计的童装。

从2017年开始，“纳桔”每周按照同一风格、同一品类上新，每次至少5款，以便妈妈们做出最理智的选择。为了减少库存风险，张艳紧跟消费者数据对现货进行限量上新，基础款定量400～500件，设计款则约为200件，部分款式甚至采用预售模式。

“纳桔”的第一批粉丝，来自一次失败的产品经历。因为经验不足，“纳桔”生产的第一批产品存在细节瑕疵，因此两人决定通过微博免费派送。没想到，收到衣服的妈妈们并不觉得有何缺陷，反倒对张艳两人对品质的高要求印象深刻。

从最初的100个粉丝开始，“纳桔”不断向粉丝讲述品牌故事，输送价值观，并通过建群沉淀了一批精准用户。

“‘纳桔’不似一般童装品牌从童趣、童真、可爱着手，而是融入了‘留住传统手工艺’‘公平贸易’

‘留白教育’‘自然从容’等许多契合当下中产高知妈妈们的价值观和世界观。”张艳说。

良好的粉丝基础，让“纳桔”在产品设计上几乎从不追求潮流趋势。“纳桔”的粉丝们有自主意识和独立人格，清晰地知道自己想要什么。为搞定这些妈妈们，“纳桔”直接从粉丝社群运营中获取灵感，并直接为产品服务。张艳介绍，虽然目前粉丝人数不多，但异常活跃，她可以直接在群里询问其对款式和材质是否满意，并立马得到直接反馈。

设计师品牌也可以有高性价比

虽然定位为设计师品牌，但“纳桔”的产品结构及款式颇为平实。从材质上看，“纳桔”的产品共分为有机棉、丝绵、羊毛、羊绒 4 个品类。从产品结构上看，“纳桔”坚持基础线和设计线“两条腿走路”，其中普通简洁的夏季 T 恤、短裤等基本款占到七成以上；设计款则更注重仪式感，如每年新年推出的红丝绒系列、庆六一纱裙系列和夏天的纯手工编织衣物等。

虽然对于基础款设计师来说发挥空间有限，产品容易被复制，无法形成清晰的品牌定位和品牌形象，而且毛利通常不高，但有意思的是，这样的产品结构反倒促成了“纳桔”的高客单价，而易搭配、替换性强是主要原因。

对此，张艳的解释是：“设计师语言有时候太自我，但这并不是从消费者的真正需求出发。‘纳桔’没有品牌包袱，不会拘泥于国内环境的审美，也不介意挖掘最基础的需求。”

通过内容生产，服装产品正在成为“纳桔”品牌与消费者建立沟通的有效媒介。每年年初，张艳都会进行全年的产品策划，并辅以系列主题。张艳介绍，一般情况下，主题先行，文案在后，最后完成视觉创作和照片拍摄，这些步骤很难标准化，但都始终聚焦于服务内容本身。

虽然团队目前只有 5 人，但“纳桔”坚持从源头做起，将设计、打版、初样、面料及大货生产全链路牢牢抓在自己手中。相比那些将各个环节都交给工厂的商家，“纳桔”的整个周期要长2～3 个月，而且试错成本高。

但对于初创品牌来说，张艳清楚搭建供应链的重要性。最开始，“纳桔”的供应链资源来自此前于楠在服装领域的积累。之后，张艳针对性地跑展会，接触大量面料及生产供应商，甚至远赴青海、新疆等地探索新的工艺。而为了追求材质，保持高性价比，“纳桔”目前的策略是牺牲部分利润空间，先做品牌。

资料来源：天下网商。

思考讨论题

试从网络消费需求的角度分析童装品牌“纳桔”为何成功。

第3章 网络营销调研

本章导读

网络营销调研是企业开展网络营销的首要任务，它为将要开展的所有网络营销活动奠定基础。本章在介绍网络营销调研的内涵与优劣势的基础上，讲述了网络营销调研的过程及网络营销调研的方法。通过对本章的学习，读者可以全面掌握网络营销调研的流程和方法。

知识结构图

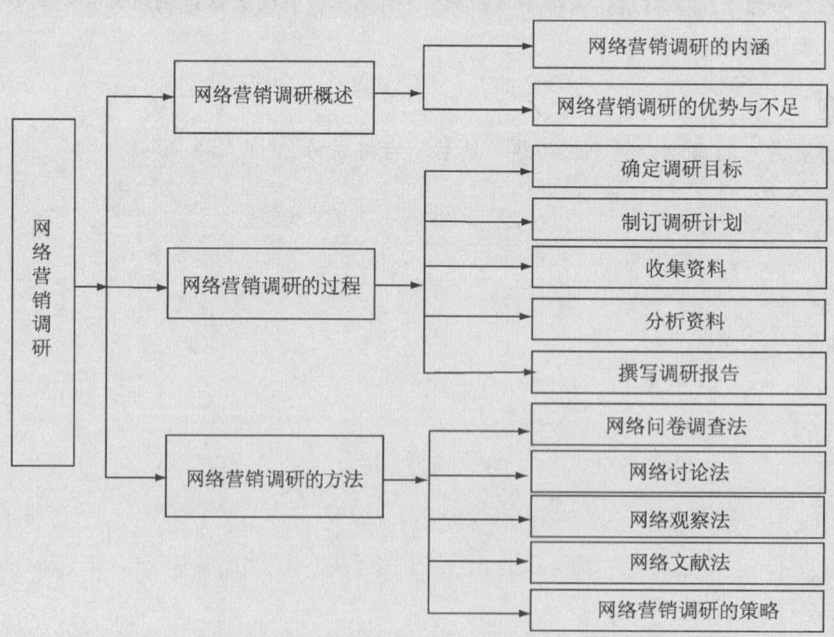

开篇案例

用调研打造"行业第一"

2019年第三季度，笔记本电脑线上市场份额京东占比达到了75%，也就是说线上每售出4台笔记本电脑，就有3台来自京东。这既是京东计算机数码"行业第一"实力的证明，更是用户对京东信任的体现。

这一切都离不开京东用户直连制造商（Customer to Manufacturer，C2M）对用户需求的探索。早在C2M的摸索阶段，京东就以"用户深访"的形式对不同行业的用户需求进行调研，发现了上班族和游戏玩家对笔记本电脑的不同需求点。在2019年"820京东电脑数码超级品类日"当天，京东笔记本电脑成交额1分钟破亿元，中高端游戏本销量是去年同期的195%。目前轻薄本和游戏本在京东的销量占比已经达到了95%。

对于京东来说，用户才是最好的产品经理，除了开拓细分市场，京东更是从细节入手，不断为用户打造"爆款"产品。在产品设计上，京东挖掘用户的每一个需求点，反向推动品牌厂商创造研发。依托京东大数据，用户在选购、下单、收货、评价反馈的每一步都成了京东的评估参数，用户浏览哪种规格的产品较多，用户在页面停留时间的长短都关乎着"用户喜好"。

京东还将用户喜好传达给品牌厂商，助推"爆款"笔记本电脑的诞生。例如，联想拯救者Y7000P便是由京东C2M反向定制打造的一款"现象级"爆款产品。2019年"6·18"期间，拯救者Y7000P在京东"一发即红"，首发5分钟内5 000台存货便被抢购一空。在联想的全力调配下，其最终销售量达到了10 000台，这足以彰显消费者对其的喜爱。

除联想拯救者Y7000P外，京东C2M还打造了诸如惠普战66轻薄本、雷神911游戏本、戴尔暗影精灵系列游戏本等爆款产品。

资料来源：一家独大，2019年第三季度京东笔记本电脑线上占比近八成. CIVMO新闻。

3.1 网络营销调研概述

互联网作为一种新的信息传播媒体，因其高效、快速与开放为企业开展营销调研提供了一条便利途径。通过网络开展营销调研可以有效地提高调研的效率，因此，目前营销调研中网络营销调研的比重越来越高。

3.1.1 网络营销调研的内涵

网络营销调研是指企业通过互联网开展收集市场信息、了解竞争者的情报及调查消费者对产品服务的意见等市场调研活动，以此为企业网络营销决策提供数据支持和分析依据。网络营销调研包含对信息的判断、收集、记录、分析、研究和传播等活动，其工作对象是网络市场信息，且直接为网络市场营销服务。与传统的市场调研相同，网络营销调研主要在于探索市场可行性，分析不同地区的销售机会和潜力，研究影响销售的各种因素，如产品竞争优势、目标消费者心态、市场变化趋势以及广告监测、广告效果研究等方面的问题。

网络营销调研的主要内容如下。

1. 消费者的需求特征

网络消费者的需求特征，特别是需求及其变化趋势调查是网络营销调研的重要内容。利用互联网了解消费者的需求状况，首先要识别消费者的个人特征，如地址、性别、年龄、职业等。为鼓励消费者填答问卷和保护隐私信息，企业在调查中要采取一些技巧，从侧面了解、印证与推测有用的信息。

2. 企业产品或服务的信息

企业可通过网络营销调研了解企业当前所提供的产品或服务的市场地位、消费者反应等，将其与消费者需求相对比，找出差距。企业现有产品或服务的相关信息包括产品供求状况、市场容量、市场占有率、消费者满意度、产品或服务销量变化、消费者建议等。

3. 目标市场信息

目标市场信息主要包括市场容量、产品供求形势、销售份额、市场开发潜力、市场存在的问题、竞争格局等。

4. 竞争对手及其产品信息

竞争对手分析主要包括分析竞争对手是谁、实力如何、竞争策略是什么、网络营销战略定位、发展潜力等，关于竞争产品则主要了解产品的市场占有率、广告手段、消费者满意度、销量变化等。收集此类信息的途径主要有访问竞争者网站，收集竞争者网上发布的信息，从其他网站摘录竞争者信息，从有关新闻报道或电子公告中获取竞争对手信息等。

5. 市场宏观环境信息

企业在做重大网络营销决策时，必须对市场宏观环境进行分析，包括政治、法律、经济、文化、地理、人口、科技等各个方面。该类宏观信息可以通过相应的网站或有关书刊获取。例如，政府信息可以通过一些政府网站或网络内容提供商（Internet Content Provider，ICP）网站查找。

此外，企业还应该根据实际情况了解合作方、供应商、中间商等相关信息。

3.1.2 网络营销调研的优势与不足

网络营销调研是企业通过互联网开展的调研活动，因而与传统市场调研相比，具有较为显著的差异，其中既有优势，也有不足。

1. 网络营销调研的优势

概括来讲，网络营销调研主要具有以下几个方面的优势。

（1）经济、高效。企业进行网络营销调研时是不受时空限制的，不需要派出专人开展实地调查，仅在网络上即可完成。而且信息的收集和录入也是通过网上用户的终端直接完成，大大提高了市场调研的工作效率。

（2）准确、及时。传统的营销调研方式中，受访者多是被拦截或抽取到的，在回答问题时相对被动。而网络营销调研的受访者多数是对问卷内容感兴趣的人，回答问题时更可能是经过认真思考和亲身体验的。因此，网络营销调研的结果相对真实可靠。同时，由于信息在网络上传递十分迅速，网络营销调研可以保证企业及时获得调研信息。

（3）易于接受。美国的唐纳·米切尔（Donna Mitchell）教授曾对网络营销调研与传统调研的效果进行对比研究，结果表明，受访者认为网络调研更重要、更有趣、更愉快、更轻松。在网络营销调研中，他们愿意回答更多的问题，而且反馈的信息更坦白。此外，网络营销调研使用匿名提交的方法，可以更好地为受访者保密，使得受访者更加易于接受此类调研。

2. 网络营销调研的不足

除了以上优势，网络营销调研还存在着一些不足。

（1）覆盖范围受限。网络营销调研的覆盖范围是指网络营销调研对象占调研目标总体的比率。其中，目标总体是调研所涉及的总体对象，网络营销调研对象是指普通网民。但在某些时候、某些地方，调研可能会因网络不普及而使调研覆盖范围受限。

（2）对象缺乏代表性。上网者通常有年轻化、城市化等特征，这使得网络营销调研对象难以具有真正的代表性。网络营销调研受网上受众特征的限制，其调查结果一般只反映网民中对特定问题有兴趣的人群的意见，它所能代表的群体可能是有限的。所幸当前网民数量正在持续增加，且增长速度迅猛，这使得网络营销调研有了获取更多参与者的可能。但网络营销调研仍要看具体的调查项目和受访者群体的定位，如果网络上受访者的规模不够大，就意味着该项目不适合在网络上进行调查。

（3）过程难控制。网络营销调研较多采用网络问卷的方式进行。由于网络的虚拟性，调研人员很难控制调研过程，如无法防止调研对象以外的人填写调研问卷等，而这些问题可能带来调研结果的偏差。

由于网络营销调研存在以上不足，并非所有的营销调研都可以只通过互联网来实现，所以营销管理者在进行市场调研之前要先考虑调研范围是否适用网络营销调研。

3.2 网络营销调研的过程

与传统营销调研一样，网络营销调研应遵循一定的方法和步骤，才能保证调研质量。通常，网络营销调研的实施过程如下。

3.2.1 确定调研目标

明确调研问题和调研工作所要达到的目标是网络营销调研的首要任务。调研目标既不可过于宽泛，也不能过于狭窄，要明确地界定调研目标并充分顾及网络调研成果的实效性。在确定调查目标时，企业要应考虑企业的消费者或潜在消费者是否上网，企业的网络消费者群体规模是否足够大，网络消费者群体是否具有代表性等一系列问题，以保证网络营销调研结果的有效性。

3.2.2 制订调研计划

网络营销调研的第二个步骤是制订可行的营销调研计划，包括确定资料来源、调研对象、调查方法、调查手段等。网络营销调研计划的制订者及相关管理者必须具有丰富的营销调研知识，以便全面周密地策划与审批调研计划，预测调研结果。

具体来讲，网络调研计划应包含以下几个方面。

第一，要考虑为实现调研目标需要哪些类型的资料，是一手资料还是二手资料。

第二，要确定营销调研的对象。网络营销调研的对象，主要分为企业面向的消费者或潜在消费者、企业的竞争对手、企业的合作者和行业内的中立者4类，前两类是调研中经常选择的对象。

第三，要选用恰当的调查方法。在企业网络营销调研过程中，经常使用的方法有网络问卷调查法、网络讨论法、网络观察法、网络文献法等。同时，还要选择相应的调研手段。网络调研经常借助的调研手段有网络问卷、计算机辅助电话调查系统及网络调研软件系统等。

第四，还应确定抽样方案，包括抽样单位、样本规模及抽样程序等。抽样单位是抽样的目标总体。样本规模则涉及调研结果的可靠性，因此样本数量需足够大，并包括目标总体范围内所能发现的各类样本。而在制定抽样程序时，应尽量采用随机抽样。

第五，应规划好调研的进度并做好经费预算。调研者需事先对调研成本进行估算，将各项开支逐条列出，以避免产生额外的支出。

3.2.3 收集资料

网络通信技术的迅速发展，使信息搜集变得非常简单。在传统的调研过程中，调研者需整理纸质问卷，手工录入数据；而在网络营销调研中，企业只需将访问者反馈的信息进行下载、归类，或直接从网上下载相关数据即可。

3.2.4 分析资料

在网络营销调研中，信息分析非常重要，它直接关系到信息的使用和企业的决策。调研者如何从数据中提炼与调查目标相关的信息，会直接影响最终的调研结果。这一阶段调研者需要具有耐心细致的工作态度，善于归纳总结，去粗取精，去伪存真。同时，分析资料时还需要掌握相应的数据分析技术和借助先进的统计分析工具。常用的数据分析技术包括交叉列表分析、概括分析、综合指标分析和动态分析等，而目前国际上较为通用的分析软件有 SPSS、SAS 等。

即时性是网络信息的一大特征，因此提高对信息的分析能力，有利于企业在快速变化的市场中捕捉商机，获得竞争优势。此外，调研者还应对调研结果进行事后追踪与调查，以进一步确保网络营销调研的准确性与完善性。

3.2.5 撰写调研报告

撰写调研报告是整个网络营销调研活动的最后阶段。调研报告一般包括标题、摘要、目录或索引、正文、结语、附录等部分。

1. 标题

标题是对调研报告本质内容的高度概括。一个好的调研报告，其标题不仅能直接反映报告的核心思想和基本内容，还会因为它揭示的深刻内涵引发读者强烈的阅读欲望。所以，标题要开宗明义，做到直接、确切、精练。

2. 摘要

摘要是对本次网络营销调研情况的简明扼要的说明，主要用高度概括的语言介绍此次调研的背景、目的、意义、内容、方法和结论等。

3. 目录或索引

调研报告如果内容较丰富，页码较多，从方便阅读对象的角度出发，应当使用报告目录或索引，将报告文本的主要章、节、目及附录资料的标题列于报告之前，在报告目录中写明章、节、目的标题及号码和页码。

4. 正文

正文是调研报告陈述情况、列举调查材料、分析论证的主体部分。在正文部分，报告必须真实、客观地阐明全部有关论据，包括从问题的提出到引出的结论、论证的全部过程及其与之相联系的各种分析研究的方法。

此外，正文的内容结构也要精心安排，基本要求是结构严谨、条理清楚、重点突出。要做到这一点，就要将调查得到的数据、材料、图表、观点等进行科学分类和做符合逻辑的安排。

5. 结语

结语是调研报告的结束部分，没有固定的格式。一般来说，这部分内容是对正文的概括和归纳，是对调研报告主要内容的总结。有的结语会强调报告所论及问题的重要性，以提示阅读者关注；有的会提出报告中尚未解决的问题，以引起重视；有的则和盘托出解决问题的办法、建议或措施。无论是哪种结语，其结论和建议与正文的论述要紧密对应，不要重复，以免画蛇添足。

6. 附录

附录是对正文内容的必要补充，是用以论证、说明或进一步阐述正文内容的某些资料，如调查问卷、调查抽样细节、原始资料的来源、调研获得的原始数据图表（正文一般只列出汇总后的图表）等。

撰写调研报告不应简单堆砌数据和资料，而应在科学分析数据后，整理得出相应的有价值的结果，为企业制定营销策略提供依据。在撰写调研报告前，要先了解报告阅读者希望看到的报告形式及期望获得的信息。调研报告要清晰明了、图文并茂。在写作的过程中还要注意语言规范，不能太过口语化，以免阅读者对调研报告的准确性产生怀疑。

3.3 网络营销调研的方法

网络营销调研的方法主要有网络问卷调查法、网络讨论法、网络观察法和网络文献法等。其中，前3种方法多用于网络一手资料的获取，而网络文献法多用来收集二手数据。在网络营销调研过程中具体采用哪种方法来收集数据资料，还要根据实际调查的目的和需要而定。

3.3.1 网络问卷调查法

网络问卷调查法

网络问卷调查法在网络营销调查中应用最为广泛。网络问卷调查法是调查者将其所要获取的信息设计成调查问卷在网上发布，让访问者通过网络填写问卷并提交的一种调查形式。

调查问卷一般包括卷首语、问题指导语、问卷的主体及结束语 4 个组成部分。其中，卷首语用来说明由谁执行此项调查、调查目的和调查意义。问题指导语即填表说明，用来向受访者解释怎样正确地填写问卷。问卷的主体包括问题和选项，是问卷的核心部分。问题的类型分为封闭型问题（问题后有若干备选答案，受访者只需在备选答案中做出选择即可）、开放型问题（只提问题，不设相关备选答案，受访者有自由发挥的空间）和半封闭型问题（在采用封闭型问题的同时，再附上开放型问题）3 类。结束语用来表示对受访者的感谢，或承诺提供一些奖品、优惠等。

网络调查问卷的发布是将设计好的问卷通过一定的方式在网上发布，让受访者了解并参与调查。常见的发布方式有以下几种。

1. 网站（页）发布

网站（页）发布即将设计好的问卷放在网站的某个网页上，这要求问卷要有吸引力并易于回答。发布方法可以是在网站上添加调查问卷的标志或链接文字，使访问者通过单击链接进入问卷页面，并完成问卷的填写。例如，华为在其官网的花粉俱乐部发布了调查问卷链接，以供访问者填写，如图 3-1 所示。

2. 弹出式调查

调查者在网站上设计一个弹出窗口，当访问者进入网站时，自动弹出窗口，请求访问者参与网上调查。若访问者有兴趣参与，单击窗口中的“是”按钮，就可以在新窗口中填写问卷并在线提交。调查者可以在网站上安装抽样软件，按一定的抽样方法自动抽取受访者。这类似于传统调查中的拦截式调查（经常访问者被拦截抽中的可能性要大于偶尔访问者），并且可采用跟踪文件的方式避免访问者重复填写问卷。

3. E-mail 调查

E-mail 调查是将问卷直接发送到受访者的个人电子邮箱中，让受访者主动参与调查，填写并回复邮件。这类似于传统调查中的邮寄问卷调查，需要调查者收集目标群体的电子邮箱地址作为抽样样本。该类调查的不足之处在于，问卷以平面文本格式为主，无法实现跳答、检查等较复杂的问卷设计，并且抽样的完备性和问卷的回收率较难保障，这将影响问卷调查的质量。

图 3-1 所示为华为荣耀智能设备使用用户问卷调研发布页面。

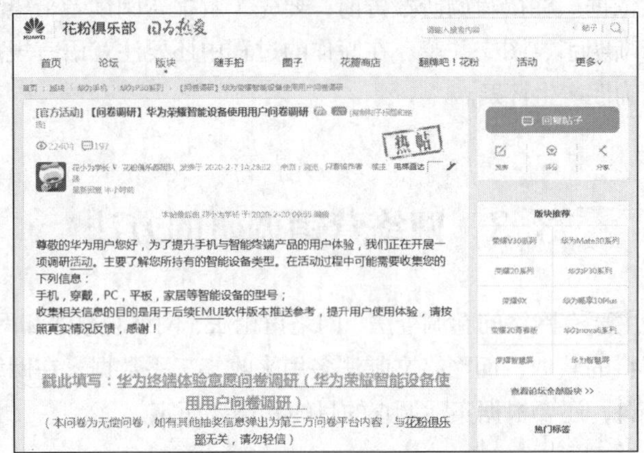

图 3-1　华为荣耀智能设备使用用户问卷调研发布页面

4. 讨论组调查

讨论组调查是指在相关的讨论群组中发布问卷，邀请受访者参与调查。该调查也属于主动型调查，但在新闻组和电子布告栏系统（Bulletin Board System，BBS）上发布时，应注意调查的内容与讨论组主题的相关性，否则容易引发受访者的反感或抵制情绪，从而无法完成调研。

5. 专业的问卷调查平台

专业的问卷调查平台功能强大，能够为用户提供全面的问卷调查解决方案，提供的服务包括问卷设计、问卷发布、数据采集、统计分析、生成报表和报告等。例如，问卷网提供多种精品调查问卷模板，支持微信、微博、QQ 等多种发布模式，能自动生成专业的分析报告。问卷网的市场调研模板如图 3-2 所示。

图 3-2　问卷网的市场调研模板

再如，问卷星提供大量问卷调查模板，统计分析报告和原始答卷可免费下载，还支持手机填写，多渠道（QQ 好友、QQ 群、QQ 空间、微信好友、微信群、朋友圈、发送问卷二维码、群发短信邀请、群发邮件邀请）推送问卷收集答卷和红包抽奖，大大提高了调研的便利性和受访者的参与热情。

3.3.2 网络讨论法

网络讨论法是互联网上的小组讨论法，它通过新闻组、邮件列表讨论组、BBS 或网络实时交谈（Internet Relay Chat，IRC）、网络会议等进行讨论，从而获得资料和信息。网络讨论法实施的一般步骤是：首先，确定要调查的目标市场，识别目标市场中可参与调查的讨论组；其次，准备好需要讨论的话题；再次，登录相应的讨论组发布调查项目，请组内成员参与讨论，发表各自的观点和意见；最后，通过过滤系统发现有用的信息，或发布新的话题深入挖掘信息。网络讨论的结果需要调研者加以总结和分析，对信息收集和数据处理的模式设计要求很高，难度较大。

3.3.3 网络观察法

网络观察法，即实地调查法在互联网上的应用，是一种对网站的访问情况和用户的网络行为进行观察和监测的调查方法。采用该方法的代表性企业是法国的 Net Vlaue 公司，该公司因“基于互联网用户的全景测量”而著名。一般的网络观察是通过网站的计数器来了解访问量和停留时间等信息的，而 Net Vlaue 公司的测量则不同，它先通过大量的计算机辅助电话访问（Computer Assisted Telephone Interview，CATI）获得用户的基本人口统计资料，然后在其中抽样，在用户自愿的情况下将软件下载至用户的计算机上，由此记录用户的全部上网行为。

网络观察法具有直接性、情境性与及时性等优点，但也存在一些弊端：其一，该方法只能反映客观事实的发生过程，而不能说明其原因；其二，观察者在某种程度上会影响被观察者，难免使调查结果带有主观性和片面性；其三，调查时间较长，费用偏高。

3.3.4 网络文献法

网络文献调研是利用互联网收集二手数据的调研方法，也称网络文献法，主要借助搜索引擎、网络社区、新闻组和 E-mail 等途径进行。

1. 利用搜索引擎收集资料

搜索引擎是自动从互联网收集信息，经过一定整理以后，将信息提供给用户进行查询的系统。搜索引擎是互联网上使用最普遍的网络信息检索工具。当前，许多的企业、非营利组织、国际组织等已经建立并使用网站，使用搜索引擎查询信息越来越方便快捷。

2. 利用网络社区收集资料

网络社区是指包括 BBS、贴吧、公告栏、群组讨论等形式在内的网上交流空间。同一主题的网络社区集中了具有共同兴趣的访问者，他们在社区里获取信息，寄托情感，使网络社区具有很强的用户黏性，这也为网络二手资料的收集提供了方便。

3. 利用新闻组收集资料

新闻组是一个基于网络的计算机组合，这些计算机被称为新闻服务器。不同的用户通过一些软件可连接到新闻服务器上，阅读其他人的消息并参与讨论。用于访问新闻组的软件有微软的 Outlook Express（OE）等。

4. 利用 E-mail 收集资料

通过 E-mail 收集资料具有成本低、便利快捷等优点。利用 E-mail，企业可以收到企业外部主体（如用户、供应商和分销商等）发送给企业的邮件，也可以收到企业在一些相关的知名网站注册订阅的相关邮件信息；许多 ICP 等为保持与用户的沟通，也定期给企业用户发送 E-mail，发布自己的最新动态和有关产品服务的信息。

3.3.5 网络营销调研的策略

1. 提高网络调研参与度

在传统的营销调研中，调查者可以采用不同的抽样方法来选择调研对象，主动通过调查区域的选择、职业类型的判断、年龄阶段的界定等各类标准有针对性地选取样本。网络营销调研则不同，调查者难以决定谁将成为网站的访问者，不好确定调研对象的群体范围。因而，如何吸引较多的访问者成为网络营销调研的关键问题。

所以，网络营销调研者应采取一些手段激励用户参与调研。例如，通过在网站提供免费咨询服务等，增加注册、登录网站的用户数量，并激励用户填写网站上的调查问卷，参与网站互动活动，从而达到市场调研的目的。步长制药的企业网站就通过开设健康咨询栏目，给访问者介绍医药常识，以吸引更多有健康知识需求的人登录网站。也可以通过适当的物质奖励，如在网站发放优惠券、试用品等，鼓励访问者完成问卷或参与讨论，提高网络调研的参与度。宝洁公司就经常在网站上推出试用活动，会员可以网上申请付邮试用，并提交试用报告。图 3-3 所示为宝洁公司网站推出的试用活动截图。

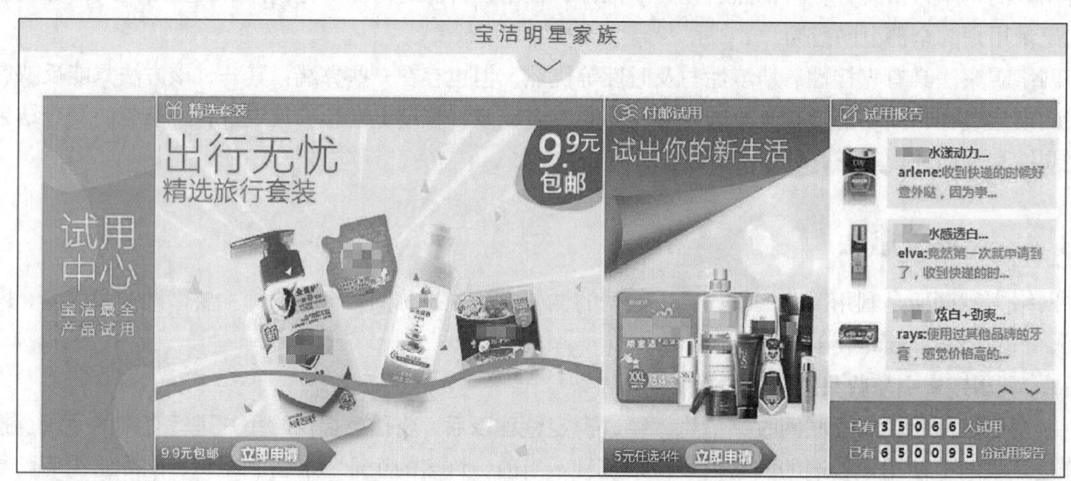

图 3-3　宝洁公司网站推出的试用活动截图

此外，关注访问者在网上的浏览路线，分辨其感兴趣的企业、产品及相关信息，为访问者定制信息并及时发送给对方，可使其充分注意到企业网站，从而吸引其访问企业网站，并完成调查问卷填写和互动板块参与。目前，许多购物网站都会依据访问者的搜索记录或者购物记录，预测其未来可能需要购买的其他商品，从而有针对性地为其推荐相关产品。此类技术同样可用于开展网络营销调研。

最后，调研者通过访问者的注册信息或其他途径获得消费者或潜在消费者的电子邮箱地址，可以通过电子邮件与其联系，向他们发送有关产品、服务的问卷或其他调研相关信息，并请求他们回复。针对有沟通欲望的受访者，企业也可在网络调查中设置一些开放型问题，让受访者自由发表意见和建议，以了解他们对企业、产品、服务等各方面的感受、意见和建议等。调研者可以根据受访者回复的信息，了解消费者的消费心理及消费行为的变化趋势，并据此调整企业的市场营销策略。

阅读资料 3-1 试用网“体验口碑营销”中的数据调研

试用网是一个专门提供免费的试用品给用户试用的平台。用户在试用网进行注册，即可免费领取企业提供的试用品。用户在试用了某个产品或服务后，必须提交试用心得，供企业获取市场和用户数据。

试用网在为消费者提供产品试用、评论分享、折扣优惠等体验的同时，也为企业提供品牌推广、获取销售线索、市场调研、建立用户俱乐部等全方位的营销推广服务。

试用网主打的旗号是“体验口碑营销”，是指企业以用户为中心，让潜在消费者亲身体验其产品和服务，产生好感，形成购买和口碑传播。这种营销方式不仅可以为试用产品选择最合适的消费者，而且能够通过对申请使用者的信息分析，为企业提供市场调研数据，让企业在今后的营销中有的放矢。同时，试用网鼓励试用者在获得试用体验机会后对产品进行评价和反馈，帮助企业改善产品。

资料来源：试用网。

2. 改善网络问卷调查效果

（1）精心设计在线问卷。

网络问卷调查是网络营销调研中最常用的方式，其中在线问卷的质量直接影响调研的结果，因此企业应根据调研目标精心设计问卷。设计在线问卷时应注意以下问题。

一是表述清晰。问卷中的文字表达要准确，语句意思应明确，注意不要使问题表述产生歧义。

二是注意问题排序。一般来说，应本着“先易后难、先简后繁”的原则对问题进行排序。如果前几个问题就不容易回答，受访者很可能会放弃答题。

三是注意提问的艺术性。在提问题时，尽量选择受访者易接受的语句。不要直接询问敏感性的问题，避免提问后难以回答的问题。例如，问涉及隐私的问题时，受访者往往会产生一种本能的自我防卫心理，直接提问此类问题，受访者往往会拒答。对该类问题最好采用间接询问的形式，语言要委婉。问卷设计者要注意考虑受访者的感受，讲求语言艺术，避免受访者产生厌恶、抵触心理。

四是避免提诱导性的问题。如“大多数人认为该产品很好，您是否也喜欢该产品？”，就属于明显的诱导性提问。诱导性的问题会对受访者产生影响，使调查结果不能反映受访者的真实想法，导致数据可信度降低。因此，企业在设计问题时要保持中立的提问方式，使用中性的语言。

五是尽量避免使用专业术语。专业术语仅是问卷设计者和同一专业领域内的人士所熟知的，因此在问卷设计时要慎用，以免受访者不知所云，无法作答。同时，也要避免使用其他让人难以理解的措辞来提问。

六是避免复合型题目。设计问卷时，最好一个问题包含一个内容，如果一个问题涉及多个内容，则会使受访者难以作答，问卷统计也会很困难。例如“你为何选择在毕业后进行互联网创业？”，这个问题包含了“你为何在毕业后创业？”“你为何借助互联网创业？”，使受访者不便作答。

七是合理设置有奖问卷的奖项。为激励受访者参与调查，调查者一般会采取有奖问答的方式，但奖项设置要合理。奖品价值过低，难以对受访者产生激励作用；奖品价值过高，则可能使调研成本过高。

此外，问卷设计出来后，应多方征求意见，认真进行修改、补充和完善。最好先在小范围内进行试验调查，听取受访者的意见，看问卷是否符合设计的初衷与调查的需要，从而保证问卷调查的实际效果，避免出现大的失误。

（2）充分利用网络的多媒体手段。

网络信息的传递是多维的，它能将文字、图像和声音有机组合在一起，传递多感官的信息，让受访者身临其境般地感受产品或服务。借助多媒体、超文本格式文件，受访者可以深度体验产品、服务与品牌。产品的性能、款式、价格、名称和广告页等市场调研中重点涉及的内容也是令消费者比较敏感的因素。通过不同方式、不同的组合进行测试，营销人员可以更清楚地分辨哪种因素对产品来说是最重要的，哪些组合对消费者而言是最有吸引力的。

练习题

一、单选题

1．以下关于网络营销调研的说法，不正确的是（　　）。

A．网络营销调研包含对信息的判断、收集、记录、分析、研究和传播等活动，其工作对象是网络市场信息，且直接为网络市场营销服务

B．网络营销调研可借助多媒体、超文本格式文件，让受访者深度体验产品、服务与品牌

C．网络营销调研费用较高，主要是设计费和数据处理费，所要支付的费用远远超过实地调研

D．网络营销调研受网上受众特征的限制，其调查结果一般只反映网民中对特定问题有兴趣的人群的意见，它所能代表的群体可能是有限的

2．网络营销调研的首要过程是（　　）。

A．制订调研计划　B．收集资料　C．确定调研目标　D．撰写调研报告

3．以下说法正确的是（　　）。

A．网络营销调研要看具体的调查项目和受访者群体的定位，如果网络上受访者的规模不够大，就意味着该项目不适合在网络上进行调查

B．为了提高效率，网络问卷中的一个问题可以涉及多个内容

C．网络问卷的问题应按先难后易、先繁后简的顺序排列

D．网络直接调研法是调查者通过互联网直接收集二手资料的方法

4．在网络营销调研中应用最广泛的方法是（　　）。

A．网络讨论法　B．网络问卷调查法　C．网络观察法　D．网络文献法

5．设计在线问卷时，应本着（　　）原则对问题进行排序。

A．先难后易，先繁后简　B．先易后难，先繁后简

C．先易后难，先简后繁　D．先难后易，先简后繁

二、多选题

1．营销调研报告通常在结构上包括（　　）等几部分。

A．标题　B．摘要　C．正文

D．结语　E．附录

2．根据问题的备选项情况，网络问卷中问题可分为（　　）。

A．封闭型问题　B．开放型问题　C．半封闭型问题

D．直接型问题　E．间接型问题

3．网络营销调研的主要内容包括（　　）。

A．消费者对产品的需求信息　B．现有产品或服务的信息

C．目标市场信息 D．竞争对手及其产品信息

E．市场宏观环境信息

4．利用网络文献调研法收集资料，可借助的途径主要包括（ ）。

A．搜索引擎 B．网络社区 C．新闻组

D．E-mail E．网络问卷

5．在一手数据调研中，网络营销调研常借助的调研手段有（ ）。

A．网络问卷 B．计算机辅助电话调查系统

C．网络调研软件系统 D．搜索引擎

E．网络数据库

三、名词解释

1．网络营销调研 2．网络问卷调查法 3．网络讨论法 4．网络观察法

四、简答及论述题

1．简述网络营销调研中查找一手资料的主要方法。

2．网络营销调研有哪些优点和不足？

3．在互联网上查找二手资料的主要途径有哪些？

4．试论述网络营销调研的实施过程。

5．试论述网络营销调研的策略。

美团“春节宅经济”报告

2020年2月19日，美团发布的《2020春节宅经济大数据》报告显示，尽量避免出门的春节期间，美团外卖平台烘焙类商品的搜索量增长了100多倍。同时，蔬菜、肉、海鲜等食材类商品的平均销量环比增幅达200%，香菜以近百万份销量，与土豆、西红柿等一并登上“国民蔬菜榜”。

春节期间，居家防疫减少出门的人们，开发了钻研厨艺这项“娱乐行为”，导致美团外卖上购买非餐饮类商品的平均客单价增长了80.7%。报告显示，美团外卖上烘焙类商品的搜索量增加了100多倍，带动酵母/酒曲类商品销量增长近40倍，饺子皮销量增长7倍多。

在家研究做菜的人也在增加。数据显示，春节期间，葱、姜、蒜售出393万份，酱油醋、十三香等各式调味料的总体销量增长8倍多。在美团买菜食谱中，家常菜、烘焙、滋补靓汤、冬季养生、应季时蔬、无辣不欢等菜谱最受欢迎。

从购物人群年龄看，使用美团外卖购物的人中，有1%出生于1970年之前，36%的消费者是“80后”，“90后”以53%的比例牢牢占据主力军位置，推动方便面、豆干、饮料、膨化食品、叶菜成为2020年1月商品销量的Top5，堪称“宅家快乐5件套”。

报告数据显示，2020年1月，蔬菜、肉食海鲜等各类食材销量的平均环比增幅达到200%，生菜、香菜、油菜等叶菜整体销量最高，达814万份。其中，香菜的销量接近百万份，土豆、西红柿、洋葱、胡萝卜等各自的销量与香菜处于同等量级。

不出门也让不少人经历了“手机抢菜”。美团买菜数据显示，宅家期间，60%以上的订单在中午12时前下单，其中上海市民“抢”菜最积极，早7时至8时的订单占比最高达到30%。

从肉类食材来看，海鲜类涨幅最高，鱼、虾、蟹比平时多卖了3.5倍，大闸蟹、银鱼等都成了抢购的

目标。以美团买菜为例，购买食材的平均客单价上涨了70%。

此外，春节期间，人们通过美团外卖买走了500多万个口罩，而出于防疫和健康需要，各类维生素C销售近20万份，感冒清热类的中成药也售出了20多万份。

资料来源：新京报网。

思考讨论题

1. 网络营销调研报告撰写的要点有哪些？
2. 根据本研究报告，分析“春节宅经济”兴起的原因。

第 4 章 网络广告

本章导读

伴随着互联网的兴起与迅猛发展，数字媒体已成为继语言、文字和电子技术之后新的信息传播载体。数字媒体的发展极大地改变了人们的生活，也对传统的广告活动产生了深远的影响。本章主要介绍网络广告的概念与特点、网络广告的发布方式与类型、网络广告的策划、网络广告的预算和效果评估等内容。

知识结构图

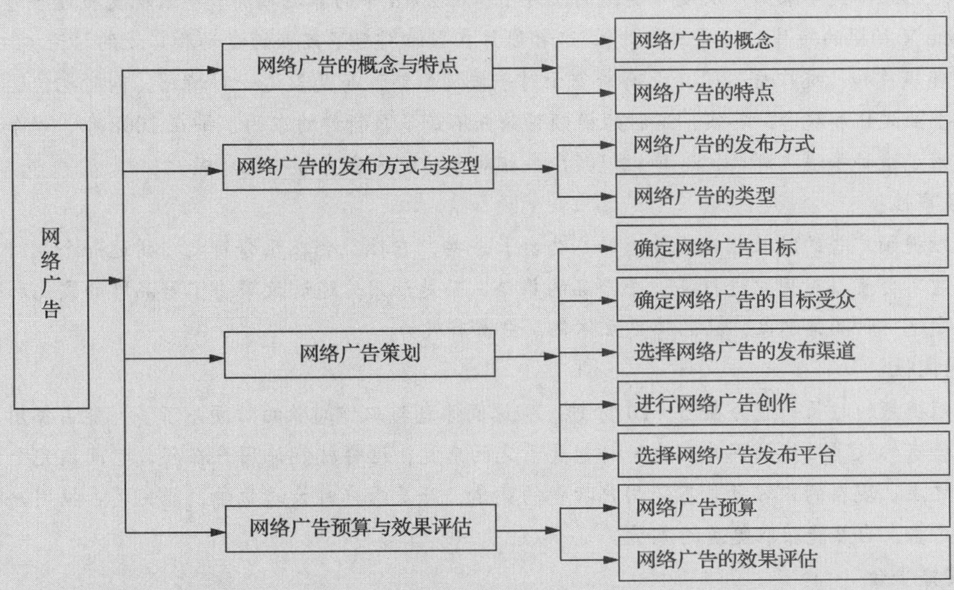

短视频营销，传统广告的新方向

2019 年 1 月 25 日，苹果官方发布了贾樟柯导演用 iPhone XS 拍摄的一部春节后离乡主题的短篇作品《一个桶》，如图 4-1 所示，唤起了每个人心中离不开的“家味”。仅仅一个上午，这部作品在苹果官方公众号的点击率就超过了 10 万次，也在朋友圈中引起了广泛反响，算是给 iPhone XS 做了一次推广。

图 4-1　贾樟柯用 iPhone XS 拍摄的《一个桶》

《一个桶》讲述了春节结束后母子分别的故事。身在乡下的母亲密封了一个桶，让儿子带上回到工作的城市。儿子带上这个桶跨越山河，在家乡的山川河流之间，踏上了颠簸的离乡之旅。儿子最终回到家中打开桶发现，原来母亲将一年的鸡蛋都放入了桶中。每一个鸡蛋都印上了新年日期，还有妈妈的笑脸。

其实这已经不是苹果第一次发布类似的短片了，在 2018 年的春运期间，苹果就发布过一部陈可辛导演用 iPhone X 拍摄的短片——《三分钟》。这部短片在当时引起了极大的轰动和广泛的讨论。

这两部短片和传统广告不同，没有着重于对手机的推销，而是表达一种情绪，同时也传达着属于苹果公司的企业文化和观念。其实，这种短视频营销并不是多么新鲜的东西，早在 2008 年，一个洗发水广告中就使用了这种手法。那么，这种短视频广告相对于传统广告有哪些优势呢？

1. 故事性

这类短视频广告的时长相较于普通的广告会长一些，它往往会在几分钟之内讲述一个相对比较完整的故事。它不会直接对用户进行某一个产品的推销，而是让用户通过故事去了解品牌的文化和理念，也能为自己塑造一种品牌形象，让品牌更立体化，更富有魅力。

2. 时间性

这类短视频的时长一般会在 5～10 分钟，和课间休息与工作间歇的时间差不多，能占据用户的碎片时间。其特有的故事性能让用户产生一种想要看完的感觉，这样就能让用户在碎片时间内完全停留在该内容平台之上。现在的内容竞争不是用户数量的竞争，而是用户时长的竞争，能完美占据用户碎片时间的短视频广告，自然能获取更多的流量。

3. 传播平台

传统的视频广告在网络上的传播方式，一般是插放在其他视频的前方，这无疑会令用户感到厌烦，甚至会使其通过购买会员等方式跳过，宣传效果可以说非常不理想。而这种短视频广告则更多地出现于内容平台上，用户是自发性地观看的，并不会产生反感情绪，接受度自然更高。

4. 讨论热度

这种讲述了一个故事的短视频广告可能会引起广泛的讨论，如2018年苹果发布的《三分钟》就引发了国人对春运文化的共鸣，还有其使用辅助拍摄工具这一点也引起了很多网友的讨论。这种议论自然能为短视频广告带来热度，甚至使其成为一个热点，如此就会有更多的人去观看这部短视频广告进而参与讨论，商家传播的目的也就达到了。同时网友也是自发地进行传播，完全不会产生令人不适的感觉。

这种拍摄短视频进行营销的方式将会得到更多商家和用户的认同。在移动互联网普及的时代，人们越来越习惯在移动设备上观看视频，那么比起枯燥无味的推销广告视频，自然是有趣的短视频广告更受人们的欢迎。

资料来源：根据上上财经和海报时尚网文章汇编。

4.1 网络广告的概念与特点

4.1.1 网络广告的概念

网络广告是指以数字化信息为载体，以国际互联网为传播媒介，以文字、图片、音频、视频等形式发布的广告。通俗地讲，网络广告是指广告主为了实现促进商品交换的目的，通过网络媒体发布的广告。

网络广告诞生于美国。1994年10月14日，美国著名的*Wired*杂志推出了网络版的Hotwired，其主页上有AT&T等14个客户的广告横幅。这是广告史上的里程碑。继*Wired*之后，许多传媒如美国的有线电视新闻网（Cable News Network，CNN）、《华尔街日报》等，无论是电视、广播还是报纸、杂志，也都纷纷上网并设立自己的网站，将自己的资料搬上网络。在刊登信息的同时，也在网络媒体上经营广告业务。自此以后，网络广告作为一种新型的营销手段逐渐成为网络媒体与广告界的热点。

4.1.2 网络广告的特点

与传统广告相比，网络广告具有以下鲜明的特点。

1. 非强迫性

传统广告具有一定的强迫性，无论是广播、电视还是报纸、杂志等，均要千方百计地吸引受众的视觉和听觉，将有关信息强行灌输给受众。而网络广告接受与否的选择权掌握在受众手里，因而具有非强迫性的特点。

2. 实时性与交互性

网络广告另一个突出的优点是能按照需要及时变更广告内容，包括改错。而对于在传统媒体上发布的广告而言，广告一旦播（刊）出，就很难再变。例如，某促销商品的价格发生了变化，在互联网上更改广告信息可能瞬间就能完成，并且更改成本可以低到忽略不计，这是传统广告无法比拟的。网络广告实时性的特点可以帮助企业做到广告变化与经营决策变化同步，从而有助于企业提升经营决策的灵活性。

网络广告是一种交互式的广告，查询起来非常方便。网络广告的载体基本上是多媒体、超文本格式文件。受众只要对某样产品感兴趣，仅需轻按鼠标或轻触屏幕就能深入了解更多更为详细、更为生动的信息，从而亲身“体验”产品、服务与品牌。

3. 广泛性

网络广告的广泛性表现在以下几个方面。（1）传播范围广，无时间地域限制。网络广告通过互联网可以把广告传播到互联网所覆盖的所有区域，受众浏览广告不受时空限制。（2）内容详尽。传统广告由于受媒体的播放时间和版面的限制，其内容也必然受限；而网络广告则不存在上述问题，广告主可根据需要将广告做得十分详尽，以便广告受众进一步了解相关信息。（3）形式多样。网络广告的表现形式包括动态影像、文字、声音、图像、表格、动画、虚拟现实等，广告主可以根据广告创意需要任意进行组合创作，从而最大限度地调动各种艺术表现手段，制作出形式多样、生动活泼且能够激发消费者购买欲望的广告。

4. 易统计性和可评估性

运用传统媒体发布广告时，评价广告效果比较困难，广告主很难准确地知道有多少人看到了自己所发布的广告信息。而在互联网上发布广告，广告主可通过权威公正的访客流量统计系统，精确统计每个广告被多少用户看过，以及这些用户浏览这些广告的时间分布、地理分布等，从而有助于广告主和广告商正确评估广告效果，审定广告投放策略。

5. 重复性和检索性

网络广告可以将文字、声音、画面、视频等结合之后供用户主动检索，重复观看。

6. 视听效果的综合性

随着多媒体技术和网络技术的发展，网络广告可以集文字、动画、图像、声音、虚拟现实等为一体，营造让人身临其境的感觉，既满足用户收集信息的需要，又使其获得了视觉、听觉的享受，增加了广告的吸引力。

7. 经济性

目前，在互联网上发布广告相对传统媒体而言便宜很多，相对于电台、电视、报刊、户外等媒体动辄成千上万元的广告费，网络广告具有很强的经济性。

8. 广告发布方式的多样性

传统广告的发布主要是通过广告代理商实现的，即由广告主委托广告公司实施广告计划，广告媒介通过广告公司来承揽广告业务，广告公司同时作为广告客户的代理人和广告媒介的代理人提供双向的服务。而在网络上发布广告对广告主来说有更大的自主权，广告主既可以自行发布，又可以通过广告代理商发布。

4.2 网络广告的发布方式与类型

4.2.1 网络广告的发布方式

网络广告有多种发布方式，企业既可以通过内部网络平台进行发布，也可以利用现有的外部网络平台来发布；既可以通过传统的PC端发布，也可通过新兴的移动端（如平板电脑、智能手机）发布。其中，内部网络平台包括企业网站、企业博客、企业微博和企业微信等；外部网络平台包括搜索引擎网站或内容网站、专类销售网、友情链接、虚拟社区和公告栏、网上报纸或杂志、新闻组、网络黄页等。此外，PC端发布的广告形式和移动端发布的广告形式也有很大的不同。到底采取哪一种或哪几种网络广告发布方式，取决于企业自身的实力和具体的业务需要。

4.2.2 网络广告的类型

网络广告的类型

目前，常见的网络广告主要有以下几种。

1. 按钮广告

按钮广告（Button）是从旗帜广告演变而来的一种网络广告形式，通常是一个链接着公司的主页或站点的公司标志（Logo），一般面积较小且有不同的大小与版面位置可以选择，如图 4-2 所示。按钮广告的不足在于其被动性和有限性，用户需要主动单击才能了解到有关企业或产品的更为详尽的信息。

图 4-2　当当网主页上的按钮广告

2. 旗帜广告

旗帜广告（Banner）是常见的网络广告形式，又名“横幅广告”，是互联网上最为传统的广告形式。网络媒体通常在自己网站的页面中分割出 2 厘米×3 厘米、3 厘米×16 厘米或 2 厘米×20 厘米的版面（视各媒体的版面规划而定）发布广告，因其像一面旗帜，故称为旗帜广告，如图 4-3 所示。旗帜广告允许广告主用简练的语言、独特的图片介绍企业的产品或宣传企业形象。

图 4-3　旗帜广告

旗帜广告分为非链接型和链接型两种。非链接型旗帜广告不与广告主的主页或网站相链接；链接型旗帜广告与广告主的主页或网站相链接，浏览者可以单击，进而看到广告主想要传递的更为详细的信息。为了吸引更多的用户注意并单击，旗帜广告通常利用多种多样的艺术形式进行处理，如做成动画跳动效果，或做成霓虹灯的闪烁效果等。

3. 文字链接广告

文字链接广告（Text Link Ads）以一个词组或一行文字作为一个广告，用户单击后可以进入相应的广告页面。文字链接广告可以被灵活安排位置，它可以出现在页面的任何位置，可以竖排或横排。这是一种对用户干扰最少的网络广告形式，但吸引力有限。文字链接广告如图 4-4 所示。

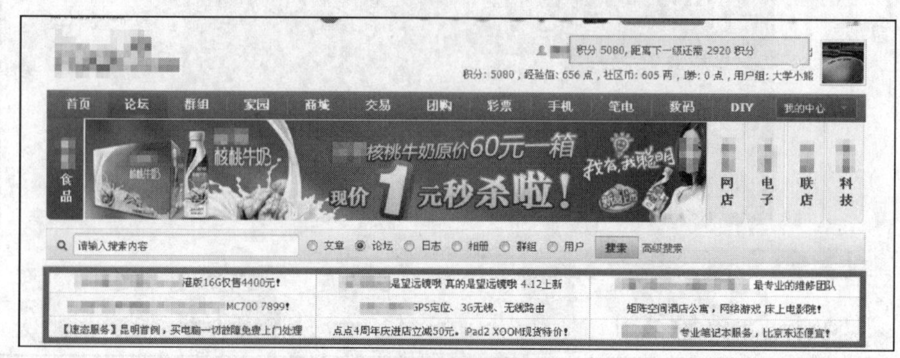

图 4-4　文字链接广告

4. 浮动式广告

浮动式广告（Floting Ads）可大可小，它会在屏幕上自行移动，甚至会随着鼠标的移动而移动，用户单击即可打开广告链接。图 4-5 所示是浮动式广告的一种形式。虽然这种广告的吸引力较强，但它会干扰用户正常浏览页面，从而招致用户的不满。很多浏览器或反病毒软件都具有屏蔽此类广告的功能，所以企业在投放这类广告时要充分考虑这一点。

图 4-5　浮动式广告

5. 弹出窗口式广告

弹出窗口式广告（Pop-up Ads）是指打开网站后自动弹出的广告。该类广告具有一定的强迫性，无论用户单击与否，广告都会出现在用户面前。该类广告被广泛用于品牌宣传、产品促销、招生或咨询等活动。但需要注意的是，由于弹出窗口式广告大多具有强制性，用户对其通常很厌恶，一般都会主动屏蔽该类广告。

6. 网络视频广告

网络视频广告（Internet Video Ads）是目前较为流行的一种广告形式，可分为传统的视频广告和用户自发制作的视频广告。传统的视频广告是指直接将广告客户提供的网络视频在线播放，相当于将电视广告放到网上。而用户自发制作的视频广告是用户自制的原创广告，通过网络平台尤其是移动端网络平台进行展示，以传播广告信息。我们在微信和各类短视频平台上经常可以看到这种类型的广告。抖音上的必胜客广告如图 4-6 所示。

图 4-6 抖音上的必胜客广告

7. 对联式广告

对联式广告（Couplet Ads）是 PC 端较为常见的一种网络广告形式，这种广告位于浏览页面中特别设置的广告版位，以夹带方式呈现广告，冲击力强。

8. 主页广告

主页广告（Homepage）指企业将所要发布的信息内容分门别类地制作成主页，放置在网络服务商的站点或企业自己建立的站点上。主页广告可以详细地介绍企业的相关信息，如发展规划、主要产品与技术、产品订单、售后服务、战略联盟、年度经营报告、主要经营业绩、联系方式等，从而让用户全面地了解企业及企业的产品和服务。必胜客主页广告如图 4-7 所示。

图 4-7 必胜客主页广告

9. 电子邮件广告

电子邮件（E-mail）广告以订阅的方式将广告信息通过电子邮件发送给所需的用户。这是一种精准投放的广告，目的性很强，但需注意必须得到用户的许可，否则会被用户视为骚扰。

10. 分类广告

分类广告（Classified Ads）又被称为主动广告，它不同于我们日常在电视、报刊上所看到的广告，不主动将广告信息强加给受众。例如，58 同城网上有众多的分类广告，大多与老百姓的生活密切相关，如出租、出售、家政、搬迁、招聘、二手货买卖等广告。

11. 定向广告

定向广告（Targeted Ads）是指网络服务商利用网络追踪技术（如 Cookies）收集整理用户信息，按年龄、性别、职业、爱好、收入、地域等分类储存用户的 IP 地址，然后利用网络广告发布技术，向不同类别的用户发送不同内容的广告，从而达到精准投放的目的。

12. 关键字广告

关键字广告（Keyword Ads）是充分利用搜索引擎资源开展网络营销的一种手段，属于按点击次数收费的网络广告类型。关键字广告有两种基本形式，一是关键字搜索结果页面上方的广告横幅可以由客户买断。这种广告针对性强，品牌效应好，点击率高。二是在关键字搜索结果的网站中，客户根据需要购买相应的排名，以提高自己的网站被访问的概率。

此外，网络广告的形式还有以下几种。

墙纸广告（Wallpaper）把广告主所要表现的广告内容体现在墙纸上，并将墙纸放在具有墙纸内容的网站上，供感兴趣的人进行下载。

赞助式广告（Sponsorships）分为 3 种赞助形式：内容赞助、节目赞助、节日赞助。赞助式广告形式多样，广告主可对自己感兴趣的网站内容或网站节目进行赞助。

竞赛和推广广告（Contests & Promotions），即广告主可以与网站一起举办广告受众感兴趣的网上竞赛或网上推广活动。

网络广告除了以上所述外，还有不少创新的形式。传统网络广告形式呆板，无法吸引网民的注意，因而新型的网络广告形式应运而生。如伴随着 App 的出现而诞生的启动页广告、信息流广告、积分广告、下拉刷新广告；随着微信的出现而诞生的朋友圈广告、公众号底部广告、文中广告、视频贴片式广告、互选广告与小程序广告等。微信小程序广告如图 4-8 所示。

图 4-8 微信小程序广告

如今，诸如流媒体（Streaming Media，流媒体是一种使音频、视频和其他多媒体元素在互联网上以实时的、无须下载等待的方式进行播放的技术）、虚拟现实建模语言（Virtual Reality Modeling Language，VRML）等网络视频技术的发展，为网络广告的发展提供了技术上的保障。随着互联网技术的发展及宽带技术水平的提高，网络广告的表现形式也越来越丰富。

4.3 网络广告策划

网络广告策划是根据互联网的特征及目标受众的特征对广告活动进行的运筹和规划，它本质上与传统的广告策划思路相似，包括确定网络广告目标、确定网络广告的目标受众、选择网络广告发布渠道、进行广告创作等一系列的活动。

4.3.1 确定网络广告目标

网络广告目标是一定时期内广告主期望的，通过在网上发布广告而实现的预期广告活动成果，如促进商品销售，提高商品知名度、美誉度，改变消费者认知，加强与目标消费者的互动，增强市场竞争能力等。因此，网络广告目标不是单一的，而是多元的。

确定网络广告目标的目的是通过信息沟通，使消费者产生对品牌的认识、情感、态度和行为的变化，从而实现企业的营销目标。在确定网络广告目标时应遵循如下原则：（1）广告目标要符合企业的营销目标。（2）广告目标要切实可行。（3）广告目标要明确具体。（4）单个广告目标应单一。（5）广告目标要有一定弹性。（6）广告目标要有协调性。（7）广告目标要考虑公益性。

4.3.2 确定网络广告的目标受众

广告的目标受众（Target Audience）即广告传播的诉求对象。目标受众决定了广告媒体的选择和传播策略，同时也决定了广告文案的内容。因此，企业发布网络广告前必须根据广告的营销目标确定目标受众，这样做出的广告才具有针对性。

通常，网民在广告接受态度较理性的情况下，希望能够看到与自身需求相关的广告。以受众为核心的网络广告能够精准定位用户需求，改善用户体验和广告效果。随着精准投放和受众营销等概念的市场接受程度不断提升，实时竞价（Real-Time Bidding，RTB）和受众购买（Audience Buy）的需求方平台（Demand-Side Platform，DSP）企业逐渐被市场认可，基于受众购买的网络广告将日益受到广告主的重视。

4.3.3 选择网络广告的发布渠道

企业发布网络广告的途径有多种，因此企业可根据自身的需求，本着广告效应最大化的原则从中选择一种或几种。

1. 企业主页

主页不仅是企业树立良好形象的平台，也是企业进行产品宣传的绝佳窗口。在互联网上发布的网络广告，无论是链接型旗帜广告还是按钮广告，都提供了快速链接至企业主页的功能。所以，企业建立自己的主页是非常有必要的。主页是企业在互联网上进行广告宣传的主要形式。企业的主页地址像企业的地址、名称、标志、电话、传真一样，成了企业独有的标识，并转化为企业的无形资产。

2. 博客、微博、微信等自媒体平台

随着微博、微信等自媒体平台的兴起，网络广告拥有了新的发布途径。企业通过自建的博客、微博和微信来推送广告，目标定位准确，针对性很强，受关注程度较高。

3. 搜索引擎网站或门户网站

搜索引擎是仅次于即时通信的第二大网络应用。截至 2020 年 3 月，我国的搜索引擎用户高达 7.5 亿人，占网民整体的 83%。百度、搜狗、360、神马等搜索引擎是网民检索信息的主要工具，每天网络用户访问量巨大。在搜索引擎网站上投放广告，覆盖面广、针对性强、目标精准，而且按效果收费，性价比高。百度搜索引擎网站上的激光打印机广告如图 4-9 所示。

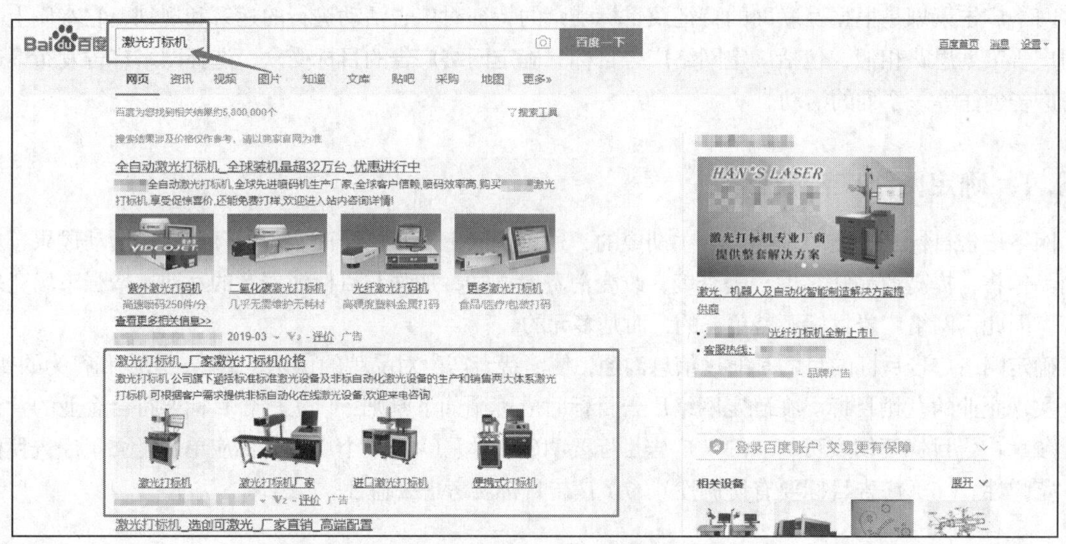

图 4-9　百度搜索引擎网站上的激光打印机广告

企业也可以选择与门户网站合作，如搜狐、网易、新浪、凤凰网等，它们提供了大量的互联网用户感兴趣并需要的免费信息服务，包括新闻、评论、生活、财经等内容。因此，这些网站的访问量非常大，是十分引人注目的站点。目前，这样的网站是网络广告发布的主要渠道，并且发布广告的形式多种多样。

4. 专类销售网

专类销售网是指专门在互联网上销售某一类产品的网站。以汽车之家网站为例，只要消费者在网站页面上填写自己所需汽车的类型、价位、制造者、型号等信息，然后单击搜索按钮，屏幕上马上就会出现匹配的汽车，当然还包括何处可以购买到此种汽车等信息。另外，消费者在考虑购买汽车时，很有可能首先通过此类网站进行查询。所以，对于汽车代理商和销售商来说，这是一种很有效的网络广告投放方式。汽车代理商只要在网上注册，那么他所销售的汽车的信息就进入了网站的数据库，也就有可能被消费者查询到。与汽车销售网站类似，其他类别产品的代理商和销售商也可以连入相应的销售网络，从而无须付出太大的代价，就可以将产品及时地呈现在世界各地的消费者面前。

5. 友情链接

利用友情链接，企业间可以相互传递广告。建立友情链接要本着平等的原则。这里所谓的平等有着广泛的含义，网站的访问量、在搜索引擎中的排名、相互之间信息的补充程度、链接的位置、链接的具体形式（图像还是文本，是否在专门的 Resource 网页，或单独介绍你的网站）等都是必须考虑的因素。

6. 虚拟社区和公告栏

虚拟社区和公告栏是网上比较流行的交流沟通渠道，任何用户只要注册，就可以在BBS或虚拟社区上浏览、发布信息。企业在上面发表与产品相关的评论和建议，可以起到非常好的口碑宣传作用。

7. 网上报纸或杂志

在互联网日益发展的今天，新闻界也不甘落于人后，一些世界著名的报纸和杂志，如美国的《华尔街日报》《商业周刊》，我国的《人民日报》《文汇报》《中国日报》等，也早已在互联网上建立自己的主页。而更有一些新兴的报纸与杂志，干脆脱离了传统的纸质载体，完完全全地成为一种“网上报纸或杂志”。

8. 新闻组

新闻组也是一种常见的网络服务，它与公告牌相似，人人都可以订阅它，并可成为新闻组的一员。成员可以在新闻组上阅读大量的公告，也可以发表自己的公告或者回复他人的公告。新闻组是一种很好的讨论与分享信息的方式。对于一个公司来说，在与本公司产品相关的新闻组上发表自己的公告将是一种非常有效的传播自己的广告信息的渠道。

9. 网络黄页

网络黄页是指互联网上专门用于查询检索服务的网站，代表性的网络黄页如黄页网，如图4-10所示。这类站点就如同电话黄页一样，按类别划分信息，便于用户进行站点的查询。采用这种渠道的好处，一是针对性强，查询过程都以关键字区分；二是醒目，信息处于页面的明显处，易于被查询者注意。

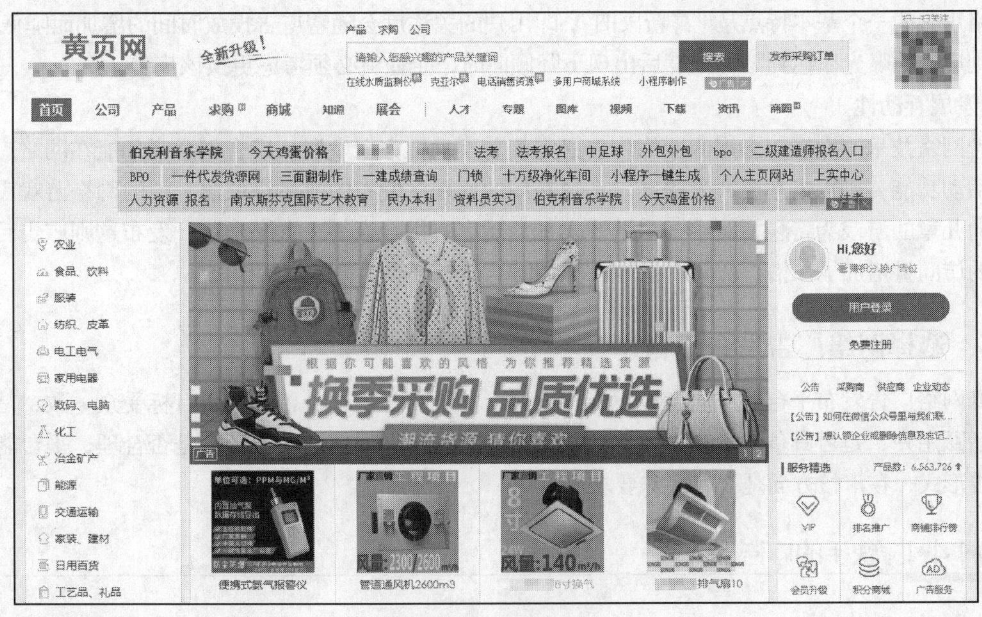

图4-10 黄页网主页

10. 短视频平台

短视频相对于文字和图片来说，表现方式更为直观，对受众的刺激更为强烈，而且在内容上也更为有趣。随着移动互联网技术的发展，网速越来越快，视频播放也越来越流畅。同时，手机流量资费的大幅下降，使得资费因素对用户的限制越来越小，这为短视频的爆发奠定了坚实的基础。如今，短视频已成为时下互联网最热门的应用之一，抖音、快手等短视频平台拥有数以亿计的用户，因此成为商家投放网络广告的重要平台。

4.3.4 进行网络广告创作

网络广告策划中极具魅力、最能体现水平的部分就是创意。它包括两个方面：一是内容、形式、视觉表现、广告诉求的创意，二是技术上的创意。网络广告的创意因素主要来自互联网本身。互联网是一个超媒介，融合了其他媒介的特点。它根据不同的传播目的、传播对象，可以承载不同的广告创意。同时，互联网作为计算机科技和网络科技的结合，注定具有高科技特性，也带来了更加多变的表现方法，为网络广告创作提供了更多的方向。

网络广告要吸引用户，应是生动的、能够抓住人视线的、有趣味的并且让人无法拒绝的。网络广告要形成突破，必须依靠卓越的创意。网络广告在创作的过程中要注意以下关键点。

1. 营造强有力的视觉冲击效果

网络信息浩如烟海，如果广告不具有强大的视觉冲击力，必然不能为目标受众所关注。因此，广告创意者一定要创作能瞬间吸引受众注意的广告作品，以便引起受众的兴趣。

2. 传递简单易懂而又有趣的信息

当今社会生活节奏加快，网民的时间越来越碎片化，如果广告内容冗长或是晦涩难懂，又或是平淡无奇，都将难以吸引网络用户。事实上，简单易懂而又有趣的广告更容易被受众关注。为什么抖音上的很多广告都不让我们反感？因为这些广告很短而又非常有趣，很难让我们厌烦。当然，这也与抖音强大的后台算法有关，它可以根据用户的喜好进行精准的广告推荐。

3. 适度的曝光率

网络用户的一个基本特点是“喜新厌旧”，即用户的关注度会随着广告投放时间的增加而降低。因此，当某一则广告的曝光率达到某种程度后出现下降倾向时，企业就必须考虑更换该广告。

4. 发展互动性

随着网络技术的发展，未来的网络广告必定朝着互动性方向发展。广告创意者如能在网络广告中增加游戏活动功能，则点击率会大大提高。索尼在线的娱乐站发布的凯洛格仪器公司的网络游戏广告，以一组面向儿童的游戏为特色，其中一个游戏参加后玩家有机会赢得一盒爆米花。发布这则广告后，凯洛格主页的访问量增加了 3 倍，访问时间增加了 2 倍，该广告的浏览率高达 14.5%。

4.3.5 选择网络广告发布平台

选择网络广告发布平台时应注意以下几个问题，如该平台用户是否与广告目标受众一致，是否有足够多的活跃用户，是否具备流量和数据优势，平台的管理水平如何，广告计价是否合理，平台能够支持哪些广告形式，在审核方面是否有特殊要求等。

阅读资料 4-1 快手的广告形式

短视频平台快手目前有两种广告形式，一种是快手粉丝头条，主要针对“快手视频”进行推广，用户拍摄了快手视频并且有推广的需求，即可通过快手粉丝头条自行充值开通推广。该项服务按每千人印象成本计费。快手粉丝头条能满足增加视频曝光量、增加快手粉丝等推广需求。快手粉丝头条推广的素材来自“快手视频”，并且面临严格的审核，对于不适合使用快手粉丝头条进行推广的视频，平台将会拒绝用户使用其进行推广。

另一种广告是快手开辟的专门的视频信息流广告，在快手“发现”“同城”频道页的第五个位置。该位置是一个广告位，广告主可以通过官方的广告后台投放符合要求的广告。广告形式可以为视频、图片以及超链接等，相比快手粉丝头条，该广告可以更大限度地满足广告主的宣传需求。

4.4 网络广告预算与效果评估

4.4.1 网络广告预算

发布广告是一项商业活动。对广告活动费用开支计划的设计、安排及分配就是广告预算，它规定了计划期内广告活动所需的金额以及在各项工作上的分配。对广告主来说，广告预算的目标就是力求以最低的成本获得最佳的广告效果。

1. 网络广告预算编制的方法

目前常用的网络广告预算编制的方法主要有以下几种。

（1）期望行动制。这种原则或预算方法以购买者的实际购买行动为参照来确定广告费用。一般的做法是，先预估一个可能的购买量的范围，再乘以每一单位购买行动的广告费，取其平均值就得到广告预算结果。预期的购买人数一般参照同类商品以往年份的统计数字，每一单位的广告费用可根据商品及企业的目标来定。这种做法尤其适合农产品、大众消费品、家用电器等有较稳定购买量的商品，它的预期购买数目较容易接近实际的数字。

（2）产品跟踪制。这种预算方法通常只确定每一单位商品用多少广告费，再根据实际成交量来确定预算费用，常常使用的是以往的数据，具有时滞性。但好处是便于操作，具有一定的客观性。

（3）阶段费用制。这是广告预算中最常用的方法之一，根据企业营销计划要达到的阶段性目标来制定广告预算。这种方法能够根据市场环境的变化和产品生命周期的广告要求，及时调整广告费用投入，因而被普遍采用。

（4）参照对手制。这种预算方法主要是参照竞争对手的广告投入情况来制定广告预算，具有较强的针对性，而且也较为灵活。

（5）市场风向制。这种广告预算法依据商业环境的变化来制订预算计划，在商业环境恶化时，一般加大广告力度，加大预算，这有助于扩大市场。但选择此时打开市场往往要有较大的成本投入，并且效果要在商业环境改善后才能有所体现。在市场繁荣、商品销售好时，广告预算则可以适当减少。

（6）比例提成制。这种预算方法根据销售比例或盈利比例来制定广告预算。按销售额计算的方法是先确定一定的销售额基数，然后根据一定的广告投入比率计算出广告预算。这种方法简便易行，制定预算的过程也不复杂，有一定的科学性。

2. 网络广告的付费模式

（1）每千人印象成本（Cost Per Mille，CPM）。

传统媒体广告业通常以每千人成本作为确定媒体广告价格的基础。互联网网站可以精确地统计其页面的访问次数，因此网络广告也可以按访问人次付费。所以，网络广告沿用了传统媒体广告的做法，一般以广告网页被 1 000 次浏览为基准计价单位。

（2）每千次点击成本（Cost Per Thousand Clickd-Throughs，CPC）。

该付费模式以网页上的广告被单击并链接到相关网站或详细内容页面 1 000 次为基准。例如，广告主购买了 10 个 CPC，意味着其投放的广告可被单击 10 000 次。虽然 CPC 的费用比 CPM 的费用高得多，但广告主往往更倾向于选择 CPC 这种付费模式。因为 CPC 真实反映了受众确实看到了广告，并且进入了广告主的网站或页面。CPC 也是目前国际上流行的广告付费模式。

（3）每行动成本（Cost Per Action，CPA）。

该付费模式按广告投放实际效果，即按回应的有效问卷或订单来计费，而不限广告投放量。CPA 计价方式对于网站而言有一定的风险，但若广告投放成功，其收益也比 CPM 计价模式要高得多。

（4）每购买成本（Cost Per Purchase，CPP）。

这是广告主为避免广告费用风险采用的一种付费模式，也称销售提成付费模式，即广告主在广告带来销售收益后，按销售数量付给广告网站较一般广告价格更高的费用。

（5）按业绩付费（Pay-For-Performance，PFP）。

按业绩付费是从 CPM 转变而来的一种付费模式，其基于业绩的定价计费标准有点击次数、销售业绩和导航情况等。

4.4.2 网络广告的效果评估

网络媒体具有较强的机动性和可调整性，一旦网络广告效果不佳，广告主就应该对其进行调整，如调整曝光次数、修正广告内容等，一般检测期为一周或 10 万次曝光后。

对网络广告效果的评估，较准确的评价指标是曝光次数（Impression）及广告点击率（Click Through Rate，CTR）。曝光次数是指有广告的页面被访问的次数，即广告管理软件的计数器上所统计的数字。点击率是指访客单击广告的次数占广告曝光次数的比率。

评估广告效果还要考虑事先设定的广告目的和目标，不同的目的将导致不同的结果。例如，当广告的目的是建立品牌形象时，点击率并不是主要的评价指标，优质的、有效的曝光次数才是评估的重点。

为了获得公正的网络广告效果评估，广告主除了运用网站自身的广告管理软件和稽核工具外，还可以利用第三方认证机构。许多传统的大广告主，如宝洁、英特尔、微软等，都愿意在公正的数字稽核下，支付比传统媒体更高的价格来刊登网络广告。

练习题

一、单选题

1．网络广告于 1994 年诞生于（　　）。

A．中国　　B．日本　　C．英国　　D．美国

2．（　　）是常见的网络广告形式，又名“横幅广告”，是互联网上最为传统的广告形式。

A．按钮广告　　B．分类广告　　C．旗帜广告　　D．视频广告

3．（　　）可以将文字、声音、画面结合之后供用户主动检索，重复观看。

A．杂志广告　　B．网络广告　　C．电视广告　　D．报纸广告

4．网络广告策划首要关注的是（　　）。

A．确定网络广告目标　　B．进行市场调研

C．确定网络广告的目标受众　　D．选择网络广告的发布渠道

5．在（　　）上投放广告，覆盖面广、针对性强、目标精准，而且按效果收费，性价比高。

A．网络黄页　　B．企业主页　　C．门户网站　　D．搜索引擎网站

二、多选题

1．网络广告的主要特点有（　　）。

A．非强迫性　　B．实时性与交互性

C．广泛性　　D．易统计性和可评估性

E．视听效果的综合性

2．网络广告的广泛性表现在（ ）。

A．内容详尽 B．形式多样 C．传播范围广，无时间地域限制

D．传播速度快 E．经济性

3．网络广告的发布渠道包括（ ）。

A．企业主页 B．博客、微博、微信等自媒体平台

C．搜索引擎网站或门户网站 D．专类销售网

E．友情链接

4．下列属于网络广告的付费模式的有（ ）。

A．每千人印象成本 B．每千次点击成本 C．每行动成本

D．每购买成本 E．按成本付费

5．目前常用的网络广告预算的编制方法包括（ ）。

A．期望行动制 B．产品跟踪制 C．阶段费用制

D．参照对手制 E．市场风向制

三、名词解释

1．网络广告 2．网络视频广告 3．网络广告目标 4．网络广告策划 5．网络广告预算

四、简答及论述题

1．与传统媒体相比，网络广告的特点主要有哪些？

2．关键字广告有哪两种基本的模式？

3．在确定网络广告目标时应遵循哪些原则？

4．试论述网络广告发布渠道的选择方法。

5．试论述进行网络广告创作的几个关键点。

案例讨论

穿越故宫来看你

2016年7月，一个名为《穿越故宫来看你》的H5页面在微信朋友圈中传播开来。页面中可爱的皇帝形象吸引了不少网友的关注。他唱着Rap，配合着音乐又蹦又跳，不停地自拍，刷朋友圈，进行QQ互动等，如图4-11所示。

图4-11 《穿越故宫来看你》广告截图

该页面是故宫创新大赛的一幅宣传广告，目的是让更多有创意的人参与比赛，通过文化创新提高故

宫在新时代的影响力。故宫，作为我国古代知名的皇家宫殿，在移动互联网时代一改“迟暮老者”的公众形象，展现逆生长的“萌”，更加符合年轻人的“口味”。

随着移动互联网的发展以及微信、微博等新媒体的广泛使用，故宫成立了自己的文创团队，用移动互联网思维开发适合“互联网+”时代的传播方式。除了《穿越故宫来看你》这样富有创意的H5页面外，故宫还有微信、微博等众多宣传方式，充分利用移动设备、移动广告的优势打造其别具一格的魅力。

例如，微信公众号“故宫淘宝”的一篇名为《雍正：感觉自己萌萌哒》的文章，是故宫第一篇阅读量超10万次的爆款文章。

故宫官方微博“故宫博物院”拥有近千万粉丝，2017年7月1日发布的一条“你好，七月”的微博，被转发了10 000多次。高转发量的原因是配图——一只站在紫禁城宫灯上的喜鹊，被微博网友们称为“穿校服的披发少女”。与此同时，与“故宫出品”有关的系列App也大受欢迎。

多种形式的移动广告给故宫的文创产品带来了巨大收益。据统计，2016年，故宫博物院研发的文创产品已经超过9 000件，各种渠道的销售收入总额突破10亿元。2017年，故宫博物院出品了9 170件文创产品、上百个系列，收益可观。

然而，在故宫官方看来，移动互联网最大的作用不是带来了经济效益，而是弥补了博物院服务能力不强的劣势，让更多的年轻人通过文物感受到了中国传统文化的博大精深，创造了更大的社会效益。

资料来源：刘海燕，陆亚文. 移动营销. 北京：人民邮电出版社，2018：188.

思考讨论题

根据案例材料，请谈谈移动端网络广告的发布和传播技巧。

第5章 短视频营销与直播营销

在当前视频移动化、资讯视频化、视频社交化和营销社交化、场景化的趋势下，短视频营销与直播营销日益成为网络营销的新风口，并为越来越多的企业所关注和重视。本章主要介绍短视频营销与直播营销的概念、特点、实施流程等内容，并对主流的短视频平台和直播平台进行分析。通过对本章的学习，读者可以对这两种新型的网络营销方式有一个较为全面的了解与认识。

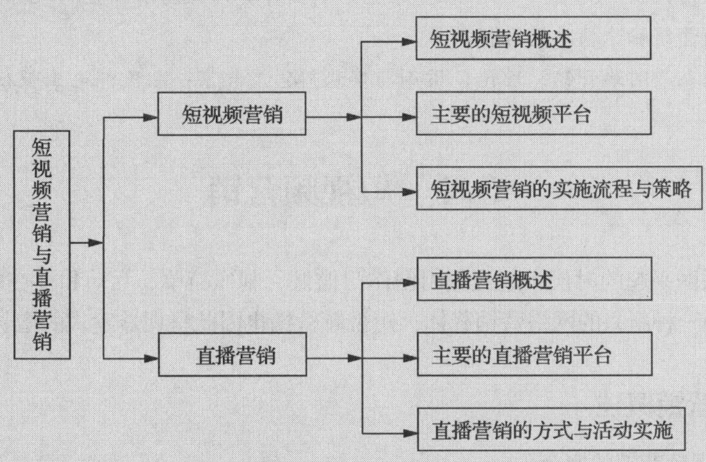

生鲜电商品牌“每日优鲜”的短视频营销

近年来生鲜电商市场的交易规模持续扩大，垂直生鲜电商平台脱颖而出，逐渐成为用户购买生鲜食品的重要途径，以视频为营销载体的新的营销模式在生鲜电商领域中的应用非常广泛，并且取得了不错的营销效果。

生鲜电商“每日优鲜”在2018年新年期间发布了自己的品牌视频广告，在获得关注后，携手某社会化媒体资源平台，邀请了4位KOL（关键意见领袖），围绕传播主题进行二次创作，实现了又一轮传播。

其短视频以“为爱优选，家常不寻常”为主题，将“每日优鲜”代表性商品黄花鱼、粳稻米、车厘子融入内容，通过细腻的表达方式，带动“每日优鲜”知名度的增长，在目标用户中得到了迅速传播。

4位KOL在原视频基础上进行了二次解读和创作，拍摄了4个短视频。

第一个视频围绕“答应女孩子的事，无论付出多大代价都要做到”的主题，构思了一个为了保证自己妻子吃到新鲜车厘子而与人“混战”的故事，视频内容幽默搞笑，充满创意，视频的传播量超过700万。

第二个视频的主角走访了外国一家养老院，探望中国老人，并带来了家乡的黄花鱼和大米，给养老院的中国老人带来了春节惊喜，与每日优鲜的“为爱优选”相呼应。该视频获得了微博小时榜第 2 名、微博总榜第10名的成绩。

第三个视频的故事情节是儿子每日忙碌工作，而父亲过着粗茶淡饭的生活，独自一人留守农村，每日优鲜成了父子团聚的一个纽带，粳米、黄花鱼等家常食材展现了饭桌上的父子情深。传播期间，视频播放量超过1 300万。

第四个视频的内容为 3 种智利车厘子的创意美食做法，将美食与家庭的爱融合，用趣味的方式展现与家人一起制作而诞生的美食，与每日优鲜“为爱优选，家常不寻常”的主题相呼应，传播期间，视频播放量超过855万。

此次短视频营销取得成功的原因在于4个视频在拍摄质量、画面和剪辑上非常优秀，选择的4位KOL具有影响力和热度，并且在原视频基础上进行解读，内容各有亮点，通过故事演绎、美食教学等方式，让“每日优鲜”以内容定制、口播、植入等形式进行了传播，涵盖了视频营销的多种手段，品牌展示更突出。

另外，短视频的用户以“80后”“90后”为主，以生鲜类产品的消费主力人群高度重合，市场品牌更加容易通过短视频营销触达精准的目标群体。

资料来源：陈德人. 网络营销、理论、案例与实训[M]. 北京：人民邮电出版社，2019.

5.1 短视频营销

在如今移动互联网兴起的时代，短视频因创作门槛低、制作简单、互动和社交属性强、易于传播分享等优点而迅速成为一种新兴的网络营销载体，短视频营销也因此呈现爆发式的增长。

5.1.1 短视频营销概述

1. 短视频及短视频营销的概念

（1）短视频的概念。短视频是指在各种新媒体平台上播放的，适合在移动状态和短时间休闲状态下观看的高频推送的、时长从几秒到几分钟不等的视频。短视频是一个相对的称谓，与之对应的是长视频。长视频的时长一般不低于30分钟，主要由专业的公司制作完成，其特点是投入大、成本高且拍摄时间较长。长视频涉及的领域广泛，典型的表现形式是网络影视剧。长视频的传播速度相对较慢而且社交属性较弱，短视频则与之有很大的不同。首先，为了充分利用用户的碎片化时间，短视频的时长一般都较短。其次，短视频的创作门槛低，非专业人士也能制作，非常有利于网络用户的积极参与。最后，短视频的内容聚焦于技能分享、幽默搞笑、时尚潮流、街头采访、公益教育等大家都感兴趣或关心的话题，因此很容易被用户观看和分享，传播速度快，社交属性强。

阅读资料5-1　短视频的转播特征解读

1. 风趣幽默，时新性强

短视频市场的相关研究报告表明，搞笑类视频的播放量最大，更受观众喜爱。短视频将文字、图像、音乐等各类元素有效融合起来，通过趣味化处理，将需传达的内容幽默形象地展示给人们。

短视频平台功能的逐步完善一方面使创作者采集信息、处理信息、发布信息所耗费的时间大大缩短，另一方面使用户浏览消息、交流反馈的效率大幅提升。短视频的出现打破了传统意义上采编播的视频创作发布流程，时新性更强，价值更高，能够有效避免“新闻失真”。

2. 碎片消费，高效接受

海量化的网络信息使信息的丰富性得以增强，但也给信息检索带来了困难。传统的文字检索枯燥乏味，视频检索耗费时间较长，短视频的出现有效弥补了上述不足：短视频新闻时长短、节奏鲜明、趣味性强，可在用户碎片化的时间内寻找生存空间，用户可充分利用自身所拥有的时间随时随地浏览短视频新闻，碎片式消费新闻内容。

短视频可以将抽象词语转换为具体视频，使受众更直观、更形象地理解新闻内容。例如，“ALS冰桶挑战赛”不是指冰桶间硬度的比较，也不是指人们在冰桶内所待时长的比拼，而是要求参与者将自己被冰水浇遍全身的视频发布到网络上。直观形象的视频内容更易吸引受众的注意，提升其浏览兴趣，提高思维活跃程度，做到高效接受新闻内容。

3. 生产简单，互动性强

短视频制作流程简单，技术和设备的要求也不高，只需具备网络、手机两个条件便能轻松完成视频内容的生产与发布。传统视频拍摄方式对机位安排、角度选取都有十分严格的要求，便捷性、灵活性较差，短视频“随走随拍”方式的兴起则有效打破了对拍摄要求的限制。

对创作者而言，内容主题的确定、字幕音乐的选取都凝聚着自己的思想与个性，他们渴望获得“外部尊重”，被受众所认可；对观看者而言，短视频的精与简方便了其在社交平台上分享，减少了对流量费用的顾虑。短视频平台的兴起使新闻流通渠道得以扩充，使信息活跃程度得以提升，使传播者与受众间的互动得以加强。

资料来源：王康，李爱群．短视频的兴起及治理．新闻世界，2018，326（06）：62-65.

（2）短视频营销的概念。短视频营销是指企业或个人借助短视频平台，通过发布短视频以吸引受众、推广品牌、宣传产品等，进而最终促进产品销售的营销活动。作为随移动互联网发展并借助短视频兴起而诞生的一种新型的网络营销方式，短视频营销具有成本低、目标精准、互动性好、传播迅速、冲击力强以及营销效果容易预测和评估等优势，因而在当前的网络营销实践中被越来越广泛地采用。未来短视频营销将注定成为碎片化信息时代的主流营销形式。

2. 短视频营销兴起的条件

短视频营销的兴起，离不开网络环境的改善、视频制作技术和大数据技术的支持。在网络环境方面，不断迭代优化的数据传输速度和网络环境降低了用户的使用成本，提高了短视频播放的流畅度，为用户带来了更加优质稳定的使用体验，这为基于移动数据端的短视频营销提供了最基础的保障。在视频制作技术方面，人脸识别技术和增强现实（Allgmented Reality，AR）等技术的应用，为短视频的制作提供了更多的创意发挥空间。在大数据技术支持方面，通过大数据算法实现的智能推荐技术，能够更好地实现短视频营销内容与用户的精准匹配。

3. 短视频营销的模式

短视频营销的模式主要有广告植入式、场景式以及情感共鸣式等。广告植入式营销比较好理解，即在短视频中植入广告，通过短视频传播给目标受众，以宣传品牌和促进销售。场景式营销是指实施短视频营销的企业，通过在短视频中营造特定的购物场景，给用户以身临其境的感受，并在线与感兴趣的用户实时互动，从而达到营销目的的一种新型的网络营销方式。情感共鸣式营销是指企业从用户的情感需求出发，借助短视频引发用户的情感共鸣与反思，从而实现寓情感于营销的一种营销方式。例如，中国人有着很深的乡愁情节，因为乡愁不仅是人们对家乡的怀念，而且还蕴含着人们对过去美好的时光、情景的怀念。一些企业借助乡愁题材创作短视频，将购买家乡产品塑造为人们寄托乡愁的象征，很好地将产品与思乡之情融为一体，极大地激发了用户的购买欲望。

5.1.2 主要的短视频平台

1. 抖音

抖音是北京字节跳动科技有限公司旗下的一个专注年轻人音乐短视频分享的平台，用户可以在该平台上选择歌曲，拍摄音乐短视频，形成自己的作品。自 2016 年 9 月正式上线以来，抖音发展迅猛。2017 年 8 月，抖音海外版上线。2017 年 11 月，今日头条以 10 亿美元收购美国知名短视频网站 Musical.ly，交易后今日头条将其与抖音海外版合并。2019 年 12 月，抖音入选 2019 中国品牌强国盛典榜样 100 品牌。2020 年 1 月 8 日，火山小视频和抖音正式宣布品牌整合升级，火山小视频更名为抖音火山版，并启用全新图标。

2020 年 4 月 21 日，QuestMobile 发布的《2020 中国移动互联网春季大报告》显示，截至 2020 年 3 月，抖音月活跃用户数达到 5.18 亿人，同比增长 14.7%，月人均使用时长为 1 709 分钟，同比增长 72.5%。如今，抖音已经成为短视频的头部平台。

在发展初期，抖音的重心是打磨产品，不断优化产品的性能和体验，如增加各种特效、滤镜、贴纸和拍摄手法，提升音质和画质，使视频加载和播放更加流畅，视频拍摄更简单和更有趣味。抖音还增加了查找通讯录好友，邀请 QQ 好友和微博好友的功能，以推动用户自发传播。在打磨产品的同时，抖音邀请了一批中国音乐短视频制作者入驻，吸收了一批关键意见领袖所带来的流量。

抖音进入爆发式增长阶段后，其工作重心是运营推广，同时进一步提高产品性能，打造更帅更酷的视频玩法，给用户提供更流畅的体验。例如，抖音大手笔投资了多个综艺节目，在北京举办抖音 iDOU 夜年度狂欢嘉年华，以及联合摩拜发布首款嘻哈主题车等（如图 5-1 所示）；新增各种 3D 抖动水印效果、3D 贴纸和酷炫道具，不断提升美颜、滤镜效果，让用户制作出更完美的作品；开发抖音故事、音乐画笔、染发效果和 360 度全景视频功能，加入 AR 相机等更多有趣玩法，让用户创作出更有趣的作品。

图 5-1 抖音的线下推广活动

抖音的运营定位为年轻人的音乐短视频社区，35 岁以下用户占比接近 80%。抖音的用户大致可以分为内容生产者、内容模仿者和内容消费者 3 类。其中内容生产者在音乐和短视频创作上有很高的热情和专业度，短视频质量较高且多为原创。内容生产者是抖音上的红人，粉丝众多，很多人背后有团队支持。他们致力于打造个人品牌，也会花精力运营粉丝社群。内容模仿者是指通过模仿比较火爆的原创短视频来推出自己的作品的一部分用户。这类用户的表达意愿强烈，希望展现自我以增加知名度。还有一类用户被称为内容消费者，绝大多数抖音用户都属于这一类。他们没有什么表达的意愿，从不或很少发自制视频，刷抖音就是为了好看、有趣和打发时间。针对这 3 类不同的用户，抖音设计了多个功能，以满足用户的不同需求。例如，针对内容消费者，抖音会根据用户的喜好自动推荐用户感兴趣的作品，从而做到“你看到的都是你想看到的”，大大提高用户的黏性。

2. 快手

快手是北京快手科技有限公司旗下的产品。快手的前身叫“GIF 快手”，诞生于 2011 年 3 月，最初是一款用来制作、分享 GIF 图片的手机应用。2012 年 11 月，快手从纯粹的工具应用转型为短视频社区，成为用户记录和分享生产生活的平台。随着智能手机的普及和移动流量成本的下降，快手在 2015 年迎来了高速增长。

2015 年 6 月，快手用户数量突破 1 亿人，完成 C 轮投资，估值 20 亿美元。2016 年 4 月，快手的注册用户数达到 3 亿人。2016 年年初，快手上线直播功能，并将直播低调地放在“关注”栏里，直播在快手仅具有附属功能。2017 年 3 月，快手获得 3.5 亿美元融资，由腾讯领投。2018 年 4 月，快手宣布再获新一轮 4 亿美元融资，依然由腾讯领投。2018 年 9 月 14 日，快手宣布以 5 亿元流量计划，在未来 3 年投入价值 5 亿元的流量资源，助力 500 多个国家级贫困县的优质特产推广和销售，帮助当地农户脱贫。2018 年 9 月 21 日，快手举办首期幸福乡村说，借助农村短视频网红的特产销售经历，宣传“土味营销学”（如图 5-2 所示）。

图 5-2 快手幸福乡村带头人计划

2019年10月1日，央视新闻联合快手进行“1+6”国庆阅兵多链路直播。快手官方数据显示，自10月1日早7点正式启用多链路直播间技术，至12点50分阅兵仪式直播结束，央视新闻联合快手“1+6”国庆阅兵多链路直播间总观看人次突破5.13亿人，最高同时在线人数突破600万人。2019年12月25日，中央广播电视总台与快手在北京举办联合发布会，正式宣布快手成为2020年春节联欢晚会独家互动合作伙伴。2020年5月，快手与京东商城就电商直播业务达成战略合作，通过快手直播购买京东自营商品将不需要跳转。2020年7月22日，快手大数据研究院发布《2020快手内容生态半年报》。报告显示，2019年7月至2020年6月，有3亿用户在快手发布作品，30岁以下用户占比超70%；2020年1—6月快手短视频类型占比中，记录生活的作品数占比29.8%。2019年12月，快手公布直播日活跃人数超1亿人，在这次报告中，该项数据已更新至1.7亿人。

在用户爆发式增长期间，快手在产品推广上没有刻意地策划时间和活动，一直依靠短视频社区自身的用户和内容进行运营，走的是平民化的运营路线。在快手平台上，用户可以用照片和短视频记录自己的生活点滴，也可以通过直播与粉丝实时互动。快手的视频内容覆盖生活的方方面面，用户遍布全国各地。在这里，人们能找到自己喜欢的内容，找到自己感兴趣的人，看到更真实有趣的世界，也可以让世界发现真实有趣的自己。快手满足了被主流媒体和主流创业者忽视的普通人的需求，是一个为普通人提供的记录和分享生活的平台。快手不与“网红”主播签订合作条约，不对短视频内容进行栏目分类，也不对创作者进行分类，强调人人平等，不打扰用户，是一个用短视频的形态记录和分享普通人生活的平台。

因为均属于头部的短视频平台，人们常会把快手和抖音进行对比，不少人认为两者大同小异。其实在产品定位、目标用户、人群特征和运营模式方面，两者之间的差异还是很大的，如表5-1所示。

表5-1　快手和抖音的对比

对比项目	快手	抖音
产品定位	记录、分享和发现生活	音乐、创意和社交
目标用户	三、四线城市和农村用户居多	一、二线城市和年轻用户居多
人群特征	自我展现意愿强，好奇心强	碎片化时间多，对音乐有一定的兴趣
运营模式	规范社区、内容把控	注重推广、扩大影响范围

资料来源：郑昊，米鹿. 短视频策划、制作与运营. 北京：人民邮电出版社，2019：23.

3. 西瓜视频

西瓜视频与抖音一样，也是北京字节跳动科技有限公司旗下的独立短视频平台。西瓜视频通过人工智能帮助每个人发现自己喜欢的视频，并帮助视频创作者轻松地向全世界分享自己的视频作品。

西瓜视频的前身是头条视频，于2016年5月正式上线。2017年6月，头条视频正式升级为西瓜视频。2017年11月，西瓜视频用户数量突破2亿人。2017年11月25日，西瓜视频推出“3+X”变现计划，成立20亿元联合出品基金。2018年2月，西瓜视频累计用户数量超过3亿人，日均使用时长超过70分钟，日均播放量超过40亿次。2018年8月，西瓜视频正式召开发布会，宣布全面进军自制综艺领域，未来一年将投入40亿元，打造移动原生综艺IP。根据2019年9月27日字节跳动旗下的巨量引擎商业算数中心发布的《西瓜视频用户画像》，截至2019年7月，西瓜视频日活跃人数达到5 000万人，月活跃人数达1.31亿人。此外，西瓜视频单日使用20次以上用户约占25%，位居短视频行业第三。而快手、抖音分列前两名，单日使用20次以上的用户约占30%。

西瓜视频的内容以PGC短视频为主，定位是个性化推荐的聚合类短视频平台，致力于成为“最懂你”的短视频平台。其分发模式是通过算法分析用户的浏览量、观看记录、停留时间等进行视频推荐。作为字节跳动花费10亿元重金打造的短视频平台，西瓜视频可谓视频版的今日头条。西瓜视频拥有众多垂直分类，专业程度较高，能有效利用今日头条多年积累的算法模型和数据，不断提升用户画像精准度，完善分发模型，力求为用户推荐更为精准的视频内容。

西瓜视频是通过聚合发布短视频，累积用户流量，吸引广告主投放广告，最终通过广告收入、直播打赏和电商销售分成等方式实现流量变现的一种商业模式。用户、创作者（播主）、广告主、平台构成了西瓜视频产业链的4个参与方。

虽然都是出自字节跳动，但西瓜视频和抖音在运营定位上的差异还是比较大的。在用户定位方面，西瓜视频是“分享新鲜的内容给用户”，而抖音是“音乐、创意和社交”。在视频展示方面，西瓜视频是横屏形式，抖音是竖屏形式。在视频生态方面，西瓜视频以15分钟以内的短视频为主打，并涵盖超短视频和长视频在内的全部视频生态，而抖音主要是5～15秒的短视频。在与电商合作方面，西瓜视频推出的是西瓜小店，而抖音推出的则是电商小程序。西瓜视频和抖音这两个短视频平台的定位差异，是字节跳动全面布局短视频领域的一种策略，这样做既可以避免不必要的内部竞争，又可以更好地满足不同用户群体的需求，从而提高字节跳动的整体竞争实力。

5.1.3 短视频营销的实施流程与策略

1. 短视频营销的实施流程

短视频营销的实施流程与策略

短视频营销的实施主要包括以下流程。第一步是确定营销目标，并在基于对产品和市场竞争环境、市场定位、市场细分和目标市场选择分析的基础上制订短视频营销计划和营销策略。第二步是选择短视频发布的平台。在选择发布平台时应全面分析平台的定位、用户规模、用户黏性、人群特征和运营模式等，以便从中遴选最适合本企业产品开展短视频营销的平台。第三步是制作短视频。这一阶段的具体工作包括短视频策划、短视频脚本撰写以及短视频的拍摄和后期剪辑等。第四步是传播短视频，除了在短视频平台上发布外，还要充分利用其他途径广泛传播，以提高短视频的曝光率，争取吸引更多的目标受众观看。第五步是做好粉丝的拓展与维护工作，可以采取组建粉丝交流社区、与粉丝在留言区互动、有奖转发等多种方式增加粉丝黏性。最后一步是对短视频数据进行分析，包括分析短视频被平台推荐的情况、用户点击观看的次数、完播率和用户的点赞、评论和转发的情况等。这些数据是企业今后改进和优化短视频营销的重要依据。

2. 短视频营销的策略

短视频营销是一种全新的营销方式，有着鲜明的特点。在开展短视频营销活动时，有以下3种策略可供选择。①

（1）与关键意见领袖深度合作，种草带货定向营销。网红经济以具有消费引导力的时尚达人为形象代表，以关键意见领袖的品位和眼光为主导，进行选款和视觉推广，在相关社交平台上吸聚流量，依托庞大的粉丝群体进行定向营销。现代年轻人热衷于“种草”和“拔草”，而关键意见领袖的意见就是他们主要的“种草来源”，关键意见领袖与品牌的深度合作也往往能起到相当不错的带货效果。

例如，YSL在某年秋冬系列口红上市期间，邀请了10位腾讯微视的关键意见领袖为新口红拍摄种草类短视频，并将10个关键意见领袖的视频做成微视合集，利用闪屏形式进行推广导流，带来了很高的商业转化率。

关键意见领袖本身就是行走的“种草机”，其通过为品牌背书，或者在视频中进行深度植入，可以加

① 资料来源：中国公关行业门户网站。

大品牌的曝光，推动受众对产品的关注，加深受众对品牌的信任与好感度，再基于好的运营，让产品形成爆款也不是难事。“口红一哥”李佳琦、张大奕、薇娅短视频带货的案例也能很好地解释这一现象。

（2）构建话题属性，推动短视频社交。短视频发展至今，功能逐渐强大，单向的传播已经满足不了受众的需求，只有具备话题属性才能引起他们的兴趣。如果品牌抓住了这样的机遇，不仅能让受众充分参与到品牌的创意中，让品牌的影响力得以延续，还能推动短视频社交的发展，让受众以“合拍视频”会友，找到志同道合的群体。

例如，斯凯奇代言人黄子韬携手腾讯微视，发起斯凯奇熊猫舞挑战赛。“魔性”的熊猫舞一上线就引起粉丝广泛的讨论，各路“大神”纷纷上线与黄子韬合拍斗舞，一决高下。

奥利奥与腾讯微视的代言人同为吴磊，于是奥利奥抓住这个机会，入驻腾讯微视，利用吴磊双代言人的特殊身份，发起超强互动合拍——“别抢我的奥利奥”挑战赛。吴磊的粉丝们纷纷表示要给其“投食”。在此营销过程中，奥利奥作为道具，刷足了存在感。

（3）鼓励用户参与互动，品牌形象更易深入人心。随着短视频平台的崛起，用户的注意力已经渐渐地从文字、图片过渡到了视频。就连我国重要的社交产品微信也推出了小视频功能，这说明视频时代已经到来。认识到这一趋势后，小米手机就在美拍里鼓励用户“卖萌”，而且要求极其简单，用户发送短视频并加话题 # 卖萌不可耻 # 即可参与，同时要求用户关注小米手机的美拍官方账号。在短短几天内，# 卖萌不可耻 # 话题的相关美拍视频播放量就突破了 1 000 万次。

小米手机通过激发美拍用户来积极参与创造内容，使品牌形象更深入人心，引发的用户原创内容（User Generated Content，UGC）模式为小米手机的品牌营销起到了强有力的曝光作用。

而在腾讯微视平台上，小米手机同样发布了几个短视频。这些短视频都有一个共同点：将产品融入创意的整体。这样会引发受众更多的联想，如用品牌名称来做联想创意。这些短视频不仅吸引了用户的注意，同时也增加了小米与用户群体的互动。

由于短视频这一载体的特殊性，短视频营销的角色不再拘泥于以往的“品牌”或者“代言人”。品牌也可以是话题的发起者、参与者，因此品牌的植入可以做到更加自然和隐性，也给品牌留下了广阔的营销发挥空间。在形式和内容上，短视频较之传统图文更富有旺盛的生命力。在千禧一代的网络目标受众中，这种新兴的媒体形式更易抓取他们日益分散的注意力，并吸引他们参与营销。

在如今的移动端时代，短视频营销已经一跃成为时代的宠儿。短视频营销在传播力方面有巨大的优势，在保持自身长处的同时，能充分吸收其他媒体的特点，成为集百家之长的新兴营销载体，是整个互联网生态链的重要一环。

企业或品牌在实操过程中如果能打造足够有创意的作品，就完全可以实现“单点投放、全网裂变”的传播效果。持续化、深度化地投入短视频营销，相信会有更多的企业、品牌从中获利，曝光也好，流量也好，带货也好，都是必然导向。

但同时，无论是何种形式的营销，其前提都是依靠好的内容，“内容为王”仍然是准则，所以在短视频领域，内容精品化将是一个长期趋势。另外，在市场趋势下，短视频如何与其他业态融合发展，如何通过多种多样的玩法实现营销的效果最大化，也是品牌方需要思考的。

5.2 直播营销

随着网络直播的兴起和流行，网络直播营销逐渐成为当前广受重视的新型网络营销方式。不仅电商积极开展网络直播营销，一些传统的企业也纷纷采取这种营销方式来促进产品的销售。

5.2.1 直播营销概述

1. 网络直播和直播营销的概念

（1）网络直播的概念。网络直播是最近几年兴起的一种新的高互动性视频娱乐方式和社交方式，具体形式有游戏直播、才艺直播、电视剧直播、电影直播和体育直播等。借助网络直播平台，网络主播可以将现场的画面实时传输给目标受众，并与目标受众进行双向的互动交流。网络直播具有直观形象、互动性强等优点，已成为大众娱乐消遣、获取信息的重要途径之一。

我国网络直播的发展经历了起步期（2005—2013 年）和发展期（2014—2015 年）之后，在 2016 年迎来了爆发期，各种网络直播平台如雨后春笋般涌现。在这一阶段，网络直播向泛娱乐、"直播+"演进，其巨大的营销价值开始显现。

（2）直播营销的概念。网络直播营销是指开展网络直播的主体（企业或个人）借助网络直播平台，对产品进行多方位展示，并与用户进行双向互动交流，通过刺激消费者的购买欲望来引导消费者下单购买，从而实现营销目标的一种新型网络营销方式。一般来说，直播营销包括场景、人物、产品和创意 4 个要素。其中场景是指直播营销的环境和氛围；人物是指直播者，即所谓的主播，可以是一个人，也可以是多个人；产品即直播营销中所要展示和推介的对象，可以是家电、食品、服饰等实体产品也可以是游戏、服务、教育等无形产品；创意是指企业在开展直播营销时要有创造性的想法和新颖的构思，并以此来吸引目标受众。

随着网络平台的发展、直播用户的增加以及一大批主播带来的示范效应，直播营销已经成为备受重视的网络营销方式。甚至一些著名的企业家和地方官员也纷纷走进了直播间，企业家通过直播为本企业产品宣传造势以促进产品销售，地方官员则通过直播推荐地方特色产品以促进当地经济的发展。例如，2020 年 2 月 22 日，在石狮"品牌直播节"上，石狮市委副书记、市长走进位于石狮青创直播基地的直播间，与主播一道，不遗余力地为石狮服装"直播带货"。1 个月以来，石狮全市服装企业通过直播带货或引流销售的经营额突破 10.8 亿元。

阅读资料 5-2 董明珠开启全国巡回直播

也许你会发现，2020 年盛夏，董明珠成了第一个把直播带货做成开演唱会的人。"新零售全国巡回直播"的第一站选在江西赣州（宣传海报如图 5-3 所示）。这是董明珠今年的第六场直播，首站以销售总额 50.8 亿元打响，成为巡演的"开门红"。自 2020 年 4 月开始直播带货以来，董明珠已为格力电器带来了 228 亿元的收入。

每一次直播后，叫好和质疑的声音就会冒出来。闯荡家电江湖三十载，66 岁的董明珠从代销模式到格力专卖，再到直播常态化，战斗力无疑超强。

2020 年，格力电器一季度收入损失了近 300 亿元，原本对直播新零售不看好的董明珠，也开始尝试直播。

万事开头难，董明珠 2020 年 4 月 24 日的直播首秀出现了网络卡顿，数据也并不理想。数据显示，其在线人数峰值 21.63 万人，所有格力产品的销量不到 300 件，销售额为 23.25 万元，最热卖的产品是价值 139 元的充电宝。15 天后，董明珠在快手开启第二场直播，打了个"翻身仗"：直播带货 3 小时的销售额相当于格力网店一年的销售额。2020 年 5 月 15 日，董明珠完成了自己的第三场直播，在京东的成交额超过了 7 亿元，

图 5-3 董明珠全国巡回直播海报

创下了家电行业直播带货史上的最高成交纪录。曾经的“销售女王”成为“带货女王”。尝到了甜头的董明珠“趁势追击”，表示要将直播常态化。现在，董明珠在直播场上更是驾轻就熟。

对于直播带货，董明珠表示应靠产品品质取胜。她认为“公道在人心，老百姓心里是有一杆秤的”，要用直播的形式让更多的消费者了解产品，知道厂商在真诚地展示产品。事实也证明，格力产品正在被放入更多新消费群体的购物车，而不是像多年前一样挂在墙上才能进行售卖。

董明珠利用直播带货发展三、四线下沉市场，利用格力及自身的影响力和当地用户通过直播优惠宣传，探索新零售直播本地化营销新模式。这不仅是一场直播带货，更是达到了品牌宣传和拓展新市场的商业目的。

“不会直播带货的主播不是好CEO”，董明珠女士的直播带货做到了销售和品牌营销的双赢，更为名人直播做出了教科书级的示范。时代快速变化，新零售、直播带货等新消费方式都告别了传统的销售渠道。只有迎风而上，才能不被时代的潮流拍打在岸上。

资料来源：腾讯新闻。

2. 直播营销的优势

作为一种新型的网络营销方式，直播营销具有门槛低、投入少、覆盖面广、直达目标用户、营销反馈直接、能够营造场景式营销和沉浸体验式营销效果等诸多优势，下面就简要地进行介绍。

直播营销的门槛低，投入少，借助智能手机或其他能够上网的终端设备，任何人都可以通过直播平台开展适合自己的营销活动。借助网络的传播，直播营销可以覆盖任何网络所及的地域，大大拓展了营销的范围。在直播营销过程中，主播可以充分展示企业的实力，全面介绍产品的性能与优点，传递企业所能给予的优惠以及现场演示产品的使用方法等，从而有效打消用户的疑虑，增强其购买的决心。直播营销能够为用户打造一种身临其境的场景化体验，如用户在观看旅行直播时，只需跟随主播，就能直观地感受到旅游地的自然风光、人文景观、景区设施、酒店服务等。另外，直播营销是一种双向互动式的营销模式，主播可以和用户在线实时交流，既能及时解答用户的疑问，增进与用户之间的友好关系，又能倾听用户的意见和建议，从而为今后更好地开展直播营销奠定良好的基础。

5.2.2 主要的直播营销平台

直播营销平台主要包括专业垂直直播平台、短视频直播平台、电商直播平台和综合视频直播平台等。根据月活跃用户人数和影响力来分类，截至2020年3月，排名前20的直播营销平台可以分为3个梯队。其中第一梯队为淘宝、抖音和快手；第二梯队为微博、拼多多、西瓜视频、京东、小红书和哔哩哔哩，平台类型以社交媒体、综合电商和视频平台为主；第三梯队为虎牙直播、花椒直播、斗鱼直播、YY、苏宁易购和蘑菇街，平台类型以专业垂直直播平台为主。下面对第一梯队的3个直播营销平台进行简要介绍。

1. 淘宝直播营销平台

第一梯队中排名第一的是淘宝直播营销平台。淘宝本身就是电商平台，具有丰富的商品品类，可以依托自身流量和外部平台引流，具有较多的流量。淘宝通过建立直播入口，可以将商品和用户聚集在同一个场景中，实现商家边直播边销售，用户边观看边购买的营销效果，因而是一个非常理想的直播营销平台。阿里最新公布的2020财年第二季度财报显示，目前已有超过50%的天猫商家正在通过淘宝直播卖货。

淘宝直播最大的带货品类是服装，其次是美妆，然后是母婴用品、美食和珠宝等。由于具有先天的电商优势，主播无须挖掘货源，对于没有背景和经济基础的主播来说，淘宝直播是一个不错的带货入口。

不过淘宝的流量主要聚集于头部商家和“网红”主播，在淘宝上做直播营销，“大品牌+网红主播”的模式具有更大的优势。例如，淘宝“一姐”薇娅 2020 年 7 月 18 日在直播间带货荣威汽车 RX5 Plus，上线 10 分钟成交 2 323 辆，平均每秒卖出 4 辆。而在这之前的 2020 年 5 月 10 日，该车还未正式上市，便在薇娅直播间展开预售，更是创造了 30 秒预订 4 180 辆的好成绩。此消息一出，令不少汽车行业销售人员惊讶（4S 店一般月销量平均仅为 150 辆）。

2. 抖音直播营销平台

第一梯队中排名第二和第三的分别是抖音和快手，这两个平台均主打娱乐和社交，平台具备高流量和高活跃度的优势。抖音致力于打造年轻人的音乐短视频社区，用户以一、二线城市青年为主，直播带货能力相对弱一些。2018 年年底，抖音全面开放购物车功能；2019 年，抖音逐步放开直播权限；2020 年以来，抖音逐渐发力直播带货。2020 年，抖音用 6 000 万元的代价成功邀请罗永浩（或称老罗）。2020 年 4 月 1 日，罗永浩的首播计划有 25 个厂商，每个坑位费用 60 万元。抖音和老罗还没有直播就已经有了 1 500 万元的进账。老罗从 2020 年 3 月 26 日开始不断发布消息，抖音也给足了音量，让他的“粉丝”数量在 8 天内增长了 758.9 万人，这足以证明抖音 4 亿日活跃用户的威力之强大。罗永浩抖音第一场直播的视频截图如图 5-4 所示。

图 5-4　罗永浩抖音第一场直播的视频截图

随着罗永浩等关键意见领袖的签约入驻，抖音直播的知名度和影响力大大提高，今后势必吸引更多品牌厂商的关注。另外，抖音依靠强大的算法机制，能够根据用户的偏好和浏览内容为用户进行精准推荐，这便于开展直播营销的品牌更精准地找到目标消费者。

3. 快手直播营销平台

快手的定位是“社会平均人”，主要用户集中在三线及以下城市。快手以下沉市场为主，直播带货的产品价格较低，但下沉市场用户的黏性极高，有助于提高转化率。而且对于下沉市场的高度渗透，快手恰恰避开了一、二线城市的流量竞争，使得快手在三线及以下城市的带货能力得以发挥到最大。

快手直播间中有大量工厂、原产地、产业链上的主播，他们的直播内容也紧紧围绕自身属性。例如，很多主播会直播自家的果园、店面，强调产品源自“自家工厂”。这种直接展现产品源头、产品产地的卖货方式，可以让消费者对产品有更直观的了解，从而提升他们对产品的好感度和忠诚度。

淘宝、抖音和快手这 3 个直播营销平台的比较如表 5-2 所示。

表 5-2 淘宝、抖音、快手直播营销平台的比较

直播平台	淘宝	抖音	快手
平台属性	电商	内容	社交+内容
流量来源	自身+外部内容平台	自身平台	自身平台
带货商品属性	全品类	美妆、服装等为主	百元以内低价商品为主
主要供应链	淘宝、天猫	淘宝	淘宝、天猫、京东、有赞、魔筷星选、快手小店
头部主播达人	薇娅、李佳琦	罗永浩	散打哥
分成方式	在总佣金（20%～35%）中，阿里妈妈、淘宝直播、直播方分成比例为 1∶2∶7 或 1∶3∶6	—	在实际推广佣金中，快手抽取 50%，但会作为“商户奖励金”返还给优质商户
估算平台抽成比例	6%～14%	—	—

资料来源：观研天下。

5.2.3 直播营销的方式与活动实施

1. 直播营销的方式

根据直播吸引点划分，直播营销的常见方式包括颜值营销、名人或网红营销、利他营销、才艺营销、对比营销和采访营销等。上述营销方式特点各异，适用于不同的产品、营销场景和目标用户。企业在选择直播营销方式时，需要站在用户的角度，挑选或组合出最佳的直播营销方式。下面就对上述几种直播营销方式进行简要介绍。

（1）颜值营销。

直播经济中一直就有所谓的“颜值就是生产力”的说法。颜值营销的主播都是俊男靓女，男主播高大帅气，女主播肤白貌美，高颜值能吸引大量“粉丝”前往直播间围观和打赏，巨大的流量和高涨的人气是直播营销效果的保障。

（2）名人或网红营销。

名人和网红是粉丝们追随、模仿的对象，他们的一举一动都会受到粉丝的关注。因此，当名人或网红出现在直播间中与粉丝互动时，经常会出现人气高涨的盛况。例如，影视名人刘涛在 2020 年 5 月 14 日晚化身“刘一刀”走进淘宝直播间首次带货直播，如图 5-5 所示。在短短 3 小时的直播里，累计观看人数超过 2 100 万人，最高单品浏览人次达 393 万次，商品售罄率达 90%，交易总额超过 1.48 亿元。

图 5-5 刘涛直播带货现场截图

一般来说，这种直播营销方式投入高、出货量大，需要企业有充足的经费预算并有很强的备货能力。但是，有时高投入也未必能带来高产出。例如，某企业花费60万元请某名人直播代言，结果仅仅卖出去5万元商品，而且还有一部分卖出去的产品被退货，企业损失惨重。因此，企业应在预算范围内，尽可能选择那些最贴合产品及消费者属性的名人进行合作。

（3）利他营销。

直播中常见的利他行为是进行知识和技能分享，以帮助用户提高生活技能或动手能力。利他营销主要适用于美妆护肤类及服装搭配类产品，如淘宝主播“某某”经常使用某品牌的化妆品向观众展示化妆技巧，在让观众学习美妆知识的同时增加产品曝光度。

（4）才艺营销。

直播间是才艺主播的展示舞台，无论主播是否有名气，只要才艺过硬，就可以吸引大量的粉丝围观。才艺营销适用于展现表演才艺所使用的工具类产品，如钢琴才艺表演需要使用钢琴，钢琴生产企业就可以与有钢琴演奏才华的直播达人合作开展营销活动。

（5）对比营销。

对比营销是指通过与上一代产品或主要竞品做对比分析，直观展示产品的优点，从而说服大家购买所推荐的产品。对比营销是一种非常有效的营销方式，在直播营销时被广泛采用。

（6）采访营销。

采访营销指主持人采访嘉宾、路人、专家等，以互动的形式，通过他人的立场阐述对产品的看法。采访嘉宾，有助于增加产品的影响力；采访专家，有助于提升产品的权威性；采访路人，有助于拉近产品与观众之间的距离，增强信赖感。

2. 直播营销活动的实施

直播营销需要系统的策划，合理地安排各阶段活动。在直播营销之前，企业应首先确定营销目标并拟订直播营销计划，接下来设计直播方案，然后进行在线直播，最后对活动效果进行评价和总结。在直播过程中，主播需要掌握好直播开场、直播过程和直播结尾的技巧。例如，在直播开场时，主播可以通过讲述趣味性的小故事或提出引人深思的小问题，激起大家的兴趣，与观众的互动，为直播活动营造良好的氛围。在直播环节，主播除了全方位展示产品之外，还应设计一些抽奖、赠送礼物等活动来回馈观众，以活跃气氛，提升直播间的人气。在直播活动结束之前，主播应再次引导观众采取行动购买产品和关注企业，并约定下一次直播的时间。需要注意的是，直播营销的实质是粉丝营销，因此在营销活动的全程中主播都应做好吸引粉丝和维护粉丝的工作。

练习题

一、单选题

1．长视频的时常一般不低于（　　），主要由专业的公司制作完成。

A．5分钟　　B．15分钟　　C．30分钟　　D．45分钟

2．（　　）是一个专注年轻人音乐短视频分享的平台。

A．快手　　B．抖音　　C．哔哩哔哩　　D．微视

3．抖音和快手同属于（　　）。

A．短视频直播平台　　B．电商直播平台　　C．综合视频直播平台　　D．专业垂直直播平台

4．在（　　）直播间有大量工厂、原产地、产业链上的主播，他们的直播内容也紧紧围绕自身属性。

A．抖音　　B．YY　　C．西瓜视频　　D．快手

二、多选题

1．短视频的内容一般聚焦于（　　）等大家都感兴趣或关心的话题。

A．技能分享　　B．幽默搞笑　　C．时尚潮流

D．街头采访　　E．公益教育

2．短视频营销具有（　　）等优势，因而在当前的网络营销实践中被越来越广泛地采用。

A．成本低　　B．目标精准　　C．互动性好

D．传播迅速　　E．易于线下传播

3．直播营销的四要素包括（　　）。

A．场景　　B．人物　　C．产品

D．广告　　E．创意

4．下列属于直播营销平台第一梯队的有（　　）。

A．小红书　　B．淘宝直播　　C．抖音

D．斗鱼直播　　E．快手

5．根据直播吸引点划分，直播营销的常见方式包括（　　）。

A．采访营销　　B．名人或网红营销　　C．草根营销

D．才艺营销　　E．对比营销

三、名词解释

1．短视频　　2．短视频营销　　3．场景式营销　　4．网络直播　　5．直播营销

四、简答及论述题

1．与长视频相比，短视频的特点主要有哪些？

2．直播营销的方式主要有哪些？

3．试论述短视频营销的模式。

4．试论述短视频营销的实施流程。

5．试论述直播营销的优势。

多方混战“6·18”，直播电商“C位”出道

“6·18”年年有，但2020年的比往年的都特别，或者说更被寄予厚望。

尤其是在全球新冠肺炎疫情尚未出现拐点的形势下，大到全球的经济发展，小到老百姓的钱袋子，都会产生不可估量的变化。而在这样的情况下，“6·18”是极为重要的环节，作为新冠肺炎疫情缓解后的首个大型线上购物节，正是消费者释放消费欲望的时候。尤其是对传统电商来说，相对于寄望隆重的“双十一”，他们更希望在年中时就能够最大力度地拉动消费。

事实上，从上线各项助力企业复工复产的措施，到联合地方政府发放消费券，各大电商平台一直肩负着促进消费的重任。今年“6·18”，各大平台均给予更大优惠力度，推出各种补贴措施，希望加速新冠肺炎疫情后的消费恢复。

天猫撒下百亿元补贴，表态要让“6·18”成为上半年的“双十一”；京东的投入超过历年，称要将2020年打造成有史以来最有意义的“6·18”；拼多多更是表示将再加码百亿元补贴等。并且各大平台还

外加发放消费券、免息、降价、打折等优惠措施。

对比往年可以发现，2020年的“6•18”各大平台的优惠力度之大是前所未有的，可以说是更加直接地用优惠和低价去揽客。除了优惠力度加大外，与往年更加不同的是，2020年入局“参战”的选手不仅有所增加而且实力不容小觑，促销方式也有所创新，包括直播带货、举办晚会等。

艾媒咨询数据显示，2020年电商用户规模有望突破7亿人。目前，一个很明显的事实是，中国电商市场增长呈放缓态势，电商用户逐渐触及天花板，电商红利逐渐消失，推出促销节日、创新促销节日内容与形式成为电商平台降低获客成本、增加收益的关键手段。

随着“6•18”电商大促从最开始由京东主导，到现在玩法不断增多，参与“6•18”的平台从综合电商延伸至各垂直类别的电商平台，“6•18”已成为行业现象。

近年来，外界一直将电商行业形容成“猫狗拼”三分天下，即阿里、京东、拼多多三者占有绝对的优势。但2020年以来，经过大半年的持续火爆，直播电商终于走上电商行业的“C位（中心位）”，“6•18”成了直播电商的“第一场公演”。入局的选手们分别是老将阿里、京东，挑战者拼多多，以及新到让拼多多都莫名成了“过来人”的抖音和快手。“6•18”不再是阿里、京东、拼多多的三角戏，而是五方“混战”。

多方混战，有人喜欢单枪匹马，自然也有人喜欢联盟。快手和京东就组成了联盟。2020年5月，快手就宣布联手京东，要为平台主播打造选品库。具体而言，用户在快手购买京东商品时，将不再需要跳转，可在App内直接完成购买，并能享受京东的配送、售后等服务。

值得一提的是，这次联合推出“双百亿补贴”，就是京东快手联姻后的第一个大动作。而此次与快手的深度合作，无疑是京东对下沉市场用户更大范围及更深度的触达。在2020年6月16日，京东快手首场直播带货专场销售额便达到了14.2亿元。另一位“选手”抖音和苏宁易购达成深度合作的消息也一度传得非常广。

无论是单干还是联盟，这个“6•18”，最核心的角色无疑还是直播带货，用时下流行的网络用语来形容，就是直播电商站稳了“C位”。

一直以来，优惠折扣的大促是“6•18”电商引流的基本模式。调查结果也显示，40.2%的受访者认为优惠折扣是他们在电商平台购买的重要动力，而49.6%的受访者更是认为更多的优惠可以提高他们的购买欲望。

但是，随着用户在电商场景的需求不断衍生，单一的优惠玩法的吸引力是有限的，各类社交、内容玩法开始受到众多电商平台的追捧，直播、短视频成了电商流量的新入口。64.3%的受访者表示可以接受直播推广的模式，并且有42.5%的受访者认为普通用户的直播更能激发他们的消费欲望。

直播就像是一束光，稳稳地打在各路平台、商家、主播以及品牌的身上，使各大主角备受瞩目，屡创销售神话。尤其是在新冠肺炎疫情的影响下，“宅经济”爆火，直播电商的发展可谓如日中天。

艾媒咨询数据显示，2019年中国直播电商市场规模达到4 338亿元，另据2020年10月20日毕马威联合阿里研究院发布的研究报告《迈向万亿市场的直播电商》预计，2020年直播电商整体规模将突破万亿元，达到10 500亿元，2021年直播电商规模将扩大至2.0万亿元。

面对近万亿元的蓝海市场，各大平台都深谙其道。例如，淘宝作为早期入局的玩家，自身拥有强大的公域流量池，并且拥有较为强大的供应链能力支撑，因而享受了直播电商早期爆发的红利。在此次“6•18”期间，淘宝聚集了300位名人、600位总裁、“1万+”线下门店、“5万+”柜哥和柜姐进行直播。仅2020年6月1日一天，淘宝直播引导成交支付金额就超过了51亿元。

京东也有超百位名人参与直播，期间更配有草莓音乐节、前浪演唱会等直播活动。“6•18”开始两分钟，京东直播带货销售额已破亿元。

此外，抖音、快手等平台也通过名人直播，加码争夺“6•18”期间的流量。无论是否联盟，新入局者抖音和快手的实力都是不容小觑的。

2019 年，抖音平台直播交易额约为 1 000 亿元，快手直播交易额为 600 亿～800 亿元，是披露的直播收入较高的内容平台。一直以来，抖音和快手布局直播电商的力度、速度、广度和效果都远远超过其他内容平台，因而目前位于内容类直播电商平台的第一梯队。

不过，有光的地方就有阴影。随着直播电商行业的火爆发展，一些行业乱象也随之产生，如产品质量不过关、带货数据虚假、夸大宣传、售后难以保证等。而头部主播屡屡刷新的带货战绩吸引了众多追随者涌入，这就强化了整个行业的浮躁气息。

再者，虽然“6·18”大促期间，各电商平台都在注重通过低价或优惠活动吸引用户，但“6·18”电商大促的根本意义是将用户长期留存在平台上，单纯的降价优惠并非“6·18”的关键。电商平台在吸引用户的基础上，需要在服务、产品质量保障上给予消费者更好的购物体验。

总的来说，2020 年的“6·18”相比往年被寄予了更大的期望，担负起了促进消费的重任，而在直播电商发展火热的情况下，也显得尤为特别。抖音、快手带着直播电商等标签入局，加剧平台间竞争的同时，更为 2020 年的“6·18”增加了很多看点。其实，无论是哪种玩法，长期来看，唯有为消费者提供真正实惠的价格和折扣，才能有效发挥促销节日的作用，助力于平台用户的增长。

艾媒咨询创始人张毅认为，直播电商也好、短视频电商也好，不管哪种形式，其本质还是电商。所以消费者要买东西，还是要看好电商平台本身。

资料来源：艾媒网。

思考讨论题

结合本材料，请对我国当前直播电商的发展现状进行评述，并对直播电商未来的发展趋势做出展望。

第 6 章 App 营销

本章导读

如今，移动端的各种 App 给我们的生活提供了极大的方便，从早上的天气预报，路上的交通出行，中午的外卖点餐，到闲暇时的社交互动，休息时的娱乐游戏，需要时的网络购物，我们一刻也离不开它们。App 改变了人们的生活方式，也成为企业营销的一种新的模式。本章主要介绍 App 营销的概念、特点、模式分类，重点阐述 App 营销的技巧，最后结合 4 个典型案例对 App 营销的运用进行介绍。

知识结构图

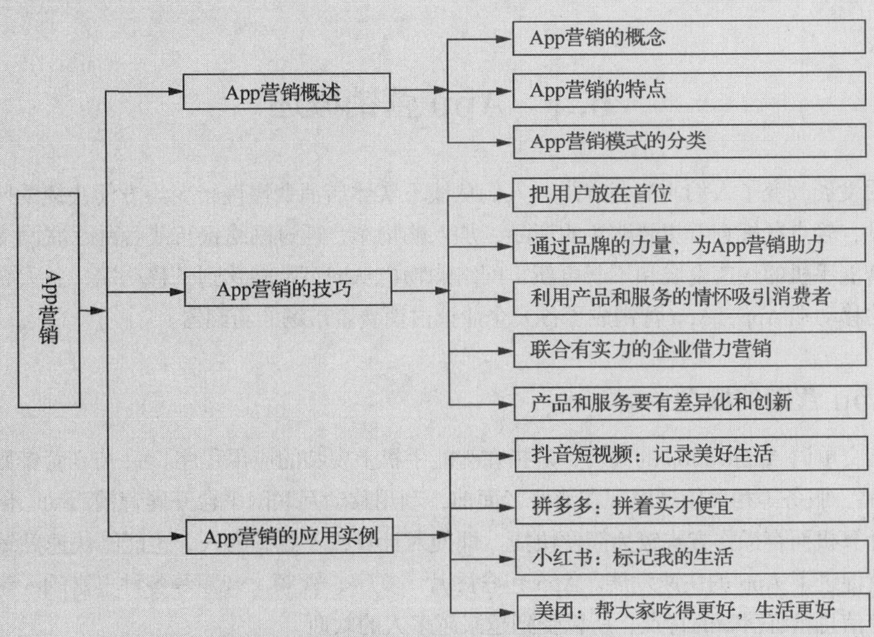

开篇案例

2020年春节贺岁电影《囧妈》在手机App免费播出

2020年伊始，春节档迎来线上首映的历史突破。

2020年1月23日，与其他6部电影一同撤出春节档的《囧妈》，24日宣布将于1月25日（大年初一）零点起免费上线。

“抖音App”微信公众号24日发布公告称，自2020年1月25日（大年初一）零点起，只要在手机上打开抖音、今日头条、西瓜视频、抖音火山版及欢喜首映中任意一款App，搜索“囧妈”，或者在智能电视上打开华数鲜时光，即可免费观看《囧妈》全片。

该消息随即引发关注，网友们贡献了一片叫好声，“在家第一时间能看贺岁片，太感谢了！”“这操作！我爱了。”“欠《囧妈》一张电影票，会还的。”“期待很久，不愧是中国的贺岁片！”

电影《囧妈》是“囧”系列的第三部作品。前两部作品《人在囧途之泰囧》和《港囧》分别在2012年、2015年取得12.67亿元、16.14亿元票房。同为徐峥导演的作品，此次第三“囧”的商业前景此前颇被看好。

对于此次上线的选择，《囧妈》出品方欢喜传媒于24日发布两则公告，称由于《囧妈》未能在春节档如期上映，终止电影保底发行协议。此外，公司全资附属公司欢欢喜喜与今日头条母公司，即北京字节跳动科技有限公司订立合作协议，欢欢喜喜及字节跳动科技有限公司将在与在线视频相关的多个领域开展合作，字节跳动科技有限公司将向欢欢喜喜最少支付6.3亿元作为代价。

在这个需要所有人携手并肩而又要避免所有人“携手并肩”的特殊时刻，中国电影史迎来了特殊的“一笔”。

在某种程度上，这被特殊形势“逼”出来的应对方案，无形中打破了影院和线上的二元对立。新年新气象，新的合作模式也在开启。

资料来源：中国新闻网。

6.1 App营销概述

互联网的发展改变了人们的消费方式，人们从线下实体店消费慢慢转变为方便快捷的网络购物——登录购物网站，轻点鼠标查看想要购买的商品，加入购物车，通过网络银行或各种互联网支付工具完成支付。随着智能手机的快速发展和不断更新，网络购物也从网页端转移到了移动端，各大企业也在加紧开发本企业的移动端App，App营销成了各大企业抢占消费者市场的新利器。

6.1.1 App营销的概念

App是英文单词Application的简写，是指在智能手机上安装的应用程序。而App营销则是指企业利用App将产品、服务等相关信息展现在消费者面前，利用移动互联网平台开展营销活动。因为智能手机相对于传统计算机而言操作方式较为简便快捷，即使对计算机不熟悉的人，也能够快速熟练地使用智能手机，这也就促进了App的快速发展。App包含图片、文字、视频、音频等各种丰富的元素，同时相对于网页端具有信息精练清晰的特点，所以受到越来越多人的欢迎。

例如，电商企业京东借助京东手机 App 的超高人气开展各项优惠促销活动，并且推出了京东金融、京东钱包、京东到家等一系列 App，全方位方便消费者使用，如图 6-1 所示。京东手机 App 不仅方便了老用户随时使用，而且能从各个渠道吸引新用户，将企业的营销从网页端拓展到移动端，且移动端的营销成交量不断增加，占比越来越大。

图 6-1　京东手机 App

6.1.2　App 营销的特点

和其他营销方式相比，App 营销具有以下特点。

1. App 营销的成本低，尤其是宣传成本低

App 营销的成本比传统的电视、报纸广告，甚至网络营销的成本都要低，企业只需开发一个适合本企业的 App 投放到应用市场，等待用户下载安装使用即可。

2. 用户对 App 的使用持续性强

好的 App 会在应用市场上下载数量靠前，能够赢得更多更好的用户口碑，形成良性互动，让企业的 App 营销开展得更加顺利。用户使用 App 时的体验好，就会一直使用下去并成为习惯，同时还有可能向身边的人推荐。这样，企业的营销就能在用户使用 App 的过程中实现。

3. 销售人员利用 App 促进销售活动

除了针对消费者的 App 外，企业还有专为销售人员开发的辅助销售类 App。销售人员可以利用这类 App 程序进行商品库存、物流等信息的查询，从而能更好地服务消费者，促进企业销售活动的开展。

4. App 包含的信息全面而广泛

App 对企业商品信息的展示是全面的，不仅包括详细的商品介绍、尺寸等规格参数，包装售后等服务信息，还包括消费者对商品的各种评价。借助以上信息，消费者可以根据销量、价格、上市时间等各种条件进行搜索和排列，方便从海量数据中挑选自己心仪的商品。

5. 企业可以通过 App 来提升自身的品牌形象

品牌忠诚度、实用的工具和巧妙的创意安排是用户下载 App 的主要原因，企业可以通过 App 来传递企业文化、企业的社会责任、企业理念等企业价值信息。用户在使用 App 的同时，可能会更加认同企业的价值观，自然也就提升了企业在用户心中的形象。

6. App 营销灵活度高

用户可以通过手机应用市场、企业网站推送和扫描二维码等多种方式下载企业的 App。企业可以随时在 App 中推送最新的商品信息、促销优惠、针对消费者的互动活动、针对老用户的回馈服务等。

7. 企业可以利用 App，通过大数据技术实现精准营销

大数据、云计算等信息技术已被应用到我们日常生活的方方面面。用户的每一次查询浏览、每一次点击关注、每一次购买行为都会被大数据记录。企业通过大数据分析，能对消费者的购买偏好、喜欢的颜色款式、能接受的价格、习惯使用的支付方式等信息进行精准定位，在消费者下一次打开 App 时就可以向消费者推荐符合其审美喜好的相关商品，实现精准营销。企业还可以在 App 的用户界面中提供丰富的个性化信息，针对每一位用户提供符合其偏好的促销信息、优惠礼券、个性服务等，让营销效果最大化。大众点评 App 就是其中典型的代表，如图 6-2 所示。

图 6-2 大众点评 App 根据用户信息进行精准推荐

8. 企业利用 App 可以实现与用户的互动

用户可以利用 App 中的各种功能实现想要的效果。例如，对于时下流行的共享单车，用户登录 App，打开手机的定位功能，就能发现身边的共享单车。用户甚至还可以特意寻找带有奖励红包的单车，骑行结束后还可以给好友发放奖励优惠券，从而吸引更多的使用者加入，在无意间为企业做了免费宣传。

9. App 可以增加用户黏性，实现口碑传播

用户提到视频 App 就会想到优酷，提到美食 App 就会想到大众点评，提到购物 App 就会想到京东、天猫，提到新闻类 App 就会想到今日头条，这就是用户黏性。一个好的 App 会牢牢绑定老用户，也会吸引更多的新用户，实现企业的营销目的。

微信作为一款使用最广的社交软件，得到了用户的普遍认可，尤其是其朋友圈功能，成为人们日常首选的移动社交方式。在用户规模日益庞大之后，微信在朋友圈中开始有针对性地植入广告，其种类各异，但并不是每个人都会收到相同的广告。例如，在天津地区的微信用户会收到坐落在天津的企业的广告，而其他地区的用户是不会收到的；一些汽车厂商的广告也只面向特定的微信用户发送。这是因为腾讯根据微信后台收集的大数据信息，实施了精准的广告投放。

因此，一些规模比较小的企业即使没有自己的 App，也同样可以在微信这个使用广泛的 App 中进行营销（如图 6-3 所示），并且借用腾讯的大数据分析实现精准投放，达到不错的营销效果。

图 6-3　微信朋友圈中的广告营销

6.1.3　App 营销模式的分类

App 营销是一种新型的营销模式，不同的学者对其有不同的分类方式。有些学者认为，移动互联网 App 营销分为 3 种模式，分别是品牌 App 模式、App 植入广告模式和联合推广模式。但随着 App 营销的不断发展，现在其主要分为以下两种模式。

1. 植入广告模式

植入广告模式是最简单的一种营销模式。App 开发者可以直接将广告嵌入 App，用户打开 App，在首页或是相应的界面中就能看到广告。如果对广告感兴趣，用户就可以点击了解详细内容，从而参与企业的营销活动；如果不感兴趣，直接点击关闭或者跳过广告即可。企业可以将广告植入那些应用量大的 App，这样受众面广。但广告内容本身吸引人才是最重要的，精美的广告有时会吸引对产品本不感兴趣的消费者成为潜在用户。同时，要注意将广告投放到与企业产品或服务相关联的 App 中，如教育类广告可以植入热点新闻类 App，吸引学生家长在阅读新闻时注意。

2. 用户参与模式

采用用户参与模式的 App 类型主要有网站移植类和品牌应用类。企业将自身开发的 App 发布到各大应用平台，让用户下载使用（见图 6-4）。网站移植类 App 可以使用户获得等同于网页端的使用体验，虽然信息可能不如网页端全面详细，但用户可以迅速抓住重要信息，而这正是移动端的优势所在。例如，天猫 App 页面简洁而信息全面，页面下方的天猫首页、购物车、个人页面等几个重要导航按钮完全可以满足用户的需要。品牌应用类 App 需要用户使用 App 来完成购买或消费，甚至有的 App 没有对应的网页版，这是因为其需要结合一部分的手机功能来使用。例如，时下流行的哈啰出行，用户只有开启手机的位置服务功能，打开 App 对自己的位置进行定位，才能搜索周围的共享单车进行使用。

用户参与模式还有一个特点就是互动性强。例如，天猫 App 在每年的“双十一”购物节期间就会有“红包雨”等互动小游戏，用户点击手机屏幕上掉落的红包就能抢到相应的购物优惠券，同时还能将活动的链接在社交软件中进行分享，从而使更多的人看到这个活动。哈啰出行在骑行结束后给用户发红包，用户可以通过微信将链接分享到朋友圈或是分享给特定朋友，同时自己也可以领到一张骑行优惠券供下次使用，如图 6-5 所示。平时不使用哈啰出行 App 的朋友还可以通过页面中的下载按钮直接下载安装，企业通过用户的参与分享达到了营销目的。

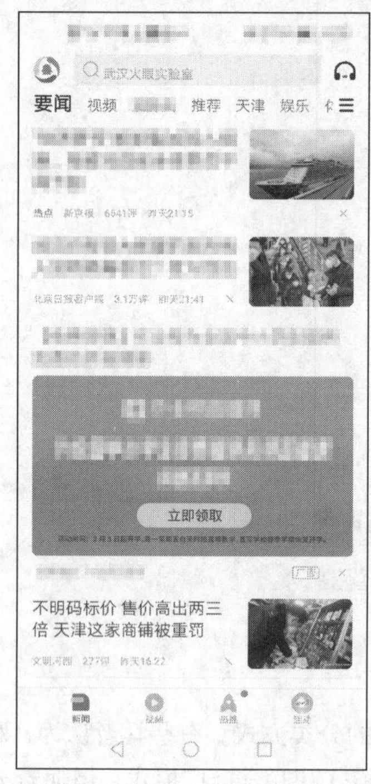

图 6-4　腾讯新闻 App 的“作业帮”广告植入

图 6-5　哈啰共享单车的互动分享

6.2　App 营销的技巧

与传统的营销方式相比，App 营销在某些方面具有明显的优势，如低投入高产出，可以实现精准营销，可以与消费者进行互动等。在这个瞬息万变的时代，传统营销方式存在成本高、信息传递不及时等弊端，严重阻碍了企业业务的拓展。因此，App 营销越来越受到企业的重视，逐渐成为企业抢占市场的又一块战略高地。

6.2.1　把用户放在首位

在 App 营销中，企业要把用户放在首位，不断提高产品和服务的质量，让用户用得放心；还要做好客服关怀，让用户用得顺心。企业要以用户为中心，产品和服务都要围绕用户的体验来进行设计，用户带着愉悦的心情体验产品，自然会愿意出钱购买。要做到把用户放在首位，企业就需要找到用户的根本需求。

把用户放在首位就是要针对用户的根本需求提供产品和服务。用户如果口渴，那水才是用户需要的，食物并不能满足其根本需求。只有站在用户的角度和立场思考问题，找到用户的根本需求，企业才能提供让用户满意的产品和服务。

如何寻找用户的根本需求？企业可以通过以下几种方法找到用户的根本需求。

一是通过搜索引擎。如果想知道用户对某一产品最关心的问题是什么，可以在百度等搜索引擎中输入产品名称，搜索引擎会自动匹配一些常见的搜索关键词，这样企业就知道用户最关心的是什么了。

二是站在用户的角度给产品挑毛病。企业要把自己当成产品的用户，用挑剔的眼光审视自己的产品，发现不满意的地方。这同样也是用户的痛点。

三是从市场中寻找用户的需求。要想让好的产品获得成功，企业需要有发现市场的眼光，这就需要用敏锐的洞察力发现市场中的"蓝海"。

四是让企业的忠实粉丝参与产品设计。粉丝的影响和作用不可小觑，他们是真正对产品有强烈喜爱、认同企业理念和价值观的积极用户，让其参与产品的调研、设计、试用、修改，会产生正向的粉丝效应。

通过市场发现用户的根本需求，把用户放在首位，是 App 营销必须做的事情。这样才能形成差异，让产品脱颖而出，赢得用户的喜爱。

6.2.2 通过品牌的力量，为 App 营销助力

品牌是一种识别标志、一种精神象征、一种价值理念，是优异品质的核心体现。品牌营销，是通过市场营销使消费者形成对企业品牌和产品的认知的过程。企业要想不断获得和保持竞争优势，必须构建高品位的营销理念。因此，App 营销不能脱离品牌的力量，要借助品牌提升营销效果。

1. 塑造品牌的核心价值

品牌的核心价值主要包含 4 个方面：产品的使用价值、情感价值、文化价值和核心优势。产品的使用价值往往是品牌的根本价值，是吸引消费者的根本。情感价值可以让企业和消费者靠得更近，让消费者对品牌产生情感依赖和诉求。文化价值包含民族和地域的独特魅力，能够带来更高的附加价值。例如，世界上的不同地域和不同民族都有自己独特的文化。每个产品都有自己的核心优势，企业可以从产品的功能、设计、销售渠道等多方面进行探索，寻找产品的核心优势。

2. 利用品牌效应吸引消费者

人们购买家电会想到海尔，购买计算机会想到联想，购买手机会想到华为，这就是品牌效应，价格不菲的奢侈品能吸引人也是如此。因此，企业要将品牌元素融入 App，这样就能通过 App 吸引那些对品牌忠诚的消费者。具体做法包括 App 中要突出品牌的 Logo，这是品牌的象征；App 的界面要和网页端保持一致，这样消费者就能轻松操作；App 中还要同步线下的活动，形成线上和线下的联动，这样不但能让消费者第一时间知晓企业的活动信息，还能将客源引流到线下，增强传统销售渠道的效果。

3. 利用产品背后的精神吸引消费者

手艺人讲求工匠精神，企业做自己的产品和 App 同样如此，要让消费者体会到企业对产品的精益求精。精神是最容易引起人共鸣的，产生的影响也最深远。产品背后的精神可以通过多种方式传达给用户，如宣传片、微电影、线下活动等。

6.2.3 利用产品和服务的情怀吸引消费者

企业除了在产品和服务上要塑造特色，还可以用情感让产品变得与众不同，这就是情怀的力量。App

营销要成功，情感是不可缺少的要素。如果企业能够在情感上打动消费者，自然能够获得用户的认可，促进产品的销售。

只有较早地发现用户的情感需求，想办法满足用户的情感需求，才能促进App营销。开展App营销的企业要碰触到用户的内心，让用户获得满意的情感体验。例如，小米公司的使命是始终坚持做“感动人心、价格厚道”的好产品，让全球每个人都能享受科技带来的美好生活。这一点配合其新品发售时别出心裁的营销策略，吸引了大批年轻的粉丝，这些人都追求产品的性价比，认同小米的理念，成了小米的忠实用户。情感的营销不需要花费太多，企业只要开动脑筋，抓住用户的心理诉求，就能将品牌价值进行传递，这是App营销过程中需要重视的一个方面。

6.2.4 联合有实力的企业借力营销

站在巨人的肩膀上才能看得更远。移动互联网时代，市场竞争激烈，单打独斗不如强强联合，借力营销往往更能事半功倍。

1. 找到合适的搭档，优势互补

合作是非常好的方式，不同领域的企业可以在App中联合，这样可以将双方的用户群体进行引流，产生“1+1>2”的效果。

阅读资料6-1 哈啰出行联手支付宝实名认证

2019年年初，哈啰出行顺风车业务在全国300多个城市上线。

年前，哈啰顺风车业务开始试运营，并推出“共享春运”活动。其官方公布的数据显示，2019年1月25日至2月4日期间，参与“共享春运”活动的车主累计51万人，乘客80万人。春运期间，在应用商店旅游分类免费榜上，哈啰出行两次自然搜索排名第一。

截至2019年2月，哈啰顺风车车主注册量已突破200万人，累计发布订单量超700万单。顺风车一方面可以盘活个人车主的共享资产，增加其收益，另一方面也降低了乘客单程的昂贵车费，降低了出行成本。

作为共享单车的后入局玩家，哈啰通过“农村包围城市”的模式，在阿里系的扶持下，成为共享单车领域的巨头。2018年9月，哈啰单车完成向哈啰出行的品牌升级，随后进军四轮业务。如今，哈啰出行完成了单车、助力车、网约车、顺风车的业务布局。

哈啰出行顺风车业务负责人江涛表示，哈啰出行将是行业内首家全面做到司乘两端实名认证的出行公司，借助支付宝的实名认证端口提高司乘安全性。

资料来源：搜狐网。

借力营销还要注意几个问题：第一是两个企业的App要能连通，或者借力企业的App能获得流量开放入口。例如，哈啰出行可以在支付宝第三方服务中直接找到，而支付宝“交通出行”中骑单车一项默认直接链接到哈啰出行；第二是两个企业的业务领域可以形成优势互补，即借力企业的业务领域是被借力企业尚未涉及但感兴趣并愿意进行投入的领域，这样双方开展合作，借力企业能获得可观的流量，被借力企业可扩大自己的业务版图。第三是需要广泛推广，企业可以不拘泥于一款合作App，在市场竞争激烈的情况下，要善于发现商机。

2. 利用名人效应

名人的影响作用要远远大于一般人，他们的一言一行都会受到公众和媒体的关注，尤其对其粉丝群体会产生巨大的宣传推动效应。企业针对自己的行业特点，可以邀请有影响力的名人为自己代言，以起到良好的推动效果。例如，杨紫作为百度 App 超级蜕变代言人（如图 6-6 所示），就吸引了不少年轻人的关注。

图 6-6　杨紫代言百度 App

6.2.5　产品和服务要有差异化和创新

App 市场目前处于快速增长中，其中不免会有同质化的 App。如何从众多类似的 App 中脱颖而出，是企业需要思考的问题。

1. 私人定制

在用户使用 App 的过程中，企业在后台可以通过信息技术搜集用户的个人习惯和爱好，针对其个性化的需求，进行精准的推送；还可以根据用户的会员等级提供不同的服务，让 VIP 用户体会到自己的优越性。私人定制包括为用户制定特定的 App 首页、App 会员界面等。

2. 创新创意

想在同质化的 App 中脱颖而出，要靠创新和创意。这听上去虽然有些困难，但企业可以从以下两个方面仔细搜寻，不断思考。

一是挖掘产品的亮点。不同的产品有不同的闪光点，如舒肤佳的香皂侧重于杀菌消毒，而力士香皂则侧重于滋养护肤。同样，App 也有不同的内涵，微信和支付宝都有钱包功能，都可以进行结算和支付，但各有各的特点，商家一般都会提供两种支付方式供顾客选择。

二是全面掌握信息。信息时代，企业不仅需要了解对手的信息，还要掌握用户的信息，将从各方面搜集到的信息进行整合，确定要努力的方向。较为简便的一种方法，就是在应用商店中查看用户对竞争对手 App 的评论，针对其不足之处对自身进行修正，实现扬长避短、快人一步。

6.3　App 营销的应用实例

近几年，各类 App 不断发展，但问题也随之而来。通常认为，传统营销是让用户被动地接收信息，容易让受众产生逆反心理，往往得到的是相反的效果；而 App 营销是用户自己下载并接收产品信息，更加容易达到传播效果。但随着时间的推移，App 同质化问题严重，如何做到脱颖而出成为企业最需要解决的问题。下面分别介绍 4 款在近年来快速崛起的 App，或许能够给读者一些有益的启示。

6.3.1 抖音短视频：记录美好生活

抖音是一款音乐创意短视频社交软件，是一个专注于年轻人的音乐短视频社区。用户可以在这款软件中选择歌曲，选择自己喜欢的滤镜和美颜效果，拍摄制作音乐短视频并上传，形成自己的作品。抖音有精准的网络营销定位、强大的网络营销团队和正确的网络营销运营策略，这些前期的铺垫是必不可少的。抖音的出现使得微博都开始有了危机感。抖音的成功是因为以下几点。

1. 精准定位：年轻+音乐+创意

抖音是一款专注于新生代的音乐创意短视频App，也是有着共同爱好的年轻人的交友社区。同时，抖音瞄准有创意、有态度的年轻用户群体，他们制作的视频内容质量更高、更有创造性，而且抖音也降低了用户制作视频的门槛。

2. 特色功能：音乐+特效+混剪

抖音用户可以挑选自己喜欢的音乐，伴随节奏拍摄出极具个性的音乐短视频。抖音提供 10 余种类别的海量伴奏供用户挑选，在视频录制过程中提供 5 种录制速度。

抖音的火爆也带火了不少好听的歌曲，网易云音乐甚至有“抖音最火歌曲排行榜”，播放量也是高得惊人。抖音在视频录制以及合成处理的工序中均提供了不同类别的滤镜道具，包括录制工序中的道具滤镜、美颜开关和多种色调滤镜，以及处理工序中的特效滤镜和时间特效等。

3. 众多流量名人的入驻

抖音的火爆离不开名人效应，有大批流量名人入驻了抖音，他们每发布一个视频都有几百万次的点赞和转发，宣传效果不容小觑。

4. 大面积广告轰炸

抖音的广告包括逛街时就能看到的抖音海报，以及看电视时的综艺冠名广告。大范围的广告轰炸带来的效果显而易见。

抖音火爆之后，自然成了新的网络营销“流量洼地”，有许多品牌搭上了这辆“顺风车”。其实早在 2017 年 9 月 21 日，抖音就首发 3 条品牌原生视频广告，携手爱彼迎、雪佛兰、哈尔滨啤酒三大品牌，共同开启“抖音品牌视频广告首秀”计划。这个广告模式一直沿用至今，用户只要打开抖音平台，就可以看到官方推送的品牌广告，与微博的广告推送功能类似。抖音火爆之后，也有不少品牌开通了账户，如支付宝、小米手机等，都在不断更新视频。

抖音的成功，在于它用一种新奇又有创意的方式让年轻人去释放自己的压力，展现自己的独特魅力和未被发现的表演才华。

6.3.2 拼多多：拼着买才便宜

拼多多：拼着买才便宜

拼多多隶属上海寻梦信息技术有限公司，创立于 2015 年 4 月，是一家致力于为最广大用户提供物有所值的商品和有趣的互动购物体验的“新电子商务”平台。

拼多多通过创新的商业模式和技术应用，对现有商品流通环节进行重构，持续降低社会资源的损耗，在为用户创造价值的同时，有效推动了农业和制造业的发展。

创立至今，拼多多平台已汇聚 6.83 亿年度活跃买家和 510 万活跃商户，平台年交易额达人民币12 687亿元，迅速发展为中国第二大电商平台。

2018年7月，拼多多在美国纳斯达克证券交易所正式挂牌上市。

拼多多的商业模式其实并不复杂，就是一种网上团购的模式，以团购价来购买某件商品。用户可以将拼团的商品链接发给好友，如果拼团不成功，拼多多就会退款。许多人会在朋友圈、微信群转发拼多多团购的链接，这就使拼多多通过社交网络实现了一次裂变。

拼多多剑走偏锋，瞄准了被淘宝、京东忽略的三、四、五线城市人群，以低价大量吸取用户。这样的超低价策略使得很多对价格敏感的人开始使用拼多多。

调研发现，拼多多上有如下3类典型人群。

（1）没有网购经验的人群；

（2）知道淘宝、也在淘宝消费过，但未形成购买习惯的人群；

（3）淘宝满足不了需求的人群。

其实无论是天猫还是京东，满足的都是较为追求品质的人群的需求，但少有人关注只需要“能用就行”的这批用户，而拼多多做到了。

拼多多的商业模式很简单：电商拼团、砍价。

如果是在淘宝上买东西，大都是一个人购买，但在拼多多上不一样，拼团能够让你获得更优惠的价格，所以几乎没有人会选择单独购买。付款后用户可以一键分享拼团，链接到微信等社交平台上，从下单到支付，再到最后离开拼单页面，每一个步骤都在暗示、引导用户分享。在完成拼团之后，用户还有机会获得拼主免单券，这也是变相鼓励分享。这个看似简单的分享、拼团砍价模式，就是拼多多崛起的关键。

通过降价这种最直接的方式，拼多多鼓励用户将App推广给更多的人，用户省下来的钱也是实实在在的，拼多多获得的新用户也是实实在在的，这就是双赢！

这种拼团砍价其实就是批发和微分销，再借助社交平台流量的助攻。同时，参团的用户还都是在认识的亲戚、朋友之间进行分享，诱导用户产生裂变效应。在初期，拼多多几乎不用打什么广告就可以吸引大批用户，各种砍价互助群也跟着产生。

而为了吸引商家入驻，拼多多同样用了很多办法。免佣金、免费上首页等，这些都是现阶段淘宝、京东给不了的，这样就有大量的商家开始涌入拼多多平台。因此，从运营的角度评价，拼多多是成功的。

6.3.3 小红书：标记我的生活

小红书是年轻人的生活方式展示平台和消费决策入口，由毛文超和瞿芳于2013年在上海创立，致力于让全世界的好生活触手可及。在小红书上，用户通过短视频、图文等形式标记生活中的点滴。截至2019年7月，小红书用户数超过3亿人，并持续快速增长，其中70%的用户是“90后”。在小红书社区，用户通过文字、图片、视频笔记的分享，记录了这个时代年轻人的正能量和美好生活。小红书旗下设有电商业务，通过机器学习对海量信息和人进行精准、高效的匹配。2017年12月24日，小红书电商被《人民日报》授予代表中国消费科技产业的“中国品牌奖”。2019年6月11日，小红书入选“2019福布斯中国最具创新力企业榜”。2019年11月5日，小红书再次亮相中国国际进口博览会，并将与全球化智库（Center for China and Globalization，CCG）共同举办“新消费——重塑全球消费市场的未来形态”论坛。

从2013年一份红遍网络的海外购物攻略，到如今集内容、电商、社交等功能于一体，吸引不同的年轻人纷纷在此标记日常生活的多元化社区平台，小红书以社区为阵地，不断拓展内容分享的种类和边界，构建起外界难以复制的商业闭环。

小红书创立之初，是为了解决国人海淘、出国购物时信息不对称的痛点。早期，小红书邀请了很多旅居美国、日本、新加坡等地的人士撰写购物攻略。由于商品种类繁多、购物信息更新速度太快，小红书于 2013 年年底完成第一次转型，鼓励用户自己生产内容，以实现信息的多元化和高频迭代。

打开小红书的首页，一篇篇图文并茂的笔记在记录购买心得、分享使用体验的同时，也搭建起小红书真实而多样的商品口碑数据库，成为用户购买决策中极为重要的一环。

对于小红书而言，社区的用户活跃度远比电商转化率重要。“如果一定要对标一个 App，我们更接近加了购物功能的中国版 Instagram。”小红书合伙人曾秀莲表示，小红书将始终围绕社区用户提供服务。从产品设计来看，用户打开小红书第一眼看到的一定是社区而不是小红书商城，这一点从未改变过。

无论是“带货女王”林允，还是从《创造 101》走出来的甜美女孩吴宣仪、孟美岐，2018 年春节过后这批名人的入驻，为刚满 5 周岁的小红书带来了新的增长契机。

“在这件事上，我们从没有花过推广费，也不会刻意对名人做流量倾斜。”曾秀莲坦言，与其他社交平台相比，小红书最大的吸引力就在于“真实”，名人可以摆脱固有人设做自己，在这里分享生活中的点点滴滴。而对于普通用户而言，他们也希望看到名人褪去光环后最真实的一面。

目前，小红书社区每天产生数十亿次的笔记曝光，内容覆盖时尚、护肤、彩妆、美食、旅行、影视、读书、健身等各个领域。平台通过海量标注的数据及机器学习的方式做内容分发，实现“千人千面”的精准匹配，以提升用户黏性和活跃度。

小红书能突出重围是因为踩对了 3 个时间点。一是海外购物，也就是背后的消费升级；二是移动互联网，小红书从一开始就发力移动端社区，顺应了潮流趋势；三是赶上了国家对于跨境电商的政策支持。

作为目前唯一成熟的变现途径——电商，小红书在价格、物流、品控、客服等方面仍与其他综合性电商平台存在一定差距。用户从进社区看内容到购买，不用跳到别的 App 进行搜索才是更流畅的体验闭环，现阶段小红书提升电商能力已经刻不容缓。对于小红书来说，如何在社区与电商之间找到比例最佳的平衡点，将直接决定这家小而美的公司开往何处、行驶多远。

6.3.4 美团：帮大家吃得更好，生活更好

美团的使命是“帮大家吃得更好，生活更好”。作为我国领先的生活服务电子商务平台，美团服务涵盖餐饮、外卖、打车、共享单车、酒店旅游、电影、休闲娱乐等 200 多个品类，业务覆盖全国 2 800 个县区市。截至 2019 年 9 月 30 日，美团年度交易用户总数达 4.4 亿人，平台活跃商户总数达 590 万户，用户平均交易笔数为 26.5 笔。

2018 年 9 月 20 日，美团点评正式在港交所挂牌上市，市值一度突破 4 000 亿港元，超过京东、网易和小米，成为国内继阿里、腾讯、百度之后的第四大互联网公司，也是国内互联网“三小巨头”今日头条、美团、滴滴 3 家中最早上市的一家。

当前，美团战略聚焦“Food+Platform”，正以“吃”为核心，建设生活服务业从需求侧到供给侧的多层次科技服务平台。与此同时，美团正着力将自己建设成为一家社会企业，希望通过与各类合作伙伴的深入合作，构建智慧城市，共创美好生活。

在业内人士看来，成立于 2015 年的美团点评作为一个连接商家、用户和配送物流多方的互联网平台，是全球第一大综合性生活服务平台，其“无边界”的业务拓展模式，大可比拟如今市值突破万亿元的亚马逊。

美团 CEO 王兴认为，美团点评就是生活服务领域的“亚马逊”——美团点评围绕“吃”这一高频核

心品类，成为集吃喝玩乐于一身的超级电子商务平台，这与亚马逊业务拓展边界围绕用户需求的逻辑如出一辙。

美团点评起步于团购，并在成立后将业务版图拓展到外卖、酒店、旅行、出行等多个领域。事实上，历经了团购时期的“百团大战”“千团大战”，美团点评作为惨烈红海竞争中的幸存者，已经与饿了么形成了国内外卖领域双寡头对峙的局面。

在外卖战场的上半场，2015 年美团与大众点评合并奠定了流量优势，新公司美团点评在腾讯的大力扶持下走上快速发展的通道，不仅市场份额反超此前一度领先的饿了么，还以逾 60%的市场占有率稳居行业第一。

在美团点评牢牢把握住流量入口之后，互联网人口红利的消失使得美团点评与饿了么的竞争进入下半场。美团点评近两年来一路向外拓展多元业务，在其对标的亚马逊模式不断拓展边界的同时，美团也将面临与滴滴、阿里、携程等更多巨头的对抗。

美团点评率先完成上市融资，必然会给饿了么造成压力，但是这次融资不会给目前的竞争格局带来很大的变化。美团点评在餐饮外卖领域稳操胜券，但在有些市场并不容易取胜，如出行、旅游和零售。

不过值得庆幸的是，美团点评的亚马逊式“飞轮效应”已经开始显现——虽然边界在不断延展，但用户的黏性仍在增强。

练习题

一、单选题

1．App 营销主要以（　　）为主要传播平台，直接向目标受众定向和精确地传递个性化即时信息。

A．计算机　　B．手机　　C．微博　　D．互联网

2．下列不属于 App 营销特点的是（　　）。

A．成本低　　B．使用持续性强　　C．信息较单一　　D．互动性强

3．植入广告需要通过用户对广告的（　　）来实现用户向消费者的转化。

A．内容　　B．品质　　C．趣味性　　D．点击

4．哈啰出行 App 在用户完成骑行后，鼓励将奖励的骑车优惠券分享到朋友圈或分享给指定人，从而使更多的人使用哈啰出行。这种 App 营销模式属于（　　）。

A．线上营销模式　　B．名人代言的 App 营销方式

C．植入广告模式　　D．用户参与模式

5．App 营销的技巧包含多个，但（　　）不是 App 营销推崇的技巧。

A．把用户放在首位　　B．通过品牌的力量

C．专注于自身的领域　　D．实现差异化和创新

二、多选题

1．App 营销的特点主要包括（　　）。

A．成本低　　B．使用持续性强　　C．开发周期短

D．增强用户黏性　　E．可实现精准营销

2．常见的 App 营销模式主要有（　　）。

A．植入广告模式　　B．口碑相传模式　　C．线下推广模式

D．名人代言模式　　E．用户参与模式

3．可以通过下列哪些方法找到用户的根本需求。（ ）

A．通过搜索引擎　　B．寻找市场中的“蓝海”

C．通过走访调查　　D．站在用户的角度挑毛病

E．邀请粉丝参与设计

4．App营销如何借助品牌提升营销效果？（ ）

A．塑造品牌的核心价值　　B．利用品牌效应吸引消费者

C．通过产品背后的精神吸引消费者　　D．聘请广告公司进行包装宣传

E．与著名品牌寻求合作

5．下列有关App营销的说法正确的有（ ）。

A．企业可以通过App来传递企业文化、企业的社会责任、企业理念等企业价值信息

B．植入广告模式是最简单的一种营销模式

C．在App营销中，要把用户放在首位

D．为服务更多的用户，App营销中不可以包含私人定制的部分

E．品牌的核心价值主要包括4个方面：产品的使用价值、情感价值、文化价值、核心优势

三、名词解释

1．App　2．App营销　3．植入广告模式　4．品牌营销

四、简答及论述题

1．App营销的特点有哪些？

2．借力营销需要注意哪几个方面的问题？

3．找到用户的根本需求的方法主要有哪些？

4．试论述App营销的技巧。

5．结合抖音的App营销案例，试述短视频企业该如何进行App应用创新。

饿了么的App营销

现代生活节奏的加快，使得点外卖成为许多人生活的常态。而伴随着互联网科技的发展，方便快捷的外卖App则彻底颠覆了传统的电话订外卖的模式，成为外卖市场的主流。

饿了么在2008年创立于上海，经过10多年的发展，目前已经是我国主流的本地生活平台之一。饿了么能取得如此地位，与其精准的App营销不无关系。

在成立之初，饿了么对于目标市场的定位就非常明确，选择将大学校园作为业务开展的切入点和重点。一方面，大学人口集中，食堂虽然价格低廉，但是无法满足学生对就餐的多样性和可配送性的要求。另一方面，高校周围聚集着大量小型餐馆，它们受限于位置和距离，在经营过程中的主动性受到严重打击。而饿了么敏锐地发现了双方的需求，并将之转化为商机，架起了学生和周围餐厅之间的桥梁。饿了么选择将商机无限、潜力巨大的高校市场作为首先攻略的城池，展现了其营销过程中的目标市场定位和细分，即选择目标市场，并通过创造、传播和传递更高的顾客价值来获得、保持和增加顾客。

饿了么准确把握用户对于服务的需要，并以此打开市场。例如，校园用户的优势在于群体性强，对新鲜事物的接受能力强，同时作为学生，对于价格的敏感程度极高。饿了么很好地利用了用户的这一特点，采用各种促销手段，通过一系列的价格优惠来吸引、留住用户，如新用户下单优惠、各种赠饮打折

活动等。除了线上的各种优惠活动，饿了么也十分注重线下的宣传，如“饿了别叫妈，叫饿了么”的宣传口号就十分形象生动，让人记忆深刻。这些手段对于增加用户以及增强用户黏性的作用十分巨大。

此外，饿了么还努力理解目标市场的欲望和需求，提供良好的设计和服务，创造、传递顾客价值，实现了自身及利益相关者的双赢。打开 App 界面，系统能精确地定位用户所在的位置，自动搜寻附近的美食外卖，用户不用打电话就可以在线直接预订。而且，App 中餐厅的列表以商标图片形式呈现，用户可以在购买之前看到外卖的内容介绍、点评以及照片等，这比很多实体店的服务还要到位、细致、贴心。最重要的是，用户可以通过饿了么 App 获悉送餐时间，这对于追求效率的用户来说无疑十分具有吸引力。饿了么 App 根据用户以及商户双方的需要，在系统页面上进行有针对性的优化设计，更好地服务用户。

饿了么不仅关注良好的用户体验，还致力于提供更好的顾客资产和品牌资产管理。在运营质量方面，饿了么有蜂鸟配送提供专业的配送服务。而在 2017 年 3 月 1 日，饿了么宣布“食安服务”App 上线，这意味着饿了么可以将涉嫌食品安全违规的餐厅举报至监管部门。在外卖配送和食品安全这两方面的提升改进，对管理顾客资产和品牌资产的贡献巨大，也提升了用户对平台的信任度。

资料来源：百度文库。

思考讨论题

请结合本案例，谈谈生活平台类 App 营销的策略。

第 7 章 O2O 营销

随着移动互联网与互联网金融的飞速发展，“逛在商场，买在网上”的新消费方式开始挑战传统的商业模式。面对如此变化，O2O 营销模式成为营销行业备受关注的新宠。无论是互联网巨头还是移动互联网创业者，纷纷从人们的衣食住行等多个方面入手，在 O2O 领域“排兵布阵”，抢占市场先机。本章主要介绍 O2O 营销的含义、特点、类别，重点阐述 O2O 营销的策略和方法，最后对 O2O 营销的 3 个典型案例进行介绍。

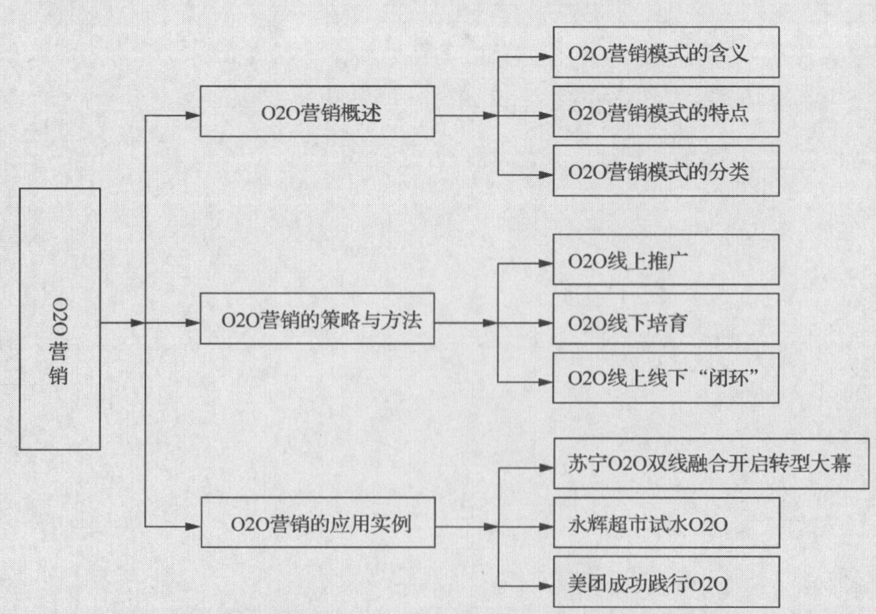

开篇案例

“餐吧”开到家门口　餐饮企业“动起来”

2020年春节，新冠肺炎这个“不速之客”偷袭了人们的生活。短期来看，新冠肺炎疫情对餐饮、旅游、电影、交运、教育培训等行业的冲击最大，尤其是餐饮业。面对客源的骤降以及众多的限制性要求，许多餐饮企业不得不停业止损。除了停业止损之外，还有不少餐饮企业开始开辟新的服务来获取现金流，其中“莆田餐吧”利用线上线下O2O模式进行营业的方式值得很多餐饮企业借鉴。

为应对新冠肺炎疫情带来的挑战，莆田市委市政府指导市餐饮烹饪协会推出“莆田餐吧”——“流动餐厅”载着多样美食进园区、社区、写字楼、机关，既丰富了群众的用餐选择，也为受新冠肺炎疫情影响的商家开辟了新出路。

1. 餐车动起来，创造上百个就业岗位

在莆田市区雅颂居，两辆“莆田餐吧”移动篷车停靠在小区门口，一辆车内摆放着荔枝肉等20多种菜肴，还有莆田红团、绿豆糕等特色糕点；另一辆车则提供主食，厨师现场烹饪焖豆腐等，吸引了附近居民前来选购。“非常时期，外出就餐不方便，家里又是双职工，平时没空做饭，在家门口就能吃到套餐，赞!”几位戴着口罩选购食品的居民说。

“好久没有闻到这么熟悉的味道了，这样的餐吧，好吃又方便!”中午，莆田市区和成天下小区的“90后”居民陈喜顺，特地来到国资大厦楼下的“莆田餐吧”移动篷车前购买美食。此后的一小时里，又有80多份套餐售出，随到随买、打包取走，现场不逗留，安全有序。

莆田市餐饮烹饪协会会长关玉标介绍，原来为筹备元宵节，协会筹资40万元购买了15辆美食移动篷车，计划布置在市区闹市，但新冠肺炎疫情改变了所有计划。

怎么办?“人不动我动”，思路一开，资源就活。餐饮烹饪协会将15辆移动篷车打造成“莆田餐吧”，先后在高新技术产业开发区、城厢万辉社区、荔城荔园小区等10多个地方布点试营业，既解决了企业复产工人、当地居民的用餐问题，又使得多家餐饮企业“动起来”，创造出餐吧服务点、中央厨房等上百个就业岗位，实现了多赢。

2. 个性化定制，试水行业转型之路

在莆田市餐饮烹饪协会的牵头下，莆田的主要餐饮企业“抱团取暖”，各家中央厨房统一配送菜品到“莆田餐吧”上，线上订餐、线下自取，私人定制配送、现场体验，小“餐吧”愣是走出了互联网范儿，餐饮员工也从后厨走向社区。

“个性化定制是餐吧的特色所在。”莆田市餐饮烹饪协会秘书长郭文辉表示。务工人员要求低价实惠，那工业园区的餐吧就以套餐为主，每份15元；“上班族”更喜营养均衡，写字楼下的餐吧就提供更多样的菜品和套餐；居民动手能力更强，供应半成品成为社区餐吧的主打，居民只把“烹饪”环节带回家……

“这是一种全新的业态发展方向，是行业转型的前哨战!”莆田老蒲鲜餐饮企业创始人陈伟军说，“餐饮企业化被动为主动，线上线下同频共振，减少损失、稳定客源，还为接下来的传统餐饮业转型升级打下了基础。”

3. 点对点互动，新模式异军突起

2家门店，4名客服人员，10万名“粉丝”，逆势上扬的营销业绩……近期，莆田蘑菇私房菜餐饮企业在新冠肺炎疫情期间的“成绩单”让人眼前一亮。企业负责人黄朝琴介绍，“制胜法宝”就是线上线下高度一体化，点对点互动，实现无缝对接。4年多的营业历史，该企业仅有的2家门店，走的都是线上订餐、线下配送的发展模式。企业设立了多个微信号以维护粉丝，还聘用了客服人员专门管理微信号，每天发送菜品资料、接受顾客下单、处理投诉等，更重要的是与顾客进行微信私聊，“点对点的互动才更暖人心”。在平时，门店网上订餐一天150单；新冠肺炎疫情期间直接翻番，达到300单。

郭文辉说：“蘑菇私房菜的‘新餐饮’发展模式，就是借力互联网O2O模式的典型，给莆田餐饮企业转型带来了启示。”“莆田餐吧”一经推出就深受市民欢迎，市餐饮烹饪协会下一步将组织各会员单位，在全市的各社区、园区、写字楼布置更多的服务点，增设“早餐工程”，同时推出“百道名菜进社区”等活动，巩固和推广线上线下结合的“新餐饮”模式。

资料来源：人民网。

7.1 O2O营销概述

随着移动互联网的兴起，当前消费者的消费行为模式也发生了变化。在B2B及B2C商业模式下，消费者通过网络拍下所需商品、完成在线支付后，卖家将商品交付快递公司、邮寄给消费者的消费模式已经比较成熟。然而，在线消费比例有限，并且存在自身缺陷，线下实体店消费仍然是一种重要的消费模式。如何把线上消费者吸引到线下实体店消费，成为一个热点问题。于是，O2O营销模式应运而生，并由此引发了一场行业变革。

7.1.1 O2O营销模式的含义

2006年，沃尔玛提出“Site to Store”的B2C战略，即通过B2C完成订单的汇总及在线支付，消费者到4 000多家连锁店取货。该模式其实就是最早的O2O营销模式，但一直没有人明确提出O2O的概念。直到2010年，美国TrialPay公司的创始人亚历克斯·兰佩尔（Alex Rampell）首次提出了O2O的概念。O2O（Online to Offline）主要包括O2O电子商务平台、线下实体商家、消费者等要素。其核心是利用网络寻找消费者，之后将他们带到实体商店进行消费，如图7-1所示。该模式主要适用于适合在线上进行宣传展示，具有线下和线上的结合性，并且消费者再次消费的概率较高的商品或服务，适合的行业主要有餐饮、电影、美发、住宿、家政以及休闲娱乐等。

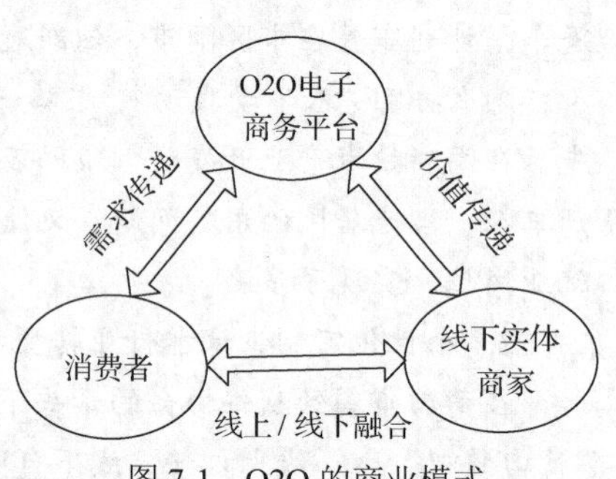

图7-1　O2O的商业模式

我国较早采用O2O营销模式的企业是大众点评网和携程，其“线上下单，线下消费”的商业模式也被业界称为最典型的O2O商业模式。线上同时实现信息流与资金流的传递，线下主要实现商品及服务流的传递。那么O2O与针对消费者的传统电子商务模式B2C、C2C有哪些区别呢？主要不同点在于B2C、C2C是线上支付，将所购买的商品包装好，通过物流公司进行配送，一般需要1～4天才能到达消费者手中；而O2O是在线支付，消费者随时可以到线下实体店进行消费或足不出户即可享用美食。O2O营销模式的广泛普及引发了一场行业变革，改变了人们的消费习惯，可称为“O2O式生活”。下面就以普通职员小李的一天来说明这种新的生活方式。

早晨，小李吃过早餐，用滴滴出行软件搜索附近的车辆，下单约定一辆车。下楼后，他坐着约定的车到达单位，用手机绑定的支付宝直接付费。在单位签到后，开始一天的工作。中午，他利用手机上的美团外卖App下单订了喜欢的外卖。30分钟后，热腾腾的外卖由派送员送到小李的面前。下班前，小李和朋友们约好去聚餐。通过大众点评搜索附近美食，他在网上下单预订了某饭店的一份 4 人餐，并在线完成支付，然后小李一行 4 人去该饭店消费。酒足饭饱后，小李又在团购网站上团购了 KTV 的券，4 人在 KTV 出示订单号进行消费。晚上，小李回到家后，对今天的出行、外卖、晚餐、KTV 一一进行了点评。小李的一天仅是 O2O 式生活的一角，从该案例可以看出，移动互联网已经深入人们生活的方方面面，并成功完成了线上线下的融合。

阅读资料 7-1 沃尔玛 O2O 鲜食商品销售高速增长

2020 年 1 月 6 日至 4 月 15 日，沃尔玛鲜食在沃尔玛到家、京东到家线上平台的销售同比增长了近 3 倍，增长最为显著的品类包括猪肉、鸡蛋、蔬菜、水果等。以国产橙为例，其同比增长超 22 倍。

沃尔玛的数据显示，现阶段沃尔玛到家、京东到家等线上平台的预包装鲜食商品占比已超过 80%。其中，面包、蛋糕等烘焙品类的预包装率已达 100%。

截至 2020 年 4 月中旬，沃尔玛预包装蔬菜的 O2O 销售额已实现同比增长超 4 倍，其中 Marketside（沃集鲜）可溯源西红柿同时期 O2O 销售额同比增长了近 9 倍，O2O 预包装猪肉的销售同比增长超 2 倍。

此外，2020 年 3 月中旬沃尔玛还携手西贝、广州酒家、金鼎轩、上海小南国、云海肴等近 30 家餐饮品牌，陆续在全国各区域，包括北京、上海、广州、深圳、杭州等城市，在沃尔玛到家及京东到家等线上平台推出了品质招牌即食菜。2020 年 4 月 13 日到 19 日，其销量实现环比增长超 60%。

资料来源：亿邦动力。

7.1.2 O2O 营销模式的特点

O2O 营销模式是一种利用网络争取线下用户和市场的新兴商业模式，一般具有以下几个特点。

1. 商品及服务由线下的实体商店提供，质量有保障

O2O 营销模式中，消费者一般根据需求在网上选择合适的商品或服务，在线上下单后到线下实体店进行消费。烘焙小屋就是一个典型的 O2O 应用案例，如图 7-2 所示。消费者只需通过扫描二维码在微商城线上下单，然后到店里取走早餐即可。O2O 营销平台上的商品及服务均由实体店提供，因此商品质量有一定的保障。

图 7-2 烘焙小屋的下单流程

2. 营销效果可查，交易流程可跟踪

O2O 营销可以较快地帮助实体店提高知名度。O2O 订单通过网络达成，在销售平台中留有记录，可使商家通过网络追踪每一笔交易，因而商品推广的效果透明度高。例如，对于在美团上进行的交易，商家可查看每一笔的消费记录。

3. 交易商品即时到达，无物流限制

B2B、B2C 等模式下，消费者需要 1～4 天才能收到购买的商品。然而通过 O2O 营销平台，消费者一般足不出户就可以在 2 小时内收到所购商品，也可以随时到店消费，方便快捷。

4. 商品信息丰富、全面，方便消费者“货比三家”

O2O 营销平台可以将餐饮、酒店、美发以及休闲娱乐等各类型的实体店集为一体，典型的代表为大众点评网。该平台能够为消费者提供丰富的商品信息，并且还有消费者点评及推荐，以为新的消费者选择商家提供参考，如图 7-3 所示。

图 7-3　大众点评网推荐的商品信息

5. 宣传及展示机会更多，帮助商家寻找消费者，降低经营成本

O2O 有利于盘活实体资源，为商家提供了更多宣传展示的机会，从而便于吸引新消费者。O2O 的宣传及送货上门服务，降低了商家对地段的依赖，减少了商家的经营成本。

同时，O2O 营销平台所存储的用户数据，有利于商家维护老消费者。根据消费者的消费情况及评价信息，商家可以深度挖掘消费者需求，进行精准营销，合理安排经营策略。

7.1.3　O2O 营销模式的分类

O2O 营销模式的实质是将用户引流到实体店，为实体店做推广。从广义上来讲，O2O 的范围特别广泛，只要是涉及线上又涉及线下实体店的模式，均可被称为 O2O。随着 O2O 营销模式的发展，目前形成了下面两种商业模式。

1. Online to Offline（线上到线下）模式

这是 O2O 营销模式的普遍形式，将消费者从线上引流到线下实体店进行消费。具体的交易流程如图 7-4 所示，实体商家与线上平台（如网站、App 等）合作，在线上平台发布商品信息，消费者利用互联网在线上平台搜索相关商品，在线购买心仪的商品，在线完成支付。线上平台向消费者手机发送密码或者二维码等数字凭证，消费者持该数字凭证到实体店消费。大众点评、美团等平台是这种 O2O 营销模式的典型代表。

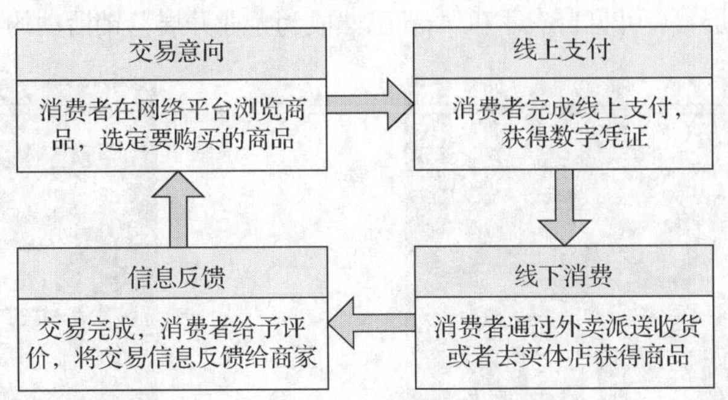

图 7-4　线上到线下模式交易流程图

2. Offline to Online（线下到线上）模式

这种模式是在 O2O 发展的过程中逐步兴起的，又被称为反向 O2O。它将消费者从线下吸引到线上，即消费者在实体店体验后，选择好商品，在线上平台进行交易并完成支付。例如，可口可乐开盖礼、麦当劳支付宝付款、母婴店扫描二维码加会员下单等都是反向 O2O 的典型案例。

值得注意的是，O2O 营销模式的价值并不仅仅在于通过线上展示和线下体验更好地连接消费者与商家，而是商家给消费者提供系统性的贯穿于整个交易流程的完整服务，包括售后的产品维护等。只有这样完整的购物体验和服务，消费者才更乐意分享，从而进行口碑的二次传播和持续购买。

7.2　O2O 营销的策略与方法

互联网时代，O2O 营销成为互联网领域最具潜力的营销模式之一。相对于实体商店传统的“等客上门”营销模式，O2O 营销代表着一种新的营销逻辑。许多企业开始利用这种营销模式，借用网络吸引更多的消费者。那么，具体有哪些 O2O 营销的策略与方法呢？下面将进行具体介绍。

O2O 营销的策略与方法

7.2.1　O2O 线上推广

要做好 O2O 营销，消费者使用什么样的网络工具，企业就必须使用相同的在线工具。在移动互联网时代，网站、手机 App、微信、微博等都是 O2O 营销的工具，是产品或服务的传播渠道。下面具体介绍 O2O 线上推广的方法。

1. 自建网上商城——与线下实体店对接

企业在互联网上建立自己的官方商城，在线上对产品及服务进行宣传推广，消费者在该平台下单后，可以选择到实体店体验消费，也可以直接享受送货上门的服务。一般大型连锁加盟的生活服务类企业会采用这种自建商城的方式，从而有效地将线上平台与线下实体店实时对接。由于是自己的网站平台，商家对网站的管理便利，对目标消费者的针对性强，但企业自建 O2O 网上商场需要投入较多的资金。

2. 创建自有 App——充分利用移动互联网

在智能手机高度普及的今天，使用手机上网的人越来越多。无论是学习教育还是衣食住行，各大企业均不断推出各种手机 App（如图 7-5 所示），希望能够在移动互联网中占有一席之地，营销大战也从 PC 端转移到了手机移动端。例如，一张共享单车 App 的手机截图曾蹿红网络。在这张截图上，24 个共享单车应用的图标占满了整个手机屏幕，可见自有手机 App 已然成为企业开展营销活动的重要工具，如图 7-6 所示。

图 7-5 各种手机 App

图 7-6 共享单车 App

3. 借势社会化营销——聚集人气

社会化营销是一种以消费者为中心的营销模式，采用集广告、促销、公关、推广为一体的营销手段，是典型的整合营销行为，只不过是在精准定位的基础上展开，且偏重于口碑效应的传播。社会化营销的经典媒介包括论坛、微博、微信、博客、校内网、SNS 社区等。O2O 社会化营销在数字化营销的基础上，更关注利用线上和线下资源探索消费者个性化内容，找到目标客户群。与其他营销方式相比，O2O 社会化营销更加注重满足不同消费者的心理需求，进行个性化营销，其常用技巧如表 7-1 所示。

社会化网络可以实现社交分享、维护关系、召集活动等，从而拉动消费。营销企业应该和用户使用同样的在线工具。例如，微信拥有 11 亿用户，走在大街上，不管男女老少，基本每一个人都在使用微信，一时间，微信营销成为各家企业的重要法宝。内容营销强于广告，激发用户分享，利用好微信、微博等社会化媒介可以在短时间内收到意想不到的效果。华美食品开展的"会说话的月饼"微活动，就是利用多种网络媒体平台，带领消费者一起体验了一场前所未有的互联网思维创意祝福活动。

表 7-1 O2O 社会化营销的常用技巧

不同类别的消费者	营销技巧
爱吃的消费者	免费试吃、美食推荐
节约的消费者	秒杀、免费领、团购
较少出门的消费者	手机购物、送货上门
有情感需求的消费者	节日问候、贺卡祝福
追求享受的消费者	高级会员、奢侈品推广
好奇心强的消费者	悬念营销
关注娱乐新闻的消费者	邀请名人
注重养生的消费者	保健博文、养生话题
努力上进的消费者	励志"鸡汤"
爱美的消费者	美妆、潮流
需要送礼的消费者	包装精美的礼品

华美食品在临近中秋之际，用微信、微博、微视“三微”举办了一场促销活动——华美“会说话的月饼”，具体过程如下。

（1）用户购买华美月饼，扫描二维码进入华美微信服务号活动主页面。

（2）用户拍摄微视频短片，录制并上传祝福视频，复制微视频祝福链接，输入华美月饼独有的祝福编码，提交。

（3）用户分享祝福到朋友圈，就有机会抽取华美食品提供的丰厚奖品。而收到月饼礼物的用户，扫描二维码即可查看祝福视频。

华美“会说话的月饼”活动在网络上掀起了一场前所谓未有的浪潮，越来越多的消费者加入了买月饼送祝福活动的热潮中。全新的祝福方式广受年轻人的喜爱，并且还吸引了许多网络红人参与。

月饼原本是节令性食品，华美“会说话的月饼”凭一次全新的创意祝福活动以及过硬的品质与服务，创造了一个前所未有的销售高峰。

营销活动融合互联网思维，是一场空前的、历史性的改革。如果企业依然保有传统的营销方式，没有突破，没有创新，其营销将会举步维艰。然而，要做好O2O社会化营销，企业也需要有创意、执行力、公信度、传播面，同时要树立精品意识，减少用户互动参与的疲劳感。

4. 借助第三方消费点评网站——实施口碑营销

O2O商业模式主要是针对消费者的吃喝玩乐，瞄准了服务行业中生活服务这片市场的“蓝海”。网络上流传着一种观点：“如果把商品塞到箱子里送到消费者面前的网上销售额有5 000亿元，那么生活服务类的网上销售额会达到上万亿元。”尽管该说法有点夸张，但也足以说明生活服务类市场的销售空间非常广阔。生活服务类商品适合利用口碑营销的模式进行推广，即第三方消费点评网站通过信息分类、优惠折扣、团购等手段为消费者提供商家信息，利用口碑分享来帮助商家推广。常见的点评网站主要有大众点评网、美团网、58同城、百度糯米、聚划算等。

5. 开展促销活动——优惠拉动消费

俗话说“货比三家”，在互联网飞速发展的今天，“货比百家”已经实现。对于企业来说，价格策略仍然是见效最快，最能拉动消费的方法之一。在这方面，滴滴打车的做法值得很多企业学习借鉴。用户使用滴滴打车并分享红包，即可领取优惠券；邀请好友助力，可领出行券；可1元购买90元券包，包括快车立减5元2次，快车折扣7折2次，快车折扣6.5折2次，或者邀朋友拼团，每人花费0.01元即可得到上述优惠券包……一个个看似简单的活动，最终衍生为既能传播品牌，又能激活老用户，还能实现以老带新，抢占市场份额，甚至可以成为商业化变现或推动跨界合作、品牌合作的利器。

7.2.2 O2O线下培育

对于O2O营销来说，企业也应该准确地定位自己的用户群体。用户在哪里，企业就要去哪里，能否对目标用户进行精准定位决定了一个商业模式的成败。

1. 体验营销

在电子商务中，商家和用户存在“信息不对称”，特别是对一些价格较贵的产品或服务来说，用户在网购时会存在一种戒备心。如果商家不能给用户提供优质的体验服务，可能会造成不止一个用户的流失。相反，商家通过体验营销的方式，不仅能够增加用户对产品或服务的认可度，还能快速地获得口碑效应。同时，将线下体验结合线上购买，商家不仅节约经营成本，而且可以通过二维码等方式，让用户在体验过程中成为会员，刺激用户购买，实现反向O2O模式，带动用户的直接购买行为。美邦服饰就是利用体验店将线下用户成功转向线上的典型案例，下面我们来看一下美邦服饰的具体做法。

以“不走寻常路”著称的美邦服饰提出了“生活体验店+美邦 App”的 O2O 模式。该模式通过在优质商圈建立生活体验店，为到店用户提供 Wi-Fi、平板电脑、咖啡等便利的生活服务和消费体验，吸引用户长时间留在店内使用平板电脑或手机上网，登录并下载品牌自有 App，以此实现线下用户向线上的转化。生活体验店模式在服装零售 O2O 领域是一个大胆、新颖的尝试，在这种模式下，门店将不再局限于静态的线下体验，不再是简单的购物场所，同时也是用户可以惬意上网和休息的休闲之地。这可以增加美邦服饰 App 的下载量，提高用户的手机网购使用率和下单量。

2. 会员卡应用

商家通过积累、分析会员信息，可以通过 E-mail、电话、短信等方式有针对性地给相应用户发送产品信息，深度挖掘用户需求，维护用户关系。会员卡应用是一种长期的促销手段。当然，会员卡不必为实体卡片，商家可以采用电子会员卡的形式，如扫描二维码、关注公众号、注册手机号成为会员等。商家通过用户的会员信息，可以更加方便地掌握用户的地理位置信息、到店消费信息等，利用折扣优惠吸引用户再次消费。

3. 粉丝模式

粉丝模式是指商家把 O2O 工具（第三方 O2O 平台、自有 App 等）作为自己的粉丝平台，利用一系列推广手段吸引线下用户不断加入，通过品牌传播、新品发布和内容维护等社会化手段吸引粉丝，定期推送给粉丝优惠和新品信息等以实施精准营销，吸引粉丝直接通过 App 购买商品，如图 7-7 所示。

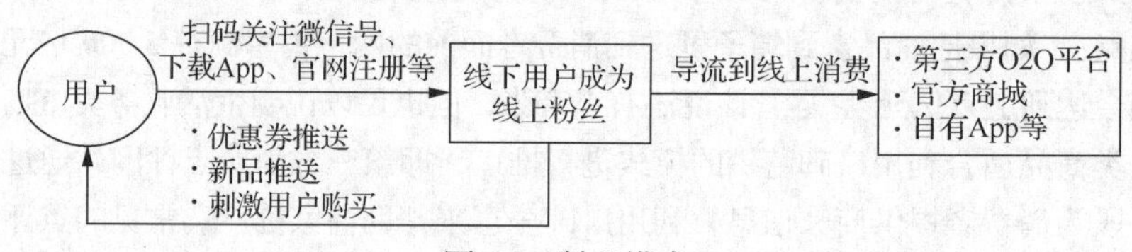

图 7-7 粉丝模式

粉丝模式利用社会化平台的粉丝聚集功能，通过门店对现场用户进行引导，然后通过粉丝在线互动提高黏性。这样在新品发布、优惠活动或者精准推荐的拉动下，可以提高移动端的销售能力。其中，服装品牌歌莉娅的做法值得我们借鉴。歌莉娅在 O2O 方面选择了与阿里巴巴旗下的微淘合作，在精选出的全国各地近百家门店内摆放了微淘活动物料，吸引到店顾客扫描门店内的二维码成为歌莉娅微淘粉丝，随时接收歌莉娅的新品推荐、活动发布、穿衣搭配建议等信息。微淘的推荐链接可以直接指向歌莉娅天猫旗舰店，促进用户直接下单。据统计，短短 5 天的活动让歌莉娅的粉丝增长了 20 万人，活动期间共有超过 110 万用户打开手机访问了歌莉娅天猫旗舰店。

4. 二维码

随着移动互联网的发展，二维码在商店、地铁、报纸等处随处可见，用户通过手机扫描二维码可以浏览产品或服务的信息，并可以获取优惠折扣，形成“无处不渠道，事事皆营销”的营销新态势。二维码凭借体积小、信息含量大的优势，既方便商家存储产品或服务信息，也方便用户消费，成为商家将用户从线下引流到线上的便捷工具。在这方面，E-mart 超市的阳光二维码定时促销就是一个将用户从线下引到线上的典型案例。

E-mart 是韩国第一大连锁超市，其注意到在中午时段的销售规模明显下降，于是思考如何能够扩大该时间段的销售规模。随后 E-mart 超市设计了一个柱状物体，利用阳光和阴影形成一个只在 12～13 时之间出现的二维码优惠券，以趣味性吸引用户，并以折扣促进该时间段的销售。它将这些实物二维码放置在首尔街头的某些地方，利用阳光照射的阴影形成别具一格的二维码图形。用户用手机扫码后，会被引导至手机购物的网页，获得各种优惠券。同时使用 E-mart 超市的 App 购物后，用户购买的商品可以直接被快递到家。

二维码凭借其一键连接线上线下的功能，大大提升了营销活动的趣味性和用户参与的便捷性，可以吸引众多用户参与商家的活动，便于商家与用户建立互动关系，最终创造有价值的用户体验。在未来的营销时代，二维码必将开辟一个巨大的市场，开创营销服务的新天地。

7.2.3 O2O 线上线下“闭环”

如果没有线上的产品展示，消费者将很难获得商家信息；如果没有线下实体店的产品体验，线上交易也只能建立在空谈之上。在 O2O 营销的过程中，要做到线上线下互动并非易事，这要求线上平台功能健全、线下服务创新实用。O2O 营销模式需要线上到线下的双向借力，线上线下的“闭环”营销才是 O2O 营销的核心。例如，很多企业不仅通过官网、官方微博、博客、微信公众号等线上方式营销产品，也通过传统的报纸、传单、公交站牌、线下体验店等线下方式宣传产品，大大提高了产品的出镜率，吸引了目标人群。

O2O 闭环是要实现两个 O 之间的对接和循环。线上的宣传营销活动，将消费者引流到线下消费，从而达成交易。然而，这只是一次 O2O 模式的交易，未实现闭环，要做到闭环，商家需要将消费者再从线下引回线上。消费者消费后对产品或服务做出评价等行为，才实现了 O2O 闭环，也就是从线上到线下，然后又回到线上，如图 7-8 所示。

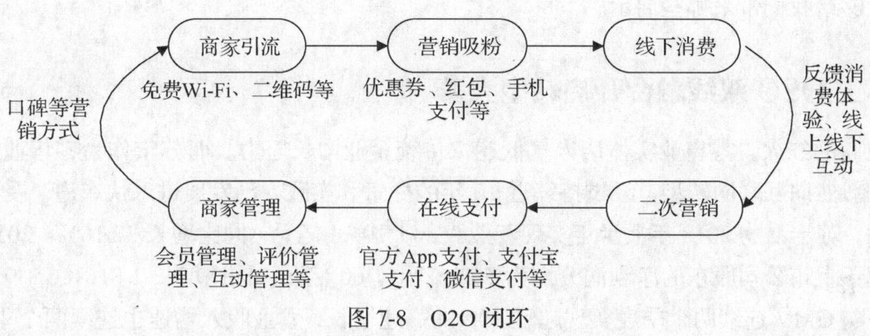

图 7-8 O2O 闭环

在生活娱乐的 O2O 领域中，消费者的行为不像其他 B2C 等商业模式一样都在线上一端，而是分成线上线下两部分。从 O2O 平台的角度来说，若不能对消费者的全部行为进行记录，或者缺失了相当的一部分，那么平台很可能会担心失去对商家的掌控，也就是失去了议价权，这样平台的价值就小了。因此闭环也是 O2O 平台的一个基本属性，这也是 O2O 平台与普通信息平台的一个重要区别。

阅读资料 7-2 海尔消费金融 App 面世，为打造 O2O 闭环铺路

海尔消费金融 App 针对用户“痛点”，全面打通线上无纸化申请和快速审批全流程。用户只需打开海尔消费金融手机 App，按照办理流程完成注册账号—实名认证—激活额度—申请贷款四大步骤，最高可贷 20 万元，最快当天就可通过审核获取额度。

用户可以申请 50%的额度变现，也可以直接在海尔消费金融的线上商城进行消费。此外，用户还可以通过内置搜索功能，查找离自己最近的线下网点。海尔消费金融布局的 3 000 多家线下网点的产品也支持使用额度支付，真正实现 0 元购物。用户只需每月 12 日前确保绑定的还款银行卡内有足够的余额，系统就能实现自动划扣。

此外，海尔消费金融致力于通过线上线下无缝对接，零时差提供消费金融服务。App 的上线不仅为

用户提供更为便捷的线上申请、线上查询、线上线下消费、线上还款等服务，还对海尔消费金融打造一站式家庭消费金融生态圈，构建互联网金融O2O闭环有重要的推动作用。

据亿邦动力网了解，海尔消费金融将以家庭消费需求为核心，搭建家电、家装、家居、教育、健康、旅行等垂直化消费金融场景，汇聚了包括海尔家居家电产品线、红星美凯龙、有住网、绿城电商、屋牛电商、环球雅思、环球游学、新私享旅行等在内的诸多品牌，让用户能更轻松便捷地寻找到自己需要的O2O金融产品和服务。

资料来源：亿邦动力。

7.3　O2O营销的应用实例

移动互联网飞速发展的时代，O2O商业模式成为企业抢夺移动互联网领域市场的利器。无论是传统实体公司还是电商企业，都看到了线上线下融合起来的巨大“钱景”，纷纷从人们的衣食住行等多个方面入手，在O2O领域“排兵布阵”，抢占市场先机。然而，“知易行难”，线上线下的完美融合并非易事。如果做得好，可以实现线上线下共赢；反之，则很有可能造成左右手相互抵触的窘境。如何完美地融合线上资源和线下资源仍是每个企业孜孜追求的目标。下面具体介绍几个O2O营销的典型案例，看看他们的营销策略能够给我们带来哪些启示。

7.3.1　苏宁O2O双线融合开启转型大幕

相对于电商的红火，零售业实体店人气低迷，传统企业增长乏力。而苏宁作为零售业龙头企业，在实体店顶峰期毅然向互联网转型，经过持续近10年的探索和实践，已发展进入快车道。受益于智慧零售模式的优越性，苏宁易购2018年上半年实现营业收入1 106.8亿元，同比增长32.16%。2018年上半年利润总额、归属于上市公司股东的净利润分别为59.3亿元、60亿元，同比增长1 816%、1 957%。2018年以来，苏宁易购GMV连续两个季度实现超过40%的高速增长，营业收入增速也连续两个季度突破30%。强劲增长的业绩背后，是苏宁近10年的互联网转型及持续创新的积累，更是苏宁零售方法论的体现。下面我们来看一下苏宁如何从O2O到智慧零售，并通过双线融合开启转型大幕。

作为零售创新的工具，苏宁的信息技术发展经历了传统零售时代、ERP时代、电子商务时代和智慧零售时代4个发展阶段。

2011年，苏宁便提出“科技苏宁、智慧服务”的新十年战略。而前一年也就是2010年，苏宁易购B2C电商平台官网才刚上线，如图7-9所示。

图7-9　苏宁易购官网

2012 年，马云和王健林的亿元豪赌正式拉开了线上电商与线下实体的世纪大战。随后，小米雷军和格力董明珠的 10 亿元对赌更是将这场对决推上高潮。线上线下，似乎水火难容。

然而近年来，互联网巨头们越来越意识到，线上线下融合的 O2O 模式才是全球商业模式变革的风潮。而真正把 O2O 落到实处的，却是苏宁。2013 年，张近东正式宣布苏宁转型互联网零售商，不惜以牺牲短期利润为代价，实施线上线下同价，将 O2O 模式坚持到底。这是全国首家大型零售商全面推行线上线下同价。

同年“双十一”，苏宁易购 O2O 购物节正式推出，坚持体验为王和让 O2O 购物可见可用的理念，让消费者看得见，摸得着。“O2O”的概念在这一阶段得到极大体现，苏宁也成为真正践行 O2O 概念的商业巨头。

随后在 2015 年，苏宁提出走“一体两翼三云四端”路线。“一体”是指以互联网零售为主体；“两翼”是指打造线上苏宁易购云台和线下苏宁易购云店，采取 O2O 全渠道经营模式和线上线下的开放平台；“三云”是指围绕零售本质，将零售企业的商品、信息、资金三大核心资源社会化，向社会开放物流云、数据云和金融云；“四端”是指围绕线上线下，布局 POS 端、PC 端、移动端和电视端，打造全消费场景。彼时，苏宁的目标是要做中国的“沃尔玛+亚马逊”，苏宁 O2O 模式就此开启并取得了傲人的成绩。这也开启了我国的零售、电商双线融合发展的序幕。曾经不被人看好的“双线同价”不但使得苏宁顺利实现转型，还为苏宁此后的双线高速增长埋下了伏笔。

2017 年 3 月，苏宁明确了智慧零售的发展理念：运用互联网、物联网、大数据和人工智能等技术，构建商品、用户、支付等零售要素的数字化，采购、销售、服务等零售运营的智能化，以更高的效率、更好的体验为用户提供商品和服务。经过近一年的摸索，2017 年 12 月苏宁正式发布“智慧零售大开发”战略，将“智慧零售”从战略概念落实成为具体的战略行动。科技能力成了苏宁一切创新和扩张的基础。因此，“科技苏宁”在今天依然是苏宁的一个战略要点，而不少传统企业在近一两年才提出“科技”的概念。

2018 年年初，苏宁又提出“造极”的理念，即以极客的精神、极速的方式创造智慧零售的极物。这 3 极指向的是 2020 年交易规模 4 万亿元、线下 2 万家门店的目标。苏宁提出“造极”后，智慧零售开启极速扩张模式。据统计，2018 年上半年，苏宁累计新开店 2 000 多家，其中苏宁小店新开近 1 100 家，零售云店新开近 1 000 家，苏宁易购直营店新开近 400 家……仅 2018 年 7 月 9 日至 15 日，苏宁便新开店 83 家。2018 年半年报显示，苏宁易购实现商品销售规模 1 512.39 亿元（含税），同比增长 44.55%。苏宁易购线上商品交易规模为 883.22 亿元，同比增长 76.51%。

在研发投入上，苏宁已经连续 3 年保持超 40%增长。在美国硅谷、北京、上海、南京、杭州、武汉等多地布局多个研发中心。目前苏宁有研发人员近万人，自主研发超过 4 000 个系统，提供 10 万多种服务，苏宁还确立了三大中台，包括交易中台、数据中台、AI 中台。在 2018 年“8·18”购物节上，苏宁推出超燃神将——机器人战队，背后的逻辑是通过数字化、大数据及 AI 将所有的流程进行智能优化，如采购、销售、配送、服务、用户体验等环节。为了给用户提供最优质的配送服务，苏宁将物流发展摆放在了集团战略的高度，目前已经在全国范围内打造了一个集数据、服务、技术、管理、生态为一体的苏宁智慧供应链。覆盖全国的智能仓储运输网络、无人机、无人快递车、自动导引车（Automated Guided Vehicle，AGV）机器人等技术的应用，让物流科技与社区融为一体，全面提升了物流效率。

从传统零售到六大产业再到八大产业，智慧零售大开发时期的苏宁版图不断扩大。目前苏宁已形成以智慧零售为核心的零售场景体系、支撑体系和生态延展体系，具体涵盖了零售、物流、金融、科技、置业、体育、文创、投资等板块，全渠道全业态布局成型。

电商发展到今天，似乎正在背离自己的初衷。成本上升，效率下降，消费者的购物体验也不尽如人意。大数据对此提供了佐证：现在线上产品销售的平均成本已达 30%，明显超过了线下。实际上，现在许多电商包括一些电商巨头，其线上消费者的增长已明显放缓，有的甚至出现了下降。反观苏宁，一直都是线上线下并进发展。近年来，苏宁开启场景精细化运营，打造随处可见的场景互联模式，而“场景互联”概念也于 2018 年“8·18”购物节期间被正式提出。苏宁易购总裁侯恩龙表示，纯电商已成为落后生产力的代表，更符合消费需求的场景互联才是未来趋势。

如今，充分利用先进的科技手段，打造场景化消费已经成为零售新时代的一个大趋势。在苏宁体育 Biu 无人店，当消费者拿着衣服靠近智能试衣镜时，“魔镜”屏幕画面会迅速切换，展示商品详情。在智能试衣间，消费者可以点击镜面，切换室内、室外和夜跑等不同场景画面，改变试衣间光线，查看相应场景下的试穿效果。如果热爱运动，苏宁体育还准备了 AR 虚拟合影服务，消费者可以与喜爱的球员合影、打印照片并分享至社交网络……

2018 年是苏宁智慧零售大开发元年，傲人的业绩充分展现了双线融合模式的优势。处在剧烈变革中的苏宁，既没有被潮流绑架放弃从线下进军线上，也没有固守线下和既得利益坚持不做改变，而是创造性地走出了一条独特的智慧零售之路。这一路走来，苏宁的战略精髓就是持续革新，围绕消费者不断提升线上和线下融合发展的效率，为消费者提供随时随地的服务，这也恰恰是苏宁零售方法论持续奏效的秘诀。

7.3.2 永辉超市试水 O2O

O2O 模式改变了原有的线下购买消费的习惯，且线下流量在向线上流动的同时，线上的购物需求对线下的实体经济带来了很大冲击。商超企业在互联网化的大趋势下纷纷寻求转型，寻找新的增长点，而 O2O 模式作为连接线上线下的最佳选择，成为各大商超转型的首选。永辉超市（如图 7-10 所示）以生鲜 O2O 为切入点进行了自己的 O2O 业务拓展，下面我们来看一下永辉超市的具体做法。

图 7-10 永辉 App 界面

永辉超市成立于 2001 年，是我国较早将生鲜农产品引进现代超市的流通企业之一，已发展成为以零售业为龙头，以现代物流为支撑，以实业开发为基础的大型集团企业。永辉超市初次尝试拓展自己的 O2O 业务是在 2013 年 5 月，然而仅仅上线不满百日的“半边天”因为销售额不佳，产品大多内损导致亏损严重而悄然下线。

在初次尝试失败之后，永辉超市调整发展战略卷土重来，在2014年1月以“永辉微店”重新上线其O2O业务。作为一个全新的O2O业务平台，“永辉微店”将线上微店选购、线下实体店提货融合起来，使消费者可以在线上以微店为输入端，下订单之后在线下的任意一家永辉超市实体店进行取货。该项业务率先在福州地区的8家门店上线试运行。消费者通过App下单，基本可实现货物“半日送达”。同年，永辉超市引入了亚洲第一套“JOYA”自助购物系统、自助收银系统、自助会员建卡发卡系统、自助查价机等，并且接入微信及支付宝打通支付环节，从而形成线上线下的消费闭环。

到了2015年，随着国家明确提出“互联网+”概念，永辉超市开始推动O2O项目的上线，发展“实体店+互联网应用”，并开始支持各种创新业务，包括海淘和“中央厨房”等。2015年12月，永辉超市与京东O2O正式合作，永辉超市北京首店上线京东到家App并开始正式运营，双方通过资源互补，在全国范围内拓展生鲜O2O市场。

2016年，永辉超市不再满足于单一的线上App平台，陆续推出了永辉生意人、永辉到家、永辉管家等多款网络化服务产品，分别上线了App，并且上马了“永辉数据中心”“供零在线”运维监控平台“Zabbix”，并且入股福建地区的第一家民营银行——福建华通银行。

2017年年初，今日资本投资永辉云创，持股12%。获得大笔资金之后，永辉超市开始加速孵化“超级物种”，打造云创生活等项目。其中“超级物种”是永辉超市在互联网和新零售方面布局最多、投入最大的项目。这一和阿里巴巴的盒马生鲜类似的体验式生鲜卖场里，集合了多种类型的特色“工坊”，组成了永辉特色的产品生态体系。到2018年11月，“超级物种”全国门店已经开业59家，计划开店数量100家，线上线下同时经营，声势浩大，成了市场上的明星项目，如图7-11所示。2018年12月，永辉超市以35.31亿元的价格购入万达商管6 791万股股份。通过入股万达商管，永辉超市夯实了未来在线下深化布局的基础。

由于生鲜O2O对生鲜品种、定位人群的限制很大，为了应对这种挑战，有效解决生鲜损耗和物流成本，永辉超市将消费者分流到就近的社区，让消费者自行取货。永辉超市从2001年创立以来，不仅没有回避生鲜品的经营，反而面对挑战将其作为市场切入点和最重要的卖点，并采用完全自营的方式来经营。其O2O模式的核心就在于，以零售终端作为流通供应链的主导者，通过对供应链采购管理、物流管理和销售管理三大核心环节的建设、整合与优化，实现生鲜产品流通全过程的高效率和低成本，从而获得低价格、低损耗、高毛利的“两低一高”竞争优势。在O2O模式运营的过程中，永辉超市以产品资源为核心，以生鲜产品作为自身的特色，凭借其对生鲜产品的经营管理能力来带动其他产品的销售。永辉超市利用自身的供应链和实体门店，来提高消费者的购物体验。截至2019年12月31日，永辉超市在全国有已开业超市门店910家，筹建储备门店233家，门店覆盖福建、浙江、广东等全国28个省份、529个市（区、县），经营面积超过600万平方米。

图7-11 永辉“超级物种”门店

7.3.3 美团成功践行O2O

作为全国最大本地生活服务平台，在O2O行业耕耘了多年的美团正是我国O2O行业飞速发展的一个强有力的缩影。2015年3月，美团正式发布了5周年大数据报告，披露了美团成立5周年以来的最新数据，展现了O2O市场的巨大前景。报告还依托对2亿用户的数据分析，描绘了5年来国人在餐饮、酒店、电影、外卖等各大生活领域的消费图景。

美团5周年报告大数据显示，自2010年上线以来，美团用户数已经超过2亿人，他们在美团上吃掉了7亿顿饭、预订了7 000多万间酒店、观看了3亿场电影、收到了1.4亿份外卖，累计花费超过800亿元，而美团为用户节省的金额更加惊人——达1 100多亿元。美团已成为2亿用户吃喝玩乐的好帮手。

美团一方面为消费者省钱，另一方面也让商家获得了巨大的收益。报告显示，平均每天有2 000万人使用美团，相当于400个万达广场一天的人流量。5年间，美团为90多万商家带来了14亿次交易，平均每个商户待客1 555次。

美团的使命是连接人与商家，一方面为消费者发现最值得信赖的商家，让消费者享受超低折扣的优质服务；另一方面，为商家找到最合适的消费者，给商家提供收益最大的互联网推广。美团之所以能够让消费者和商家双方实现共赢，原因在于其“三高三低”的经营理念，即在生活服务电商这样一个“高科技、低毛利”的行业里，美团用“高效率、低成本”的运营方式为消费者提供“高品质、低价格”的产品与服务。

经过5年的发展，美团不仅持续领跑团购市场，还在电影、酒店、外卖等垂直领域确立了“领头羊”的地位，成为全国最大的综合性生活服务平台。目前，美团已覆盖全国2 800个城市，占据了团购市场60%以上的市场份额。美团猫眼是国内最大的电影O2O平台，2014年交易额达到50亿元，全国每卖3张电影票，便有1张出自美团猫眼。在酒店领域，美团已是国内最大的移动端酒店预订平台和第二大酒店分销平台，2014年交易额达到55亿元，年间夜量达到4 500万元。美团外卖则是全国最大的外卖平台，日订单量超过150万份，在高校市场的份额达70%。

在政府大力支持和市场需求巨大的双重推动下，美团这样的O2O平台将面临更广阔的发展空间。2014年美团全年交易额突破460亿元，并在2015年年初拿到7亿美元的融资。2015年10月8日，美团和大众点评宣布“牵手”，达成战略合作，共同成立一家新公司。新公司在到店餐饮、外卖、电影等领域保持市场领先地位，在全国覆盖超过2 800个城市，服务300万商家，日订单量突破1 000万单。2015年，美团总交易额超过1 700亿元，2016年年初又融资33亿元，创下全球O2O领域最高融资纪录。

自2019年第二季度以来，美团首次结束长达9年的亏损，迎来单季度的盈利。也正是自那时开始，美团股价一路飙升，半年内从77.5港元攀升至88港元，增幅超过13%。其中最高时一度攀升至89.3港元，市值增长550亿元，达到4 680亿元人民币，超过京东、拼多多等竞争者，成为仅次于阿里和腾讯两大巨头的第三大互联网公司。2019年美团全年营收已近千亿元，为975.29亿元，同比增长49.5%；毛利323.2亿元，同比增长114.0%；经调整净利润46.57亿元，占收入的比重为4.8%。在营收和盈利方面均创了新高。

练习题

一、单选题

1．O2O营销模式的核心是（　　）。

A．利用网络寻找消费者　　B．O2O电子商务平台

C．线下实体商家　　D．在线支付

2．下列不属于社会化营销的经典媒介的是（　　）。

A．论坛　　B．微博　　C．微信　　D．返利网

3．O2O营销是一种利用网络争取线下用户和市场的新兴商业模式，下列不属于O2O营销特点的是（　　）。

A．商品及服务由线下的实体商店提供，质量有保障

B．营销效果不可查，交易流程不易跟踪

C．商品信息丰富、全面，方便消费者“货比三家”

D．宣传及展示机会更多，帮助商家寻找客户，降低经营成本

4．O2O电子商务模式的实质是将用户引流到（　　）。

A．微信平台　　B．实体店　　C．购物网站　　D．以上均不正确

5．通过（　　），可形成“无处不渠道，事事皆营销”的新态势。

A．精准营销　　B．粉丝模式　　C．二维码　　D．LBS

二、多选题

1．O2O营销模式的要素主要包括（　　）。

A．O2O电子商务平台　　B．线下实体商家

C．消费者　　D．在线支付

E．资本

2．我国最早采用O2O模式的企业是（　　），其“线上下单，线下消费”的商业模式也被业界称为最典型的O2O商业模式。

A．大众点评网　　B．当当网　　C．拼多多

D．阿里巴巴　　E．携程

3．第三方消费点评网站通过信息分类、优惠折扣、团购等手段为消费者提供商家信息，利用口碑分享来帮助商家推广，常用的网站主要有（　　）等。

A．大众点评网　　B．美团网　　C．百度糯米

D．聚划算　　E．58同城

4．O2O线上推广常用的方法主要有（　　）。

A．自建网上商城　　B．微博营销　　C．微信营销

D．设立线下体验店　　E．借助第三方消费点评网站

5．以下属于反向O2O案例的是（　　）。

A．可口可乐开瓶礼　　B．麦当劳支付宝付款　　C．母婴店扫描二维码

D．美团外卖　　E．优衣库线上线下双融合

三、名词解释

1．O2O　　2．Online to Offline模式　　3．Offline to Online模式　　4．粉丝模式　　5．O2O闭环

四、简答及论述题

1．哪些行业适合采用O2O模式？为什么？

2．O2O模式的特点是什么？

3．社会化营销有何技巧？

4．试论述O2O营销线上推广的方法。

5．结合苏宁的O2O模式案例，试述连锁超市该如何进行O2O应用创新？

麦当劳的O2O数字化升级

麦当劳是全球大型连锁快餐企业，是由麦当劳兄弟和雷·克洛克（Ray Kroc）在20世纪50年代的

美国开创的以出售汉堡为主的连锁经营的快餐店，进入中国市场已经30年。截至2019年年底，麦当劳旗下拥有超过38 000家快餐厅，分布在全球100多个国家和地区。麦当劳的互联网进程起步略晚，但发展速度惊人。互联网兴起后，麦当劳因势利导，积极拓展线上业务。这家快餐巨头的O2O之路又是怎样的呢？下面我们以麦当劳中国区为例看一下麦当劳的O2O营销模式。

麦当劳的目标消费群主要分为三类，一是年轻白领，二是儿童家长，三是学生。如今，这些目标群体大多为“80后”“90后”，他们的生活被互联网深入渗透，麦当劳为了更好地宣传品牌形象，必须把营销重点转移到数字化上来。近年来，中国的消费市场出现了巨大的变化。麦当劳在深入探索中国消费者的认知与行为后，发现现代消费者喜欢新鲜事物，颇具创造与冒险精神。同时，他们也热衷于数字化，追求个性化。于是，麦当劳借着中国信息化数字化的东风成功地“抓住”了目标消费者。

麦当劳中国于2015年与微信合作，开通了微信支付，2015年又宣布已与阿里巴巴旗下的蚂蚁金服达成合作，实现支付宝付款功能。2017年5月13日，麦当劳在召开“未来2.0”发布会时透露：自中国门店开通微信、支付宝付款以来，移动支付方式占比已达45%，这种扫码付款的方式的整个过程只需2秒，大大提高了服务效率。2017年5月，麦当劳推出线下门店的智能点餐业务，宣布其超过1 000家在中国的餐厅完成了“未来2.0”的升级，即在门店增设触屏自助点餐机，消费者不需要与柜台接触，只要在屏幕上点餐支付后等待叫号即可，还新增加了送餐到桌服务，最大限度地缩短了服务等待时间。麦当劳还推出了“i麦当劳”微信小程序以及麦当劳App，为消费者提供个性化的产品和服务。消费者可以通过“i麦当劳”加入会员，在柜台使用手机支付时可获得积分并进行产品兑换，或在会员日享受优惠等。消费者可以直接利用“i麦当劳”实现手机点餐、到店取餐，餐后使用微信小程序“麦当劳顾客体验”评价用餐情况。麦当劳利用数字化技术及数字化的品牌沟通方式，为消费者省去大量排队等候的时间，与消费者产生更亲密的连接，提升其消费体验。

麦当劳近年的外卖业务也是一个新的销售增长点。据统计，麦当劳中国门店平均10%的营收来自外卖，甚至一些门店可达到20%～40%。麦当劳目前的大部分外卖业务受益于第三方外卖平台，如饿了么、美团等。但由于想对消费数据有更好的把握，麦当劳也致力于开发自己的App。2014年6月，麦当劳在中国推出了订餐App麦乐送，消费者可以通过手机快速完成订餐。就系统数字化而言，2017年4月麦当劳在上海、杭州等城市上线了手机订餐App，可以整合麦乐送及手机下单餐厅取餐服务。随后这个App也走向了本土化——开通了微信支付，并且外卖服务向所有开通了麦乐送服务的城市开放。同时微信公众号也可以实现点餐外送，在微信小程序上线后，麦当劳又将麦乐送整合到了“i麦当劳”小程序中，消费者利用微信小程序即可完成外卖点餐。2020年在新冠肺炎疫情影响下，麦当劳是最早一批推出“无接触点餐、配送”应对预案，并最早采用“配送放心卡”的企业。自2020年2月1日起，麦当劳外送服务麦乐送在全国推出“无接触配送”，并通过六大防疫措施的持续优化，让消费者更安心地接受外送服务，为消费者提供更加安全的餐饮产品。同时，麦当劳还通过小程序推出了多重优惠，吸引了很多消费者。

此外，麦当劳还不断利用微博、微信等开展了不少成功的营销活动。如2014年，麦当劳在推出樱花口味冰激凌新品时，联合百度地图发起了一项名为“跑酷”的抢甜筒活动，并在微博平台上大肆宣传。麦当劳的这次活动在短短几天内就在微博上获得了7 000多万的阅读量和超过50万次的分享，并且登上了新浪微博的热搜榜，从而大大提高了新品的关注度和销量。时至今日，麦当劳的微博营销也显得更加得心应手，其官方微博目前关注量已达147万（截至2020年9月）。一方面相较于其他官方微博，麦当劳的语言更加亲切，会时常通过点赞、评论等方式与网友互动，在不知不觉间达到提升品牌形象和关注度的效果。另一方面，麦当劳的官方微博会随着新品的推出及时更新微博，如通过发布“麦麦全席”“开心乐园餐”等让大众第一时间了解麦当劳的相关动态，提高新产品的知名度，进而达到吸引更多消费者的目的。麦当劳公众号也已有大量粉丝。通过对销售数据和社交数据的分析，麦当劳可以更精确地锁定不同的用户群体，如哪些粉丝在购买等，从而为社交媒体运作和用户转换战略战术提供更多数据理论支持。麦当劳还研究了多项技术来充实其线下体现和数据体系。麦当劳从多个渠道，以网状结构去捕捉消费者的消费行为，以此形成庞大的数据库，其一可以利用技术为消费者带来综合的生活便利与趣味性的全新体验，其二这个移动接触点的产生能够帮助麦当劳实现更多更精准的营销手段。

思考讨论题

结合本案例，请谈谈餐饮企业开展O2O营销的方法与策略。

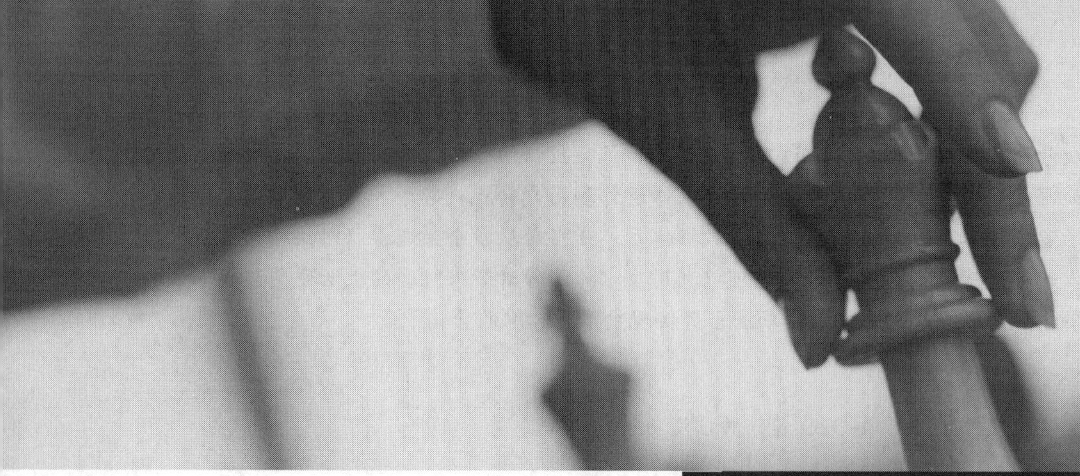

第 8 章　微信营销

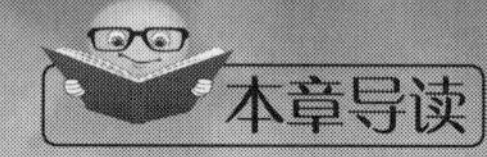

本章导读

截至 2019 年年底，我国微信月活跃用户数已经超过 11 亿人。庞大的用户群体，便捷的沟通方式，使得微信的营销价值日益凸显，微信营销已经成为各类企业抢占移动端市场的利器。本章主要介绍微信营销的含义、特点、商业价值等，分析微信营销应注意的问题，重点阐述微信营销的方法和技巧。

知识结构图

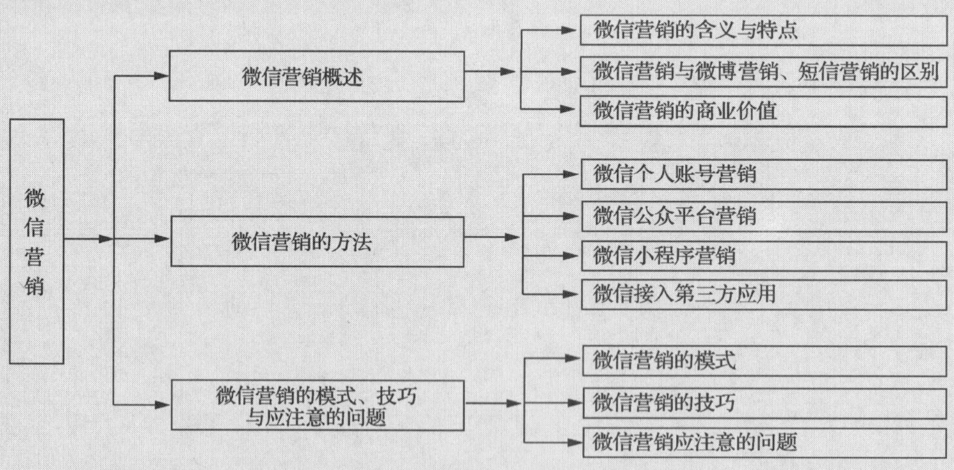

开篇案例

顺逛微店

顺逛微店是海尔集团旗下的微店平台。该平台采用的是三店合一的模式，即将原先各自为政的线下店、线上店、微店整合在一起，优化配置，实现资源和利益的共创共赢。这样既可以为线下店提供社群交互工具，也可以为线上店、微店搭建一个专属的创业平台，创造自主创业机会。同时也可以为消费者带来场景化的智慧购物体验。

微店最大的优势就是人人可以开店，人人可以创业，降低了创业成本。顺逛微店提供了一键开店功能，开店十分便捷，且针对所有人群开放，包括内部员工、经销商、海尔产品的忠实用户等。顺逛微店已经成为一个聚集内部员工、大学生、创业青年、全职妈妈等在内的数万卖家的大平台。他们依托多年积累的产品优势、技术优势、物流服务等资源，轻松做起了“小老板”。而对于消费者来讲，其也可以享受更多差异化的产品和服务。

资料来源：刘海燕，陆亚文. 移动营销[M]. 北京：人民邮电出版社，2018.

8.1 微信营销概述

营销专家克里曼特·斯通（Clement Stone）曾经说过，“未来的营销，不需要太多的渠道，让你的产品进入消费者的手机，就是最好的营销!”如今，微信已经成为我国应用最广的网络即时通信工具，用户逐日增多，因此微信营销已经成为大势所趋，日益为人们所重视。

8.1.1 微信营销的含义与特点

2020年1月9日发布的《2019年微信数据报告》显示，我国2019年微信月活跃用户超过11亿人。作为时下最热门的社交信息平台，移动端的一大入口，微信已经不仅是聊天工具，它正在演变成为一大商业交易平台，其对营销行业带来的颠覆性变化开始显现。

1. 微信营销的含义

微信是腾讯公司2011年推出的一个为智能终端提供即时通信服务的免费应用程序，已从最初的社交通信工具，发展为连接人与人、人与商业的平台。微信营销是一种创新的网络营销模式，主要利用手机、平板电脑中的微信进行区域定位营销，并借助微官网、微信公众平台、微会员、微推送、微活动、微支付等来开展营销活动。

2. 微信营销的特点

微信不同于微博，作为纯粹的沟通工具，对于商家、媒体和用户之间的对话不需要公之于众，所以亲密度更高，完全可以做一些真正满足用户需求的个性化内容推送。微信营销具有以下特点。

（1）点对点精准营销。微信点对点的交流方式具有良好的互动性，精准推送信息的同时更能与用户形成一种朋友关系。微信拥有庞大的用户群，借助移动端，能够让每个个体都有机会接收企业推送的消息，继而实现企业对个体的点对点精准营销。

（2）形式多样性。微信平台除了基本的聊天功能外，还有朋友圈、语音对讲、公众平台、二维码、摇一摇等功能，如图 8-1 所示。用户可以扫描二维码来识别或添加好友，或关注企业公众号，企业可以通过扫码优惠的方式来吸引用户，开展 O2O 营销。企业也可以通过公众平台与用户进行互动，其中美妆类网站的应用性最强，如 YOKA 时尚网与美丽说的用户，可以将自己的美妆试用心得或者美丽说中的商品购买体验分享到微信中。

图 8-1　微信平台的功能

（3）曝光率高。微信营销不同于微博营销，不会让推广信息淹没在海量的信息中。微信在某种程度上可以说是强制曝光信息，要求用户在接收信息前必须关注企业公众号。因此，微信公众平台信息的到达率是 100%，还可以实现包括用户分组、地域控制在内的精准消息推送。因此采用微信营销的企业不需要将时间花在大量的广告投放上，只需要制作好精美的内容，定时定量控制好用户接收信息的频率与质量，就能保证用户的忠诚度。

8.1.2　微信营销与微博营销、短信营销的区别

在微信横空出世之前，微博是企业营销使用最多的社交媒体，短信也是企业营销常常考虑的媒介。然而，微信自出现后便后来居上，迅速成为营销界的宠儿。表 8-1 所示为微信营销与微博、短信营销的区别，与另外两种方式相比，微信营销具有较大的优势。

表 8-1　微信营销与微博、短信营销的区别

微信营销与微博营销比较	媒体平台与社交平台	微博是一个媒体平台，是用于发布信息的平台； 微信是一个社交平台，是基于用户关系建立起来的社交网络
	营销的侧重点不同	微博侧重于广告，主要在于信息传播和宣传，很多功能都是为了便于广告的传播； 微信侧重于人的沟通，是“许可式营销”，具有专一化、私密性以及个性化服务的特点
	曝光率不同	微博信息传播是通过广泛的点击和转发，营销更多是借助转发、评论等进行，曝光率低； 微信最强大的功能是在指定并被许可的情况下推送，信息的到达率最高，相应的曝光率最高
微信营销与短信营销比较	免费与收费	微信是通过移动互联网传送信息和交流的，用户免费使用，只有互联网运营商收取流量费； 短信按照套餐条数收费，价格相对较高
	集成的业务与推广	微信通过定制化、人性化的推送，使产品宣传直接、准确地传递； 短信的形式比较单一，没有使用者的个人信息，往往撒网式发送短信，准确性差
	形式多样化	微信可以使用文字、声音、视频、图片等多种手段展示信息，能更方便、直观地推广产品； 短信多以文字表达为主，很大程度上限制了产品的推广

当然，微信营销也有自身的限制，如与微博相比，微信是一个封闭的社区，所有的信息传播基本局限于朋友圈；而微博是一个公共空间，话题找准后，扩散的速度比微信快很多。各种营销方式都具有不同的特性，企业需要了解各种方式的优缺点，根据媒介的不同特性实施不同的营销策略，将优势最大化，达到最佳的营销效果。营销活动媒介不仅只有微信、微博、短信等，现在是一个多元化的营销时代，企业要采取一系列的营销策略，有针对性地开展营销活动。

8.1.3 微信营销的商业价值

微信营销伴随微信的火热发展而产生，是移动互联网时代企业对营销方式的创新。微信拥有庞大的用户群，微信平台上会产生大量用户数据。微信自身的这些特性对企业的营销具有重大的价值，主要包括以下几个方面。

1. 大势所趋，抢占移动互联网市场

移动互联网的应用是全球趋势。微信用户主要使用手机进行交流，微信营销能更好地利用移动终端，通过点对点的沟通方式抓住移动互联网新媒体的机会。电影《疯狂动物城》的营销就是一个很好的证明。《疯狂动物城》没有前期营销，似乎少有人关注它。但它从首映日 Uber 公众号的一篇《别逗了！长颈鹿也能开 Uber？还送电影票？！》的文章开始发力。在微信公众号的推荐下，原本没有关注该电影的人在朋友圈里发起了约看邀请。第二天迪士尼顺势推出《疯狂动物城》的 H5 小游戏“性格大测试”，测试结果在朋友圈刷屏，树懒式说话的动图也在微博走红。借助这一波新媒体营销，影片的排片、票房迅速上升，以近 3 亿元的票房打破了由《冰雪奇缘》保持的迪士尼首周票房纪录，话题热度居高不下，成为微信朋友圈赞声一片的佳片。

2. 海量用户，实施点对点精准营销

截至 2019 年，微信在我国已经拥有超过 11 亿用户。由于每个手机号码只能绑定一个微信号，这样微信号就可以成为用户在微信平台上的身份标志，商家通过该身份标志便可以锁定某一用户。商家注册微信后，可以与用户形成一种朋友式的关系，相对于其他途径来说目标更加精准。用户订阅自己所需的信息，商家利用移动终端、社交网络和定位等优势为用户推送所需信息，有利于形成点对点式精准营销。爱卡汽车网的做法就值得我们借鉴。爱卡汽车网的官方微信公众号自 2012 年 8 月开通以来，每天都会向用户推送最新的汽车资讯，同时还经常与用户进行互动，还策划了一系列的游戏，用户参与活动即可赢取奖品。用户在购车或用车过程中遇到了问题，也可以在公众平台留言咨询，会得到工程师的及时回复。

3. 网络辅助，超低营销成本

微信是提供即时通信服务的应用程序，具备天然的互动属性，而互动是营销活动的基础，是营销成功的根本所在。企业通过微信开展营销活动，更容易拉近与用户之间的距离，进而建立起信任关系，有利于营销活动的开展。与电视媒体、纸质媒体等传统媒体相比，微信具有超低的传播成本。相对于实体店开展营销活动的巨大成本，在微信群朋友圈开展营销活动的成本非常低。

4. 便捷传播，无须繁杂流程

移动终端的便利性增加了微信营销的高效性。相对于计算机而言，智能手机不仅能够拥有计算机的大部分功能，而且携带方便，用户可以随时随地获取信息，而这会给商家的营销带来极大的方便。与企业自建 App 相比，微信公众平台更方便快捷，并且创建及维护成本更低。

5. 功能强大，具有各种特色功能辅助营销活动

微信不仅支持文字、图片、表情符号的发送，还支持语音、视频等的传播，并且可以一键群发消息。

微信还可以利用基于位置服务（Location Based Services，LBS）技术精准定位，通过搜索周围的人找到身边的朋友。通过微信开放平台，应用开发者可以接入第三方应用，还可以将应用的 Logo 放入微信附件栏，使用户可以方便地在会话中调用第三方应用进行内容选择与分享。利用二维码功能，用户可以扫描识别二维码来添加朋友、关注企业公众号；企业则可以设定自己的二维码，用折扣和优惠来吸引用户关注，充分利用移动互联网开拓 O2O 营销新模式。

8.2 微信营销的方法

微信营销平台主要包括微信个人账号、微信公众平台两大部分。其中，微信公众平台又包含了订阅号、服务号、企业号以及小程序，同时微信还支持接入第三方平台，其结构如图 8-2 所示。下面我们将对企业如何利用微信营销平台开展营销活动进行具体的介绍。

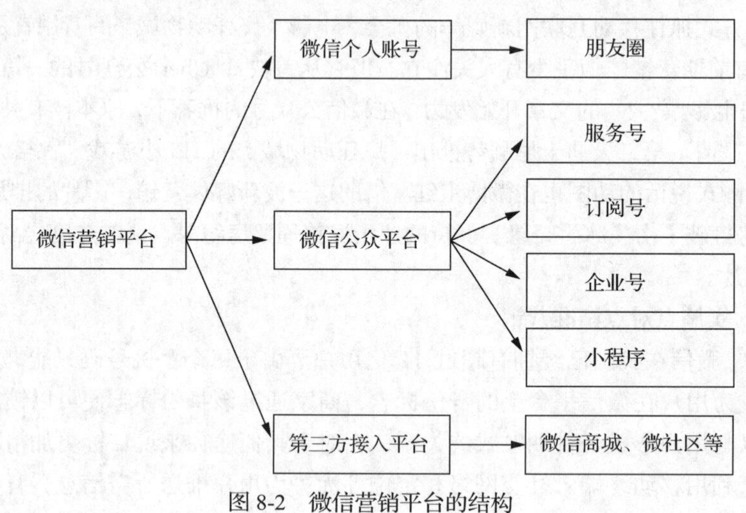

图 8-2 微信营销平台的结构

8.2.1 微信个人账号营销

朋友圈中的微商越来越多了。那么，如何利用微信个人账号开展营销活动呢？下面通过图 8-3 来进行说明。

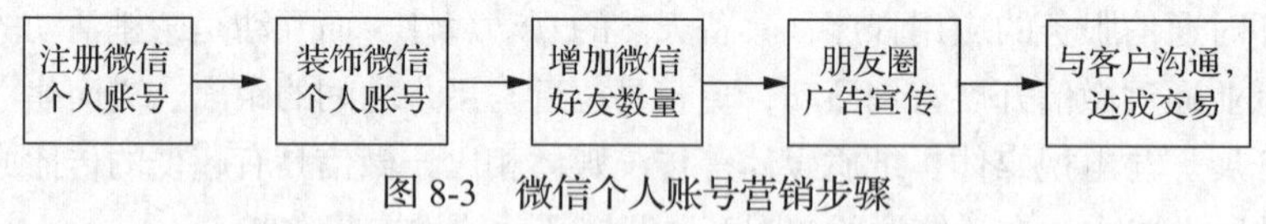

图 8-3 微信个人账号营销步骤

1. 注册微信个人账号

只要有手机号就可以免费注册微信个人账号。首先需要下载微信软件，安装后，点击注册按钮就可以选择用手机号注册微信。

2. 装饰微信个人账号

微信个人账号就像一张名片，你的微信头像、昵称、签名、地区、朋友圈等代表了你的形象。客户通过微信与你交流，最先看到的就是你的个人账号信息。从营销角度来讲，好的个人信息能够减少沟通成本，提高客户的信任度。

3. 增加微信好友数量

微信好友的数量及质量是直接影响微信营销效果的关键因素。商家增加微信好友一般有通讯录导入、扫描二维码加好友、搜索添加好友、摇一摇、查看附近的人等方式，也可以通过微博、知乎等媒介宣传自己的微信账号，吸引目标客户主动添加你为好友。同时，商家还可以建立专门的微信群，在群里面进行商品信息推送，通过群内好友相互介绍，找到目标客户。

4. 朋友圈广告宣传

在微信个人账号营销中，朋友圈是一个非常重要的商品推送窗口。然而，网上流传这样一个笑话："有个商家在朋友圈卖东西，开始时完全没有人理他，但他坚持每天拍照、修图、上货、发朋友圈，功夫不负有心人，坚持整整一个月后，所有人都把他拉黑了。"微商那么多，如何在朋友圈做好商品广告、不被朋友拉黑，还需要商家认真学习各种营销技巧。

5. 与客户沟通，达成交易

如果客户喜欢某个商品，一般会直接通过微信联系，进一步询问商品价格等信息，商家可以通过微信进行回复，从而帮助客户下单，并利用微信支付功能完成支付，最终达成交易。

8.2.2 微信公众平台营销

微信公众平台相当于一个自媒体平台，个人和企业均可申请公众平台账号，如图 8-4 所示。在微信公众平台上个人或企业可以发送文字、图片、语音、视频等信息来和特定用户进行沟通、互动，从而进行营销和宣传。

图 8-4 微信公众平台界面

企业可以利用微信公众平台进行营销活动，通过后台的用户分组和地域控制，实现精准的商品信息推送。利用二次开发展示商家微官网、微会员、微推送、微支付、微活动、微报名、微分享、微名片等，微信公众平台营销已经成为一种主流的线上线下微信互动营销方式。目前，微信公众平台主要包括服务号、订阅号、企业号和小程序 4 种类型的账号。由于微信小程序是在服务号、订阅号以及企业号之后推出的，在使用方式上与其他公众账号有所不同，并且一经推出就成为商家抢占市场份额的营销利器，因此我们将在下一节单独对小程序营销进行介绍。微信公众平台中服务号、订阅号以及企业号的具体差异如表 8-2 所示。

表 8-2 微信公众平台不同账号类型的差异

账号类型	功能类型	具体功能
服务号	旨在为客户提供服务	为用户提供更专业的服务，提高企业管理能力，帮助企业构建全新的公众号服务平台。其具体功能如下。 （1）一个月（自然月）内仅可以发送 4 条群发消息。 （2）发给订阅客户（粉丝）的消息，会显示在对方的聊天列表中，相当于微信的首页。 （3）服务号会出现在订阅客户（粉丝）的通讯录中，通讯录中有一个公众号的文件夹，点开可以查看所有服务号。 （4）服务号可申请自定义菜单
订阅号	旨在为客户提供信息	企业可以通过订阅号向客户传达资讯，以便于企业与客户构建更好的沟通模式。其具体功能如下。 （1）每天（24 小时内）可以发送一条群发消息。 （2）发给订阅客户（粉丝）的消息，将会显示在对方的订阅号文件夹中，点击两次才可以打开。 （3）在订阅客户（粉丝）的通讯录中，订阅号将被放入订阅号文件夹中。 （4）个人只能申请订阅号
企业号	主要用于企业内部通信	旨在帮助企业、政府机构、学校、医院等事业单位和非政府组织建立与员工、上下游合作伙伴及内部 IT 系统间的联系，并能有效地简化管理流程，提高信息的沟通和协同效率，提高企业对一线员工的服务及管理能力

服务号主要用于为客户提供服务，同时可以销售产品。例如，在中国移动服务号中，我们将个人手机号与该服务号绑定后，可以查阅相关业务、变更业务套餐以及给手机充值等，方便快捷。客户服务需求高的企业在开通订阅号的同时，也会再开通服务号。

订阅号主要用于企业产品信息传播。企业可以通过订阅号，每天推送一条相关信息来展示自己的企业文化、理念和特色，或做宣传推广活动，从而树立品牌形象。很多企业和媒体都使用订阅号开展营销活动。

企业号主要是帮助企业进行内部管理，面向的是企业内部员工、团队以及企业上下游合作伙伴。

因此，企业用于宣传、营销的微信公众号主要包括服务号和订阅号两种，企业号常用于内部管理。下面我们将分别对企业服务号和订阅号的使用方法进行具体介绍。

1. 利用服务号提供客户服务

众所周知，企业的发展和生存离不开客户，因此，企业只有不断地探求客户的需求、满足客户的需求，才能使客户满意，从而赢得更多的客户。服务号正是这样一种方便的工具，企业通过建立服务导向系统、便捷的服务体系、杰出的服务组织等为客户提供优质服务，满足客户的个性化需求，从而提高客户的满意度和维护长期客户关系。

服务号旨在为客户提供服务，其核心功能包括客户关系管理应用、智能客户服务中心应用、定制的“扫一扫”“口口相传”活动等。通过服务号，企业可以建立与高成本呼叫中心相媲美的智能客户服务中心，利用微信发送文字、视频、语音等信息为客户服务，支持客户排队自动接入功能，并在回复客户问题的同时，实现对客户的分组统计等，实现高效的社会化客户关系管理。例如，通过南航服务号，客户不仅可以查询票价、查询里程、预订机票、查询登机口、验证机票等，还可以快速办理登机牌。微信服务号依托微信领先的技术条件，具有无可比拟的优势，受到企业及客户的一致推崇。目前，很多企业都开设了服务号，涉及航空、政府、教育、金融、快递等与客户密切相关的领域。

2. 利用订阅号为客户提供增值服务

订阅号旨在为客户提供信息，本质是通过一系列的内容展示来吸引客户、获得客户、与客户互动，从而宣传企业形象。其方法主要是通过每日一条、每条多栏的文本、图片、视频等，配合优秀的内容策划、推送策略以及互动设计等，向粉丝进行高质量的内容展示，通过客户关系的维持促进销售。目前，订阅号营销模式已经被应用于各种行业，从美食、服装、出行到休闲娱乐，都取得了很大的成功。与其他方式相比，订阅号有其独特的优势，具体表现在以下 3 个方面。

（1）客户的消费心理难以把握，然而企业通过订阅号可以与客户进行一对一的沟通，降低了客户的消费风险，激发了客户尝试购买的欲望，以最低成本吸引客户的同时，还锁定了他们的消费心理。

（2）客户一旦关注了订阅号，就代表他希望了解有关企业与产品更多的信息。这样，客户一旦养成某种消费习惯就很难改变，并会反复购买。如此企业就与客户形成了黏性互动，从而有利于产品的销售。

（3）企业根据客户的个人资料，可以定期向客户有针对性地推送各种产品或促销信息，由此可以与客户保持长期的联系。

然而，企业想要做好订阅号，还必须把“给客户带来的价值”放在第一位，而把“给自己带来的价值”放在之后，要做到让客户在众多的公众账号当中找到你的公众账号并阅读文章、关注账号。要做到这一点，企业必须不断加强对市场和客户的研究，为客户创造更多的增值服务，这样才能保留更多的忠实客户。所谓增值服务，其实就是对客户进行细分，为客户提供个性化的、创新性的差异化服务，即用“个性化的产品”去满足“个性化的市场需求”。

阅读资料 8-1　企业如何做好微信公众号的内容营销

借助于腾讯的互联网资源平台，微信自推出至今已经受到众多企业与个人的广泛关注与应用。那么，企业如何做好微信公众号的内容营销呢？

企业要做好微信公众号的内容营销，需要从以下几个方面着手。

1. 全面搜集所需的内容素材

微信营销的内容需紧紧围绕时事热点，同时流行的有趣的话题，关于工作上的探讨，如何看待一些知名人士，各种成功学与人际关系学的应用，产品的新功能与公司的推广活动等，都可以作为创作的话题。前提是企业知道如何在合适的时间点选择合适的话题，并围绕该话题进行创作，以期吸引粉丝关注，并取得良好的曝光率。

2. 创建详细充分的素材库

良好的准备是成功的一半。公众号推送所需的素材众多，如果平时没有半点积累，那么很有可能就是“书到用时方恨少”。为此，相关人员平时应注重积累，通过多个平台搜索所需的素材，并可为这些素材准备一些素材库和图片库。这样一来，需要时去素材库查找，自然能够节省不少时间和成本。

3. 挑选一个合适而有吸引力的标题

好的话题还需要匹配一个比较有吸引力的标题，这样能够给用户迅速留下一个整体的印象。为此，企业需精练标题，务必做到简洁、清晰、有吸引力，能够让人一目了然。

4. 撰写一段有吸引力的开头

开头能否吸引人直接决定了该篇内容被打开的概率。为此，企业需围绕标题来撰写开头，做到原创并能够引人注意，同时直接引出后面的内容，起到良好的引入作用。

5. 巧用段落小标题阐述内容

一篇公众号推文的内容如果过于冗长可能会引起读者的阅读疲劳，为此，企业需巧用文章段落和小标题来对每个部分的内容进行总结。这样，读者通过小标题即可快速了解该篇推文的内容，并可根据自己的需要挑选合适的内容进行阅读。

6. 根据内容意图搭配图片

文字往往无法快速、准确地向用户传达信息，此时，如果配上一张图片加以说明，那么效果将会更好。因此，企业需要对全部内容加以理解、诠释，然后插入一些图片等内容，以让推文更加有吸引力。

7. 结尾需进行总结，并与开头呼应

好的文章还需要好的结尾。结尾一般多是对于正文内容的总结，还可以表达一下对未来美好的期许。此外，还可以呼吁大家关注企业的公众号，并将此篇文章转发给其他人。

总的来讲，要做好微信公众号内容营销需要注重平日积累，对于时事热点保持敏感，并学习其他好的微信公众号的优点，在未来不断地尝试改进，这样才能够达到良好的效果。

资料来源：艾瑞网。

8.2.3 微信小程序营销

2017 年 1 月 9 日，微信小程序正式上线，其开发团队不断推出新功能。对于企业而言，在企业宣传、企业营销、售后分析等方面，微信小程序都存在着巨大的潜力。现在已经有许多小程序项目实现了商业上的成功，如蘑菇街女装精选等。据统计，小程序主要被用于网络购物、生活服务和餐饮等行业，图 8-5 所示为“唯品会”小程序界面。目前，教育、政务、公益以及健康等也成为小程序应用的重要领域。另外，小程序在媒体、房地产、旅游、工具、娱乐等领域也有应用。第三方机构阿拉丁指数统计，2020 年 3 月排名居于前 10 位的小程序如图 8-6 所示。

图 8-5 “唯品会”小程序界面

排名	小程序名称	分类	新晋榜单	阿拉丁指数
	拼多多	网络购物	--	10000
	班级小管家	教育	--	9596
	腾讯健康	大健康	--	9563
4	小年糕+	视频	--	9246
5	京东购物	网络购物	--	9182
6	每日交作业	教育	--	8937
7	欢乐斗地主	游戏	--	8859
8	金山文档	工具	--	8802
9	扫码抗疫情	政务公益	新晋	8788
10	兴盛优选	网络购物	--	8710

图 8-6 “阿拉丁”网站小程序排行榜

1. 微信小程序的接入流程

微信小程序接入流程主要分为 4 步：第一步，在微信公众平台上注册微信小程序的账号；第二步，完善小程序信息；第三步，开发小程序；第四步，提交审核与发布。

（1）注册微信小程序账号。

首先搜索微信公众平台官网，在账号分类中点击小程序并查看详情，如图 8-7 所示。微信小程序的开放注册范围包括个人、企业、政府、媒体以及其他组织，使用者可以根据自己的情况选择不同的主体类型。注册微信小程序需要输入邮箱并填写相关资料，如图 8-8 所示。之后进行邮箱激活，选择所需的“主体类型”，完成主体信息登记，即可完成注册。

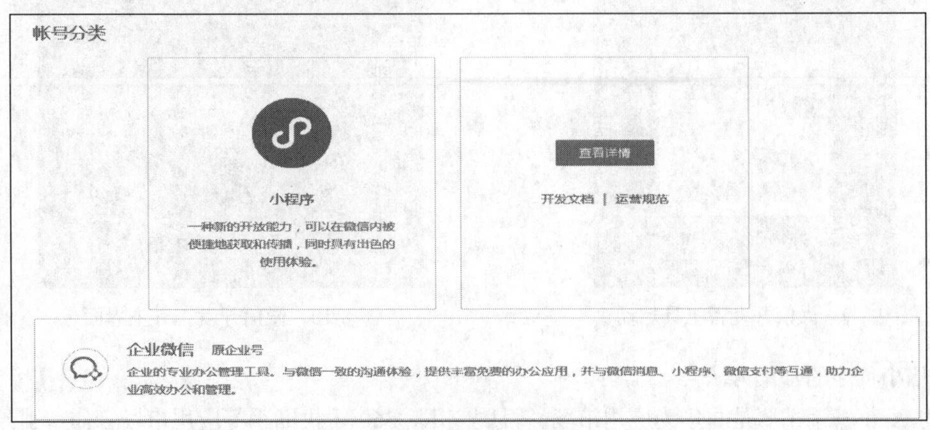

图 8-7　查看详情

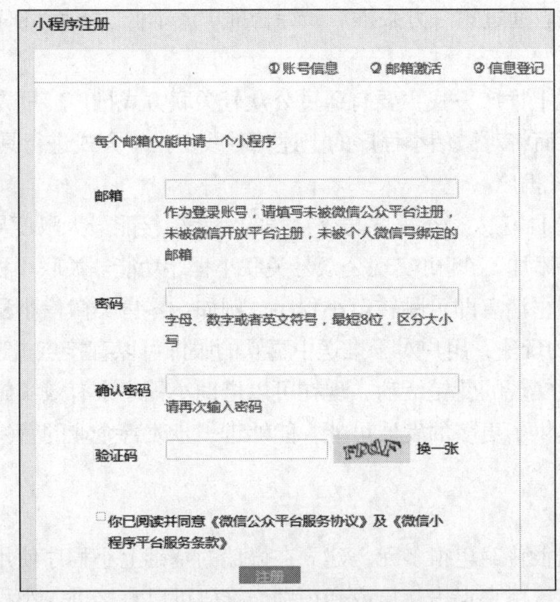

图 8-8　微信小程序注册界面

（2）完善微信小程序信息。

填写微信小程序的基本信息，包括名称、头像、介绍及服务范围等。微信小程序的名称对于用户搜索等都非常重要，相当于网站的域名，最好清晰明了、短小精练，且和小程序功能一致，并能体现企业的品牌形象。例如，京东的小程序名为“京东购物”，直接将小程序的用途和功能展现了出来。另外也有直接以企业名称或者产品名称作为小程序名称的，如唯品会、雨课堂、腾讯会议等。

（3）开发微信小程序。

完成微信小程序开发者绑定、开发信息配置后，开发者可下载开发者工具，参考开发文档进行小程序的开发和调试，如图 8-9 和图 8-10 所示。

（4）提交审核与发布。

完成微信小程序开发后，提交代码给微信团队审核，审核通过后即可发布小程序。

图 8-9　微信开发者工具启动页

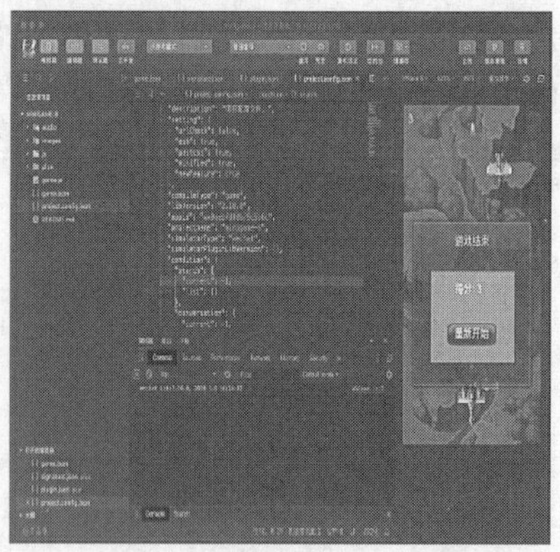
图 8-10　微信开发工具主界面

2. 微信小程序的营销方法

传统的 App 营销主要是与华为应用市场、百度应用、360 手机助手等应用市场合作，引导用户下载安装 App，推广成本较高。微信小程序则更多借助线上微信朋友圈、线下经营门店、优惠促销活动等吸引用户扫描二维码添加，或者通过第三方来推广，综合推广成本低。下面将对微信小程序常用的 3 种推广方式进行介绍。

（1）线上推广方式。线上推广方式主要有通过公众号关联方式推广、朋友圈和好友分享、附近的小程序以及关键词推广等，下面将对微信小程序的上述几种线上推广方式进行具体介绍。

① 通过公众号关联方式推广。

目前微信活跃用户突破 11 亿人，小程序与公众号的完美衔接能最大限度导入流量。通过“微信公众号—小程序—管理小程序—添加”，即可实现公众号关联小程序功能。关联小程序后系统将自动向公众号粉丝推送关联成功消息，点击消息即可跳转至小程序。例如，零售类微信小程序“蘑菇街女装精选”就推出了“公众号+小程序”的玩法，用户对于推送中喜欢的服饰可以直接点击进入小程序下单，过程更加简单快捷。在公众号内无法实现的营销活动，现在可以借助小程序来有效实施。对于想转战电商的传统商家而言，小程序则为其提供了更多的发展可能，能够进一步改善企业的营销布局，实现个性化营销模式，从而提高用户的忠诚度。

② 朋友圈和好友分享。

微信小程序的应用场景很普遍也很多元，建立在微信的基础上小程序使用户能更便捷地交流。小程序可以通过朋友圈进行推广，用户点击链接或者识别二维码可以直接进入小程序。好友推荐、微信群分享是小程序电商的重要客户来源，好友推荐还能提高用户对商家的信任度，从而提高成交的概率。

③ 附近的小程序。

附近的小程序基于门店位置进行推广，能够吸引线上用户，为门店带来有效客户。有小程序的商家可以将门店小程序展示在“附近”。用户走到某个地点，打开“发现—小程序—附近的小程序”，就能查看自己附近的小程序，从而成为商家的潜在用户。

④ 关键词推广。

用户常通过关键词进行小程序的搜索。微信小程序开发者可以在小程序的“推广”模块中，配置与小程序业务相关的关键词，便于用户搜索。关键词搜索的排名会受小程序的用户使用次数、服务质量、关键词相关性等因素的影响。开发者可以在小程序后台的“推广”模块中查看关键词搜索带来的访问次数。

（2）线下推广方式。随着微信小程序的广泛应用，越来越多的实体店也开始使用小程序。除了线上推广以外，线下推广方式还有许多，主要如下。

① 通过实体店进行线下推广。

对于餐饮实体店来说，用户在用餐高峰时期点餐总免不了排队，并且纸质菜单成本较高。实体店使用小程序能够方便用户点餐，减少排队现象，改善用户体验，从而提升店内的点餐效率。例如，麦当劳的小程序包括“i 麦当劳礼品”“麦当劳顾客体验”“i 麦当劳”“i 麦当劳点餐”等，如图 8-11 所示。用户可以通过“i 麦当劳礼品卡”小程序领取优惠券，利用“i 麦当劳点餐”用手机直接点餐并在线支付，如图 8-12 所示。麦当劳通过优惠券吸引用户，利用小程序点餐减少了用户排队等候的时间，最后通过“麦当劳顾客体验”小程序收集用户的反馈，充分满足用户的多种需求。麦当劳通过“优惠活动+不用排队”的策略很快吸引了大量用户使用小程序点餐，同时培养了用户使用小程序的习惯。

图 8-11 麦当劳的小程序

图 8-12 “i 麦当劳点餐”小程序点餐界面

② 通过促销活动等方式进行线下推广。

企业在固定场所，如学校、商场等地方有针对性地策划地面推广活动，让用户参与活动，扫码关注小程序等，吸引潜在用户，有助于小程序快速积累用户资源。

（3）第三方推广方式。除了线上及线下推广外，还可以利用小程序商店、新媒体软文、运营公司等第三方力量来实现微信小程序的推广。但第三方推广往往是收费的，如第三方小程序商店会根据所付费用决定将该小程序放置在前列还是在后面。以软文的形式推广，可将软文投放到粉丝较多的自媒体，这类自媒体常对文稿明码标价。企业还可以将小程序委托给第三方运营公司，让运营公司在旗下的微信社群中进行转发等，并收取一定的费用。

3. 微信小程序营销的优势

随着小程序功能的上线，很多企业开始运用小程序进行营销，并将其作为重要的营销手段。小程序营销的优势也凸显出来，主要有以下 5 大优势。

（1）无须安装。

微信小程序能够在微信内便捷地传播和获取，具有较好的用户使用体验。小程序嵌入微信，用户在使用过程中无须在应用商店下载安装外部应用，通过扫描二维码或搜索相关功能的关键词等即可直接打开小程序，使用完后无须卸载，直接关闭小程序即可，不占内存，具有无须安装、触手可及、用完即走、无须卸载等特性。小程序能呈现每个产品最主要的功能，使用的时候不会有过多的干扰，使用起来快捷方便。

（2）转化率高。

企业的营销活动大多借助 App 或公众号进行，它们需要多次跳转，步骤烦琐，导致营销转化率低。现在企业借助微信小程序能够实现营销闭环，企业能够更快实现营销转化。2019 年微信小程序全年交易额超 8 000 亿元，较 2018 年增长了 160%。

（3）数据准确。

微信小程序有助于企业内部数据与外部推广数据的高效连接，通过对用户数据的分析，企业可以实现精准营销。小程序可以连接企业的后台，能够深度挖掘、分析用户在小程序中的行为。《2019 年微信数据报告》显示，使用微信小程序的用户已经突破 3 亿人大关，其活跃高峰与使用微信的高峰一样，主要集中在午饭前和晚饭后。年轻女性更喜欢在电商类的小程序上面购物，中年女性则喜欢通过小程序看一些文娱类的内容。通过分析用户的人文特性，企业在营销中能更有针对性地定位用户价值和消费偏好，并在公众号上加以分类推送，更好地开展营销活动。

（4）成本低。

针对研发人员而言，与 App 相比较，微信小程序开发的复杂度较低，开发成本低、时间短，上线速度快，有助于快速优化程序，不断试错，不断优化产品。小程序可实现的功能包括公众号关联、通知等。其中，与公众号相关联，用户即可实现小程序和公众号的相互跳转。更重要的是，小程序设计美观且无须广告费用，比在外面派发传单、树立巨大的广告牌要更实用，成本更低廉。

阅读资料 8-2 路易威登：强调用户体验，打造万能参展小程序

2018 年年末，法国奢侈品牌路易威登在上海举办了“博物馆”级别大展《飞行 航行 旅行——路易威登》，并基于微信生态投放了朋友圈广告和体验小程序，为用户提供了全渠道的参观体验。

品牌在 3 个不同节点分别投放了 3 波不同主题的朋友圈广告，从“争取明星流量为展览造势”“关联旅行及城市文化诠释品牌人文情怀”以及“明星深度解读展览引发用户情感共鸣”3 个层面递进触达用户，并将其引流至品牌专区和专门打造的参展小程序，让用户完成线上预约线下参展。

值得一提的是，路易威登的这款小程序集合了预约观展、展览地图、语音导览、互动体验等多个功能，效果丝毫不亚于一款独立 App，帮助品牌吸引、沉淀以及盘活了更多用户群体。这款小程序也因在应用及互动上的创新，获得了腾讯颁布的“微信力量——年度智慧服务奖”。

资料来源：年度盘点。

（5）用户流量大。

营销最关键的就是找到用户，只有用户多了，企业的营销才能成功。微信小程序可以共享微信平台 11 亿多用户的超级流量，可以借助微信自身的流量获得用户，降低获客成本。例如，在零售类微信小程序排行榜中具有不容忽视地位的拼多多，就是较好地利用微信流量的一个典型案例。拼多多的核心营销理念就是如何让人们用小程序进行拼团。早在拼多多 App 问世前，它的小程序就先火一步，其裂变模式就是拼团。一件产品如果开团购买则要比单独购买便宜，由此引发用户主动将其转发分享给微信好友、微信群，邀请大家一起完成拼团，而且分享成功之后的支付环节也能在小程序中一键完成，十分方便。拼多多利用微信小程序打通了线上营销渠道，进而再逐步完善自己的 App，通过小程序的分享与转发实现了用户裂变，促进了企业用户群体急速增长，获得了用户红利。

“互联网+”可以连接一切，微信也正在“连接一切”，而小程序正在悄然改变这一切。小程序的产生是对微信生态圈的洗牌及变革，虽然微信带有高流量，但目前仍没有很好的分发机制，广告转化率不高。小程序的投入使用能帮助微信大幅度提升点击率和转化率。市场积累成熟后，微信小程序将成为企业进行营销的一个重要渠道。

8.2.4 微信接入第三方应用

微信开放平台是微信 4.0 版本推出的新功能，应用开发者可通过微信开放接口接入第三方应用，并且可以将应用的 Logo 放入微信附件栏中，让微信用户方便地在会话中调用第三方应用。常用的第三方接口有微信商城、微社区等，下面对其功能进行简单的介绍。

1. 微信商城

微信本来是手机端的社交平台，自微信公众平台于 2012 年 8 月 23 日正式上线后，两年内就拥有了超过 6 亿用户，这样惊人的数据吸引了无数企业的眼球，庞大的用户人群后面隐含着巨大的商机。微信第三方平台顺势而发，推出微信电商服务产品“微信商城”，助力企业开启微营销，成为许多企业的一种营销方式。微信商城（又名微商城）是第三方平台基于微信公众平台推出的一款基于移动互联网的商城应用服务产品，同时又是一款集传统互联网、移动互联网、微信商城、易信商城、App 商城五网一体化的企业购物系统，具有会员系统、购物车/订单/结算、支付系统、自定义菜单、产品管理系统、促销功能、抽奖/投票、分佣系统等功能。微信商城可以通过微信公众号的粉丝来获取用户，例如，通过不断推送公众号文章或者开展相关活动将粉丝转为用户，之后运营者还可以通过推送一些促销活动与用户建立二次联系。常见的微信商城有微店（见图 8-13）、有赞、微盟等。用户打开微信，点击通讯录，点击公众号并选择要进入的微商城，即可进入该微信商城进行购物等。图 8-14 所示为利用有赞建立的“好利来天津微商城”。

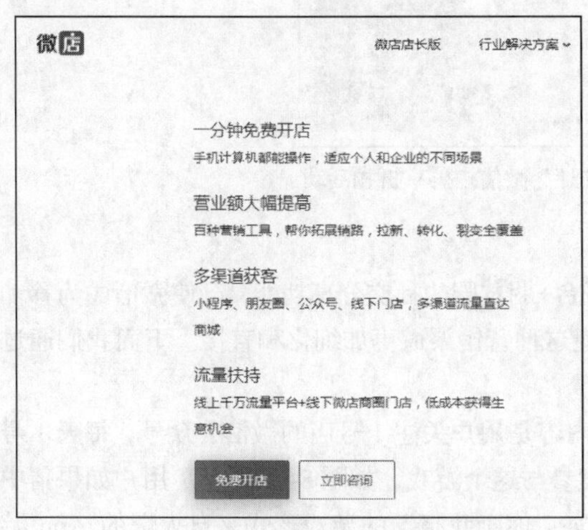

图 8-13 微店开店界面

图 8-14 好利来天津微商城界面

2. 微社区

微社区是基于微信公众号的互动社区，可以应用于微信服务号和订阅号，解决了同一微信公众号下用户无法直接交流、互动的难题，将信息推送方式变为用户与用户、用户与平台之间的"多对多"的沟通模式，给用户带来更好的互动体验。如今，已经有数十万移动创业者、传统社区站长、微信公众号开通微社区，且已经有百万用户加入微社区。

8.3 微信营销的模式、技巧与应注意的问题

8.3.1 微信营销的模式

微信营销的模式与技巧

1. 位置签名营销

微信中有基于LBS功能的插件"查看附近的人"。用户打开后，可以根据自己的地理位置查找周围的微信用户。被查找到的微信用户除了显示用户名等基本信息，还会显示用户签名档的内容，所以用户可以利用这个签名档为自己的产品做免费的广告宣传。如果查看附近的人的使用者足够多，这个简单的签名档就会变成移动的"黄金广告位"。

2. 二维码营销

对于坐拥11亿活跃用户的微信来说，加入二维码扫描的功能，能够大大提升其商业价值。二维码是微信账号传播的重要媒介，企业可以通过网络、平面、印刷品等，方便地把二维码展示出来，帮助企业增加新用户。但这种商业模式要想真正吸引用户，就必须有一个明确的诱因，并能激发用户的真正兴趣。在这方面，天创时尚2014年推出的"亲们，爱吧！"就是一个非常成功的二维码营销案例，该活动的页面如图8-15所示。作为行业内首款带有慈善捐款功能的H5互动游戏，"亲们，爱吧！"鼓励用户上传自己的语音或选择名人的声音，定制专属示爱声音卡。分享之后，品牌方即代用户捐出一定款项作为公益基金，同时，用户也能获得在门店消费的现金券以及产品等多种奖励，这能达到引导用户到店消费的目的，既实现了情感传递又能达到为企业销售导流的目的。

图8-15 天创时尚"亲们，爱吧！"微信扫码享折扣活动

3. 微信公众平台营销

对于大众化媒体、名人以及企业而言，微信开放平台+朋友圈的社交分享功能，已使微信成为移动互联网上一条不可忽视的营销渠道，而微信公众平台则使这种营销渠道更加细化和直接。下面我们通过1号店的案例来进行说明。

1号店在微信当中推出了"你画我猜"活动，活动内容是用户关注1号店的微信公众号，每天1号店就会推送一张图片给订阅用户。然后，用户可以发答案参与这个游戏，如图8-16所示。用户如果猜中答案并且在所规定的名额范围内，就可以获得奖品。其实"你画我猜"的游戏形式来自火爆的App游戏Draw Something，并非1号店自主研发，只是1号店首次把这种游戏形式结合到微信活动推广中来。

图 8-16　1 号店“你画我猜”活动

4. 朋友圈营销

微信的朋友圈与社交网络相类似，但两者之间又存在明显的区别。在朋友圈中发布的信息具有一定的私密性，受众基本是朋友圈当中的好友，这种营销方式的特点是精确性高、针对性强、互动性良好，适用于口碑营销。

8.3.2 微信营销的技巧

1. 吸引粉丝，拉动宣传

微信营销的核心就是用户价值。高质量的粉丝不仅可以转化为企业的利润，还有可能成为企业品牌的“代言人”，帮助企业进行宣传。企业可以充分利用老顾客、二维码关注有礼物、微信会员卡、查看附近的人等功能尽可能多地吸引潜在客户。例如，优衣库为了吸引粉丝购买商品，会使用微信公众号向粉丝推送一些优质、有趣的内容。优衣库曾在微信公众平台中为客户推送这样的信息，“空降‘复联’英雄，穿 UT 战袍，领 10 万张电影折扣券！”，采用了当时热映的电影《复仇者联盟》的元素来向粉丝发送优惠信息，引发了人们的转发和参与。

2. 社交分享，激励转发

社交分享的价值就是拉动客户消费。微信朋友圈集好友、手机通讯录等多渠道为一体，拓宽了客户的交友层面，如果企业能够激发客户分享营销信息至朋友圈，将很容易带动其他客户消费，形成口碑营销。因此，企业要充分利用客户分享的力量，学会引导客户在朋友圈分享、转发。同时，企业应该注意提高产品及服务的质量，只有好的产品及服务才会不断地被客户分享及评论，使产品被更多的客户所关注。如果产品较差，企业反而会“搬起石头砸自己的脚”。

3. 个性推荐，俘获客户

“攻心为上，攻城为下”，俘获客户的“心”对企业来说至关重要。企业可以通过微信分组功能和地域控制，对客户进行精准的消息推送。例如，客户去陌生城市旅游或者出差，企业可以根据客户签到的地理位置，推荐就近商家的信息。商家还可以根据海量的客户信息，利用大数据分析工具分析其购物习惯，进行更加精准的营销。

4. 互动营销，如火如荼

微信平台具有基本活动会话功能，通过一对一的推送，企业可以与粉丝开展个性化的互动活动，提供更加直接的互动体验，根据用户的需求发送品牌信息，使品牌在短时间即可获得一定的知名度。例如，在奥迪 Q3 上市时，企业通过微信做了一次市场调查：“是第一辆车还是第二辆车？多大年纪？买给谁？”通过微信，企业很快收到了客户的反馈，而且这样的沟通是完全个性化的。另外，企业还把车辆的性能拆成11个特点来做有奖竞猜，这样就可以知道客户的关注点在哪里，再通过合适的时机将客户引流到线下。

5. 遍地撒网，重点捞鱼

企业可以采用多渠道的宣传推广方式。首先，企业可以利用内部推广，通过企业的员工向外进行微信推广，激活每个员工的社交关系网络，有效利用内部资源。其次，企业可以通过线上推广，如可以利用博客、QQ群、微博、微信商城、第三方微平台等工具发布商家信息，并且可以附带二维码以加强品牌的宣传推广。最后，还可以利用线下资源进行推广，如利用实体店体验、张贴广告、发放传单等方式进行宣传推广。在这方面，大众推广其Crafter货车的做法值得我们借鉴。位于墨西哥城的Central De Abasto市场是世界上主要的汽车批发集中地，每天大约发生2 000笔交易，接待超35万名顾客。而其中的大部分人都是货车的潜在购买者，也是大众Crafter的目标客户。货车的载货量是其核心竞争力。大众为了向目标客户突出Crafter货车的超大容量，在现场用装满橙子的箱子堆出一个巨大的二维码，用户扫描之后可以看到一段视频，即这些堆积如山的水果箱被全部装入一辆 Crafter 货车拉走。大众很好地把 Crafter货车与其使用环境、用途及超大容量的特性等多种元素结合起来，利用二维码的方式在潜在购买者聚集的地方展示，效果非常不错。

6. 促销活动，优惠不断

物美价廉、货真价实的产品一直备受消费者喜爱。企业可以通过微信平台定期开展优惠活动，如发放优惠券、转发有奖、抽奖活动、"拉粉"奖励等。同时，企业也可以采用微信小游戏等方式，让用户邀请微信好友一起玩游戏。例如，星巴克"玩微信答题闯关游戏，赢真人秀门票""咖啡+音乐"等游戏化的营销方式都取得了很好的效果。

7. 内容为王，妙趣横生

小米公司创始人雷军说过，病毒营销的关键不在渠道，而在内容。只有好的内容才能吸引用户，达到营销的目的。如果微信营销的内容有趣、实用、贴近用户生活，并能使用户获得分享的赞同感和炫耀感，微信营销就成功了一半。首先，文章要有一个吸引人的标题。微信文章的标题特别重要，这关系到用户会不会打开你的文章。标题应当简明扼要、有新意、有趣味，其次，内容应该有趣、有用、有料、有个性。例如，电动车行业中的领头人——欧派电动车就一直保持着微信的高曝光率，它的微信营销内容囊括了吃喝玩乐，包括从轻松骑行游到热门小测试，从美食推荐到"唱响幸福"活动等。欧派电动车的微信营销以互动性强、参与形式丰富和产品贴合度高为特点，展示了一个与电动车有关的丰富世界。最后，企业还需要注重推送技巧。如何选择推送的时间点，也是许多企业需要关注的重要问题，推送具体时间还需要根据企业的用户特点来选择。

8.3.3 微信营销应注意的问题

微信营销已成为一种重要的营销方式，但其不同于传统营销，不能过于注重企业品牌的推广。企业在发布信息时，内容要有趣实用、贴近生活，切不可盲目纯粹地推销产品，否则容易引起他人厌恶，从而失去用户信任。企业在微信营销过程中应注意以下几个方面的问题，避免在微信营销的过程中陷入误区。

1. 包装自己的微信

所谓包装自己的微信，就是将个人信息和账号相关的信息，如姓名、性别、个性签名、照片等补充完整。否则，账号就很像小号或"僵尸号"，没有人会对这种账号产生兴趣。

2. 注重粉丝质量

营销的核心是用户的价值。微信营销中较有价值的是互动质量比较高的活跃粉丝。企业在进行微信营销时，要注重粉丝的质量而不是数量，因为只有高质量的粉丝才有价值，才能转化为企业利润。

3. 推送长度适中且实用、有趣的信息

微信推送信息的到达率是100%，但到达率不等于阅读率，微信推送的信息只有被阅读后才能发挥作用。而用户的时间有限，企业推送的内容应尽可能简洁。如果推送内容太长，会给用户造成阅读麻烦，从而直接被略过。同时要注重推送内容的实用性和有趣性，否则用户会感觉持续关注该微信公众号的用处不大，不会在该账号上浪费时间。在这一方面，许多医院的微信服务号就做得非常好。例如，天津市儿童医院的掌上健康公众号就不只提供医院概况、就医服务等内容，还专门设置了患教中心，为家长及孩子提供诸如"关于豆浆，你不得不知道的5件事"等健康知识，让患者即使不需要就医，也愿意继续关注其微信公众号。

4. 适度营销

微信公众号除了每天能群发一条消息外，还能根据用户输入的内容回复有针对性的消息。由于用户的需求不同，所以一味地群发消息只会令人厌恶。无聊的内容群发过多，就是骚扰用户。因此，企业不能滥用群发功能，只需在适当的时候利用群发功能提醒用户。

5. 拒绝道德绑架或奖励用户把信息分享到朋友圈

道德绑架是非常令人厌恶的事。企业在推送的信息里，如果采用道德绑架（如不转发就怎样等）的方式让用户转发、分享信息，会使用户对该账号的印象大打折扣。这种方式很难为企业带来真正的效益。对于奖励用户分享信息的行为，企业有时会在推送的信息里告诉用户，如果把信息分享到朋友圈将会得到某种奖励，或者在朋友圈看到信息的用户必须关注公众号才能看到详细信息。已有不少知名企业的官方微信公众号因进行过此操作而被处罚关闭账号一星期左右。

6. 不可将朋友当成营销工具

朋友圈是基于熟人的关系网，如果在朋友圈中发的内容带有广告性质，或者将朋友当成了营销工具，往往会引起朋友的反感甚至厌恶，不但达不到营销的目的，反而会失去一位朋友。

7. 不能乱发广告

人们关注公众号是因为对该账号所发布的内容感兴趣，而不是为了看广告。因此，企业不可乱发广告，也不可发与公众号无关的垃圾广告。乱发广告一方面会失去用户的信任，令其取消关注，另一方面大量无节制地发送不相关的广告，也会被处罚关闭群发功能。

8. 及时回复用户信息

用户向公众号发出信息，企业如果没有安排专人，而是通过机器人或者自动回复进行处理，会让用户感到被冷落。及时互动是微信营销的一大好处，企业可以与用户通过微信进行有效的沟通。但如果是机器人陪聊或者自动回复，就会使用户体验变差，因为没有人愿意面对机器冰冷的回复。

9. 微信营销并非万能

与传统营销相比，微信营销具有互动、快捷、成本低等诸多优势，但并不意味着微信营销是万能的，企业不可一味地只专注于微信营销。对于企业来讲，营销是多元的，只有打组合拳才能招招见长，如线上线下营销、微博与微信互动、微电影与微信互动等。

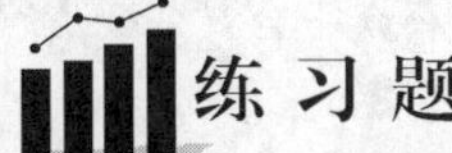

练习题

一、单选题

1．微信是（　　）公司2011年推出的一个为智能终端提供即时通信服务的免费应用程序。

A．阿里巴巴　　B．百度　　C．腾讯　　D．搜狐

2．目前国内应用最广的一款社交软件是（　　）。

A．QQ　　B．微信　　C．陌陌　　D．遇见

3．微信中的朋友圈属于（　　）。

A．微信公众平台　　B．第三方接入平台　　C．微信个人账号　　D．以上都不是

4．利用微信个人账号开展营销活动的第一步是（　　）。

A．确定营销目标　　B．分析微信营销环境　　C．注册微信账号　　D．与客户事先沟通

5．下列不属于微信营销技巧的是（　　）。

A．吸引粉丝，拉动宣传

B．社交分享，激励转发

C．个性推荐，俘获客户

D．进行道德绑架或奖励用户把信息分享到朋友圈

二、多选题

1．微信营销是一种创新的网络营销模式，主要利用手机、平板电脑中的微信进行区域定位营销，并借助（　　）等来开展营销活动。

A．微官网　　B．微信公众平台　　C．微会员

D．QQ空间　　E．微支付

2．下列有关微信营销与微博营销的比较，描述正确的有（　　）。

A．微博侧重于沟通，微信侧重于广告

B．微信侧重于沟通，微博侧重于广告

C．微博和微信都侧重于沟通

D．微信最强大的功能是在指定并被许可的情况下推送信息，信息的到达率最高，相应的曝光率最高

E．微博信息传播是通过广泛的点击和转发，营销更多是借助转发、评论等进行，曝光率低

3．下列有关微信营销与短信营销的比较，正确的有（　　）。

A．微信营销比短信营销成本低

B．短信营销比微信营销成本低

C．微信比短信宣传更直接、更精确

D．微信可以使用文字、声音、视频、图片等多种手段展示信息，能更方便、直观地推广产品

E．短信多以文字表达为主，在很大程度上限制了产品的推广

4．下列属于微信公众平台的有（　　）。

A．微信个人账号　　B．企业号　　C．服务号

D．订阅号　　E．第三方接入平台

5．常用的微信第三方接入平台有（　　）。

A．微社区　　B．微信商城　　C．企业号　　D．朋友圈

三、名词解释

1．微信　　2．微信营销　　3．微信公众平台　　4．微信商城　　5．微社区

四、简答及论述题

1．微信营销的特点有哪些？

2．商家增加微信好友数量的方法主要有哪些？

3．试论述微信营销的商业价值。

4. 试论述微信小程序的线上推广方式。

5. 试论述微信营销的技巧。

汉堡王开业促销——“皇堡免费吃半年”

2020年4月23日，一条“汉堡王苏州路家乐福店4月25日盛大开业！皇堡免费吃半年！”的微信消息刷爆了乌鲁木齐人的朋友圈，传播量超70万次，然而该店在开业短短半小时内完成了由开店到闭店的“壮举”。下面我们来看一下都发生了什么。

1. 开业朋友圈点赞活动

经过精心筹划与准备，汉堡王乌鲁木齐第六家门店——汉堡王苏州路店将于2020年4月25日开业。为庆祝新店开业，汉堡王推出了前述刷爆乌鲁木齐人朋友圈的促销活动。

（1）集赞免费吃半年。

活动时间内，转发开业链接至朋友圈，集齐88个赞，即可在开业后的前3天（2020年4月25—27日）到汉堡王苏州路店，凭本人朋友圈页面领取皇堡特权半年卡。凭本特权卡可每天免费领取皇堡一个，有效期半年，全市汉堡王门店通用，限本人使用。

（2）明星皇堡买一增一。

2020年4月25日—5月31日，汉堡王苏州路店皇堡买一赠一。

（3）任意消费送薯霸王。

活动期间，在汉堡王苏州路店进行任意消费，即送薯霸王（小）一份。

（4）爆款椒香鸡腿立减折扣。

活动期间，在汉堡王苏州路店购买3个椒香鸡腿，可享立减10元优惠。

（5）消费满额送周边。

活动期间，单笔消费满120元，即可获赠汉堡王定制U型枕或马克杯一个！数量有限，赠完为止。

（6）进店有礼。

开业后前3天，汉堡王苏州路店为每一位进店顾客准备了汉堡王定制钥匙扣。数量有限，送完为止。

（7）办理嗨卡更超值。

该卡在全市汉堡王、太平洋咖啡和星辉电影公园通用，现在办理，充值500元送100元无门槛现金券，充值1 000元送200元无门槛现金券，每月8日、18日、28日还可在汉堡王享受单品8.5折优惠特权！

（8）学生卡专属福利免费领取。

即日起，高中、初中及小学在校生可凭相关证件，在汉堡王乌鲁木齐任意门店免费领取学生卡一张，每天可享不同的专属特价。

该活动信息一经发出就被大量转发，阅读超10万次，传播量更是超70万次。

2. 开业特权卡兑换

汉堡王打出“集赞免费吃半年”的口号后，2020年4月25日一大早，成百上千的人如约而至，现场人头攒动。

10:00，汉堡王苏州路店开门营业，特权卡兑换也正式开始。考虑到新冠肺炎疫情防控的要求，汉堡王已事先向相关部门进行了报备，在排队区域设置好S型警戒带，地面上张贴了间隔一米的等待标识，并由多位安保人员查验顾客体温及是否戴口罩。兑换活动井然有序，但随着排队人数慢慢增多，按照新冠肺炎疫情管控要求，汉堡王店铺被封门，开业活动只能被迫停止，苏州路店也暂停营业，人群逐渐散去。整场活动只持续了约 25 分钟，这可能是史上最短的开业。

3．汉堡王致歉，更改特权卡办理流程

闭店后，汉堡王紧急致歉，发表致歉声明，并在汉堡王乌鲁木齐微信公众号推送一条“致最亲爱的乌鲁木齐顾客朋友：请收下我们的诚意”的消息，向公众真诚致歉，并解释事情发生的过程。

随后，汉堡王公众号推送“久等了！皇堡特权证最新领取方式出炉！”的消息，说明了皇堡特权证新的领取方式。考虑到广大消费者的健康安全，也为了节省其时间和精力，汉堡王共推出 2 149 张皇堡特权证，通过线上领券—线下兑换的方式发放。

最终，在公证处工作人员的监督下，仅用时 3 秒，线上 2 149 张皇堡特权证兑换券全部领完。领到兑换券的消费者，可在 2020 年 5 月 6 日—6 月 30 日进行兑换，有 56 天的兑换期限。特权卡的有效期会从兑换日的次日开始计算，为期半年。消费者可以错峰进行兑换，从而避免门店人员聚集。

资料来源：根据汉堡王乌鲁木齐微信公众号信息整理。

思考讨论题

试讨论汉堡王微信促销活动被广泛传播的原因，探讨汉堡王本次开业促销活动存在哪些问题，并根据该活动情况分析开展微信营销活动应该注意的事项。

第 9 章 博客营销与微博营销

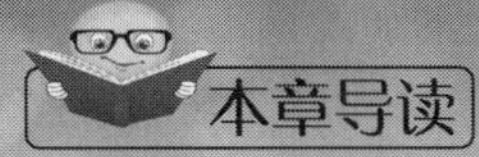

本章导读

博客营销与微博营销是伴随着网络自媒体高速发展而诞生的网络营销形式，是对传统营销活动的重要补充。本章主要从博客营销和微博营销的概念、主要任务和策略 3 个方面进行介绍。通过对本章的学习，读者可以对博客营销和微博营销的基本理论和操作实务有一个较为全面的了解。

知识结构图

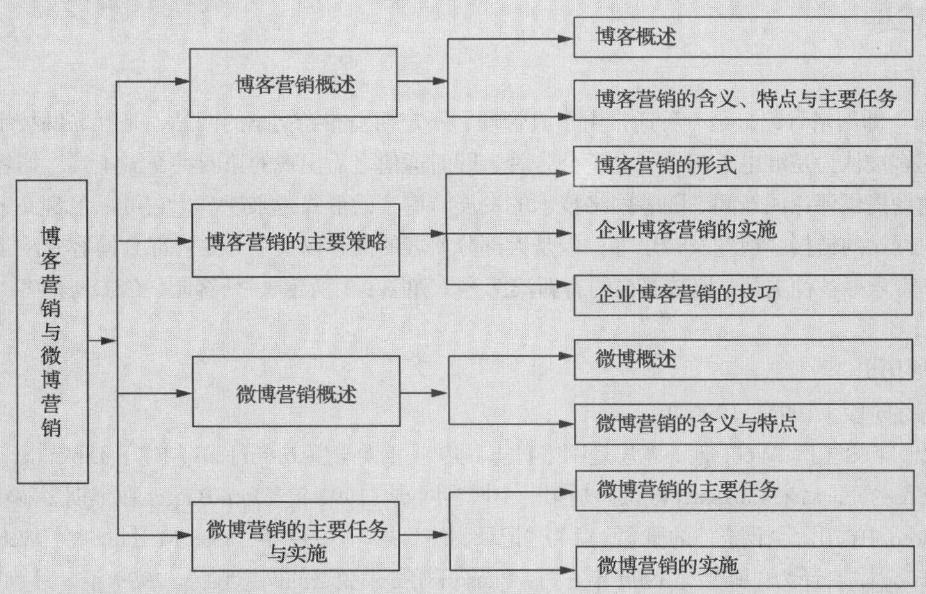

开篇案例

王老吉如何用社交裂变实现营销攻心

近年来，王老吉一直在深耕品牌文化——“吉文化”，将品牌与“吉祥如意”强绑定。在2020年春节，王老吉做出了一个大胆的决定——承包微博全网用户的第一句新春祝福“鼠年大吉”，把品牌融入微博原生生态内容，在中国传统佳节的时机点上，借助社交网络的裂变属性，实现不断的破圈传播。短短几天时间，#鼠年大吉#话题阅读量突破4亿次，讨论次数达到182.5万次，兼顾了品牌吉文化传播的深度与广度。

这次拜年活动，王老吉借势微博全明星阵容，打造现象级社交大事件。联手@林俊杰、@潘玮柏、@Crystal张天爱、@贾乃亮、@吉克隽逸、@李玉刚、@秦海璐、@刘宪华 Henry-Lau 等名人，以花式的祝福与用户深度沟通。通过名人快速实现了圈层传播直至传播破圈，获取了大量关注和流量。除了知名度颇高的名人以外，王老吉还与一些今年取得不错成绩的流量新秀联合送祝福，真正做到了跨圈层传播。

此次活动总共邀请了百位名人为全网网友送上#鼠年大吉#的新年祝福，祝福所有人鼠年大吉。在这个过程中，王老吉更是联合微博打造共生内容，巧妙地将“过吉祥年，喝红罐王老吉”“祝你新年王老吉”与“鼠年大吉”的拜年口号结合在一起，实现品牌原生内容的嵌入式营销，拉近品牌与用户之间的距离。

王老吉的这次借势营销，很好地结合了品牌自身的特征，借助微博社交平台，在春节这个时刻潜移默化地向用户传递王老吉的吉文化，让“过吉祥年，喝红罐王老吉”的理念深入人心。

资料来源：艾瑞丽。

9.1 博客营销概述

9.1.1 博客概述

1. 博客的含义

博客（Blogger）即网络日记，是一种通常由个人管理、不定期发布新文章的网站，是互联网技术的重要应用之一。博客被认为是继电子邮件、电子公告牌、即时通信之后出现的第四种交流工具。博客通常专注给特定的主题提供评论或新闻。随着网络技术的发展，博客的形式越来越多，它可以包含文字、图像、其他博客或网站的链接、视频及音乐等，但是大部分博客的内容以文字为主。部分博客专注于艺术、摄影、视频、音乐等各种主题，比较著名的有新浪博客（如图9-1所示）、博客园、CSDN博客（如图9-2所示）等。

2. 博客的发展历史

第一阶段：萌芽阶段（1994—1999年）。

英文单词“Blog”来源于“Weblog”，意思是网络日志。1994年大学生Justin Hall创建了Links.net，并把它称为自己的个人主页，后来Links.net被认为是第一个博客网站。1997年，Jorn Barger在早期影响较大的博客Robot Wisdom中提出了“网志”的概念，意为“记录网络日志”。1999年，Peter Merholz将“Weblog（网志）”缩写为“Blog”，音译为“博客”。1999年6月，Pitas开始提供免费的网志服务。1999年8月，Pyra lab推出了blogger.com，并提供了简单易学的说明，它能通过文件传输协议（File Transfer Protocol，FTP）直接将网志发表在个人网站上，带给使用者很大的方便，成为网络日志快速发展的转折点。

图 9-1　新浪博客首页

图 9-2　CSDN 博客首页

第二阶段：发展阶段（2000—2005 年）。

21 世纪的头 5 年是博客的快速发展阶段。在这一阶段，博客开始成为一个热门的话题，博客这种传播形式迅速发展，当今一些主流的博客平台就是在这个阶段出现的。2001 年 9 月，Movable Type 的 1.0 版发布。2003 年 Word Press 推出，TypePad 也是在这一年发布的。2003 年，第一个大型博客服务 Audio Blogger 推出。首个视频博客出现在 2004 年，比 YouTube 早一年多。在这个阶段，博客的影响范围慢慢超出了个人甚至其所在行业的原有范围，开始引起主流媒体的强烈关注。同时，各个专业领域的博客如雨后春笋般层出不穷，博客这种形式开始在全世界范围内流传开来。

第三阶段：主流阶段（2006 年至今）。

2006 年之后，主流媒体网站相继开通了相关博客或提高了原有博客的覆盖度，同时主流媒体开始与博客作者进行合作。这一时间段内的博客数量增长极为可观，几乎所有主流新闻站点都配有至少一个博客，很多企业与个人也是如此。

3. 博客的分类

博客可以按照不同的标准进行划分，常见的划分方式主要有以下几种。

按照博客的形式，博客可以分为普通博客和微博客。普通博客的文章较长，信息传递较为充分，可读性好。微博客简称微博，是继博客之后出现的新形式，也是目前最受欢迎的博客形式。微博文字精练，传播速度快，更加灵活。

按照用户划分，博客可以分为个人博客和企业博客。企业博客包括生产企业、商业企业等开设的博客。企业开设博客的目的主要有：第一，通过博客促进企业内部交流，把博客作为促进学习、沟通与交流的平台；第二，通过企业博客加强与外部的沟通交流，对企业及其产品或服务进行宣传，树立品牌，并作为与顾客之间的沟通平台，加强与顾客之间的日常沟通等。

此外，按照博主的知名度、博客文章受欢迎的程度，博客可以分为名人博客、一般博客、热门博客等。例如，2006 年徐静蕾在新浪上的博客仅仅开通 112 天，点击量就突破 1 000 万次大关；到 630 天时，则一举突破一亿次点击量，徐静蕾因此被称为“博客女王”。2006 年 5 月 4 日，徐静蕾的博客还登上了全球博客搜索引擎 Technorati 的排行榜榜首，成为第一个登上该榜榜首位置的中文博客。

4. 博客平台的选择

撰写博客既可以选择已有的博客平台，也可以自己搭建独立的博客。

（1）选择博客平台。博客平台一般是免费注册和使用的，目前博客平台有很多，如新浪博客、博客园、CSDN 博客、LOFTER（乐乎）等，每个博客平台都各具特色。

（2）独立搭建博客。虽然目前很多网站都提供免费博客的服务，但是不少博主选择搭建一个自己的独立博客。独立博客是在域名、空间、内容上独立自主的博客，与免费博客相比，独立博客具有自由、灵活等特点。独立博客相当于一个独立的网站，其必须具备的软硬件基础为域名、空间、源代码等。域名可以在域名代理商处登记注册，或者使用免费的二级解析域名；空间也需要在空间服务商处购买，或者使用网络上免费的空间资源；源代码则可以在网上搜索得到，大多数博客是免费开源的。

9.1.2 博客营销的含义、特点与主要任务

1. 博客营销的含义

博客营销是博客作者利用个人的知识、兴趣和生活体验等，通过撰写博客文章来传播企业或产品信息的营销活动，目的是运用博客宣传自己或宣传企业。通常所说的博客营销有两层含义，第一层含义指的是发布原创博客提高权威度，进而吸引用户购买；第二层含义是企业付费聘请其他博客写手撰写博客，评论企业产品。真正的博客营销是靠原创的、专业化的内容吸引用户，培养一批忠实的用户，在用户群中建立信任度、权威度，形成个人品牌，进而影响用户的购买决定。

博客营销是一种利用基于个人思想、体验等表现形式的知识资源，通过网络传递信息，基于博客平台的新型网络营销手段，是一种新颖的、行之有效的提升销量的方式。越来越多的企业已经充分认识到博客的特性，对特定博客的用户进行推广，并运用博客开展事件营销和公关活动，以引起用户的参与和关注。随着博客的兴起，很多企业都借助博客平台开展营销，在博客上介绍、展示企业的产品，提高产品的销量和品牌知名度，让更多的人认识企业。

阅读资料 9-1 五大博客营销方法帮你进行电商网站推广

博客营销作为电商网络营销的一个重要形式，不仅可以有效展示品牌，更加可以带来精准的客户群，并通过互动交流提高客户的忠诚度。电商网站同样需要利用这样的平台来推广品牌和信息。下面介绍 5 种博客营销的类型。

新闻营销。博客具有自发新闻的功能，企业在博客营销中要主动出击，要学会通过制造新闻吸引用户的关注。企业要主动挖掘自己产品和品牌的新闻，然后撰写高质量、新颖的新闻稿投稿给媒体，并在博客中大量发布相关内容，从而争取最大、最快地曝光品牌和产品。

互动营销。博客营销的目的在于推广品牌、产品或者服务，最终效果就是要直接促成销量提升。企业要与用户进行良好的互动，特别是在推出新品之前和发布产品的详细信息后，要在评论中吸取意见和建议，这对企业产品的市场预热能起到很好的作用。企业可以把产品的说明书、宣传册等相关的宣传资料向读者公布，以获得更多的关注。

口碑营销。博客营销带来了全新的推广理念和信息传递模式。特别是专门的产品博客或者品牌博客，突破了传统博客的概念和意义，可以直接吸引目标用户，从而对其进行有目的、有计划的信息传播。这样就可以在品牌和用户之间建立深层次的沟通渠道，以优质的内容达到让阅用户主动宣传和推广的目的。

品牌营销。企业的品牌博客可以将品牌拓展到全新的市场和用户群体中，特别是面向年轻群体的产品和品牌。企业在品牌营销前根据对目标受众网络行为的细致研究来策划具体营销内容，以同目标受众相似的语言方式和语气与他们沟通，以达到润物细无声的作用，引发用户对品牌的共鸣。

关键字营销。对于网络营销来说，关键字营销不可或缺，这与搜索引擎的大量使用有关。再好的产品都需要按用户的精准需求设置最佳关键字，这样也是为推广和营销加分。以最新的概念和技术以及流行趋势与产品和品牌相结合来设置标题关键字，可以明显增加被搜索到的次数。被看到的机会越多，那么在优质博客内容的引导下，企业就会有更多的业务洽谈机会和销量提升机会。

资料来源：营销博客。

2. 博客营销的特点

由于目标相对精确、受众相对稳定、营销成本低廉等性质，博客营销所呈现的特点如下。

（1）影响范围广。博客形成的评论意见影响面和影响力度越来越大，引导着网民舆论潮流，渐渐成为网民们的“意见领袖”，因此会对企业品牌的传播造成巨大的影响。如图9-3所示，2020年5月13日新浪博客排名前10的博客点击量均在4亿次以上，最高的接近25亿次。在这些博客中，有的直接在其首页投放展示广告，有的通过发表个人体验产品的文章为广告客户发布软文广告。

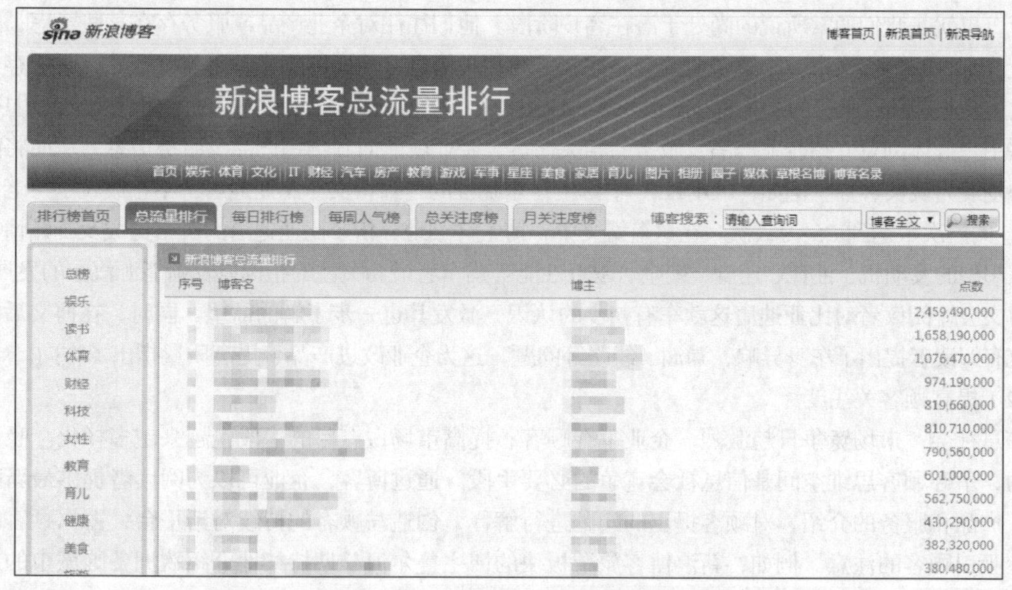

图9-3 2020年5月13日新浪博客排名

（2）受众明确稳定。一般来说，由于每个博主都有自己特定的撰写主题，因此每个博客都有相对比较稳定的阅读群体。每个阅读群体所具有的在某方面的高度一致性，其细分程度远高于其他信息传播沟通渠道。因此，博客的信息传递受众明确而稳定，非常具有针对性。以新浪博客为例，仅一级类目就包括娱乐、体育、文化、女性、IT、财经、股票、汽车、房地产、教育、游戏、军事、星座、美食、家居、育儿、健康、旅游和公益等，阅读者会按照自己的喜好选择相关内容阅读。

（3）可信度高。每个博客都有确定的博主，博主发出的文章可以追根溯源。同时，博客在信息传递过程中，能够很好地把媒体传播和粉丝的人际传播结合起来，因此具有较高的可信度。这对博客营销的实现极其有帮助。

（4）传播自主性强。只要有计算机并连接互联网，博主就能通过撰写博文在网络上传播和接收相关信息。企业通过传统媒体发布营销信息的时候，如电视广告，一旦播出，即无法更改。通过博客发布营销信息时，企业是否发布营销信息，通过什么形式发布营销信息，在什么时间发布营销信息，是否更改信息内容等，都可以视情况随时修改，因此企业在信息传播过程中具有较强的自主性。

（5）互动性。企业通过博客开展营销活动，博主可以与用户保持互动，根据用户的反应及时采取措施。这种互动可以帮助企业掌握市场变化趋势，了解用户的感受及思想的变化，便于企业及时调整营销策略，更好地满足用户的需求。

3. 博客营销的主要任务

博客营销是通过博客使博客作者和博客阅读者相互接触，利用博客作者个人的兴趣、爱好及生活体验等宣传企业及其提供的产品和服务信息的市场营销活动。企业通过博客对特定受众开展“人际营销传播”，利用博客开展事件营销和公关活动，往往能取得较好的效果。博客营销在企业营销中的任务主要表现在以下几个方面。

（1）发掘市场机会。

博客的受众明确而稳定，针对的是对某个特定的产品、服务或话题感兴趣的群体，其中包括这些产品或服务的消费群体。因此，通过博客博主可以最大限度地调动阅读者参与博客主题讨论交流的热情，鼓励他们说出自己的想法。博客阅读者的评论、留言甚至抱怨、不满等，都可能为企业经营者提供开发新产品的创意、改进产品的思路和开拓新市场的灵感。除此之外，部分博客的阅读者尚未成为企业产品或服务的使用者，也就是我们通常所说的尚处于潜在客户阶段。他们往往对企业产品或服务存在某些疑虑，通过阅读企业或个人的博客文章，了解企业的产品或服务的相关信息，从而可能化解之前对产品或服务存在的疑虑，成为企业产品或服务的购买者。新浪博客、LOFTER 等提供博客托管服务的网站拥有大量的用户群体，若这些用户群体浏览介绍企业产品及服务的相关博客，企业就能向其传递产品及服务信息，从而将其由潜在客户发展为现实客户。例如，LOFTER 中博主丹东晓程的一篇博文“比亚迪唐，不止成就了‘老王’的梦想”，阅读次数达到 25 万人次。在这篇博文中，博主详细地分析了比亚迪唐的价格构成及补贴情况，介绍了该车型的发动机、油耗、速度、安全、越野性能等购车者最为关注的指标以及新能源汽车的发展前景。这篇博文会让阅读者对比亚迪唐这款车有初步的认识，激发其进一步了解的欲望。同时，在博文后的评论中，也有阅读者提出了车身异响、漏油、线路等问题，这为企业改进产品、提高质量指出了方向。

（2）提高顾客关注度。

信息社会，市场竞争日趋激烈，企业争夺顾客、提高市场占有率的手段也越来越多样化。吸引顾客注意力，争夺顾客思维空间是信息社会竞争的必要手段。通过博客，企业可以为阅读者提供最新的市场信息、产品和服务的介绍，对顾客提出的问题进行解释，创造与顾客的持续对话平台，占据顾客的思维空间，吸引顾客的注意。例如，新浪博客旅游板块的博主鲁尔河长期持续地介绍欧洲各国城市的风貌概况并配以图片，让热爱旅游的阅读者心驰神往，如图 9-4 所示。

图9-4 2019年12月3日新浪博主鲁尔河的博客主页

（3）推广产品和服务。

企业开展博客营销活动，推广产品和服务是其根本目的之一。企业或个人通过博客以软文的形式，发布产品及服务的相关信息，比硬广更容易让顾客接受。开放的博客环境可能会让企业更直接地面对顾客的批评，但是顾客对产品、服务等各方面的反馈，尤其是顾客不满情绪的表达，一方面可以让企业看到顾客的真实感受并及时补救，另一方面还可以为企业改进产品和服务提供有价值的信息。

（4）提高品牌知名度。

品牌是企业重要的无形资产，决定企业品牌价值的关键因素是其知名度，而品牌知名度的提高离不开广泛的宣传和与顾客深入沟通。如今，网络渠道已经成为企业为了提高品牌知名度和美誉度而与顾客进行沟通的重要渠道，博客是其中的一种重要形式。企业可以利用博客针对性强、可信度高的特点，将企业的经营理念、企业文化、企业价值观等传达给顾客，与顾客分享品牌信息，建立品牌情感，大大提高品牌的知名度。在婚纱摄影行业，顾客是十分注重品牌的，而各个婚纱摄影公司之间的竞争也是十分激烈的。因此，婚纱摄影公司更加注重与顾客之间的沟通，注重给予顾客良好的品牌体验。金色米兰婚纱摄影公司就是通过博客，不断地把精美的婚纱摄影图片分享给阅读者，并介绍公司的摄影产品与服务，倾听顾客内心真正的需求，给予其良好的品牌体验。同时，企业利用博客营销可以通过与阅读者进行双向互动式、参与式的沟通和交流，有效地向现实顾客和潜在顾客传递产品和服务的信息，激发他们参与对话的热情，倾听他们的反馈意见，提供优质积极的顾客体验。博客营销有利于企业建立长期的合作伙伴关系，提高顾客的忠诚度。

（5）开展公关活动。

博客现在也成为企业开展公关活动、进行公关宣传的重要阵地。一方面，企业可以通过博客开展公关宣传，另一方面，市场风云变幻，企业可能会遇到各种各样的经营危机，通过博客及时发表文章，积极与公众沟通，澄清事实，表明态度，就可以有效地引导社会舆论，化解危机。通用汽车就利用博客开展公关宣传。调查数据显示，有 76%的汽车购买者在购车前会浏览汽车企业的网站，67%的人会到第三方网站查看与自己感兴趣的车型相关的评论。因此，通用汽车决定用博客开展公关活动。通用汽车的 Fast Lane 博客是最受欢迎的企业博客之一，博主为汽车业的传奇人物，通用汽车的前副总裁鲍勃·卢茨（Bob Lutz）。博客的话题集中在汽车设计、汽车研发等方面，该博客的日均浏览量近 5 000 人次，每篇博文的评论都有百条之多。

（6）加强企业文化建设。

博客的阅读者并不只是企业外部的客户，还有企业内部的员工。企业管理者可以通过博客向内部员工传递与企业文化相关的信息，使员工在不知不觉中接受企业文化的熏陶，使企业文化深入人心。

9.2 博客营销的主要策略

9.2.1 博客营销的形式

企业因实力、知名度及所在行业等各方面的不同，所采用的博客营销形式也不尽相同。从博客在营销中的具体应用来看，企业开展博客营销常见的形式主要有企业网站博客频道模式、第三方企业解决方案提供者（Business Service Provider，BSP）公开平台模式、建立在第三方企业博客平台的博客营销模式、个人独立博客网站模式、博客营销外包模式、博客广告模式 6 种。

9.2.2 企业博客营销的实施

1. 制定博客营销目标

企业的营销目标是多种多样的，品牌知名度的提高、销售额的增加、市场占有率的提高、分销覆盖面的扩大、客户渗透率的提高等都可能成为企业某个阶段的营销活动的首要目标，而每一个具体的营销目标都需要有针对性的营销活动支撑。因此，企业想通过博客获得较好的营销传播效果，首先就要为博客营销设立明确的目标。例如，企业要提高其产品及服务的网络可见度，可以通过博客营销提高企业的产品或服务的关键词在搜索引擎中的可见性及排名，从而达到促进搜索引擎营销的效果。此外，企业还可以通过博客向阅读者发布信息，从而影响其购买决策。

2. 博客平台的选择

目前有 3 种博客平台供企业选择：一是把博客放在博客服务商的托管平台上，二是把博客建立在自己的域名和服务器上，三是在企业原有的网站开辟博客空间。这 3 种博客平台各具优势。首先，博客服务商托管平台往往拥有大量的用户，每个博客服务商托管平台用户的量和质都是有差别的，企业要根据自己的产品及服务的特点，结合自身的营销目标选择恰当的博客服务商托管平台，使企业的博客营销取得事半功倍的效果。把博客建立在自己的域名和服务器上，往往很难有较高的曝光率，尤其是博客刚刚建立的时候。然而此种博客一旦受到搜索引擎认可，在搜索引擎上会很有优势。企业选择在自己的网站开辟博客空间，在用户的量上很难与博客服务商的托管平台相比，但是可以使博客内容与网站上的其他相关内容形成互补。

3. 博主的选择

企业开展博客营销，可以由企业营销人员建立博客，也可以选择知名博主的博客。企业营销人员自主建立博客有很多优点，如博主对企业的营销理念，对企业的产品、服务及顾客都很熟悉，博客内容较为专业且有说服力，并且成本较低，更新速度快，便于即时沟通等。利用知名博主的博客开展营销活动则可利用其博客的巨大访问量，通过展示广告或者软文广告的方式开展营销活动。此种方式的优点是传播速度快，使用方便，名人的示范效应还可能使营销传播效果更为明显。

4. 博客内容的管理

博客内容的质量直接关系到博客营销的效果。目前，博客的数量很多，但是绝大多数的博客内容质量不高。博客内容的质量决定了阅读者的数量及阅读后对其产生的影响。质量的高低首先取决于博客内容是不是目标受众关注的内容，因此我们要明确目标受众的需求，投其所好，发布其感兴趣的内容，吸引其阅读，如将行业信息、行业的发展动态、行业的最新研究动向、企业的研发成果等同行或顾客关心的内容作为博客内容。企业开展博客营销要注意博文的形式，要选择目标受众比较容易接受的形式开展博客营销，如软文就比一般的广告更容易吸引阅读者。博主要注意与阅读者的沟通，尤其是对阅读者的咨询及评论及时回复，及时解决存在的问题，加强与阅读者之间的联系，从而获得更高的满意度，树立良好的口碑。博客内容还要注意及时更新，企业偶尔发几篇博文是很难达到营销的目的和效果的，因此，博客营销需要博主长期不断地更新，以吸引目标受众阅读。

5. 对博客营销的效果进行评估

博客营销与其他营销方式一样，需要进行效果评估。企业要及时发现博客营销中存在的问题，并不断地修正博客营销计划，力求博客营销能发挥更好的营销作用。

9.2.3 企业博客营销的技巧

1. 博客写作管理

企业采取博客开展营销活动，要指定专人负责博客文章的撰写与回复等维护工作，保证博客的内容时常更新，以吸引更多的阅读者。同时，博客文章的发表要有计划性，企业要对博客文章的内容范围、写作及更新频率进行管理，以确保博客营销活动顺利开展。高质量的博文是吸引阅读者的根本。撰写高质量博文不仅要注意选题、文字技巧，同时还要注意博文与企业营销目标的关系。

2. 个人观点与企业立场

企业开展博客营销需要注意处理个人观点和企业立场的关系，企业应允许和鼓励作者表明个人立场和观点。此外，企业的博文应从个人角度出发，官方感很强的博文是很难被大众接受的。博文作者的署名一般都是某个员工而不是某个企业，点对点的信息传播更会让阅读者感到亲切。

3. 沟通和反馈

企业博客是与用户沟通、收集反馈意见的方式之一。用户常常能给企业提供很有价值的产品意见。所以，很多人认为对话、交流、具有社区的感觉是博客的最大特点之一。

4. 谨慎处理负面评论

企业对博客留言中的负面评论需要采取正确、谨慎的态度，尤其不要轻易删除负面评论。只要用户留言中没有谩骂、诽谤，对产品的批评意见都应该保留，并且由专人给予回复和跟踪。

没有理由地删除负面评论，常常会激怒用户。如果这些用户到其他博客、论坛广泛传播批评言论被删除的事情，反而会使企业陷入被动局面。

阅读资料 9-2 新形势下博客的商业价值

个人博客能为微信公众号带来一个强大的支撑。微信固然强大，但是却失之于纵深，并且与通常意义上的搜索引擎是绝缘的。微信朋友圈和 QQ 空间里面有海量的文章，但是基于百度和腾讯的竞争以及技术问题，这些文章只在腾讯体系内流通。微信中哪怕是质量再高的文章，也不可能从搜索引擎中获得一点流量。而对于众多没有资金实力的企业来说，以博客来发展粉丝是一个长久稳定的方法。例如，现在的月光博客和卢松松博客，它们想要发展粉丝的难度必然是远远低于普通用户的。

在IM、SNS等各种以互动营销方式为主流的今天，电子邮件营销仍能获得较好的效果。只要是精准而有效的营销方式，哪怕是受到新形式的冲击，仍然能保持固有的价值。例如，某人经过4年的积累，通过博客和论坛发展了13万QQ邮箱订阅用户，他的邮箱一个星期发送3次邮件。微信中有QQ邮箱提醒功能，他每发送一次邮件，订阅用户会在QQ中看到一次，在微信中看到一次，并且在登录邮箱后会再看到一次，相当于一个星期他的邮件被阅读100多万次。博客带来订阅用户的最大优势就是精准度高，因为博客本身是某一类人的聚集所。他们怀着相同的目的来到博客，又被相同的内容引导到订阅邮箱。

个人博客就流量来说，必然是无法和大型网站相比的。个人博客或企业博客的文章数量是有限的，而大型网站特别是资讯类网站配有众多专业编辑，一天发布的文章数量是个人博客或企业博客难以企及的。所以从搜索引擎引流来说，个人博客的流量必然不如大型网站。但是，博客有一个特点，即当博客的文章质量足够高且有独特价值的时候，该博客就会有相当数量的用户。这种用户的黏性超过了搜索引擎带来的用户。很多站长花了很大的力气做搜索引擎优化，却很少注重用户感受。结果在优化方面取得了成绩，有了不少的搜索引擎流量，可是这样的流量缺乏黏性，不可靠。博客可以通过文章带来忠诚的流量。

资料来源：艾瑞网。

9.3 微博营销概述

9.3.1 微博概述

1. 微博的定义

微博是微型博客（MicroBlog）的简称，即一句话博客，是一种通过关注机制分享简短实时信息的广播式的社交网络平台。

微博是一个基于用户关系进行信息分享、传播以及获取的平台。用户可以通过终端接入，以文字、图片、视频等多媒体形式实现信息的即时分享、传播互动。微博的关注机制可分为单向、双向两种。

2. 微博的发展历史

（1）微博的产生。最早的微博是2006年推出的。它允许用户将自己的最新动态、所见所闻和想法、看法以短信息的形式发送给手机和个性化网站群。这意味着即使只有少数关注者，但通过关注者的重复转发，用户的信息会被交叉传播。

（2）微博在中国。2007年微博在中国出现，饭否、叽歪、嘀咕、做啥、腾讯滔滔等微博产品陆续上线。2009年，微博在中国进入快速发展时期，微博市场明显升温。2009年8月，中国最大的门户网站新浪网推出“新浪微博”内测版，成为门户网站中第一家提供微博服务的网站。随后，其用户数以每周50%的速度增长，迅速成长为中国最具影响力的微博。随后，综合门户网站微博、垂直门户微博、新闻网站微博、电子商务微博、SNS微博、独立微博客网站纷纷成立，中国真正进入微博时代。有人称2010年是中国微博元年。这一年，国内微博迎来春天，从用户范围到影响力，都达到前所未有的高度。

3. 微博的特点

（1）快捷性。微博为用户提供了一个交互式的平台，在这个平台上，用户可以作为发布者发布微博供他人阅读，也可以作为观众，在微博上浏览自己感兴趣的内容。除文字之外，微博也可以发布图片、分享视频等。用户可以在最短的时间内编辑信息并发布，使信息得以快速传播。此外，随着移动互联网的发展，微博用户可以通过手机等方式来即时更新自己的个人信息。对一些突发事件，微博发布的及时性、现场感几乎超越了所有其他媒体。2009 年 11 月 5 日 7 时 31 分，西安发生 4.4 级地震，新浪微博仅在 1 分钟后即发布信息，而国家地震台网在 15 分钟后才第一次发布信息。

（2）创新交互方式。在博客中，用户需要加好友才能互相传递信息，这相当于一种面对面的交流。而在微博中，用户则不一定要相互加好友，只需要关注对方，成为对方的粉丝，就可以随时随地地接收被关注者发布的信息，这一特性被称为“背对脸”。例如，有很多公众人物广受大众的关注，大众通过微博关注成为其粉丝，随时查看对方发布的微博，这拉近了公众人物和广大微博用户之间的距离，让亲切感油然而生。此外，微博用户之间互相关注，也可以更快速地进行联系。建立了微博相当于建立了个人的广播台，可以随时随地地发布信息给自己微博的粉丝，将相关信息很精准地传递给其他人。例如，化妆品的销售者通过微博发布产品信息，由于粉丝事先了解微博发布者的身份，对其发布的信息自然关注，销售者也就达到了营销的目的。

（3）原创性。微博对用户写作能力的要求相对较低，大量的原创微博内容很轻松就能被生产出来。因此，微博的出现真正标志着个人互联网时代的到来。

（4）草根性。微博独特的传播模式使每一个使用者都能轻松上阵，成为见证甚至创造新闻的“草根记者”。微博用户既可以是信息传播者，也可以是信息接收者，信息的传播者和信息的接收者地位平等。同时，微博广泛分布在多个平台上，可以形成多个垂直细分的传播领域，信息发布门槛低，方便快捷，可以有效弥补电视、报纸、广播等其他传统媒体的不足。

（5）宣传影响力弹性大。不同微博的宣传影响力有很大的差别。微博宣传的影响力与其内容质量高度相关，同时，被关注数量也是影响微博影响力的关键因素。一条微博的吸引力、新闻性越强，对该信息感兴趣、关注微博的用户越多，微博宣传的影响力就越大。

9.3.2 微博营销的含义与特点

1. 微博营销的含义

微博营销是随着微博的广泛使用而产生的利用微博平台实现企业信息交互的一种新型营销方式，是企业借助微博这一平台开展的包括企业宣传、品牌推广、活动策划及产品介绍等一系列的市场营销活动。

微博营销与博客营销有很多相似之处，如两者的传播都是以内容为基础，传播的信息对读者都要有价值等。无论是微博营销还是博客营销，都需要企业持之以恒，才能达到理想的营销目标。

微博营销与博客营销还存在许多不同之处，主要体现在以下几个方面。

（1）信息传播模式。微博具有较强的时效性，两天前发布的信息就很少有人再去看。此外，微博除了关注的粉丝可以直接浏览内容之外，还可以通过微博粉丝的转发传播给更多的人群，传播速度十分惊人。

博客的时效性则相对较弱。用户除了直接进入网站或者通过简易信息聚合（Really Simple Syndication，RSS）订阅浏览博客之外，还可以通过搜索引擎搜索博客。它可以被多个用户长期关注，因此建立多渠道的传播对博客营销是很有价值的。

（2）信息的表现形式。微博内容短小精悍，重点在于表达现在发生了什么事，很难适用于系统、严谨的企业新闻报道或产品介绍。

博客营销以博客文章为基础，文章可长可短，通常以表述个人观点为主，可以发表软文、企业新闻报道及产品介绍等。

（3）营销传播核心。微博营销以信息的发布者即博主为核心，体现了人的核心地位。博主在互联网中的地位则往往取决于其影响力。例如，鹿晗的一条有关曼联的微博，转发量高达24万条，评论数量更超过96万条，如此庞大的数字实在让人瞠目结舌。作为名人，他的一举一动成为网友们热议的话题，甚至连诸如“鹿晗你该穿衣服”之类的微博都能登上话题榜，可见其人气之高，微博影响力之大。

博客营销则以信息的价值为核心，主要体现的是信息本身的价值，对博主本身影响力的要求则较低。

阅读资料 9-3 OLAY 联手微博玩转跨年闺蜜情感营销

OLAY 此次营销活动创意的来源是年份数字——2020，从字面上来看是两个 20，从谐音上看是“爱你爱你”，其实这就像是一对闺蜜。合拍的闺蜜能在各种时刻陪伴你、支持你，与你一起无惧年龄。OLAY 制作了一个颇为动人的以闺蜜之间的故事为主线的视频：“谢谢你的无条件支持，让我确信，放手去追我要的幸福，不需要跟从别人的脚步”，3 对拥有深厚感情的闺蜜，上演了一幕幕感人真挚的剧情。OLAY 的视频聚焦在了 3 位“90 后”女性与她们的闺蜜的真实故事，分别洞察了“90 后”3 个不同年龄段的痛点。

故事一：放手去追，我会支持你。

随着音乐《当你孤单你会想起谁》响起，25 岁的漫漫看着与自己一起走过了 15 年时光的闺蜜心怡结婚了。看见她那么幸福，为她开心的同时，漫漫也为自己感到害怕，害怕自己被落下，但是却也不愿意将就。当心怡郑重地向大家解释不抛捧花了，而将这束代表着美好祝福的捧花亲手传递到漫漫手里的时候，漫漫就知道，这是来自闺蜜无条件的支持：“你尽管去追求自己想要的，而不是跟从别人的脚步。”“虽然知道自己也已经不小了，承受着很大的压力，但是幸好还有你在支持我，让我可以再努努力，去追求自己真正想要的幸福。”

故事二：用行动表达，我在你身边。

29 岁的单亲妈妈皮皮，一个人经营着一家奶茶店，尽管这样显得有些孤单，但证明了一个人也有更多精彩的可能，这未尝不是一种喜悦？而在接到大订单的时候，她更是会开心得像个小女孩，迫不及待地与闺蜜佳佳分享这份喜悦。虽然佳佳没有主动开口，但是却用行动告诉着对方，在这条路上，她不是一个人。“谢谢你什么都没有说，却在默默地给予我你能做到的所有，把已经是个孩子妈妈的我，宠成了当年的小女孩模样。”

故事三：我会等你，一起兴风作浪。

28 岁的市场总监娜娜一路奋斗拼搏，升级加薪到现在。生活是变得更好了，但还是只有那个不和她谈工作的闺蜜 Susie，会让她感到放松和快乐。两人约好了一起去看跨年演唱会，但是娜娜因为加班开会而错过了，本来以为 Susie 已经去了，没想到还在等她。“虽然一路走来很累，好像变成了一个无所不能的模样，但是只有你知道，我还是那个想兴风作浪、想肆无忌惮的女孩。”

OLAY 的这场营销很快就在微博上引起关注，#2020 闺蜜 爱你爱你#的话题有了将近 8 亿人次的阅读量，还成功冲上了热搜榜。

资料来源：微信公众平台。

2. 微博营销的特点

（1）成本低廉。目前，在国内很多大型的微博平台上，如新浪微博等，用户均可以享受免费微博服务。同时这些微博平台还具有庞大的用户群体，为企业开展微博营销提供了坚实的基础。微博发布的信息一般短小精悍，因此使用者能轻松灵活、随时随地地发布信息，与传统的大众媒体如报纸、电视等相比，不仅前期成本投入较少，后期维护成本也更加低廉。

（2）针对性强且传播速度快。关注企业微博的用户大多是对企业及其产品或服务感兴趣的人，企业在发布其产品或服务的微博时，这些信息会立刻被关注者接收。信息传递及时且有非常强的针对性，往往能实现较好的营销传播效果。

（3）灵活性。企业可以利用文字、图片、视频等灵活多变的表现形式，使微博营销更富有表现力。同时，微博的话题选择也具有很强的灵活性，企业可以自由选择用户感兴趣的话题，吸引其阅读和参与。微博最大化地开放给用户，可以有效地提高用户的参与度，提高营销沟通效果。

（4）互动性强。企业或个人通过微博能与关注者实现实时沟通，能及时有效地获得信息反馈。

9.4 微博营销的主要任务与实施

9.4.1 微博营销的主要任务

微博营销的主要任务与实施

1. 传递产品及活动信息

很多企业通过微博发布产品信息，吸引消费者购买。例如，李佳琦常用微博推广产品，并通过微博传递产品的活动信息。图 9-5 所示为李佳琦的微博截图，在这条微博中，李佳琦介绍了妇女节推广的产品及相关活动。图 9-6 所示为华为中国的微博截图，在这条微博中，华为中国为荣耀 30 系列手机做了推广。以图 9-5 为例，截至 2020 年 4 月 16 日中午 12 点，其转发量为 322 954 条，评论数为 501 122 条，点赞数为 442 985 个，起到了很好的产品及活动推广效果。企业利用微博开展营销活动时，在内容上需要遵循的原则是少做产品硬广告，增加信息的可读性，为精准受众开辟专门的信息发布通道。

图 9-5 李佳琦的微博截图

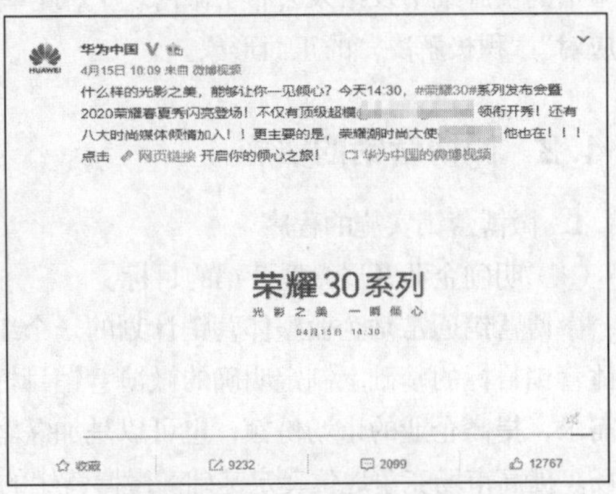

图 9-6 华为中国的微博截图

2. 开展互动营销活动

微博营销的本质是微博发布者与粉丝之间的互动。互动营销意味着企业与客户之间有更近的距离、更多的交流。企业通过与客户的互动可以传递相关信息，了解客户的想法，解决客户的难题，从而获得客户的信任。微博具有快速传播的特点，企业利用微博与客户互动会更方便、更精准。企业可以在微博上发布的内容包括有奖活动、促销信息、新产品通知、公司活动、特色服务、企业文化、知识问答、话题讨论、媒体报道等。在微博上，人情味、趣味性、利益性、个性化是引发网友互动的关键点。在微博上，企业要尽可能地以个人的身份与客户进行“朋友式的交流”。

3. 开展客户服务与管理

微博为企业打开了一个全新的窗口，通过微博开展在线客户服务的优点主要包括成本低、服务方式灵活、传播效应强等，非常符合现代客户尤其是年轻客户群体的需求。苏宁易购就利用微博这一新型在线客户服务平台开展在线客户服务，通过微博私信让客户轻松、便捷地享受企业提供的在线客户服务。在微博上，苏宁易购启用“苏宁客服中心”这个已取得官方认证的微博账号开展在线客户服务，消费者可 24 小时通过微博评论、私信等多种方式获取苏宁易购官方专业的服务帮助。

此外，微博比 SNS、BBS 和博客的传播速度快，范围和影响力都要大得多。通过微博，企业可以收集客户信息，加强与客户之间的沟通，持续发展良好的客户关系。企业利用微博开展客户关系管理，将客户资源、销售、市场、客服和决策等集为一体，既能规范营销行为，了解新老客户需求，提升客户资源整体价值，又能跟踪订单，有序控制订单的执行过程，还有助于避免销售隔阂，调整营销策略。

4. 舆论反应监测

社会化媒体时代的到来，使信息传播模式发生了根本性变化，微博成为社会网民关注公共事件、表达利益观点的主要渠道，因此微博也成了舆情汇集和分析的重要阵地。舆情管理对企业来说至关重要，它不仅可以为企业经营过程中产品和服务内容的定位提供基础，更可帮助企业趋利避害，减轻负面舆论压力，强化正向品牌力量。越来越多的企业开始在微博上追踪客户对其品牌的评价，监测舆论反应情况，从而迅速了解客户心理，了解其对产品的感受以及最新的需求。

5. 危机公关

企业在危机发生后及时通过微博公布信息，可以减少公众的无关猜测，有效地提高危机公关的效率。在面对危机时，企业可通过微博第一时间发布危机处理的计划，体现企业急切处理问题的决心和积极性，稳定公众情绪。同时，迅速落实初步处理举措，能体现企业在处理危机上的雷厉风行、绝不姑息。将初步举措的实施细节及结果公布于微博之上，此举不但能够表明企业已经开始行动，而且还能强化企业“积极应对”“积极解决”的正面形象。

9.4.2 微博营销的实施

1. 微博营销实施的程序

（1）明确企业开展微博营销的目标。

微博营销通常是企业整体营销计划的一个组成部分，因此企业在开展微博营销之前，首先要在企业整体营销目标的基础上制定明确的微博营销目标。在一定时期内，企业的微博营销目标可以是激发客户的需求，提高企业的市场份额；也可以是加深客户对企业的印象，树立企业的形象，为其产品今后占领市场、提高市场竞争地位奠定基础。微博营销的目标不同，微博营销策略的实施，包括微博内容的选择、微博形式的选择等都应该有所差异。

（2）制订企业微博营销活动计划。

微博营销活动计划是在企业微博营销目标的指导下，微博营销活动的具体实施计划。微博营销活动计划包括微博平台的选择与安排、微博写作计划、微博营销内容发布周期、微博互动计划等相关内容。微博营销活动计划是企业长期开展微博营销活动的蓝图。

（3）选择微博营销平台。

企业要开展微博营销，就要选择合适的微博发布平台。目前，国内知名微博平台有新浪微博等很多个，企业可以选择其中一个或多个作为微博营销平台。企业选择微博营销平台的原则是人气高、注册用户多。微博用户数量多，也就能为企业带来更多的潜在用户。

（4）发布微博营销内容。

企业撰写并发布微博营销的内容要注意选择能引起客户及潜在客户兴趣的话题，要注意微博内容的丰富多彩及形式的多样化。发布的每篇微博除文字外最好能带有图片、视频等多媒体信息，这样可以带给微博浏览者更好的浏览体验。发布微博内容应选择有价值的信息，如提供特价或打折信息，限时商品打折活动等都可以带来不错的传播效果。

（5）微博营销效果评估。

企业应对微博营销的效果进行跟踪评估，可以从量和质两个方面进行。在量的评估方面可以选择的指标主要包括微博发布数量、粉丝数量、微博被转发次数、微博评论数量、品牌关键词提及次数等。在质的评估方面可以选择的指标主要包括微博粉丝的质量、微博粉丝与企业的相关性、被活跃用户关注的数量及比例、回复及转发评价等。

2. 微博营销实施的技巧

（1）打造个性化微博。

企业要将微博打造成有感情、有思考、有回应、有特点的个性化微博，切忌将企业微博打造成一个冷冰冰的官方发布消息的窗口。打造个性化的企业微博是为了将企业的微博与其他微博区分开来，如果企业的微博没有特点和个性，就很难引起浏览者的关注。因此，企业需要从各个层面塑造微博的差异化，打造个性，这样的微博才能具有较强的吸引力，才能持续积累粉丝，从而实现好的营销传播效果。

（2）坚持微博更新。

要想吸引浏览者关注微博，养成其浏览企业微博的习惯，企业就必须定时更新微博，同时要保证微博的质量，大量低质的博文会让浏览者失望。缺乏有价值的信息的企业微博，不仅达不到传播的目的，还可能会适得其反。

（3）快速增加目标对象。

微博粉丝的快速增加是目标对象快速增加的基础。企业要达到微博粉丝快速增加的目标，应注意以下几点：第一，微博的个人资料一定要完整；第二，微博发布的内容要能吸引人阅读，前期尽可能少发宣传语，多发布一些热点新闻评论或者小笑话来吸引更多人的关注；第三，博主应主动和目标对象沟通；第四，多参与一些热门话题的讨论来增加曝光度。仅增加粉丝数量还不够，博主还要想办法从众多的粉丝里准确找到目标用户群，并不断增加目标群体的数量。只有这样，企业才能通过微博有效地开展营销活动。

（4）强化微博互动。

互动性是企业微博可持续发展的关键。要想提高微博互动性，企业就要提升微博发布的内容中粉丝感兴趣的内容的比例，也就是企业宣传信息所占比例不能过高。“活动+奖品+关注+评论+转发”是目前微博互动的主要方式，但实质上，绝大多数人关注的是奖品，对企业的宣传内容并不关心。另外，与赠送奖品相比，博主积极与留言者互动，认真回复留言，更能唤起粉丝的情感认同。

练习题

一、单选题

1．（　　）被认为是继电子邮件、电子公告牌、即时通信之后出现的第四种交流工具。

A．微博　　B．微信　　C．博客　　D．QQ

2．博客的英文名为 blog，起源于 Weblog，意思是（　　）。

A．网络对话　　B．网络日志　　C．网络新闻　　D．以上均不对

3．下面选项中不属于微博的特点的是（　　）

A．快捷性　　B．创新交互方式　　C．非原创性　　D．草根性

4．微博营销与博客营销的不同在于（　　）。

A．以内容为基础　　B．信息传播模式　　C．非原创性　　D．草根性

5．下列选项中不属于微博营销的特点的是（　　）。

A．成本低廉　　B．针对性强　　C．灵活性　　D．互动性不好

二、多选题

1．按照博客的用户划分，博客可以分为（　　）。

A．普通博客　　B．微型博客　　C．名人博客
D．个人博客　　E．企业博客

2．按照博主的知名度、博客文章受欢迎的程度，博客可以分为（　　）。

A．个人博客　　B．一般博客　　C．名人博客
D．热门博客　　E．企业博客

3．下面选项中不属于博客营销的特点的有（　　）。

A．影响范围广　　B．创新交互方式　　C．非原创性
D．受众不稳定　　E．互动性

4．企业可以在微博上发布的内容包括（　　）。

A．有奖活动　　B．促销信息　　C．特色服务
D．企业文化　　E．领导喜好

三、名词解释

1．博客　　2．博客营销　　3．微博　　4．微博营销

四、简答及论述题

1．博客营销的特点主要有哪些？

2．博客营销的主要任务有哪些？

3．企业博客如何应对负面评论？

4．试论述微博营销与博客营销的区别。

5．试论述微博营销实施的技巧。

从“支付宝锦鲤”事件看微博营销的价值

2018 年被称为互联网的拜锦鲤元年，转发锦鲤已经成为社交场景中的一种流行趋势，而将这种趋势推向顶点的便是支付宝国庆期间在微博发起的“祝你成为中国锦鲤”活动。

这次活动也成为微博有史以来势头最大、反响最激烈的营销活动之一。据微博实时数据统计，“支付宝锦鲤”活动上线 6 小时，微博转发便破百万次，成为微博史上转发量最快破百万次的企业微博。这条微博最终共收获了 200 多万个转评赞，2 亿次曝光量。从这次“支付宝锦鲤”营销事件，我们可以看出微博营销的三大价值。

1. 天然的流量池引爆用户实现社交互动

微博作为开放的社交平台，是天然的流量池，也是互联网热搜内容的风向标。2018 年第二季度财报显示，微博月活跃用户已达 4.31 亿人。这一庞大的用户群体是帮助品牌引爆用户社交互动行为，实现社会化传播的有效保障。此次支付宝的营销活动，是在没有任何提前预热的情况下，在微博进行冷启动，但凭借当下年轻人语境中的关键热词，通过微博转发抽奖、联动传播的形式上了微博热搜，最终收获了 200 多万条转评赞，2 亿次曝光量。这背后离不开微博的整体传播语境所带来的巨大流量和聚合能力，凭借大流量基础，活动能够引发用户不断通过互动参与，持续放大活动声量。

蚂蚁金服支付宝市场国际负责人表示，支付宝本来为此次锦鲤活动准备了一套组合拳，不光是选择了微博这一个平台，还打算在诸如热搜等海外社交平台进行后续传播。但事实证明，微博这一个平台就足够了。这足以说明，微博作为互联网中热搜内容的聚集地，其释放的营销价值不容小觑，而且依托庞大的用户群体和内容生态，微博能为品牌提供优质的营销土壤，成为品牌营销的标配。

在此次“支付宝锦鲤”事件中，最大的爆点是那个花 10 分钟都看不完的锦鲤清单。支付宝发起活动后并没有直接公布奖品，而是让参与者查看评论区，这时候就预埋了评论区变身品牌广告位的隐形线。除了提前精心安排的品牌“蓝 V”之外，其他品牌也看到了评论区的聚合能力，纷纷在微博评论区评论。在活动推文发出后的一个小时内，200 多家品牌纷纷评论，迅速占领评论区。支付宝搭台，200 多家品牌共同唱戏，上演了国庆期间最慷慨激昂的品牌集体演出。品牌之间的联动营销不仅放大了活动声量，而且参与活动的大量“蓝 V”品牌都获得了远超自己日常推文的点赞和评论量，收获了增量级曝光。

品牌通过评论区进行联动营销，这种玩法及释放的影响力也只有在微博平台才能够见到。在微博开放的社交环境中，任何一个品牌都可以建立自己的存在感和影响力。海尔作为最早一批“蓝 V”的典型代表，最先带领品牌进行联动营销，在用户心中树立起年轻化的品牌形象。去年感恩节期间，杜蕾斯在微博以感谢信的形式一口气“调戏”了 13 个品牌，各大品牌纷纷加入互动，使品牌获得了量级曝光，最终上演了堪称教科书式的互动营销。不难发现，每一次品牌间的联动营销都比品牌单独作战更容易传播，各个品牌聚合发力会释放更大的影响力。

支付宝的锦鲤活动联合海内外 200 多家品牌，将 2 亿多流量分享给了全球商家，撬动全球商家的同时，也链接了全球用户。在这个过程中，微博的社交化价值也被再一次放大，成为全球化背景下品牌营销的重要阵地。

2. Social First 打造品牌与用户的深度链接

现如今，用户与品牌的关系悄然发生变化，微博为激活二者之间的通路提供了全新的路径：Social

First。微博作为一个开放的平台，为品牌和用户建立起了直接对话的桥梁。Social First 的营销理念能够帮助品牌打破原有企业只在营销和销售这个过程当中接触到最终消费者的模式，在产品的研发、产品设计、生产、市场、销售、服务的完整价值链中全方位触达用户。

在支付宝锦鲤的活动中，各个品牌“蓝 V”通过评论区直接与用户进行沟通，搭建了直接对话的桥梁，建立了情感链接，最终众多品牌合力，在与用户的深度链接中实现了传播裂变。微博平台的社交媒体价值对于品牌而言不可或缺，能够助力品牌快速释放营销影响力，品牌也能进行全量打通，进一步积累社交资产。

如今，微博已经融入企业生产、研发、市场、销售、服务等各个方面，微博整体也在不断发展进化，形成了完整的社会化营销通路，为品牌提供了媒体化、社会化、融合化的开放式传播平台，最终促进了企业在品牌建设、市场推广、用户互动等各环节都围绕微博这一社交媒体实现全面战略升级，全面提升了营销效率，释放了营销价值与影响力。从整个营销视角来看，社交传播确实在品牌营销中发挥着越来越大的作用，微博整体生态也为企业在变革环境中利用社会化媒体实现战略升级提供了新的发展路径。

思考讨论题

结合本案例谈谈企业如何开展微博营销。

第10章 网络事件营销

网络事件营销是一种有效的营销推广方法，精通此道的企业往往可以通过精心策划的事件来吸引目标人群的广泛关注。在网络营销实践中，事件营销因成本低、传播迅速、影响面广以及关注度高等优点而备受企业青睐。本章主要介绍网络事件营销的特征、类型，介绍网络事件营销传播的方法等，分析网络事件营销过程中应注意的问题，重点阐述网络事件营销的策划及关键要素。

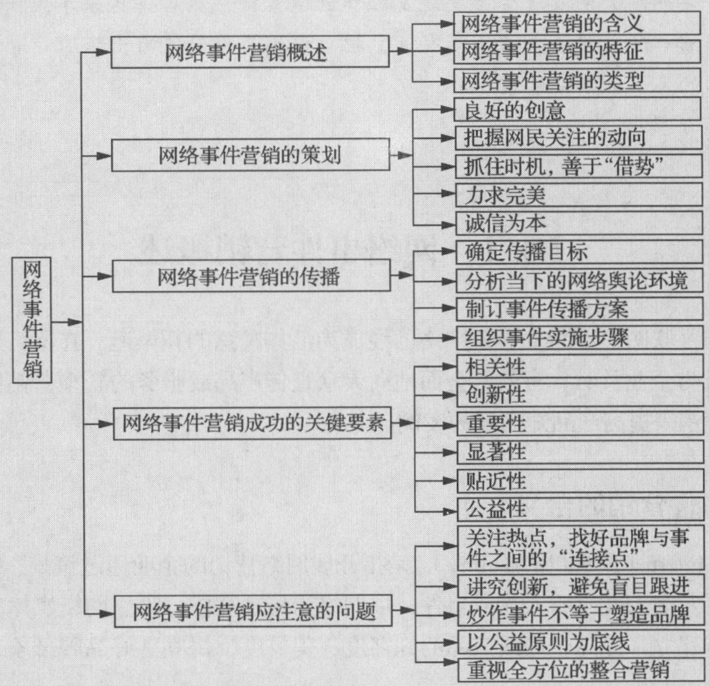

开篇案例

星巴克猫爪杯的事件营销

星巴克算是地球上最会卖杯子的咖啡店了。2019 年 2 月，星巴克推出了樱花季的限定产品，其中一款猫爪杯遭到了消费者的疯抢，如图 10-1 所示。有人为了它凌晨排队，有人搭帐篷排队抢购，有人甚至把原价 199 元的杯子炒到 1 000 多元……

图 10-1　被消费者疯抢的星巴克猫爪杯

热度一波高于一波。淘宝官微 2019 年 2 月 27 日发布的数据显示，“星巴克猫爪杯”的淘宝搜索量上涨了 12 000%，百度指数更是达 49 970 次，线上线下都出现了“一杯难求”的局面。

猫爪杯的火爆离不开星巴克品牌效应的加持。作为知名咖啡品牌，星巴克在国内一直深受欢迎，并拥有一批非常忠诚的粉丝。在这些粉丝心中，购买、使用星巴克的产品已成为一种有格调的生活态度。

而猫爪杯在星巴克的神奇之手运作下，做到了猫文化与星巴克品牌效应的完美结合，同时星巴克充满噱头的营销——为杯子大打出手、连夜搭帐篷排队等话题也为猫爪杯的营销锦上添花。

一旦话题有了一定热度，网友还会自发地发掘和创造素材，然后将其分享到社交网站以获得个人满足感。星巴克通过各种杯子，跟消费者不断交互，把自己的品牌价值输出给消费者。而此次，猫爪杯也正是星巴克极为成功的又一次事件营销。

资料来源：百度百家号。

10.1　网络事件营销概述

随着信息技术与互联网的不断发展，网络已经成为汇集民意的新渠道。在网络这一传播媒介的协助下，网络事件营销成为企业及时、有效、全面地向大众宣传产品或服务的新型营销模式。近年来，商界不乏利用网络事件营销来提高产品知名度的案例。

10.1.1　网络事件营销的含义

网络事件营销（Internet Event Marketing），是指开展网络营销的企业通过策划、组织和利用具有新闻价值、社会影响力以及名人效应的人物或事件，以网络为传播载体，吸引网络媒体、社会团体和消费者的兴趣与关注，以求建立、提高企业或产品的知名度、美誉度，树立良好品牌形象，并最终促成产品或服务销售的一种新型营销模式。企业利用好网络事件营销，往往可以快速、有效地宣传其产品和服务。著名的“封杀王老吉”网络事件营销就是非常典型的案例，王老吉利用网民的好奇及追捧等心理，向汶川捐款一亿元后，利用正话反说的网络事件营销方式，激发了网民的舆论热情，使其“一夜成名”，迅速提升了其产品的知名度及终端销售量。

10.1.2 网络事件营销的特征

网络事件营销一般具有如下特征。

（1）网络事件营销投入小、产出大。网络事件营销利用现代社会非常完善的新闻等媒介进行传播，达到对企业进行宣传的目的。由于许多传播媒介都是免费的，因此，这种营销方式的投入成本较低。如果企业能够提出好的创意并选择最佳的时机，成功地运用网络事件营销，就可以迅速提升企业品牌的知名度。

（2）网络事件营销影响面广、关注度高。互联网的及时性和普及性使得信息传播的速度和广度都大为提升。事件一旦被关注，借助互联网的口碑传播效应，可以引发极高的社会关注度，甚至可由网络事件上升为被其他大众媒体关注的事件。例如，“封杀王老吉”的倡议帖在百度贴吧发出后迅速传播。在短短3个小时内，百度贴吧就有14万条与其相关的帖子。

（3）网络事件营销具有隐蔽的目的性。企业策划的网络事件营销都有商业宣传的目的，但一般情况下该目的是隐蔽的，大量高明的网络事件营销都隐藏了自己的推广意图，让消费者感觉不到该事件是在做产品推广。例如，联想的“红本女”事件，尽管在事件营销的网络平台选择、时间把握等方面做得足够优秀，但忽略了网络事件“隐蔽性传播，润物细无声”的特点，让多数网友看到后就知道联想是在做广告，没有达到预期目的，以失败告终。

（4）网络事件营销具有一定的风险性。网络事件营销是一把“双刃剑”，由于传播媒体的不可控制性及事件接受者对事件理解程度的不确定性，网络事件营销很可能引起公众的反感和质疑，不仅无法达到营销的目的，反而可能使企业面临公关危机。例如，肯德基的“秒杀门”事件（2010年4月6日，肯德基中国公司推出“超值星期二”3轮秒杀活动，64元的外带全家桶只要32元，于是在全国引爆热情。但消费者从网上辛苦秒杀回来的半价优惠券，而后却突然被肯德基单方面宣布无效。与此同时，肯德基中国发表声明称，由于部分优惠券是假的，所以取消优惠兑现。消费者认为是肯德基“忽悠”了大家，网友称肯德基这次陷入了“秒杀门”），不仅没有起到推广的目的，还暴露了企业信息化建设缺失，危机处理能力欠缺，不能与公众进行良好沟通等各方面的缺陷。

10.1.3 网络事件营销的类型

根据事件性质的不同，网络事件营销一般可分为6种类型[①]，如表10-1所示。

表10-1 网络事件营销的类型

类型	说明
借用重大突发事件型	重大突发事件是指突然发生的、不在公众预料之中和没有心理准备的事件，重大突发性事件多以灾难为主，所以在利用重大突发事件进行事件营销时，企业要注意把握好尺度。例如，2008年的汶川大地震牵动了全世界华人的心，新浪新闻迅速开设“地震”相关专题栏目，提高了美誉度

① 豆均林. 事件营销的类型及运作策略. 经济与社会发展，2004，2（10）：42-45.

续表

类型	说明
借用公众高关注事件型	公众高关注事件一般是指公众都了解、重视，但尚不知其结果如何的重大事件。例如，北京市申报 2008 年奥运会主办权、中国首次载人航天飞行等。企业通过借势“公众高关注事件”提高品牌知名度，如伊利赞助奥运，蒙牛公司赞助航天
借用公益活动型	公益事关公众的福祉和利益，借助公益活动开展事件营销，有助于提升企业形象，吸引公众关注并增加用户的黏性。例如，支付宝打造的蚂蚁森林项目，以公益入手，依附移动支付 App，使用户在使用支付宝的同时还能做节能减排的公益活动，极大地提高了用户的参与热情
借用社会问题型	社会发展的过程就是一个利益重新分配的过程。在这一过程中会产生许多新的矛盾，与这些矛盾相关的话题也是公众关注的中心。浙江纳爱斯公司就针对社会广泛关注的下岗职工再就业问题，策划了一系列电视广告，且在理性及感性的交融中力求为每个广告都赋予一种生命力、一种内涵，使全国消费者能与其产生共鸣
借用名人人气型	借助名人的号召力，吸引消费者的眼球和大众媒介的关注，也是事件营销中经常采用的策略。如 2003 年 8 月西班牙皇家马德里足球队来中国访问时，贝克汉姆、罗纳尔多、齐达内、劳尔、菲戈、卡洛斯等众多的国际超级球星第一次同时出现在中国球场，赞助此次活动的健力宝、七匹狼、西门子等企业的品牌也随之得到广泛传播
营造事件型	营造事件是指企业通过精心策划的人为事件来吸引消费者的目光，从而实现传播目的的策略。2003 年国庆黄金周期间在上海金茂大厦举行的，被誉为“中华第一跳”的高楼跳伞表演，就是一次加强了金茂大厦“中华第一高楼”定位的、非常成功的事件营销

10.2 网络事件营销的策划

网络事件营销的策划

“水可载舟，亦可覆舟”，网络事件营销可以让企业“一夜成名”，也可能使企业“一夜败北”。网络媒体传播速度快、范围广、关注度高的特性，造就了网络事件营销的独特优势。网络事件营销可以有效地提高企业品牌的推广效力，但由于网络媒体及消费者的接受度等存在不可控的风险，也可能引起消费者对企业品牌的反感。“凡事预则立，不预则废”，在实际的营销运作中，企业应该注重网络事件营销的事先策划，发挥网络事件营销的巨大威力。

10.2.1 良好的创意

良好的创意是网络事件营销成功的首要条件。近些年，很多成功的网络事件营销都有较好的创新性。它们通过“唱反调”、制造悬念等方式引起网民的广泛关注，为企业产品赚足了眼球，提高了企业的关注度。“吃垮必胜客”事件营销就是一个非常值得我们学习的案例。

2005 年，一则“吃垮必胜客”的帖子曾一度在网上热传。该帖主要用于对必胜客水果蔬菜沙拉的高价表示不满，并提供了很多种多盛食物的“秘籍”。随着帖子点击量和转载量的急速飙升，必胜客的客流量迅速增长。其实，这不过是必胜客为了吸引更多的客户而发起的一场成功的网络事件营销活动。

有一位网友这样在网上留言：“我当时马上把邮件转发给我爱人了，并约好了去必胜客一试身手。到了必胜客我们立即要了一份自助沙拉，并马上开始按照邮件里介绍的方法盛取沙拉。努力了几次，终于发现盛沙拉用的夹子太大，做不了那么精细的搭建工艺，最多也就搭 2～3 层，不可能搭到 15 层。”

而到必胜客试过身手，并且真的装满那么多层沙拉的热心网友，会在网上发帖，介绍自己“吃垮必胜客”的成功经验。甚至有网友从建筑学的角度，用 11 个步骤来论述如何吃垮必胜客。

“吃垮必胜客”事件抓住了公众的好奇心理，许多消费者看到帖子都纷纷前往必胜客一探究竟。其结果可以想象，随着帖子点击量的急速飙升，这样一个唱反调的营销事件最终使必胜客的流量迅速增长，达到了出奇制胜的效果。

10.2.2 把握网民关注的动向

网络事件营销想做到有的放矢，就必须把握好网民关注的动向。大多数网民具有较强的好奇心，喜欢关注新奇、反常、有人情味的事件。麦当劳在巴西的做法就是牢牢抓住公众及媒体关注动向的典型案例。

2020 年新冠肺炎疫情肆虐，保持距离成了人们防范病毒的重要措施。为了鼓励公众养成保持安全距离的习惯，麦当劳（巴西）在 2020 年 3 月 20 日更改了页面个人资料的照片，那个我们常见的金拱门分开了，如图 10-2 所示。

图 10-2 麦当劳（巴西）页面上的金拱门图片

麦当劳的金色“M”标志可以说浓缩了麦当劳的品牌价值信息，承载了无数人童年的美好回忆。这次麦当劳标志的更改，一时间引发了网友的强烈关注。

虽然这个标志只是在新冠肺炎疫情特殊环境下暂时出现的产物，但是“患难见真情”，在这一时刻愿意将公众利益放在优先地位的品牌，越能赢取人心。

麦当劳从标志入手，既达到了呼吁公众做好防护的目的，也进一步提升了品牌在大众心中的良好形象。

10.2.3 抓住时机，善于“借势”

所谓借势，是指企业及时地抓住广受公众关注的事件、社会新闻等，结合企业或产品在传播上的目的而展开的一系列相关活动。如果企业可以充分调动公众的好奇心，则网络事件营销取得成功的概率就会变大。但是，如果企业自身不具备引起互联网和社会关注的新闻价值，就需要采用“借势”的手段，利用已有的较高关注度的事件，将网民及新闻媒体的视线带到本企业品牌上来。

10.2.4 力求完美

力求完美是指在策划网络事件营销的过程中，企业应当树立社会营销观念，密切关注网络事件营销传播的力度和效果。在网络事件营销的实施过程中，企业应该巧妙地利用网络媒体的特性，尊重社会公众的感情和权力，保护信息传播渠道的完整和畅通。

10.2.5 诚信为本

“巧妇难为无米之炊”，企业行为的好坏直接决定了企业信誉的好坏，企业只有首先立足于实际行动，用事实说话，为公众做实事，网络事件的传播才“有米下锅”。因此，网络事件营销策划必须做到实事求是，不弄虚作假，才能真正让公众信服，这是企业进行网络事件营销的最基本原则。恶意的炒作会严重影响网络事件营销的传播效果，损害企业的社会形象。

10.3 网络事件营销的传播

传播与推广是网络事件营销的重要环节，其效果好坏直接影响网络事件营销的最终效果。企业要想达到网络事件营销的目的，就必须注重传播。只有通过有效的传播，目标群体才可能了解该网络事件，熟悉企业品牌，从而避免让网络事件营销成为企业的独角戏。网络事件营销的传播流程一般包括以下 4 个步骤，如图 10-3 所示。

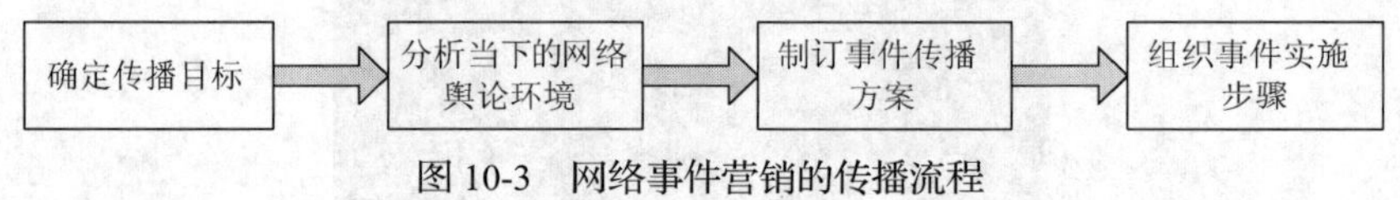

图 10-3 网络事件营销的传播流程

10.3.1 确定传播目标

实施任何网络事件营销前，企业必须先确定传播目标，包括传播对象、传播范围、传播效果等。例如，餐饮、服务行业区域性较明显，企业可选择当地的论坛作为网络事件营销的工具，传播方式也要符合当地的形势；但对于传播对象为年轻女性的网络事件营销，就应当尽量选择女性用户经常使用的网络平台，所选择的话题也应当是年轻女性感兴趣的内容。

10.3.2 分析当下的网络舆论环境

一般以直接的方式在网络平台上公开表达的意见属于显舆论，而网络的开放特性也使社会的潜舆论逐渐向显舆论发展。所处历史时期不同，网络舆论的环境也会有所不同。在网络事件营销过程中，企业应当把握好网民关注的方向，控制好舆论传播的尺度，为更好地推广企业品牌奠定基础。如果忽视舆论环境，只会跟风炒作，不断挑战公众的道德底线，企业最后必然会被人们所唾弃。

但是，随着近年来商业竞争的日益加剧，一些不良商家不断以商业创意的幌子策划种种低俗、恶俗的商业炒作事件。这些为了吸引大众眼球进行的不择手段的炒作，从社会公德的角度来说，显然与当前社会所倡导的“真善美”的道德主旋律背道而驰。因此，企业在制造事件、利用网络事件开展营销活动之前，一定要认真分析当前的网络舆论环境，三思而后行。

10.3.3 制订事件传播方案

在制订事件传播方案之前，企业要理解媒体的关注点，熟悉新闻事件的特性，善于制造新闻事件。事件要有代表性和显著性，要使公众和媒体感兴趣，满足受众的好奇心。之后，企业根据被宣传的网络事件的特点，提前策划网络事件传播方案。

10.3.4 组织事件实施步骤

企业应选择合适的网络营销工具，如论坛（博客、视频站）发帖。在此期间若想提高关注度，还可以联系付费网站管理员，让其推荐或置顶，同时抛出易于引起讨论的言论，撰写新闻评论等，期待大量媒体跟进报道，同时注意维护形象。

阅读资料 10-1 “凡客体”

2010 年 5 月，王珞丹和韩寒应邀担任网络服装品牌凡客诚品的形象代言人，以自我表达个性的口吻发布了两则图文并茂的广告。广告中，王珞丹以身着凡客衣服的文艺青年形象出现并配上文案：“爱漂亮衣服，更爱打折标签。不是米莱，不是钱小样，不是大明星，我是王珞丹。我没什么特别，我很特别。我和别人不一样，我和你一样，我是凡客。”

2010 年 7 月 26 日，新浪微博名为“arale”的用户发表了一篇黄晓明版的“凡客体”文案和配图，该版本在几小时内蹿红网络，之后以各路“神仙”为自白主体的“凡客体”文案加配图相继出现，甚至腾讯 QQ 和瑞星杀毒软件都拥有了自己的“凡客体”。这条广告成功地引发了一股又一股的 PS 潮。这段以“爱……，不爱……，是……，不是……，我是……”为基本叙述格局的辩白式文字像病毒一样盛行于网络。

截至 2010 年 8 月，仅豆瓣网就上传了 2 789 张“凡客体”创意平面广告，许多网友每天上网的重要一项内容就是看看今天谁又被“凡客”了。凡客一再强调这次事件只是“无心插柳”，但娱乐也好，恶搞也罢，这次传播的最大受益者很显然是凡客。品牌知名度的提升是无庸置疑的，品牌的个性彰显也使其在网友心中留下了深刻的印象。

资料来源：郑玲俐．“凡客体”与网络事件营销及传播策略．新闻前哨，2010（12）：60-61.

10.4 网络事件营销成功的关键要素

成功的网络事件营销需要具备以下 6 个要素。

10.4.1 相关性

网络事件营销中的“热点事件”一定要与品牌的核心理念相关联，不能脱离品牌的核心价值，这是网络事件营销成功的关键要素。“热点事件”与品牌核心理念的关联度越高，就越容易使消费者把对事件营销的热情转移到企业品牌上来。例如，2019 年 11 月 13 日，奥迪在微信朋友圈投放广告，结果却放上了英菲尼迪的广告片。事后，腾讯广告发布道歉信，指出已在第一时间进行内部排查和处理。虽然错误得以修正，但“乌龙事件”本身引起的舆论热议，再加上网友和友商们的“神助攻”，这起事件升级为一次大规模的现象级营销。最先参与的沃尔沃汽车，在微博上喊话奥迪：也帮我们投一个呗。

奥迪官微的回复也很及时：你的想法我已经了解，稍后给您答复。随后这一次乌龙事件演变成了汽车界的大联欢，其他品牌开始纷纷在沃尔沃这条微博下面的评论中打卡。除了事件的主角，其他的汽车品牌也多多少少赚取了存在感。

而事件中另一个主角英菲尼迪的回应更是让网友直呼“爱了，爱了”，其不但在官微中直接“@”奥迪，还将自家 Logo 拼成了奥迪 Logo 的样子，如图 10-4 所示。

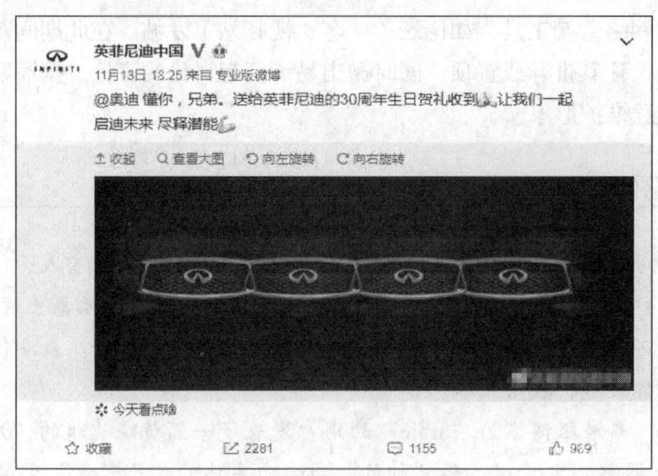

图 10-4　英菲尼迪的微博

整个过程看下来，奥迪给人的感觉是事件处理得比想象中的“快”，英菲尼迪则是躺着“赚”。奥迪快在没有不回应，也没有用官方辞令给出非常严肃的声明，而是以一种相对平和的语气，对这件事保持开放的姿态，跟网友和友商们交流。

英菲尼迪赚在一分钱不花，就被网友们讨论了一整天还上了各大媒体，最后相关处理人员还得到了一个情商高的美誉。

10.4.2　创新性

新闻点是新闻宣传的噱头，网络事件营销要想取得成功就必须有新闻点，新奇有趣的新闻往往会受到更多受众的欢迎。网络事件营销的创意指数越高、趣味性越强，公众和媒体的关注度就越高，营销的效果也就越好。例如，富亚健康漆公司本来计划给小猫小狗喝涂料来宣传自己产品的健康环保，然而却遭到动物保护协会的反对，老板情急之下自己把涂料喝了。这一事件被国内外媒体争相转载，满足了人们对新闻创新性的追求，也使富亚健康漆公司的产品销量大增。然而，事件营销的创意过程需要整合企业优势资源，借助新闻热点传递给公众。因此，网络事件营销的创意会受到企业的自身资源、外部环境以及品牌形象的制约。

10.4.3　重要性

事件的重要性是影响网络事件营销效果的重要因素。事件越重要，对社会产生的影响越大，价值也越大。因此，在网络事件营销策划过程中，如何增强事件的重要性，让更多的人参与到网络事件营销中来，是企业必须考虑的问题。SK-Ⅱ通过推出“素肤美人”评选活动，成功地提高了产品的知名度，下面我们来看一下 SK-Ⅱ的具体做法。

2011 年年初，SK-Ⅱ推出了“素肤美人”的评选活动，大家只要上传自己的素肌美颜照片并且进行素肌告白，便可以参加此次的投票选举活动。活动设置了多个奖项，其中有 3 人可以参与录制 3 期“美人我最大”节目，5 人可以获得登上 2011 年 3 月时尚大刊的机会，还有 SK-Ⅱ 2 000 份套装和 4 000 份试用装等大礼。

活动引起了很多爱美人士的关注，许多对自己素肌非常有信心的女士纷纷将自己的素颜照片上传到网上。而且 SK-Ⅱ为了配合这次活动，不仅开设了专门的网站进行宣传，还将活动的宣传广告通过各个渠道在网络上进行宣传，如在土豆网上进行广告宣传等。同时，SK-Ⅱ配合线下的媒体，如电视、报纸和杂志等进行宣传，充分运用各种方式以营造强大的宣传效果。

活动仅开展了两周，就有近一万人上传了自己的素颜照片，可见此次活动的影响范围广泛，SK-Ⅱ也取得了良好的宣传效果。

10.4.4 显著性

“山不在高，有仙则名；水不在深，有龙则灵。”网络事件中的人物、地点和内容越著名，网络事件就越容易引起公众的关注。因此，策划事件营销一定要善于“借势”与“造势”，多利用“名人”“名山”“名水”来宣传企业品牌。在这一方面，《魔兽》借势网红 papi 酱的案例让人印象深刻。

2016 年上半年，公众谈论最热的话题应该就是 papi 酱了——一个集美貌与才华于一身的女子。2016 年 3 月，papi 酱获得了 1 200 万元人民币的融资，第一次视频贴片广告拍卖就拍出了 2 200 万元人民币，差不多是起拍价的 100 倍!

之后，papi 酱又开启了“网红+电商”模式。2016 年 6 月 13 日晚，papi 酱在公众号发布了新一期名为“papi 酱的影评系列视频又来啦！我把《魔兽》给看了!!”的视频，并在文章末尾打起了小广告，“papi 同款寡妇公会 T 恤，可在某宝店铺搜索‘papi 酱心智造’，今日 18:30 准时发售。”当晚 18:30，“papi 酱心智造”的 3 款魔兽主题印花短袖 T 恤正式开卖（见图 10-5），每款定价 99 元，限量 99 件。36 分钟之后，T 恤全部售罄。

图 10-5　papi 酱推出的热卖 T 恤

资料来源：搜狐网。

10.4.5 贴近性

“物以类聚，人以群分。”网络事件营销的策划需要充分考虑公众的趋同心理。在网络事件营销的实施过程中，如果网络事件在心理上、利益上和地理上与受众接近和相关，能激发公众的兴趣，让公众参与到营销活动中，就更容易被公众接受。与企业单方面活动相比，此时营销活动会获得更多的关注度，取得更好的宣传效果。在这方面，“贾君鹏事件”营销的做法值得称道。

2009 年 7 月 16 日，百度贴吧中的“魔兽世界吧”里出现了一则主题“贾君鹏，你妈妈喊你回家吃饭”

的帖子，发帖人是一位匿名用户。帖子的内容为“rt”，表示如题。短短12个字的帖子在发表后的6个小时里，收获了数十万的浏览量和数万回复，不少网友认为这是“中文网络”的奇迹。接下来的几天，各种以贾君鹏或者回家吃饭为主题的图片、文字出现在网络上。相关新闻也相继发表在新浪、猫扑、QQ新闻、凤凰、网易等多家网站和论坛上。帖子的发源处“魔兽世界贴吧”吸引了很多原本不玩魔兽游戏的网民围观，部分传统媒体也跟着报道这一事件。一句儿时常常听到的话语，带许多人回了家。正当人们沉浸在这句话带给大家的美好回忆时，北京一家传媒公司自爆称，“贾君鹏事件”是他们受一家网游公司委托，精心策划、实施的营销事件，以保证某款游戏的关注度和人气。[①]

10.4.6 公益性

公益性也是影响网络事件营销成功与否的重要因素。公益是一种社会责任，具有公益意义的营销方案更容易产生较好的社会意义和号召力。

10.5 网络事件营销应注意的问题

10.5.1 关注热点，找好品牌与事件之间的“连接点”

（1）企业进行事件营销，一方面可以通过策划亲自“造势”，另一方面也可以借“热点事件”甚至“热点名人”开展营销活动。例如，北京奥运会的成功举办，北京奥运会上中国代表团的骄人战绩，“神舟”系列飞船的发射等，都是世人关注的热点。企业可以利用热点事件资源进行营销活动，需要特别注意的是，营销事件的策划要尽可能把公众关注的热点转移到产品和品牌上。

（2）在关注热点事件的同时，企业应该找好品牌与事件的“连接点”，即事件营销应与企业的战略相吻合，切合自身品牌的个性。当事件营销可以和企业自身的品牌形象、品牌个性相吻合时，其所发挥的威力和持续的程度远远胜于单一的事件炒作。例如，球迷所钟情的足球队获得了比赛的胜利，球迷往往会喝啤酒庆祝，啤酒与球赛、球迷之间就有了恰当的联系点。

10.5.2 讲究创新，避免盲目跟进

网络事件营销的核心在于创新，只有让公众耳目一新的营销事件才可能获得较好的效果。盲目跟风往往昙花一现，难以具有引人注目的效果。例如，蒙牛赞助“神舟五号”飞天、超级女声等让蒙牛名声大振，终端销量得到了大幅度提升。看到蒙牛大赚，科龙赞助“神舟六号”飞天，青岛啤酒赞助央视梦想中国等跟风营销活动层出不穷，但与蒙牛相比，市场效果却大打折扣。企业进行网络事件营销的创意策划需要结合企业优势资源，提出适合企业品牌形象的创新性“点子”，如此才可能获得公众的广泛关注。

10.5.3 炒作事件不等于塑造品牌

网络事件营销可以在短时间内提高企业品牌的知名度和美誉度，迅速提高其终端销量。因此，很多企业都希望利用网络事件营销达到迅速提高产品知名度的目的，但企业必须明白自身品牌的塑造是长期

① 营迪. 国内网络事件营销的传播过程研究. 安徽大学，2011：5.

战略经营的结果，不能仅靠短期的炒作。例如，网络上曾经红火一时的“凤姐”“芙蓉姐姐”等，通过无底线的炒作，在公众心目中留下厌恶的印象，对人物形象带来了不利的影响。又如，经常利用炒作事件来宣传自己品牌的奥克斯，将过多的资源和精力用来炒作事件，而淡化了对品牌的长期建设工作，这必然会在消费者心目中产生边际递减的作用，对品牌的长远发展带来一定的负面影响。总而言之，网络事件营销只是营销的一种方式，企业要理性对待，不能过于迷信它的作用。在进行网络事件营销时，企业不能忽视自身的经营管理，更不可忽视企业产品研发、产品质量、服务、经销渠道等方面的建设。

10.5.4 以公益原则为底线

企业的每次传播活动都必须加强消费者对品牌的好感，因此，企业进行网络事件营销时必须确保以社会公益原则为底线。如果企业不关注公益，突破公益原则的底线，就将丧失社会意义和号召力，从而缺少更多受众的参与，没有受众的参与就不能达到营销的目的，甚至给企业造成严重的品牌信任危机。

阅读资料 10-2 “3·15”辣条事件，麻辣王子赢了所有

2019 年 3 月 15 日，“危险的辣条”报导曝光了河南兰考县、湖南平江县等地虾扯蛋、黄金口味棒、爱情王子等辣条制造商。视频中，生产线上膨化后的面球四处飞溅，生产车间地面上，满地粉尘与机器渗出的油污交织在一起。

被曝光后，虾扯蛋等涉事品牌并未做出回应。这个时候，一家没有被提及的品牌倒是顺势“蹭”上了热度，这个品牌就是麻辣王子。

2019 年 3 月 15 日 22 时，就在晚会曝光辣条行业乱象后不久，麻辣王子官方微博发布了一个置顶视频，并配文“3·15#虾扯蛋辣条#令人痛心！行业有乱象，但总有人在坚守底线，做良心产品！听麻辣王子创始人讲述：为了让消费者吃上正宗、健康的辣条，我们做了什么？”

视频展示了麻辣王子的车间，并由品牌创始人亲自讲述品牌理念。在大家质疑辣条安全问题时，这条带着话题的微博在第一时间发出，获得了一大波好感。

2019 年 3 月 16 日，麻辣王子又发了一个视频，这次的视频中，其邀请了许多大学生去麻辣王子实地参观，并在微博邀请网友前去考查。

2019 年 3 月 18 日，麻辣王子再接再厉，邀请平江县委书记也来车间考查并品尝辣条。

接二连三的微博视频让麻辣王子不仅没有受辣条风波的影响，还提高了知名度。

根据公众发展过程的不同阶段，我们可将公众划分为非公众、潜在公众、知晓公众、行动公众。若在知晓公众转化为行动公众时，企业才有所行动，便为时已晚。麻辣王子虽然没有被央视点名，却让辣条风波与其品牌有所关联。麻辣王子主动站出来展示自己生产车间的卫生环境，还让县委书记作保，无疑有效稳定住了消费者的情绪。

资料来源：网易订阅。

10.5.5 重视全方位的整合营销

企业进行网络事件营销的最终目的是推销企业产品，提高企业品牌知名度。因此，在网络事件营销过程中，企业应树立全面整合的观念，充分利用网络的特性和优势，向社会公众进行立体化信息传播。同时企业还要综合运用组织传播、群体传播、大众传播等多种传播方式，以实现良好的整合营销传播效果。

练习题

一、单选题

1．在向汶川捐款一亿元后，王老吉因势利导，采取正话反说的营销方式，激发了网民的舆论热情，使其“一夜成名”，迅速提升了其产品的知名度及终端销售量。这属于下列哪种网络事件营销。（　　）

A．借用重大突发事件型　　B．借用公众高关注事件型
C．借用社会问题型　　D．营造事件型

2．企业进行网络事件营销的最基本原则是（　　）。

A．把握网民关注动向　　B．力求完美
C．善于“借势”　　D．诚信为本

3．网络事件营销获得成功的首要条件是（　　）。

A．良好的创意　　B．公众的关注
C．抓住时机，善于“借势”　　D．力求完美

4．网络事件营销的传播过程不包括（　　）。

A．确定传播目标　　B．分析当下的网络舆论环境
C．组织事件实施步骤　　D．策划事件营销

5．企业的每次传播活动都必须加强消费者对品牌的好感，因此，企业进行网络事件营销必须确保以（　　）为底线。

A．热点事件原则　　B．社会公益原则　　C．公众关注原则　　D．事件炒作原则

二、多选题

1．下列属于网络事件营销的有（　　）。

A．“吃垮必胜客”　　B．“买光王老吉”
C．“凡客体”　　D．“贾君鹏，你妈妈喊你回家吃饭”
E．肯德基“秒杀门”

2．策划网络事件营销时，应该注意吸引（　　）的兴趣与关注。

A．网络媒体　　B．社会团体　　C．消费者
D．政府官员　　E．竞争企业

3．下列属于网络事件营销特征的有（　　）。

A．投入少、产出多　　B．影响面广、关注度高
C．隐蔽的目的性　　D．具有一定的风险性
E．无风险、回报率高

4．网络事件营销对企业的好处包括（　　）。

A．通过正确的网络事件营销，可以迅速提高品牌知名度
B．品牌与事件的有机结合，还有助于提高品牌的美誉度
C．企业通过网络事件营销，可以提高终端销售量
D．通过捆绑热点事件，开展社会营销，有利于塑造企业的社会公众形象
E．企业通过新闻媒体炒作，可以达到长期提高品牌知名度的目的

5．下列关于网络事件营销的说法，正确的有（　　）。

A．网络事件营销中的“热点事件”一定要与品牌的核心理念相关联

B．事件越重要，对社会产生的影响越大，价值也越小

C．新闻点是新闻宣传的噱头，网络事件营销要想取得成功就必须有新闻点

D．策划事件营销一定要善于“借势”与“造势”，多利用“名人”“名山”“名水”来宣传企业品牌

E．策划网络事件营销需要充分考虑公众的趋同心理

三、名词解释

1．网络事件营销　2．营造事件型策略　3．借势　4．公众高关注事件　5．重大突发事件

四、简答及论述题

1．根据事件性质的不同，网络事件营销可分为哪些类型？

2．影响网络事件营销成功的关键要素有哪些？

3．试论述如何策划网络事件营销。

4．试论述网络事件营销的传播流程。

5．试论述网络事件营销应该注意哪些问题。

百事可乐：把乐带回家

从2012年开始，百事可乐公司的“把乐带回家”活动每年春节都会和消费者见面，到2016年已经是第五年了。2012—2015年，百事可乐公司主要以贺岁微电影的形式讲述春节回家的故事。每一年的故事演绎都有不同形式的变化。

2016年是农历丙申年（猴年），也是1986年版《西游记》播出30周年的日子。《西游记》是4部中国古典章回小说——四大名著之一，其中的主人公孙悟空的形象更是深入人心。百事可乐审时度势，选择“猴王”这个元素作为“把乐带回家2016”的落脚点，“把乐带回家”的“家”就变成了一个既可以涵盖每一个童年时代的“小家”，又可以代表中国传统文化的“大家”。百事可乐“把乐带回家”事件营销主要分以下几个步骤进行。

第一步：微信朋友圈、微博“大V”齐转发。

2015年12月26日，基于对市场的深刻解读和对消费人群的洞察，群邑集团旗下特立传媒携手百事可乐公司，选择微信朋友圈首发由六小龄童老师亲自参与创作并演绎的微电影，与时下年轻人一起乐闹猴年。微电影中的六小龄童一改往日观众熟知的“美猴王”形象，以章家猴戏接班人的真实身份出镜，讲述了从田间地头到电视荧屏，章家四代人坚持用猴戏把快乐带给千家万户的故事。谈起猴王的特殊情怀，六小龄童如是说：“猴王精神对我来说，代表着我爷爷、我爸、我哥和我自己，它是我们章家猴戏的灵魂，象征着拼搏、进取、不屈不挠和乐观向上。”在六小龄童看来，“每个人心中都有一个猴王，都有一股爱玩、爱闹、爱笑的‘猴性’。希望今年春节能有更多的年轻人化身乐猴王，给身边的人带去快乐”。

随后，百事可乐公司又推出了两个视频，分别由口碑很好的动画电影《大圣归来》的手稿作者和“90后”手艺人梁长乐演绎，对《把乐带回家之猴王世家》篇里六小龄童所说的“下一代就看你们的了”进行了传承。

同时，为了唤醒并释放大家内心爱玩、爱闹、爱笑的“猴性”，启发年轻人创造新年的“七十二变”，百事可乐公司特别推出“乐猴王纪念罐”，并展开了一场关于“乐猴王纪念罐”的营销预热传播活动。与百事可乐相关的知名人士相继晒出收到的“乐猴王纪念罐”的照片，并表示猴年一定要“把乐带回家”。在名人和意见领袖的号召下，话题热度不断攀升，网民们不断评论、转发并询问猴王罐购买渠道。百事可乐公司则宣布“乐猴王纪念罐”作为全球限量版，于2015年12月29日仅在京东作为赠品送出，购买

指定产品即可获赠。

第二步：百事新年签，紧抓节日气氛。

2016年1月15日到2月8日，百事可乐公司推出百事新年签，消费者可以每天通过指定的平台获取自己的新年签，并记录每一天都在干什么，再把许愿和新年愿望融合在一起。

自2016年1月21日起，百事可乐公司发布了六小龄童和蔡依林、李易峰、吴莫愁等百事代言人欢聚一堂拍摄的《把乐带回家》主题广告，大谈猴王精神，乐闹新春。同时，每隔3天百事可乐公司就组织代言人发起百年号召，通过这样的形式给消费者营造新年庆贺的情绪氛围，并联合京东开启号称“大年初一不打烊”的促销活动，把品牌传播的效果转移到电子商务平台的实际销售中去，生动诠释了如何让消费者“把乐带回家”的宣传主题。

第三步：公益活动传播。

2016年1月20日，百事可乐公司联合中国妇女发展基金会共同发起了“把乐带回家——母亲邮包·送给贫困母亲的新年礼物”公益活动。该公益活动已持续4年之久，致力于为贫困妈妈们送上贴心的温暖，让她们感受到新春佳节的第一份祝福，也让更多人能够一同把乐带回家。六小龄童全程积极参与，起到了良好的示范和号召作用，收获了公众的支持和关注，吸引了更多的人参与到百事可乐公司的公益行动中来。

截至2016年2月2日，在“把乐带回家”的推广期间，百事可乐公司运用微博以及微信公众号推广有关内容，以下数据是这场活动的互动效果：活动期间热点营销话题“把乐带回家”点击量超过3.4亿次，互动人数64.7万人；《把乐带回家之猴王世家》在腾讯视频的总播放量高达12 847.5万次；在腾讯公益上发起的“把乐带回家——母亲邮包·送给贫困母亲的新年礼物“公益活动筹得现金约40万元。

思考讨论题

百事可乐公司“把乐带回家”的网络事件营销有何独到之处？对我们有哪些启示？

第 11 章 网络软文营销

本章导读

网络软文营销是一种新型的营销方式，具有低成本高回报、易提升诚信度、表现形式丰富等诸多优点。网络软文的表现形式多样，创作不拘一格，越来越为企业所重视。企业通过软文营销以广告形式对商业策略进行渗透，借助文字表述与舆论传播使消费者认同某种概念、观点和分析思路，从而达到促进企业品牌宣传、产品销售的目的。本章主要阐述网络软文营销的概念，分析网络软文的写作要求和写作形式，介绍网络软文的写作要点。

知识结构图

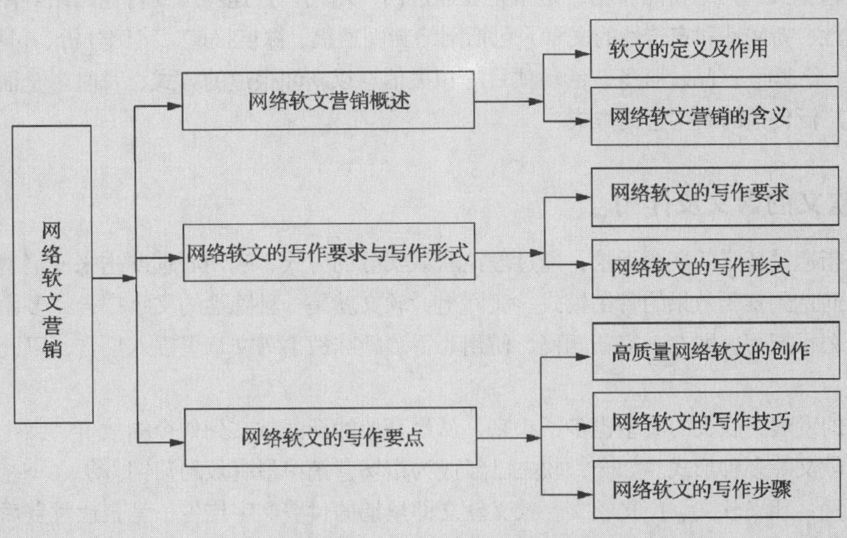

开篇案例

华为手机软文：千万不要用猫设置手机解锁密码

2014 年的《千万不要用猫设置手机解锁密码》这篇文章曾经登上微博热搜，在很多其他的网络社交内容平台上也有很高的阅读量和转载量。这个标题已经让人觉得非常有趣，引发了很多人的猜想和疑惑，而其内容更是意趣盎然。主人公以轻松通俗的口吻记述了自己某一天突发奇想用猫设置手机解锁密码的缘由、经过、意外和结果，还附上了手机和猫的照片，可信度非常高，并且行文非常“接地气”，事件也非常有趣。

作者当时是如何用猫给手机设置密码的呢？原来他使用的手机是华为 Mate7，其自带的指纹锁屏和解锁的功能让作者产生了奇妙的想法，即用猫爪设置指纹密码，而之后由此引发的一系列趣事也让网友们忍俊不禁，很难不注意到这款手机。

很明显这就是华为手机的一篇软文，但是从作者的叙事以及具体的内容来看，该文生动幽默，通俗真实，非常具有感染力和说服力，加上“有图有真相”，标题吸引人，事件有趣，猫咪可爱，文章所呈现出的个人风格也非常鲜明，让大多数人看过就能产生深刻的印象，同时也能注意到华为手机及其指纹解锁的功能。

华为的这篇软文内容丰富、画面真实、代入感强，口语化叙述加上无滤镜的图片使得软文的生活气息非常浓厚。软文的标题颇具悬念，能够吸引读者进一步阅读正文。软文中还加入了猫这种可爱的元素，创意独特。这篇软文能让人注意到华为 Mate7 这款手机，让人产生消费的欲望和模仿的冲动。

资料来源：道客巴巴，有删改。

11.1 网络软文营销概述

网络软文营销又叫网络新闻营销，是指企业通过门户网站、自建网站或行业网站等网络平台，传播一些具有阐述性、新闻性和宣传性的文章，包括网络新闻通稿、深度报道、案例分析、付费短文广告等，把企业、品牌、人物、产品、服务、活动项目等相关信息以新闻报道的方式，及时、全面、有效、经济地向社会公众广泛传播的新型营销方式。

11.1.1 软文的含义及作用

软文，是指通过特定的概念诉求，通过理论联系实际的方式，利用心理冲击来使消费者理解企业设定的概念，从而达到宣传效果的营销模式。实际上，软文就是一种隐性的文字广告，多由公司内部策划人员或者广告公司撰写，即在一篇新闻稿、使用心得、趣味故事等文章里嵌入广告，以此来宣传企业或产品。

随着软文的发展，软文的类型也多了起来，从最开始的新闻软文到如今的故事、微小说、博客、购买心得、论坛软文等多种形式。如今，软文已经成为市场营销中最有效的营销方法之一。软文从形式上可以划分为两种：狭义软文、广义软文。狭义软文即早期的付费文字广告，是企业付费后在报纸、杂志等媒体上刊登的宣传企业或产品的文字广告。广义软文是指通过专业的策划，付费在报纸、杂志、网络等各种宣传媒体上刊登文章，以此提升企业形象、宣传企业品牌。文章类别形式以新闻报道、案例分析、购买者使用反馈、深度软文较多。对于企业来说，软文的作用主要体现在以下几个方面。

（1）缩减广告成本。传统硬广告费用一直居高不下，很多企业都难以承受。相对于此，软文有绝对的优势，一篇原创软文的价格比硬广告费用要低很多。而且，一篇质量优秀的软文常会被读者免费转载，这样就扩大了产品的宣传范围，提升了企业的形象和口碑，从而让消费者更愿意信任企业及其产品。

（2）辅助搜索引擎优化（Search Engine Optimization，SEO）。一篇优秀的软文具备两个元素：网址链接、关键词。有了这两个元素，软文的点击率和曝光率就可以大大提高，从而可以提升企业和产品形象。如果链接页面做得完美，则可以直接提高用户的购买欲望。

（3）提高品牌知名度。要想提高品牌的知名度，仅靠硬广告是远远不够的，不仅费用高昂且难以持久。而在互联网上有针对性地发布网络软文，传播范围广且时间长久，有利于提高品牌的知名度。

（4）提高网站流量。抓住用户的心理，努力拉近与用户的心理距离，进而撰写一篇优秀的软文，可以给企业带来很高的流量及转换率，这样不仅可以间接地提高产品的销售量，而且还可以提升相关产品的受关注度。

阅读资料 11-1 加多宝“对不起”软文引发的关注

2013 年 1 月 31 日，加多宝在与王老吉的“广告词”官司中败诉。2013 年 2 月 4 日 14 点开始的 2 小时内，加多宝官方微博连发 4 条微博软文。这 4 条微博软文实际上是一组平面创意，画面主角是 4 位不同肤色的小男孩，虽然天真无邪，但在号啕大哭，看起来委屈得令人心软（如图 11-1 所示）。画面旁的文字内容则以大写的“对不起”吸引眼球。这些文字加上图片，看起来悲情、无助而义愤填膺。很快，这组微博软文以“对不起体”走红网络，当之无愧地成为经典微博软文营销案例。

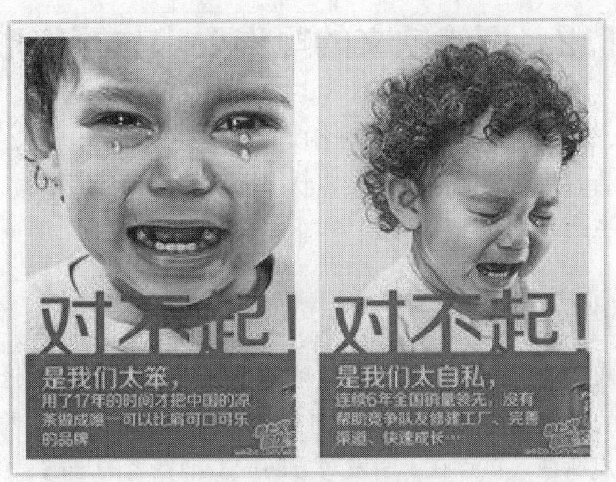

图 11-1 加多宝微博软文

“对不起体”帮助加多宝收获了广泛关注，24 小时内，这 4 条微博软文已经被直接转发 34 951 次，直接评论 9 270 次。事实证明，软文营销的形式不拘一格，不必像传统营销那样循规蹈矩或单一宣传，可以另辟蹊径。在软文营销兴起之前，国内企业遭遇公关危机时，习惯用官方声明加以应对，给人的感觉却难逃敷衍。事实上，用形式多变、接地气的软文进行应答更容易打动消费群体。软文发挥作用通常极为迅速，而能够抢先占领消费者的心理阵地，抓住时间资源优势，形成首因效应，这更是软文营销难以被取代的价值。

官司结束，原本会导致加多宝产品话题告一段落，但该企业反其道而行之，继续用微博软文制造争议性话题，顺利获得了更大的影响力。对任何品牌而言，这都不失为一种不费力而“讨好”的营销思路。利用“对不起”式的争议话题内容进行软文营销，需要注意把握尺度和分寸，并在推出之后辅以其他市场营销策略，以期得到消费者发自内心的理解与认同。

资料来源：王建平，梁文. 软文写作与营销实战手册：软文写作技巧+文案创意+即刻引爆传播. 北京：人民邮电出版社，2017.

11.1.2 网络软文营销的含义

网络软文是企业的一种商业策略，是以软性广告的形式，将品牌通过网络媒体渗透到消费者心中。其本质是通过对产品的概念诉求和问题分析，用文字的形式使消费者接受某些概念和观点，从心理上对消费者进行引导。而网络软文营销是通过特定的概念诉求，以新闻、访谈、评论、故事讲述、实例描述等文字形式来使消费者理解企业设定的概念，从而达到产品营销的目的。网络软文营销的形式并不单一，通常情况下会与博客营销、微博营销、微信营销、论坛营销等相互配合进行，这样的组合营销能强化软文营销的效果，提升产品的形象与销量。

很多人容易把软文营销和软文推广混淆。它们都是文字载体和广告形式，但二者之间究竟有什么关系呢？软文推广和软文营销虽然类似，却有一定区别。软文推广侧重的是执行，软文营销的重点是策略。假如临时写一篇软文，直白地在文中推广产品，这就是软文推广。软文营销通常有一个详细的策略来指导软文的内容，文中不一定直接提到产品，可能只是以一个词、一句话、一个概念作为铺垫，然后一步步写出内容，由浅入深，最后达到目的。

11.2 网络软文的写作要求与写作形式

俗话说“没有金刚钻，不揽瓷器活”，不懂得各类软文的写作技巧，企业就不能在营销实战中获得胜利。软文本质上虽然是广告，但是要想写好这个“软绵绵”的广告着实不易。只有各种方法齐上阵，写出来的软文才能转化为“生产力”。

11.2.1 网络软文的写作要求

网络软文不只是为了吸引更多的流量或传递某种商业信息，更是为了最终达到交易或交换的目的，并转换和改变消费者固有的价值观与信念，以此来变更事件和体验的意义。与消费者沟通是软文的主题，但沟通的意图并不是其重点所在，重点在于引发对方回应。消费者的理解、认知、回应程度是撰写软文的关键，简而言之，就是使消费者或客户理解并采取行动。

网络软文《很多个馒头引发的故事》就是典型的例子之一。多年前，外族人围困了一个城堡。战斗持续多日，城里渐渐开始出现断粮的状况。守军宁死不屈，绝不投降，决定用所剩无几的面粉制作成如石头般坚硬的馒头，然后用投石器射向敌军。一个馒头引发的不是血案，而是战争！然而，当同样被断粮问题所扰的外族军队看到这些馒头武器时，自认为城里的粮食多得足以用来当作攻击的武器，于是放弃了围攻城堡，黯然撤退，这一点是城里的人所始料未及的。

相同的话语在不同的语境中含义大不相同，这就是语言的微妙之处。外族人正是由于错误地理解了“馒头”的意义，所以才错失了最后的攻城机会。正如在软文营销中，我们也常常由于缺乏对客户或消费者正确的了解与把握，从而与许多的成交机会擦肩而过。

软文撰写服务于软文营销，因此，撰写软文的首要任务就是了解当前软文营销的目标。

第一，在撰写软文之前，不仅要了解企业在不同发展阶段的目标，也要明确不同层面以及当下的目标。只有对企业在的营销目标了如指掌，我们才可以确定软文营销的总体目标以及各阶段、各层面和当前的目标。企业在撰写前应尽可能详细地列出软文营销的目标战略图，如对内对外、线上线下、传统及网络媒体上的软文发布、广告、公关等目标，并且还要设定每一个目标的发稿及投放媒体数量。

第二，了解受众和媒体，从而提高软文质量。相较于企业内部从事软文制作的部门对于企业品牌或产品的受众群体及各类媒体的熟悉度而言，外包的软文写手可能难以全方位地了解一个企业。但随着对这家企业的产品服务、历史文化、高层领导、行业地位、竞争对手、发展状况、客户、厂商、经销商、相关政策的影响等各个方面的详细了解，其所撰写的软文质量也就越来越高。站在网络软文营销的立场来说，对于那些以网站为营销工具的站长、网店店主、小型工作室或微型企业而言，重要的一点便是对关键词进行分析，包括相关关键词、自己网站的优化数据、竞争网站与网络广告的基本情况，以及易被搜索引擎收录的网站信息。其原因就在于，网页内容的优化实际上可以等同于软文的优化，要想提高网页在搜索引擎中的排名，就必须选对一个搜索量大、竞争性小、相关性高的关键词。

第三，标题应吸引人。撰写过软文的写手肯定知道，有时相比于一篇软文的写作时间，设计标题往往需要更长时间。标题一旦无法吸引人，那么一切都是徒劳。稿件再好，无人阅读也无用；创意多好，无人点击便是徒劳。

11.2.2 网络软文的写作形式

由于不同企业的背景和需求不尽相同，软文的表现形式也多种多样，但究其根本仍是万变不离其宗。按照传播渠道和受众，网络软文大致可分为新闻类网络软文、行业类网络软文、用户类网络软文（产品软文）3 类。

1. 新闻类网络软文的撰写形式

新闻类网络软文作为软文发展初期惯用的形式，同时也是最基本的软文形式之一，主要以媒体公关稿、新闻通稿或新闻公关稿之类的新闻报道为主。企业在大多情况下也都会通过新闻的形式对公司的重大事件、大型活动、新产品发布等进行预热或曝光。

第一类，新闻通稿。对于公关与营销界人士而言，新闻通稿是耳熟能详的一个词。它原本只是新闻媒体中的一个专指媒体在采访到一些重要新闻后，以统一的文章方式发给全国需要稿件的媒体的术语，后来慢慢演化为企业为统一宣传口径，在对外发布新闻时提供给需要的媒体的新闻稿件。

来源于传统媒体的新闻通稿，其写作形式也与传统新闻报道相同，分为消息稿和通讯稿。概括来说，消息稿是对整个事件简要而完整的说明，即要包含整个事件始末；通讯稿则是对消息内容，如背景、花絮、具体的人或故事等的补充。基本上，新闻通稿只要确保文字流畅、语言精准、层次分明、逻辑性强、表述清楚、表达完整即可，所需技巧相对较少。

第二类，新闻报道。新闻通稿的形式简单，并且都是由企业内部人员完成，这就容易导致宣传效果不够理想，若想获得促进产品销售等进一步的效果就稍显不足。而新闻报道则可有效解决这一问题。此类软文对事件的报道基本是采用新闻的写作手法，以媒体的口吻进行发布，具有一定的隐蔽性。

第三类，媒体访谈。不同于新闻通稿语言的公式化，新闻报道内容的说教、单向灌输式，媒体访谈更具渗透性、感召性和互动性，也更易让人接受。通过与媒体访谈聊天的形式，企业想传达的内容和理念会更加吸引人和富有感染力，能达到以理服人、以情动人的效果。例如，凤凰网发布的《解码大众何以能够“大众”：决胜危难之中，要么死，要么赢》就是一篇人物采访性质的文章。受访者是大众公司的前总裁马丁·温特科恩（Martin Winterkom），其借这个机会说明了大众品牌的由来、标志的意义，并且传达了其经营理念，介绍了当时该品牌的发展现状等。

2. 行业类网络软文的撰写形式

面向行业内人群的网络软文称为行业类网络软文。通常情况下，提高影响力、奠定品牌地位是此类软文的目的。

行业类网络软文主要从以下5个方面切入。

（1）经验分享。此类软文是利用心理学中的“互惠原理”去传播知识、分享经验，从而感染、影响他人，继而树立品牌地位。

（2）观点交流与分享。与知识型软文不同，观点交流型软文胜在有思想，而且更易撰写。只要善于思考与总结，毫无经验也是可以写出来的。一般来说，此类软文见解独到，思路缜密，评论犀利，能使读者产生共鸣，继而树立品牌地位和提高影响力。

（3）权威资料。若有能力完成一些分析调查、数据研究的工作，或是可以掌握一些独家消息，那么基于这些数字和报告，企业完全可以发布一些相关软文，而这些软文必将受到追捧。

（4）人物访谈。人物访谈有三大好处，其一，只要邀请好访谈嘉宾，无须组织大量内容，准备好问题即可，有时甚至可以让听众一起帮忙想问题。其二，通过访谈，可以累积许多优质的媒体资源。其三，能够快速塑造行业品牌并提高影响力。

（5）第三方评论。邀请业内具有一定知名度和影响力的名博、名人，以第三方评论的方式发布软文是一种非常好的选择。第三方评论的内容没有限制，正面负面皆可，但前提是最后一定要把负面评论圆回来。俗话说得好，“好事不出门，坏事传千里”，实际上，有时候负面内容的传播效果往往要好于正面内容，因为受众更愿意关注一些负面消息。

3. 用户类网络软文的撰写形式

用户类网络软文，即面向终端消费者或产品用户的文章，主要作用为提高企业在用户中的知名度与影响力，博得用户的好感与信任，最终能够引导用户进行消费。这类文章的表现形式不尽相同，但必须遵循一条基本原则，即满足用户需求，具有可读性。以具体表现形式和手法为依据，此类软文可分为以下几种类型。

第一种，知识型。随着互联网的普及，无论是获取信息还是学习知识，大家都越来越依赖网络。而知识型软文将广告信息与知识完美地结合在一起，因而很容易为受众所接受。

阅读资料 11-2 新国氏教您应对春节饭局

中国人的传统节日春节又到了，在家人团圆、亲朋相聚格外兴奋的同时，吃吃喝喝也比平时“升级”许多。升级不仅仅是指饭菜的品种和质量，最主要的是频率升级。特别是工作生活在异地的朋友回老家过年，午饭、晚饭亲朋好友轮番聚。

连续几顿大餐之后，相信很多人都会为吃什么发愁，甚至为如何应对饭局而颇费心思。其实，只要准备好两样东西，就可以让你高枕无忧。

第一是酸奶或者牛奶。中国的酒文化源远流长，有“无酒不成席”的说法。面对亲朋好友的频频举杯相邀，岂能失陪？饮酒前，可以喝一杯酸奶或者热牛奶。酸奶或者牛奶中的脂肪能够在胃中形成一层黏膜，能够在一定程度上阻止酒精渗透胃壁，从而延缓酒精进入血液的时间。这样，一来是保护胃，二来是不容易醉酒。

第二是新国氏全营养素系列产品。春节期间，暴饮暴食有些时候是身不由己，但是爱美的女性或者肥胖的男士必须得注意了。春节期间，饭菜比平时好，营养本身就容易过剩，而且因为客观原因，节食对于很多人来讲都做不到。一方面是盛情难却，另一方面是管不住嘴。此时，如果身边带着新国氏全营养素系列产品中的任何一种，你便会无后顾之忧。

新国氏全营养素系列产品采用全天然配方，是公认的绿色、健康的减肥产品。目前，新国氏旗下除了拥有方便白领减肥的雅莱减肥饼干，适合肥胖患者抑制肥胖、有效减肥的国氏减肥胶囊和国氏全营养素以外，还新研制和推出了纤美减肥茶，采用“荷叶+普洱+山楂”的纯天然配方，让钟情于国氏的消费者又多了一个选择。

其实无论是酒前喝酸奶，还是在饭后使用新国氏产品，都是被动之举。春节期间还是要尽量控制自己，合理饮食，适量饮酒。健康生活才是最重要的！

软文简析：这是借助春节的节假日热点吸引眼球、宣传自己品牌的一篇成功的软文。这篇软文借助大部分人应付饭局的苦恼，采用了恰当的宣传，看到文章标题，尽管知道是软文，很多人也愿意点进去看一下。

这篇软文虽然是宣传产品，却也同时传播了一些有用的信息，如喝酒前喝酸奶可以保护胃，饭后吃减肥产品控制体重等。因此，该文虽然是宣传自己的产品，却也并不会让人感觉太生硬。

此外，软文标题设置了关键词“新国氏”“应对春节饭局”，两者融合为一体便于搜索，却又与正文十分贴切，因此标题设置是比较成功的。

第二种，经验型。经验型软文利用互惠原理，通过分享心得和体会来影响和引导用户，如“跟我去尝遍天下美食”“我是如何从 0 元做到 1 000 万元的”“一个打工仔的人生逆袭”等。

第三种，娱乐型。软文只要充满娱乐性，必将大受欢迎。曾有一篇在网络中广为流传的经典笑话短文，一个出差的男人想要给老婆一个惊喜，便提前回家，殊不知在家门口听到屋内传来了男人的打呼声。于是，男人只给老婆发了条“离婚吧！”的短信，便扔掉手机卡，默默离开……3 年后，当他们再次重逢时，妻子问道：“当初为什么不辞而别？”当男人对妻子说明了一切后，妻子只淡淡地留下一句话，便转身离开。原来，当初的打呼声是瑞星（杀毒软件）的小狮子！虽然这只是一篇小短文，内容也不过是一个小笑话，但在让大家在开心之余，也将瑞星这个名字牢记在心。

第四种，争议型。争议往往能引发讨论与关注，软文也适用于此。软文只要具有足够的争议性，就容易吸引受众的眼球。例如，软文以运动减肥期间要不要节食为话题，就会很容易引发人们的讨论。

第五种，悬念型。悬念型软文也称自问自答型软文，其表现形式就是全文围绕标题所提出的问题进行分析与解答。例如，“40 岁的皮肤可以如同 20 岁的吗？”“穷小子是怎样变成百万富翁的？”等。标题即话题，悬念型软文可以吸引大众的目光。但是必须注意一点，即标题所提出的问题必须具有高关注度，且文章中的解答一定要符合常识和逻辑，万万不能自相矛盾、漏洞百出。

阅读资料 11-3　两包感冒药和一台海尔空调

几天前，从台湾来昆明经商的高先生，亲自将一面锦旗送到了昆明海尔顾客服务中心，衷心感谢海尔为其提供的真诚服务。

原来，今年元旦期间，昆明的气温突然下降，高先生刚刚出生两个月的儿子和患有哮喘病的妻子因为天冷都感冒了。1 月 5 日早晨 9 时，他去当地专卖店购买了一套海尔氧吧空调。在购买空调时他向直销员讲述了自己家里的情况，希望能够尽快安装好空调。当高先生走出专卖店时，天空已经飘起了雪。高先生又去超市为家人买了一些生活必需品，而此时整个世界已经银装素裹。

当高先生回到家里时，他惊呆了：两位海尔空调售后服务人员已经来到了他家，正在娴熟地安装空调，而此时一位海尔服务人员正在给高先生的妻子递药。"哪来的药？"高先生好奇地问妻子，妻子激动地告诉他是海尔的师傅们买的。原来高先生在购机时向空调直销员讲述自己家里的情况后，被细心的海尔空调直销员记在心里，在向售后服务人员安排安装任务时，叮嘱务必顺便捎上感冒药。

高先生的妻子激动地说："孩子刚才还在哭闹，吃过海尔服务人员送来的感冒药以后，他才安静地睡着了。"他们谈话的工夫，空调已经安装好了。在安装好空调以后，服务人员并没有立即离去，又主动替他们把家里的冰箱、洗衣机、彩电等家用电器通通检查了一番，确认没有任何故障后才离开。

空调每次开启时，不但吹暖了身体，也吹暖了高先生一家人的心。一套氧吧空调，使房间里温暖如春。两包感冒药，不仅治了用户的病，更暖了用户的心。

资料来源：人民网。

第六种，故事型。讲故事是人类最古老的传授知识的方式之一，我们每个人几乎都是听着故事长大的。受众阅读故事型的软文，不单单只是接受了故事，同时也接受了心理暗示，进而在脑海中留下了故事所传递的信息，从而对认知和选择产生了影响。

第七种，恐吓型。这类软文属于反情感式诉求。在网上对企业及其产品一片颂扬的环境中，突然出现这种反其道而行之的恐吓型软文，其产生的效果要比赞美更强。恐吓型软文最早见于医疗保健类产品，但如今已为其他行业所采用，如《三高，亚健康的预兆！》等。运用恐吓型软文有很大的风险，稍不留神就可能适得其反，非但无法达到警示宣传的目的，反而可能在消费者心中留下阴影，因此要适度。

第八种，情感型。任何一篇软文只有建立在情感的基础上才能真正打动受众，读者读完一篇文章并被里面的情节所感动、所震撼时，一般是不会计较其中嵌入的产品信息的，而且情感型软文最容易被转载并产生辐射效果。曾在2007年被阿里巴巴评为网商十大博客之一的"闻香拾女人"的博主"闻香"（真名王燕），是位经营桂花产品的企业家。她在已发表的1 789篇文章中，以女性特有的视角记载了桂花的幽香，描绘了心灵的感悟。其中既有探寻人间真情的杂文，又有桂花产品活动记事；既有抒情散文，也有文学小说等。虽然形式各异，但主题大多围绕其桂花产品，从桂花的种植到产品的加工，以不同的视角全面介绍其企业文化和产品价值，如《桂花园挂满红灯笼》《和桂花入门者的交流》《阿凡达之神树——桂之树》等。这些软文可以说已经与产品融为一体，是对产品的感悟升华到心灵情感上的认识后的作品，因此具有强大的感染力和吸引力。

再如，中国移动在井冈山市当地媒体曾经发表过这样一篇软文，题为《八游客森林探险入绝境，险！金刚圈里搜救动真情，急！》。软文记述了从上海来的8位大学生在当地茫茫森林中探险迷路，在携带的干粮和饮用水消耗殆尽的情况下仍无法返回的故事。在极端困难的情况下，他们发现自己随身携带的手机还有信号，于是拿起手机向110求助。闻讯后，当地政府迅速设立了营救指挥部，从傍晚一直寻找到深夜，于第二天找到被困的大学生，并护送他们走出了森林。大学生们在感动之余纷纷表示，通过这次的亲身经历，认识到了中国移动手机信号强劲的优势，坚定了他们使用中国移动手机的信心。这篇文章本身选择的内容符合社会群体的情感倾向，挽救生命、紧急救援的行动，总是能够最大限度地激发人们内心的善意和真诚。当这种情感最终伴随着问题解决得到释放时，消费者也会记住是中国移动给救援行动提供了巨大的帮助。可见，写软文离不开种种手法，但只有这些手法是不足以打动消费者的，正如在市场上销售人员缺乏知识可以学习、缺乏经验可以积累，但如果缺乏对企业和消费者应有的感情，就注定无法取得成功。

第九种，促销型。促销型软文或者是直接配合促销使用，或者是通过“攀比心理”“影响力效应”等多种来促使消费者产生购买欲。

11.3 网络软文的写作要点

11.3.1 高质量网络软文的创作

网络软文的写作要点

毫无疑问，决定软文推广效果最关键的因素是软文质量。虽然搬弄词汇发博客相当容易，但是真正写好一篇软文却不是每个人都可以做到的。

例如，史玉柱通过软文炒作的方式成功推广了“脑白金”，他之所以能够只用 50 多万元的广告预算就创造了一年销售十几亿元的奇迹，很重要的一点是在软文质量上下了非常大的工夫。

根据知情人士的回忆，当年，史玉柱将他的策划班子文案组的 10 名文案高手连同一大堆事先准备好的资料悄悄拉到常州一家酒店，包下几个房间，集中 10 天时间进行全封闭式的软文写作。文案高手们不分白天黑夜，选材、创意、写稿、讨论，每人每天写两篇，写好之后统一交给史玉柱审阅。史玉柱则按事先拟定的软文写作 10 条标准进行审阅，稍不符合即被退回重写，这样反反复复几个回合之后，确定了一批候选作品。然后，史玉柱将这些闭门造出来的候选作品拿到营销会议上去，让那些来自市场一线的各地子公司经理们一一评定，投票表决，一篇一篇地朗读，一轮一轮地投票，层层把关，最后按得票多少确定要用的软文。候选作品中又会有一大半被淘汰。脑白金软文的“生产程序”恐怕比脑白金本身的生产程序还要严格，而经过这样严密的程序生产出来的软文就有了“原子弹”一样的威力。

一般来说，软文的写作可以由两类人完成，分别是企业内部相关人员和其他专业人士。如果企业像史玉柱的脑白金营销团队一样有写作方面的人才，能自己写作软文当然好。但大多数企业最好还是找公关公司或者记者来撰写软文，这样做的好处在于：第一，质量有保证；第二，公关公司或者记者都有自己的媒介渠道，使软文更容易被发布甚至推荐到大的网络媒介和传统媒介上；第三，由知名的专业人士写作的软文容易被用户认同，具有权威性。

11.3.2 网络软文的写作技巧[①]

第一，要保证原创。写作时不必全部内容都出自自己之手，可以适当借鉴别人好的观点（最好控制在 10%左右），但要保证整体内容的原创性。原创内容对于读者和搜索引擎来说，都是有价值的。这样，文章被其他网站转载的机会会更多，也就变相地为作者本人和你所要推广的产品做了无偿的推广。

第二，文章标题要足够吸引人的眼球。标题对于一篇文章会起到很大的作用，它是吸引网民点击浏览文章的“敲门砖”。对于同样的内容，换两个不同的标题发布在两个流量大致相同的版区，浏览量会有很大差别。不过，标题最好紧扣文章的主题内容，不要一味地标新立异，我们不提倡做网络上所谓的“标题党”。

第三，文章的内容一定要有特点，要有主题。写文章的时候，一定要明白为什么要写这篇文章，写这篇文章要达到什么样的效果。为了能得到这样的效果，需要选择什么样的主题内容，要突出什么样的特点，还要有权威的数据支撑，这样的文章会更让人信服。

---

① 周贺来. 网络营销使用教程. 北京：机械工业出版社，2010.

第四，文章一定要紧跟社会热点。在写网络软文的时候，一定要知道网民最近对什么感兴趣。写作前可以去查看百度风云榜，以一目了然地看到当天或者近两天出现的一些社会热点事件或者热点人物，这样的热点搜索引擎的搜索量通常很大。

第五，适当配合评论及图片。一篇软文如果配合论坛话题讨论以及评论文章，要比单独的软文效果要好。如果是新闻，带图片的新闻比不带图片的效果要好。标题中出现企业名称，效果比不出现企业名称要好得多。但是要出现得比较合理，不能一看就是软文推广。

第六，要认真分析读者的阅读习惯。其实这个不难理解，大家在看文章的时候，如果是长篇文章，能一字一句认真看完的人不会很多。所以在发表文章的时候，如果篇幅过长，最好能分成上、下篇或者分页，这样能方便读者阅读，还能加深读者的印象。

11.3.3 网络软文的写作步骤

普通的网络软文只是为了吸引流量或传递某种商业信息，实际上软文通过更新和改变消费者的价值观与信念，能转变事件与体验的意义，从而达到交易或交换的目的。

软文其实是与消费者在沟通，但重点不在于沟通的意图，而在于所引发的对方的回应。写作软文应当考虑消费者如何理解、认知、回应。简单来说，就是让消费者或客户从了解到理解，从心动到行动。

软文的写作是为软文营销服务的，所以我们首先应当了解当前软文营销的目标是什么。

1. 了解软文营销的目标

目是目的，标乃标尺，把目的进行划分就形成了目标。所以我们首先要明确企业的整体营销目标是什么。

要了解企业在各个发展阶段的目标、各个层面的目标、当下的目标是什么，详细地掌握企业的营销战略之后，我们再来确定软文营销的总体目标、各个阶段的目标、各层面的目标、日前的目标。

最好详细地列出软文营销的目标战略图，包括对内对外的目标，线上线下的目标，传统及网络媒体软文发布的目标，对广告、公关、营销的目标等，对每一个目标的达成我们还要设定发稿数量及投放媒体数量的目标等。

2. 了解受众群体及投放媒体

对于内部从事软文营销的部门来说，它们自然了解企业品牌或产品的受众群体，有经验的工作人员对各类媒体也非常熟悉。但是对外包的软文写手来讲，他们或许很难全方位地了解某个企业，但越详细地了解这家企业的产品与服务、企业的历史与文化、企业的高层领导人、企业在行业中的地位、企业的竞争对手、行业的发展状况、相关政策对行业对企业的影响等，就越能够写出高质量的软文。

从网络软文营销的角度来讲，尤其是对于以网站为营销工具的站长、网店店主、工作室或微型企业而言，他们必须进行相关关键词的调研分析、网站优化的数据分析，了解竞争对手网站与网络广告的基本情况，以及详细了解哪些网站的信息容易被搜索引擎收录到百度新闻频道或资讯频道。其中对关键词的分析特别重要，因为网页内容的优化实际上可以看成软文的优化，选对一个搜索量大、竞争性小、相关性高的关键词，那么此网页在搜索引擎中的排名就会比较高。

所以软文营销事实上包括 3 个层面，即软文推广、软文优化、软文传播。

从撰写软文的角度来说，我们应当了解受众群体的哪些信息呢？

第一是习惯用语。了解受众群体的习惯用语是为了更好地设计关键词，唯有如此才能达到精准营销的目的。所谓习惯用语，主要是针对当前的服务或产品，消费者或客户会怎么表达。

第二是偏好网站。即了解受众群体经常性地在哪些网站上浏览信息、互动讨论、听音乐或看视频，甚至要了解他们喜欢用什么搜索引擎等。

第三是需求问题。对于企业的产品或服务，潜在客户最关心的问题是什么？在整个交易过程当中，消费者或客户有什么不方便的地方？他们最关注的点是哪几个等。

3. 设定好软文题材、内容、结构

一个广告内容可以有多个主题，但一篇软文必然只有一个主题。软文的形式是多样的，如新闻软文通过新闻的方式表现，故事软文以小说、杂文或漫画等形式加以表现。

软文的形式为内容服务，而内容主要为营销目标服务。在软文的写作过程中，我们应当遵循“4个凡是”，即：

凡是更有利于推进营销目标的我们应当选择；

凡是更有利于被消费者接受的我们应当选择；

凡是更有利于被媒体采纳的我们也应当选择；

凡是更有利于满足上面3项的我们应当做首要选择。

选择合适的表现形式的主要目的在于更好地将内容传递给目标人群，也就是为了更好地与目标人群沟通。

软文的结构包括两种，一种是写作思路的结构，另一种是文章编辑的结构。

写作思路的结构是“意”，文章编辑结构是“形”。“形”可以理解为一些小技巧，如软文段落的优化。

软文段落的优化其实是一种阅读上的体验处理，就是让读者能自然而然地、轻松愉悦地读完全文。一般的做法如下。

第一段为1～3句话，字数控制在150个字以内；

第二段开始到倒数第二段，其中的各个段落一般为5～6个句子；

最后一段依然是1～3句话；

段落之间的空行要比句子之间的空行大，能清楚区分。

4. 定标题

有过软文撰稿经验的写手肯定知道，在设计标题上花费的时间往往比撰写正文的时间还要长。因为标题是吸引受众进一步阅读下去的前提。如果标题不能吸引人，再好的软文内容也无人问津。

阅读资料 11-4 好标题的八大类型

第一类，常规型：先写得真实，再追求巧妙。

标题是用来向软文受众打招呼的，因此要写得直截了当，明确其推销的产品。如果企业卖的是牛奶，那么就要在标题中明确出现“牛奶”的字样，如此一来，就能吸引潜在客户的注意力。现代人工作生活的压力都很大，每天也都身处信息的海洋，面临着形形色色的标题，无暇去猜测那些比较隐晦的标题的意思。所以，软文先要写得真实，在此前提下再追求巧妙。虚假的信息会适得其反，使文章失去受众的信任。例如，高露洁公司曾在软文中用到“中国和世界专业权威机构一致认证：高露洁安全、有效”“中国及全球口腔护理专家一致推荐：高露洁安全、有效”这样的字眼。不过，后经工商部门查证该软文存在误导消费者的行为，即只通过了部分机构的认证，也没有专家承认推荐过高露洁牙膏。

第二类，特定型：明确特定人群，说明指定内容。

采用特定型标题的软文，可以运用特定的内容聚拢特定的人群，从而与之产生共鸣并增加共同的话题，最终产生特定的效应。虽然指定受众的方式看起来把软文的读者范围缩小了，但正是由于这种特定性，软文在把特定人群聚拢之后，更能引得一些貌似无关的人产生一种好奇心，最终点击阅读。例如，“40岁女作家的中年感言：人生下半场，我们都躲不过这7个真相”，采用的就是这种形式的标题。从该标题我们可知，这篇软文极可能是讨论“后半部分”的人生内容。

第三类，数字型：数字使人好奇，数字给予力量。

数字会驱使人们产生好奇心，促使他们从数字中寻找答案，得到力量。一般而言，数字在标题中主要有三大作用：深化、强化和趣化。第一，数字能够深化主题，更容易引起受众的关注。第二是强化，即数字悬殊越大，对比越强烈，就越能激起受众的兴趣，如“10个故事温暖8亿人朋友圈”等。第三是趣化，即数字能形成许多有趣的现象，会赋予标题更多的情趣，如“500粉丝10万+阅读量的秘诀”等。

第四类，疑问型：问题激发好奇心。

疑问句和反问句是最常见的疑问型标题的形式。其重点是提出问题，引起受众关注，产生共鸣，然后在正文中通过分析给出答案。例如，“华为凭什么成为受外媒尊敬的中国IT公司？”“一个人挣多少钱，才敢回家过年？”等。

第五类，附攀型：名人效应。

相对于普通人来说，名人的影响力更大，而名人的知名度越高，跟随的人就会越多。标题中出现名人更容易吸引受众的目光，例如，“李嫣自拍揭秘，天后也爱的洗脸神器”“赵雅芝年轻20岁的秘密”等。

第六类，稀缺型：物以稀为贵。

稀缺型标题之所以有效，在于提醒消费者“机不可失，失不再来”，如“限量抢购，仅限×天”等。

第七类，不合常理型：不合常理更特别。

不合常理的东西往往更能吸引人的关注，引起猎奇心理。例如，“今年48岁了，我还是单身”“千万不要跟产品人讨论产品”等。

第八类，制造恐慌型：“恐吓”使人警醒。

该类型的标题主要通过“恐吓”的方式增加关注度。例如，“高血脂，瘫痪的前兆”“天啊，骨质增生害死人”“30岁的人60岁的心脏”等。

资料来源：陈卫峰. 软文营销：那些让人拍案叫绝的创意文案. 北京：电子工业出版社，2016.

练习题

一、单选题

1．下面不是网络软文的创作点的是（　　）。

A．新产品上市　　B．公司或产品等获得奖项

C．大项目的成功中标　　D．员工损害公司利益

2．（　　）一般通过设问引起话题或引起读者的好奇心。

A．新闻型软文　　B．悬念型软文　　C．故事型软文　　D．情感型软文

3．软文营销事实上包括3个层面，即（　　）。

A．软文创作、软文推广、软文优化　　B．软文推广、软文优化、软文传播

C．软文创作、软文传播、软文优化　　D．软文炒作、软文推广、软文传播

4．软文创作无须忌讳的是（　　）。

A．论文式软文　　B．无病呻吟　　C．缺乏真实性　　D．诚信本性

5．企业选择软文推广在很大程度上是为了改善促销效果和降低促销成本，因此软文不可能回避广告的（　　）。

A．公益本性　　B．客观本性　　C．商业本性　　D．娱乐本性

二、多选题

1．以下属于软文营销的特点的有（　　）。

A．本质是非广告　　B．低成本高回报　　C．易表现诚信

D．表现形式丰富　　E．易为企业树立良好的口碑

2．网络软文常用的形式主要有（　　）。

A．故事型　　B．新闻型　　C．悬念型

D．情感型　　E．恐吓型

3．在软文写作的过程中，应当遵循（　　）。

A．凡是更有利于推进营销目标的应当选择　　B．凡是更有利于被消费者接受的应当选择

C．凡是更有利于被媒体采纳的应当选择　　D．凡是能吸引消费者眼球的事情都应当选择

E．凡是选择炒作的就不要考虑后果

4．从撰写软文的角度来说，我们应当了解的受众群体信息包括（　　）。

A．习惯用语　　B．健康状况　　C．偏好网站

D．需求问题　　E．学历水平

三、名词解释

1．软文　　2．网络软文　　3．网络软文营销　　4．行业类软文　　5．悬念型软文

四、简答及论述题

1．网络软文的写作要求主要有哪些？

2．试论述网络软文的作用。

3．何谓用户类软文？其主要作用是什么？

4．试论述网络软文的写作步骤。

19年的等待，一份让她泪流满面的礼物

他们结婚19周年的纪念日，恰好是圣诞节。

几天来，她一直头疼、失眠，心情特别郁闷。食堂的工作太繁杂，整天忙得焦头烂额，她简直不想再做了。几千号人，财务账目一团糟，经常有漏洞，员工管理也复杂，售票时人员不够用，闲时人多没处用，双休日几乎没有休息过，简直让她一筹莫展、身心疲惫。

昨天晚上，她草草对付了一口饭，收拾完碗筷，她的老公一如往常，进入卧室开始上网玩游戏。而她坐在电视机前漫不经心地变换着频道，心里却翻江倒海，索性关闭了电源，一个人孤独地坐在那里，越想越感到委屈，禁不住抽泣起来。

寂静的夜晚，她的抽泣声惊动了上网的老公。他心里一惊，起身来到她身边，纳闷之际伸出右手想安慰一下老婆："为啥哭啊，咋的了？"她一边抽泣一边委屈地回答："整天累得睡不着觉，这日子过得真没意思。"听她如此一说，他伸出的右手停在了半空中，犹豫片刻，还是将手继续移动，轻轻地落在了

她的肩膀上。“当初我们那么苦都过来了，现在我工资涨了，食堂生意也不差，生活好了，咋还郁闷起来了？”他用手抚摸着她的肩膀，轻声说：“我们的生活一天比一天好了，我们的心情也要一天比一天快乐才是。”几句简单的话，一个微小的动作，顿时让她感到异常温暖。

“食堂生意不差，却也不好，你知道有多难吗？”她开始絮絮叨叨，“财务账目一团糟，我发现好多漏洞，经常收到假钞……”面对她的诉苦，他“嘘”了一声：“走，我去食堂看看吧！”

结婚19年了，他一直是倔强，毫无耐心，我行我素，从来都没有注意过她的任何感受。而她全身心投入食堂生意的同时，还要全方位地照顾一家老小，尤其是父母去世之后，她更成了兄弟姐妹各个家庭里的顶梁柱。在家里，与其说她是他的老婆，不如说她在当他老婆的同时，还在承担着他母亲的责任。他在外不如意时，她柔情劝解；他在家发脾气时，她礼让三分；而她不如意发脾气时，他不但不会安慰，反而不理不睬，转身离去，不会听她的倾诉，全然不顾她的感受和委屈。

而今，面对她的抽泣和委屈，他终于开口讲了一句安慰的话，还有意关心她食堂的生意了。他牵着她的手，俩人向食堂走去。

食堂除了打扫清洁的员工，她还发现有几个穿蓝色工作服的陌生人正在食堂窗口安装什么。她心里一惊，蓦地明白了什么似的，转过头去用疑惑而幸福的目光注视着老公。

他笑着解释：“看你做生意起早贪黑，太辛苦，我给你订了一批IC卡饭堂机，科学方便，为什么不用呢？”

她赶紧跑到工作人员的身边，他们向她微笑打招呼。她转过头：“我也有这个打算，只是迟迟没有行动。”

他说：“今天晚上工人就给你全部安装好。本来是准备送你一个纪念日惊喜。以后，你再也不用自己一张一张理账了，这套设备会自动生成财务报表，也不用请那么多售票员了，省时省力省钱，你等着做甩手掌柜吧！”

听到他体贴的安慰，她热泪盈眶，转身抱住了他。结婚这么多年来，他第一次默默主动地为她做了一件事。平安夜异常寒冷，她却感到非常温暖，平日讨厌的食堂仿佛也变得简洁可爱起来。但她精明的生意头脑又转了起来：“你怎么挑厂家的？生产厂家挺多啊，到底哪家最好？一共花了多少钱？”

他笑着拍拍她的肩：“你永远改不了追根究底的毛病，我是为你解决烦恼，又不是给你添麻烦，当然要选最省心的品牌，卡联科技是IC卡行业内100强企业，你还担心什么？只要你轻松快乐起来，花再多钱又有什么关系呢？”

她再也忍不住了，将头埋在老公的胸前抽泣起来。工人已经将整套设备装好了，掌声响起来，工人祝他们纪念日快乐！她急切地说谢谢，一时感动得语塞。老公原来一直深爱着她——这是她结婚纪念日收到的最好礼物，也是圣诞节最惊喜的礼物。

资料来源：搜狐网。

思考讨论题

1. 本案例中的软文属于何种类型？有何特点？写这类软文需要注意哪些问题？
2. 结合案例材料，请谈谈网络软文的传播策略。

第 12 章 大数据营销

随着信息技术和互联网的发展，人们的生活已跨入大数据时代，大数据所蕴含的巨大商业价值正渐渐被认可。在商业领域，由于大数据营销能帮助企业迅速定位用户、客户群，提高企业和产品的形象，提升企业和产品的知名度以及公信力，大数据营销已成为一种重要的营销方式。本章主要介绍大数据的概念、大数据营销的内涵与特征，重点分析了大数据营销的策略与方法等。通过对本章的学习，读者可以树立大数据营销的思维并掌握基本的大数据营销方法。

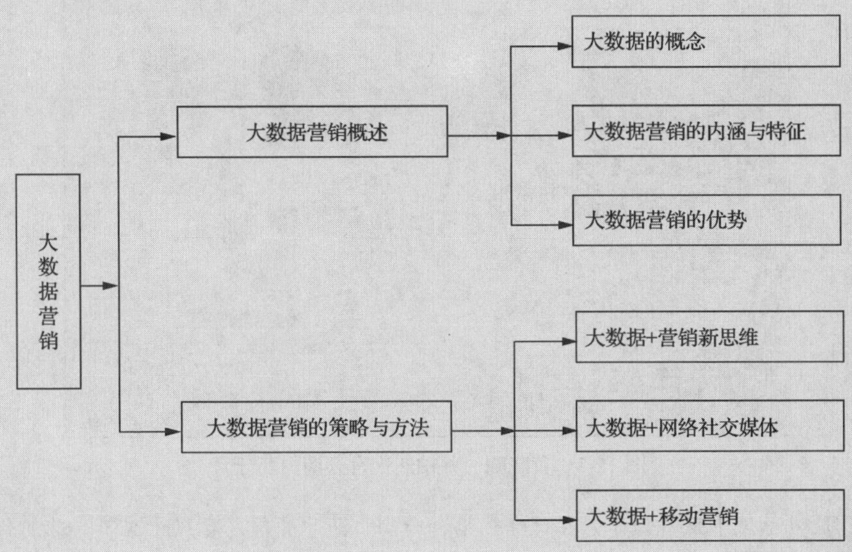

开篇案例

云南白药牙膏携手阿里妈妈开展大数据营销

日化行业的全民化特质，导致了其长期以来的粗放式、放养式营销形态，但在行业总体增长进入瓶颈期以后，日化品牌如何通过差异化营销模式破解行业僵局，实现二次飞跃？

2017 年 6 月至 9 月，阿里妈妈携手日化行业的领先品牌——云南白药牙膏，开展了一系列以大数据为引擎，以阿里生态为舞台的营销行动，通过加热度、挖深度、拓广度三大模式，翻开了日化行业创新营销的新篇章。

2017 年 6 月，云南白药牙膏官方旗舰店全新开业，有别于过往新店开业对品牌声量和短期成交量的关注，云南白药牙膏一开始就着眼于“如何通过新店开业营销，为品牌有效沉淀长期营销优势”这一焦点，开展了系列传播行动。

经过深度挖掘品牌特色，“化名人粉丝为店铺粉丝”成为撬动本次新店开业的关键发力点。基于阿里大数据，通过对全淘宝用户搜索、浏览、购买、分享行为的深度挖掘，阿里妈妈为云南白药牙膏量身定制了“名人粉丝”人群包，在淘宝平台上为云南白药牙膏精心筛选了黄晓明、井柏然两位代言人的粉丝人群，同时通过“帮爱豆上头条”的名人 PK 创新互动机制，激发粉丝们参与。在短短数天内，就为新店带来了过亿曝光量，吸引了超过 75 万名粉丝踊跃参与互动，为新店“借”来了超过 30 万名粉丝，为新店的长期营销打下了良好基础。以名人带热度和黏度，阿里妈妈与云南白药牙膏一起探索并优化了“大数据+名人”赋能新店开业的全新营销形态，为行业树立了全新的标杆。黄晓明、井柏然代言的云南白药牙膏广告如图 12-1 所示。

图 12-1　黄晓明、井柏然代言云南白药牙膏

2017 年 8 月，《春风十里不如你》在优酷热播，云南白药牙膏与《春风十里不如你》作者冯唐合作，推出了春风十里旅行套装。以此为契机，云南白药集团和阿里妈妈开始了 IP 价值深度变现的探索之旅。

通过淘内数据与优酷数据深度打通，阿里妈妈在优酷抓取了《春风十里不如你》的所有观影人群，并通过ID比对，对他们进行了淘内重触达，在大数据营销上迈出了关键一步。同时，通过对飞猪、优酷、捉猫猫等阿里系资源的深度整合，阿里妈妈为云南白药牙膏量身定制了IP媒体矩阵，对商旅人群、娱乐人群和行业人群进行了深度渗透。

以IP合作款产品为引爆点，通过大数据对品牌兴趣人群、牙膏类目兴趣人群、冯唐粉丝人群、《春风十里不如你》观影人群在淘内进行精准触达，云南白药牙膏2017年8月总销量同比增长超过50%，环比增长超过25%。

2017年9月，云南白药牙膏与知名财经作家吴晓波合作，开展了以“齿久清新益起来”为主题的关爱西藏儿童公益活动。如何让公益场景与电商场景深度整合，将公益影响力在淘内最大化变现，成为云南白药牙膏和阿里妈妈认真思考的课题。

以西藏公益活动为契机，阿里妈妈助力云南白药牙膏整合了淘宝品牌欢聚日、大牌狂欢日、99品牌欢聚盛典等淘系最优质的活动资源，进行了一场长达半个月，以“遇见童年，益起欢聚”为主题的大型公益主题促销活动，通过定制公益套装、买一赠一公益促销福利、咸鱼名人公益拍以及“回到童年”公益AR互动，云南白药牙膏与聚划算、天猫超市、闲鱼、优酷等淘内平台进行了深度合作，打造了一个专属于云南白药牙膏的“超级品牌月”。

在大数据层面，配合公益主题，阿里妈妈首次应用大数据智能算法，基于用户淘内搜索和购买行为，为云南白药牙膏定制了公益人群包，助力品牌在活动期间最大化覆盖淘内的品牌和公益高意向人群。

通过大数据，阿里妈妈让云南白药牙膏的公益主题促销活动与淘内公益人群完美对接，助力品牌9月销量猛增，再创新高，并强力带动云南白药牙膏9月在淘内的市场份额显著提升。

以大数据为催化剂，阿里妈妈助力云南白药牙膏公益行动和电商大促完美融合，并深度对接阿里生态，进行了一次“生态级”的品牌大促，把节点大促场景拓展到了全新的广度。

资料来源：艾瑞网。

12.1 大数据营销概述

大数据时代，数据无孔不入，谁掌握了数据，谁就有可能取得成功。在云计算、物联网、社交网络等新兴服务的影响下，人与人之间、人与机器之间以及机器与机器之间产生的数据信息正在以前所未有的态势增长，人类社会正在步入大数据时代，数据开始从简单的处理对象转变为一种基础性资源。通过对大数据的挖掘与分析，企业能够发掘用户消费偏好，以便进行精准营销，并能够充分发现潜在用户，扩大营销范围，增强营销效果。运用大数据营销，企业还可以有效地进行市场预测，及时发现市场机会，加快做出业务决策。

12.1.1 大数据的概念

大数据是近几年来最热的词汇之一，美国政府将大数据定义为“未来的新石油”，我国也在国家层面给予了大数据足够的重视。大数据已经超越商业行为，上升为国家战略，成为我们商业生态环境和日常工作生活中不可或缺的部分。那么什么是大数据呢？

大数据又称巨量资料，是指无法在一定时间内使用传统数据库软件对其内容进行获取、管理和处理的数据集合，需要新处理模式才能具有更强的决策力、洞察力和流程优化能力的海量、高增长率和多样化的信息资产。相比于传统处理的小数据，大数据具有规模大（Volume）、多样性（Variety）、时效性（Velocity）、准确性（Veracity）和价值低密度（Value）等特点，如表12-1所示。

表12-1 大数据的特点

规模大（Volume）	数据存储量大，已从TB跃升到PB级别，甚至开始以EB和ZB来计数。互联网数据中心（Internet Data Center，IDC）的报告显示，到2020年全球数据量将超过40ZB
多样性（Variety）	大数据包括结构化、半结构化、非结构化等各种格式，以及数值、文本、图形、图像、流媒体等多种形态的数据存在
时效性（Velocity）	大数据具有很强的时效性，往往以数据流的形式快速地产生。用户若想有效地利用这些数据，就必须把握好数据流，同时数据自身的状态与价值也随着时代变化而发生巨变
准确性（Veracity）	处理的结果要保证一定的准确性，不能因为大规模数据处理的时效性而牺牲处理结果的准确性
价值低密度（Value）	大数据虽然蕴含极大的价值，但其价值密度低，需要进行深度分析、挖掘才能获得有价值的信息

大数据既是数据量的激增，同时也是数据复杂性的提升。大数据的数据类型丰富多样，既有像原有的数据库数据等结构化信息，又有文本、视频等非结构化信息，而且数据的采集和处理速度要求也越来越高。大数据包括交易和交互数据集在内的所有数据集，主要由海量交易数据、海量交互数据和海量数据处理3部分构成。其规模或复杂程度超出了常用技术按照合理的成本和时限捕捉、管理及处理这些数据集的能力。

阅读资料12-1 趣多多大数据玩转愚人节营销

大数据可以让营销玩出更多新意与趣味，趣多多的愚人节营销就借助大数据成功吸引了年轻人的注意，制造了满满的热度与话题，获得了巨量的品牌曝光度。

在2016年愚人节营销中，趣多多联合《今晚80后脱口秀》这档节目，借助节目及其主持人王自健的人气，受到了其粉丝的注意和欢迎。同时趣多多与流量巨大的百度搜索合作，设计了一个有趣的玩法。那就是用户在使用百度图片和百度知道时总能看见趣多多的身影，而在一些热度高的新闻消息下面，也总是能够在不经意间看到趣多多的“乱入”，甚至有一些“标题党”的新闻吸引人点进去后，却写着“别太当真，只要趣多多”。虽然这些活动让很多人不明所以又有被“骗”的感觉，但非常符合愚人节的主题，非常具有搞笑效果。

凭借热门节目和这一创意恶搞的玩法，趣多多成功地获得了强烈的存在感，而这些营销活动的开展，正是基于趣多多利用大数据技术对于市场、消费者需求和习惯的数据采集和分析。采集消费者的社交数据，可以分析出趣多多的目标用户为18～30岁的年轻人群体，进一步分析其喜好和个性，企业可以投其所好地设计具有年轻化特点的营销活动。而通过分析这一群体使用的主流网络社交平台，企业可以较为准确地获知其聚集地和活跃点，使得营销活动的投放更加集中高效，使品牌得到全面有效的曝光。

12.1.2 大数据营销的内涵与特征

大数据营销的内涵与特征

大数据营销是通过大数据技术，对由多平台所获得的海量数据进行分析，帮助企业找到目标消费者，并以此为基础对广告投放的内容、时间及形式进行预测与调配，从而实现广告精准投放的营销过程。按照大数据处理的一般流程，大数据技术可以分为大数据采集技术、大数据存储和管理技术、大数据分析技术和大数据应用技术4类。

社交网络的扩张使得数据急速增多，将消费者在社交网络中的行为轨迹串联，对其进行分析，就可以了解消费者行为习惯，理解消费者需求。例如，谷歌利用引擎搜索记录发掘数据二次利用价值，成功预测了 2009 年甲型 H1N1 流感的传播；亚马逊通过从消费者身上捕获的大量数据研发了个性化推荐系统，根据消费者的购物喜好为其推荐具体的产品以及感兴趣的内容。大数据带来的营销变革日益凸显，与传统营销相比，大数据营销具有以下特征。

1. 全样本调查

大数据技术的发展，使得人们对由感应器、移动终端等所采集的大数据进行分析，并从中获取有价值的信息成为现实。在大数据时代，商务数据分析不再以抽样调查的方式降低数据处理难度，而是对所采集的全部数据进行分析，从而能够有效避免抽样调查自身存在的误差甚至以偏概全等缺陷。

2. 数据化决策

英国学者维克托·迈尔·舍恩伯格（Viktor Mayer-Schönberger）和肯尼斯·库克耶（Kenneth Cukier）在其经典著作《大数据时代》一书中强调，大数据时代探索的不是“为什么”的问题，而是“是什么”的问题。在大数据时代，事物之间的因果关系已不是数据分析的重点，识别需求才是信息的价值所在。大数据营销将让一切消费行为与营销决策数据化，最终形成一个营销的闭环体系，即“消费—数据分析—营销活动—效果评估—消费”。预测分析将成为大数据营销的核心。全面、及时的大数据分析，能够为企业营销决策的制定提供更好的支撑，从而提高企业的营销竞争力。

3. 强调时效性

在网络时代，网民的消费行为和购买方式极易在短时间内发生变化，在网民需求最高点及时进行营销非常重要。全球领先的大数据营销企业 AdTime 对此提出了时间营销策略，它可通过技术手段充分了解网民的需求，并及时响应每一个网民当前的需求，让用户在决定购买的“黄金时间”内及时收到商品广告。

4. 个性化营销

所谓个性化营销（Personalization Marketing），最简单的解释就是量体裁衣，就是企业面向消费者，直接服务于消费者，并按照消费者的特殊要求制作个性化产品的新型营销方式。互联网提供了大量消费者信息数据，企业可以利用网络资源对消费者各渠道的行为，消费者生命周期各阶段的行为数据进行记录，制定高度精准、绩效可高度量化的营销策略。对于既有消费者，企业可以分析采集到的消费者信息，推断其购物偏好或倾向，进而进行定制化推送。同时，企业也可以根据消费者不同的特性对其进行细分，然后用不同的侧重方式和定制化活动向这些群体进行定向的精准营销。而对于潜在消费者，企业可以根据大数据分析获得消费者对产品特性的倾向，进而对产品精确定位，改善产品，进行有针对性的营销，使潜在消费者真正成为企业客户。

阅读资料 12-2 网易云年度歌单刷屏

近几年流行的年度账单、年度歌单，可以在年末为用户生成一张专属的个人榜单，显示一年内其在应用上的种种使用行为。这种精细化的个人榜单其实也是运用了大数据技术，对用户个人的行为数据进行采集，并通过归类和计算得出的。网易云年度歌单在近几年的年终总是能吸引用户的眼球，让用户踊跃参与。

网易云年度歌单利用大数据海量收集用户们的听歌信息和数据，将每个用户对哪首歌听得最多、给出了什么评论、听歌时间、听歌习惯等，都在专属歌单上非常清晰地罗列出来。而且，根据每个用户的听歌喜好，网易云对用户的心情、性格等进行分析，给出大致的标签，加入了更多的个人情感化的内容，让用户体会到定制歌单的细致与用心，从而对其产生好感，进一步将其转发分享，达到传播和刷屏的最终目的。

这其中，大数据起到了非常基础而又重要的技术作用，正是因为大数据，网易云才能与用户形成深层次的创意互动，即时生成专属歌单。再借助情感角度的切入，用心的内容文案引发的感动与共鸣，网易云与每一个用户都能建立起情感上的联系，从而加强用户对网易云的信任和依赖。

从网易云年度歌单刷屏的案例中我们不难发现，其中最让大众热衷和在意的莫过于年度歌单的特殊性与专属性让用户有了独一无二的优越感，同时借助年度歌单回顾一年来的心情也触动了很多用户的感情点。总之，在大数据的作用下，个人年度歌单这一类的互动形式才能够实现，企业才有可能为每一个用户量身定做产品，达到精细化营销的目的。

12.1.3 大数据营销的优势

企业实施大数据营销，不仅能够提高企业的营销效率，也能够提升消费者的体验，还能够促进营销平台的互通互联。

1. 提高企业营销效率

大数据营销既能帮助企业实现渠道优化，也能促进企业营销信息精准推送。企业可以通过分析消费者留存于社会化网络平台的信息记录，获取消费者产品服务的渠道信息，进而依据消费者使用情况对营销渠道进行优化。同时，企业也可以通过大数据技术对消费者进行分类，然后有针对性地向消费者推送相关营销信息。

2. 提升消费者体验

大数据处理技术，使企业能够进行精准分析，企业根据分析结果，可以将特定消费者准确划分，从而为潜在消费者推送其所需要的产品信息。对消费者而言，所获产品信息价值越高，就越有利于他们做出正确的购买决策。此外，进行大数据营销的企业，非常关注消费者使用产品后的体验、感受，以便对产品进行改进。大数据营销时代，企业只有将消费者的反馈信息进行合理分析和利用，才能真正发挥大数据营销的作用，使消费者的每一项反馈都能够真切地应用到产品的改进中。

3. 促进营销平台互通互联

消费者以生活化的形式存在于互联网之上，要想精准掌握消费者的需求，企业就要尽可能多地了解其生活的每一个关键时刻。人们已经充分将日常生活与互联网平台互联，如在社交网站与亲朋好友互动，在电商平台进行产品消费，在论坛发表个性观点，甚至可以在某些平台进行知识科普。大数据营销需要的是将消费者网络中碎片化的信息重聚，得到消费者整体画像，从而进行个性化营销。因此，大数据营销应用的发展促进了各大互联网平台的相互融合。在线上平台相互打通的同时，大数据营销也促进了线上线下营销平台的互联。媒体通过跨界融合的方式使报纸、电视、互联网进行有效结合，促进资源共享，使企业能获得大量消费者信息并集中处理，衍生形式多样的营销信息，再通过不同的平台进行传播，从而提升营销效果。

阅读资料 12-3 大数据对营销的影响

大数据在营销 3.0 时代发挥着越来越重要的作用，企业通过大数据来细分、挖掘和满足需求，结合相应的效果反馈机制、综合评估分析，结合大数据的精准化、智能化的营销，主要可以实现 3 个方面的改进。

一是受众更“全”。大数据收集的是目标所有的信息数据，可以从市场中获取较以往更加全面和完整的消费者数据。企业通过分析这些数据，可以更真实地掌握消费者的信息，更准确地发现消费者的需求，根据数据来制定符合消费者需求的营销模式和营销组合。

二是投放更“准”。大数据可以分析消费者特征、消费行为、需求特点，同时平台、载体、人群的选择让营销更精准，从而促进各行业营销模式精准性的升级，改变行业内原本的营销战略和手段，提高企业的营销效率。

三是转化更“高”。大数据关注数据间的关联性，而不只是关注数据的因果性。企业通过分析海量的相关数据，还可以发现并总结出消费者的消费习惯，根据消费者的习惯来进行预测，设置特定的场景来激发消费者的购买行为，从而提升有效受众的转化率。

资料来源：搜狐网。

12.2 大数据营销的策略与方法

大数据开启了一次重大的时代转型，正在改变着我们的生活方式。处于当今移动互联网时代、大数据化运营的大环境中，企业的营销策略也发生着一系列重大的改变。

12.2.1 大数据+营销新思维

大数据是一场新的革命，大数据时代的到来，将彻底颠覆此前的市场营销模式与理念，加快企业传统营销模式的转变步伐。那么，企业如何利用庞大的网络信息数据有效开展营销呢？下面将对大数据背景下几个营销新思维的应用方法进行具体介绍。

1. 关联营销

关联营销通过大数据技术，从数据库的海量数据中发现数据或特征之间的关联性，实现深层次的多面引导。著名的沃尔玛“啤酒与尿布”关联销售就是利用大数据关联分析开展营销的典范。

“啤酒与尿布”的故事发生于20世纪90年代的美国沃尔玛超市，沃尔玛的超市管理人员分析销售数据时发现了一个令人难以理解的现象：在某些特定的情况下，“啤酒”与“尿布”这两件看上去毫无关系的商品会经常出现在同一个购物篮中。这种独特的销售现象引起了管理人员的注意，经过后续调查发现，这种现象出现在年轻的父亲身上。

这个时候在美国有婴儿的家庭中，一般是母亲在家中照看婴儿，年轻的父亲前去超市购买尿布。父亲在购买尿布的同时，往往会顺便为自己购买啤酒，这样就会出现啤酒与尿布这两件看上去不相干的商品经常会出现在同一个购物篮的现象。如果这位年轻的父亲在卖场只能买到两件商品之一，那他很有可能会放弃购物而到另一家商店，直到可以同时买到啤酒与尿布为止。沃尔玛发现了这一独特的现象，开始在卖场尝试将啤酒与尿布摆放在相同的区域，让年轻的父亲可以同时找到这两件商品，并很快地完成购物；而沃尔玛超市也可以让这些消费者一次购买两件商品而不是一件，从而获得了很好的商品销售收入。“啤酒与尿布”的故事是营销界的神话，沃尔玛将“啤酒”和“尿布”两个看上去没有关系的商品摆放在一起进行销售而获得了很好的销售收益。沃尔玛的这个营销案例，被普遍认为是利用大数据分析开展营销的开端，即通过对大数据进行分析，找到商品之间的相关性，确定消费者的购买行为，从而更好地促进营销活动。

关联性分析对企业的商业决策具有重要意义，在市场营销、事物分析等领域有着广泛的应用。企业通过对所记录每一个购物内容的数据进行整理分析，可以发现不同商品之间所存在的关联性，进而分析消费者的购买习惯。例如，通过大数据研究消费者在购买牙膏时伴随购买的商品，消费者购买牙膏的同时是否也喜欢同时购买牙刷或者购买哪个品牌的牙刷。如果由大数据分析出牙膏与牙刷的关联性，商家就可以进行有针对性的促销，将牙刷和牙膏放在一起销售。

阅读资料 12-4 塔吉特百货：我知道你怀孕了

美国第二大超市塔吉特百货（以下简称“塔吉特”）是最早使用大数据的零售商，它拥有专业消费者数据分析模型，可针对购买行为精确分析出早期怀孕的人群，然后先于同行精准营销商品。

2012 年，美国一名男子闯入他家附近的一家塔吉特抗议：你们竟然给我 17 岁的女儿发婴儿尿片和童车优惠券。店铺经理立刻向来者承认错误，但是该经理并不知道这一行为是总公司运行数据挖掘和个性化推荐的结果。一个月后，这位父亲前来道歉，因为这时他知道自己的女儿的确怀孕了。塔吉特比这位父亲知道自己女儿怀孕足足早了一个月，此事被《纽约时报》报道后，轰动了全美。

那么，塔吉特是如何做到的呢？

第一，确认需求。塔吉特的市场营销人员求助于塔吉特的消费者数据分析部（Guest Data & Analytical Services）的前高级经理安德鲁·波尔（Andrew Pole），要求他建立一个模型，在孕妇第二个妊娠期就把她们确认出来。在美国，出生记录是公开的，等孩子出生了，新生儿母亲就会被铺天盖地的商品优惠广告包围，那时候塔吉特再行动就晚了，因此必须赶在孕妇第二个妊娠期行动起来。如果塔吉特能够赶在所有零售商之前知道哪位消费者怀孕了，市场营销部门就可以早早地给她们发出量身定制的孕妇优惠广告，早早圈定宝贵的消费者资源。

第二，建立预测模型。可是怀孕是很私密的信息，如何能够准确地判断哪位消费者怀孕了呢？安德鲁·波尔想到了塔吉特有一个迎婴聚会（baby shower）的登记表。他开始对这些登记表里的消费者的消费数据进行建模分析，不久就发现了许多有用的数据模式。例如，模型发现，许多孕妇在第二个妊娠期开始时会买许多大包装的无香味护手霜，在怀孕的最初 20 周会大量购买补充钙、镁、锌的善存片之类的保健品。最后他选出了 25 种典型商品的消费数据构建了“怀孕预测指数”，通过这个指数，塔吉特能够在很小的误差范围内预测消费者的怀孕情况，因此塔吉特就能早早地把孕妇优惠广告寄发给消费者。

第三，改变营销策略。那么，消费者收到这样的广告会不会吓坏了呢？塔吉特很聪明地避免了这种情况，它把孕期用品的优惠广告夹杂在其他一大堆与怀孕不相关的商品优惠广告当中，这样消费者就不知道塔吉特知道她怀孕了。

根据这个大数据模型，塔吉特制订了全新的广告营销方案，结果其孕期用品的销售量呈现了爆炸性的增长。这种大数据分析技术从孕妇这个细分消费者群开始向其他各种细分客户群推广，安德鲁·波尔加入塔吉特后的 2002 年到 2010 年间，塔吉特的销售额从 440 亿美元增长到了 670 亿美元。

资料来源：新浪博客。

2. 定制营销

互联网思维下的定制营销思维正在蜕变，定制服务领域在扩展，内涵在加深，消费者满意度也得到空前的提升。所以，定制营销思维已经不再局限于量身打造产品那么简单，它已经逐步渗透到人们的日常生活中。例如，打车 App 和“定制公交”对交通这一传统行业的改造；旅行线路和产品销售为满足个性化和碎片化的需求，通过网络征集、梳理“大数据”后实现小众市场的深度发掘等。

互联网背景下的定制营销思维与传统定制营销思维有明显不同，追求快速、专注、口碑和极致的用户体验，推崇让消费者来定义产品或服务，快速响应消费者需求，以互联网为工具传递消费者价值等开放的理念。

在市场竞争日益激烈的情况下，定制营销思维的运用可以帮助企业在市场中获得有利地位。在互联网时代，没有定制营销思维的企业必将被市场淘汰。定制营销思维的必要性主要体现在以下几个方面。

（1）大数据时代的需求。"C2B"和"大数据"的互联网概念使众多企业管理者对企业生产模式重新进行思考。随着互联网大数据应用的逐渐普及，基于定制营销思维的产品和服务将开启产品销售的新模式。早在2012年，海尔就开展网上投票的活动，让消费者定制自己喜欢的电视。随后苏宁、国美等电器企业也开始进行定制家电营销。

（2）个性化趋势的要求。当今，"80后"和"90后"是市场的主流消费群体，他们追求时尚、个性的生活方式。这一消费群体标榜强烈的自我意识，对目前市场上的复制化生产感到很厌倦，有着理性加冲动的购物习惯。这一消费群体个性化的生活方式，对企业提出了加强定制思维的要求。

甲骨文公司研究调查发现，消费者的购物体验追求全球化水平，但是又青睐本地化的产品功能。企业如果能够根据消费者的个人偏好量身定制产品，没有一个消费者会抗拒。随着消费者的个性化需求持续增长以及互联网的不断发展，企业与消费者之间的距离越来越近。企业利用互联网大数据分析消费者需求，并满足这种需求的目标很快就能实现。

阅读资料12-5　优衣库利用大数据做到"零库存"

随着快时尚的逐渐退潮，很多品牌都开始退出中国市场，但优衣库作为较早入局国内市场的快时尚品牌，到现在仍不见颓势，并且每次联动推出新品都能够被抢购一空。很多人认为，优衣库是少有的能成功做到零库存的快时尚品牌，而在其零库存的成就之下，大数据技术功不可没。

大多数人愿意选择优衣库的原因是其价格便宜，质量较好，款式日常好看，而且经常与其他品牌进行联动。其实进一步分析，我们不难看出优衣库的经营有以下突出的特点。

首先，价格适宜，可以为大多数消费者所接受。

其次，产品的款式以基础款为主，满足多个年龄段的大多数人的日常穿搭需求，形成了较大的市场规模。

再次，优衣库会根据产品的销售情况适当地进行产量调整。

最后，品牌联合活动具有时段性和周期性。

以上这些特点显示了优衣库有条不紊、高容错率、低失误率的经营模式，而在这些成就的背后，则是其对大数据的收集和精准分析。事实也确实如此，优衣库的员工对于大数据必须应用得非常熟练，员工多年来对于每天每周的销售数据、款式尺码的市场需求情况、每个店铺的销售量等数据都需要进行实时的监控和分析，并据此来制定相应的产量和营销策略，减少损耗，提高容错率，从而做到零库存。

（3）我国创新品牌的需要。我国在升级产业经济结构的过程中，最需要的就是打造品牌。将"中国制造"转变为"中国创造"是最适合我国的一种经济结构转变方式。为了明确品牌定位，实现品牌核心价值的传播，企业还需要一整套营销体系的支持，以便企业的定制化品牌能被有效地传播，更快地被消费者接受。

在当今这个产品越来越趋向于同质化的时代，人们对于能满足自身个性化需求的定制产品有着明显的倾向。企业应当抓住这个机遇，逐步实现产品的定制化，为消费者提供更加优质的体验，从而增加企业盈利。

3. 精准营销

美国西北大学教授菲利普·科特勒将精准营销定义为：在精准定位的基础上，依托现代信息技术手段建立个性化的消费者沟通服务体系，实现企业可度量的低成本扩张之路。简单来说就是在合适的时间、合适的地点，将合适的产品以合适的方式提供给合适的人。京东商城通过 E-mail 进行的大数据精准营销值得我们学习借鉴，下面我们来看一下京东商城的具体做法。

王先生是京东商城的一名新会员，最近想购买某品牌的空气净化器，于是就去京东商城上购买，结果他发现自己选中的净化器缺货。在失望之余他看到京东商城还有“到货提醒”功能，于是他选中了该功能，并填上了自己常用的邮箱地址。几天后，王先生收到一封 E-mail，内容大致是“您上次想买的净化器有货了”。此刻，该净化器为京东商城“满减”活动的产品，可以优惠 300 元。王先生觉得可以接受，就果断购买了该净化器。

互联网和信息技术的发展，使记录和存储包含受众地址、购买记录和消费偏好等内容的大数据成为现实。数据的信息维度越高，其涵盖的信息越丰富，企业通过大数据技术分析后，获得的受众信息越准确，进而实施营销的精准度就越高，营销效果越好。企业实施大数据精准营销一般需要具备 3 个条件，即精准的市场定位、巧妙的推广策略和更好的消费者体验。

（1）精准的市场定位。古人云，“知己知彼，百战不殆”。企业首先要弄清自己的产品是什么，消费者是哪些人，同时也必须对消费者有非常准确的了解，明白消费者的需求是什么，哪些消费者需要自己的产品。也就是说，企业准备将产品推向市场时，必须先找到准确的市场定位，然后集中自身的优势资源，才有可能获得市场战略和营销活动的成功。企业要获得成功，必须能够在恰当的时间提供恰当的产品，并用恰当的方式将产品送到恰当的消费者手中。这些“恰当”达到一定程度，就可称为“精确”。

（2）巧妙的推广策略。企业进行市场推广，一般都采用广告、促销和渠道等营销手段。尽管企业领导知道投入的巨额广告费用中的相当一部分会浪费掉，但不知具体浪费在何处。在互联网和信息技术高速发展的时代，通过大数据分析，企业能够较为准确地定位目标消费者，实施有效的推广策略，实现精准营销、销售，减少营销费用的浪费。

（3）更好的消费者体验。在以市场为导向、消费者为中心的营销新时代，要想获得收益，企业必须关注消费者价值。只有实现消费者价值，企业才能获得丰厚的利润和回报。在精准营销中，企业必须通过多渠道，真正实现更好的消费者体验。

阅读资料 12-6　大数据精准营销中的用户画像

用户画像是根据用户的社会属性、生活习惯和消费行为等信息而抽象出的一个标签化的用户模型。具体包含以下几个维度。

用户固定特征：性别、年龄、地域、教育水平、职业等。

用户兴趣特征：兴趣爱好，使用的 App、网站，浏览/收藏/评论内容，品牌偏好，产品偏好等。

用户社会特征：生活习惯、婚恋状况、社交/信息渠道偏好、宗教信仰、家庭成员等。

用户消费特征：收入状况、购买力水平、商品种类、购买渠道喜好、购买频次等。

用户动态特征：当下需求、正在前往的地方、周边的商户、周围的人群等。

构建和生成用户画像一般要通过以下这 3 个步骤来实现。

1．收集数据

企业首先需要掌握多样的数据源，包括用户数据、各式活动数据、电子邮件订阅数、线上或线下数据库及客户服务信息等。大数据营销的数据库是累积数据库，最基础的用户行为数据应通过网站或 App 来获取，如收集网站用户行为数据时，由于用户登录网站后其 Cookies 就一直驻留在浏览器中，开展大数据营销的企业通过用户点击的按钮和链接、访问路径以及点赞和评论等，可以识别并记录用户所有的浏览行为，然后持续分析其浏览过的关键词和页面，分析用户的短期需求和长期兴趣。企业还可以通过社交平台分析，获得用户的职业、爱好、教育等方面的信息。

2. 描述分析

描述分析是最基本的分析统计方法，分为数据描述和指标统计两大部分。数据描述是用来对数据进行基本情况的刻画，包括数据总数、范围、数据来源。指标统计是把分布、对比、预测指标进行建模。

通过描述分析将用户分类，给用户贴上标签，企业可以开展"一对一"的精准营销。例如，一位"80后"客户喜欢早上10点在生鲜网站上下单买菜，晚上6点回家做饭，周末喜欢去附近吃日本料理。这样企业就可以给该用户贴上"80后""生鲜""做饭""日本料理"等标签。

3. 优化整理数据

有了用户画像之后，企业就可以清楚了解用户的需求，在实际操作中便能深度经营用户关系，甚至找到扩散口碑的机会。例如，对于上面提到的那位"80后"用户，若有生鲜打折券，企业就会把相关信息精准推荐给他。针对不同需求发送推荐信息后，企业同时也可以不断通过满意度调查、跟踪码确认等方式，掌握用户各方面的行为与偏好。

资料来源：亿邦动力网。

12.2.2 大数据+网络社交媒体

"金杯银杯不如口碑。"随着社会化媒体的盛行，消费者行为对于企业营销的影响在日益扩大。当今，消费者通过网络媒体平台对产品信息的反馈比以往任何时候都更加及时、全面。一则微博发出，短时间内通过转发评论就能引发社会关注，其时效性高于传统媒体。近些年逐渐盛行的社交媒体——微博、微信逐渐展示其在营销上的力量，消费者通过口碑传播可以在几天之内颠覆人们对于一个品牌的认知。企业应抓住机会，利用大数据技术在社交网络平台上提炼大众意见，捕捉消费者群体的产品需求，并以此为依据，结合网络社交媒体做好营销活动。下面以常用的微信、微博、E-mail 网络社交媒体为例进行介绍。

1. 大数据+微信

大数据的迅猛发展对当下的网络营销产生了巨大的影响，也赋予了微信大数据营销的价值。由于拥有海量用户，微信平台上会产生海量的数据。因此，微信除了有众多渠道可以帮助商家进行营销外，其本身的大数据特性也对商家的营销起着巨大的作用。在这方面，小米手机的"9:100 万"的粉丝管理模式值得称道。

"9:100 万"的粉丝管理模式，是指小米手机的微信公众号后台客服人员有 9 名，这 9 名员工最重要的工作是每天回复 100 万名粉丝的留言。

每天早上，当 9 名客服人员在计算机上打开小米手机的微信公众号后台，看到后台用户的留言，他们一天的工作也就开始了。其实小米自己开发的微信后台可以自动抓取关键词回复，但客服人员还是会进行一对一的回复，小米也是通过这样的方式大大提升了用户的品牌忠诚度。

当然，除了提升用户的忠诚度外，用微信提供客户服务也给小米带来了实实在在的益处，使得小米的营销成本、客户关系管理（Customer Relationship Management，CRM）成本降低。过去，小米做活动通常会群发短信进行通知，100 万条短信发出去，就是 4 万元的成本，相比之下，微信的作用显著且成本更低。

2. 大数据+微博

微博营销是利用微博平台实现企业信息交互的一种营销方式，是企业借助微博这一平台开展的包括企业宣传、品牌推广、活动策划及产品介绍等一系列的市场营销活动，具有成本低廉、针对性强且传播速度快、灵活和互动性强等特点。在微博中，每一个粉丝都是企业潜在的营销对象。企业可以通过发布微博向关注者传播企业文化、产品信息，树立良好的企业形象和产品形象。在这一方面，伊利营养舒化奶的世界杯微博营销值得我们学习借鉴。

随着企业营销需求的转变，常规的品牌曝光显然已经不能满足其需求，这相应提高了企业对网络媒体深入营销能力的要求。网络媒体必须分析不同行业与世界杯的不同接触点，兼顾企业的营销诉求、产品价值与市场需求，分别寻找它们与世界杯的最佳契合点。

新浪俄罗斯世界杯微博报道代言人"活力宝贝"就找到了这一契合点。在消费者的消费联想中，牛奶大多是营养、健康，与"活力"的关联不直接，所以企业需要一个机会，让伊利营养舒化奶和活力有机关联起来。而世界杯是一个很好的契机，因为世界杯是考验中国球迷活力的时候，所有的比赛基本在后半夜，有活力才能坚持看完比赛。

俄罗斯世界杯期间，伊利营养舒化奶与新浪微博深度合作，在"我的世界杯"模块中，网友可以披上自己支持的球队的国旗，在新浪微博上为球队呐喊助威。该活动结合伊利营养舒化奶的产品特点，与世界杯足球赛流行元素相结合，借此提高品牌知名度，让球迷形成记忆。在新浪微博的世界杯专区，超过 200 万人披上了自己支持的球队的国旗，为球队助威，相关博文的转发也突破了 3 000 万条。同时，该活动还选出了粉丝数量最多的网友，使其成为球迷领袖。

伊利营养舒化奶的"活力宝贝"作为新浪俄罗斯世界杯微博报道的形象代言人，将体育营销上升到一个新的高度，为观众带来精神上的振奋感，使得观看广告成为一种享受。如果企业、品牌不能和观众产生情感共鸣，企业即使在比赛场地上铺满企业的 Logo，也不能带来任何效果。

伊利营养舒化奶的的世界杯新浪微博营销活动其实是基于大数据技术的分析而进行的。特别是在目标受众方面，伊利营养舒化奶通过大数据分析，确定其目标受众为"活力型和优越型"人群，他们一般有着共同的产品诉求。本次微博营销活动让球迷将活力与营养舒化奶有机联系在一起，让关注世界杯的人都注意到了伊利营养舒化奶，将"营养舒化奶为中国球迷的世界杯生活注入健康活力"的信息传递出去。

目前用户可以享受免费的微博服务，同时微博平台还具有庞大的用户群体，能为企业开展微博营销提供坚实的基础。

3. 大数据+E-mail

E-mail 营销是在用户事先许可的情况下，通过 E-mail 的方式向目标用户传递有价值的信息的一种营销手段，具有操作简单、应用范围广、成本低、针对性强等特点。企业常通过 E-mail 发送电子广告、产品信息、销售信息、市场调查、市场推广活动等信息。然而，E-mail 营销信息常被认为是垃圾邮件，会降低人们对企业的信任度。随着大数据技术的发展，企业通过大数据分析能够获知用户的行为倾向、消费偏好，使得通过 E-mail 进行高针对性的精准营销成为可能。

如今，已有越来越多的企业采用电子邮件开展产品的网络推广和客户维护，精准的 E-mail 营销是互联网时代的制胜利器。

12.2.3 大数据+移动营销

随着移动互联网技术的发展，网络上流传着这样一句话："在未来，营销格局将进入'无移动，不营销'的状态。"移动营销正在颠覆传统营销，成为商业变革的新动力。移动互联网最主要的特点是更加即时、快速、便利，无任何地域限制，品牌更要满足消费者随时随地消费的需求。在大数据背景下，移动营销将成为各大企业开展营销活动的重要阵地。

移动营销是基于对大数据的分析处理，深入研究目标消费者，获取市场信息，进而制定营销战略，并通过移动终端（手机或平板电脑等）向目标受众定向和精确地传递个性化即时信息，通过与消费者的信息互动达到市场营销目标的行为。移动营销具有便携性、精准性、互动性等特点。这些特性使消费者能够通过手机或者各种智能化的移动设备随时随地参与消费活动，完成品牌搜索、产品信息互动、相关价格查询对比、下单购买、反馈评价等一系列购买行为。

根据亿邦动力网发布的数据，2018 年“双十一”当天，移动购物 App 日活跃用户规模为 6.58 亿人，同比增长 31.3%。超 6 000 万用户在“双十一”0 点抢购，同时用户规模在中午 12 点、晚上 8 点均达到高峰。此外，2018 年“双十一”当天，手机淘宝、拼多多、京东的日活跃用户规模分别达到 4.6 亿人、2.2 亿人和 9 687 万人。

目前，大数据结合移动端营销的方式主要有微店、微商、App、代购等形式，天猫、亚马逊、京东等各大电商纷纷推出自己的移动 App。根据爱媒网发布的数据，2019 年我国移动电商交易额达 6.76 万亿元，我国移动电子商务用户消费习惯逐渐形成。传统电商巨头纷纷布局移动电商，众多新型移动电商购物平台不断涌现。

现在很多企业在营销中加入了明显的移动端色彩。有的商家推出“PC 端+移动端+线下门店”多渠道购物业务，进行线下线上联动营销，包括推出支付宝支付、微信支付等移动支付形式，既在一定程度上减缓了消费者排队等候的苦恼，又使其营销活动更加新颖。

移动营销手段不仅使企业大大降低了广告宣传的费用，而且还降低了营运的成本。企业或者品牌要想方便地与消费者进行“一对一”的推广，只需开发一款 App 或者注册微信公众账号就可以精准定位消费群体，细分各个消费群体的类别，精确定位每一个消费群体，在精准定位的基础上实现消费者的个性化需求服务，让消费者获得满意的购物体验。此外，很多企业还推出“百度春晚搜红包”“微信红包”等活动，鼓励消费者在手机上抢红包，以增加人气。同时，企业还开展团购活动，让消费者发动自己的微信群、朋友圈来参与。在这个过程中，越来越多的消费者关注企业的公众号，下载企业的 App，企业获得了更多的用户信息，以后可以用短信等形式向消费者推送产品信息，确保了与消费者的长期联络。

当前通过手机购物的消费者越来越多，企业应该努力把营销活动做到消费者的手机端上，从而实现真正的精准营销。同时，在大数据时代，手机成为产生大数据的重要终端，企业在手机端的营销布局变得越来越重要。

练习题

一、单选题

1．大数据营销的核心是（　　）。

A．精准营销　　B．预测分析　　C．个性化营销　　D．移动互联网

2．大数据应用需依托的新技术有（　　）。

A．大规模存储与管理　　B．数据分析处理

C．数据采集技术　　D．以上 3 个选项都是

3．“在网络时代，网民的消费行为和购买方式极易在短时间内发生变化，在网民需求最高点及时进行营销非常重要”体现了大数据营销的（　　）特征。

A．全样本调查　　B．数据化决策　　C．强调时效性　　D．个性化营销

4．沃尔玛将尿布和啤酒摆放在一起销售采用了（ ）营销策略。

A．精准营销 B．关联营销 C．定制营销 D．免费营销

二、多选题

1．大数据营销需依托的技术有（ ）。

A．数据采集技术 B．数据挖掘、分析技术 C．数据存储技术

D．数据呈现技术 E．因果分析

2．下列属于大数据营销特征的有（ ）。

A．全样本调查 B．数据化决策 C．强调时效性

D．市场导向 E．个性化营销

3．企业实施大数据精准营销一般需要具备的条件有（ ）。

A．精准的市场定位 B．巧妙的推广策略 C．更好的物流设施

D．较多的产品种类 E．更好的客户体验

4．大数据营销常用的方法主要有（ ）。

A．关联营销 B．微博营销 C．微信营销

D．移动营销 E．定制营销

5．下列有关大数据营销的说法正确的有（ ）。

A．通过对大数据的挖掘与分析，能够帮助企业发掘用户消费偏好

B．大数据主要包括数据库数据等结构化信息，文本、视频等非结构化信息不属于大数据的范畴

C．大数据营销既能帮助企业实现渠道优化，也能促进企业营销信息精准推送

D．随着大数据技术的发展，企业通过大数据分析能够获知用户的行为倾向、消费偏好，使得通过E-mail进行高针对性的精准营销成为可能

E．大数据营销的方式非常广泛，无须与移动互联网结合

三、名词解释

1．大数据营销 2．个性化营销 3．全样本调查 4．关联营销 5．移动营销

四、简答及论述题

1．何谓大数据？大数据有何特点？

2．与传统营销相比，大数据营销的优势有哪些？

3．试论述定制营销思维的必要性。

4．试论述企业实施大数据精准营销需具备的3个条件。

5．试论述大数据与移动营销相结合的营销方式。

小红书爆款推广技巧：大数据+三大策略

随着信息技术的发展，消费者购买行为的多元化以及市场沟通渠道的变更，品牌的营销手段迎来了质的改变。同时，社交电商平台正成为快消品行业的重要营销渠道，品牌在消费者洞察与情感连接上面临着巨大的挑战。在传统的营销模式下，品牌无法第一时间聆听消费者的真实心声，也就无法快速响应市场变化，抓住市场机遇。品牌未来的营销战略就是以消费者需求为主导，以大数据营销技术赋能来提高消费者全生命周期黏性，媒体投放全渠道、跨界融合体验、多元创新和管理赋能将成为电商品牌营销的关键。

小红书推广成电商营销主流，城外圈大数据应用技术赋能

在投入了预算、人力、精力做营销后，效果如何衡量始终是品牌最关心的。在传统的广告投放中，营销效果主要通过页面浏览量（Page View，PV）、独立访客（Unique Visitor，UV）、点击率、转化率等衡量，但在社交电商平台中，传播的维度更加丰富多元。

小红书推广不是简单的电商营销模式，其特有的热点聚集强传播，基于兴趣强关注的差异化能力，将帮助品牌提升用户聚合能力和影响整个市场带动品牌的声量、美誉度、关注积累转化的能力，这将促进品牌在品牌建设、产品设计、市场推广与销售等各环节围绕社会化媒体实现全面战略升级。

小红书推广三大玩法策略助力创意升级

任何成功的营销案例背后都有一份可复制的模式，深耕小红书产品推广，拥有多年营销经验的城外圈，借助为无数用户打造的小红书成功推广案例，梳理了利用小红书打造爆款的三大营销思路，我们一起来了解一下。

（1）定向消费人群，打造“内容+电商”的新模式和口碑社区。

小红书社区内容的来源主要有 3 种：UGC、PGC 和以名人、达人为基础的专业用户生产内容（Professional User Generated Content，PUGC）。普通 UGC 占比最大，是主要的内容来源。相比较传统电商平台的社区氛围，枯燥单调的产品描述总是比不过直达内心的真实体验来得更“用心”，而小红书这种基于用户真实感受的原创内容，更像是闺蜜式推荐购物，一字一句接地气且巧妙的用词，毫不做作的使用心得笔记，敞开心扉的分享生动展示了产品的真实效果。

正是抓住用户在电商购物平台选购产品前会普遍关注评论的心理，小红书紧紧贴合用户的这一核心诉求，将各路达人的原创内容作为关键突破口，打造了一个真实的用户口碑分享社区。

（2）专业 PUGC 深度“种草”，品牌口碑销量双赢。

小红书的忠实用户主要以“90 后”及“95 后”的年轻人、女性、高消费、都市白领为主，关注的内容包括时尚、美妆、美食、旅行等。他们不再喜爱经过专业编辑的长篇内容，更倾向于碎片化的“开箱笔记”或者视频试用。

城外圈在策划某店铺日淘饮品推广时，通过精选小红书“美食、时尚、旅游”类带货红人，撰写相对应的品牌文章，以“多角度切入+产品软性露出”的种草方式智能推荐到精准的用户群体面前，让用户更加了解品牌的宣传卖点，并将其引导到淘宝，为淘宝个人店铺带货。

这种营销策略背后的逻辑是通过甄选海量中腰部、多节点 PUGC、多品类真实体验推荐数据，以图文视频的形式打造持续性多频曝光，达到受众对产品“看见—了解—喜爱—搜索”的动作转化，从而推动品牌整体关注度攀升，打造品牌口碑，推动销量转化。据统计，城外圈此次小红书推广活动，为该店带来了 10.8%的营业额提升。

（3）名人+KOL 点燃，PUGC 集中响应实现高频曝光。

从 2015 年的“小鲜肉”送快递为周年庆创下 5 000 万元的日销售额，到 2016 年的“胡歌和小红书的 3 天 3 夜”，小红书让名人成功“落地”，还有后来的张雨绮、林允、欧阳娜娜等入驻小红书开启名人带货风潮，分享的威力在名人效应之下被无限放大。张雨绮、林允等在小红书上一反名人的“高冷”形象，如邻家女孩一样介绍她们在日常生活中用到的护肤品，很快就有千万粉丝争着要“剁手”。

在某牙膏品牌推广的过程中，城外圈通过小红书 KOL 的影响力，投放了多位名人，以此作为品牌背书，获取消费者的信任；再从小红书 KOL 属性、节点出发构思多个传播话题，大量投放小红书护肤彩妆时尚类 KOL 制造热度，形成刷屏效应，让某牙膏品牌在小红书发酵成为“网红”产品，如图 12-2 所示。

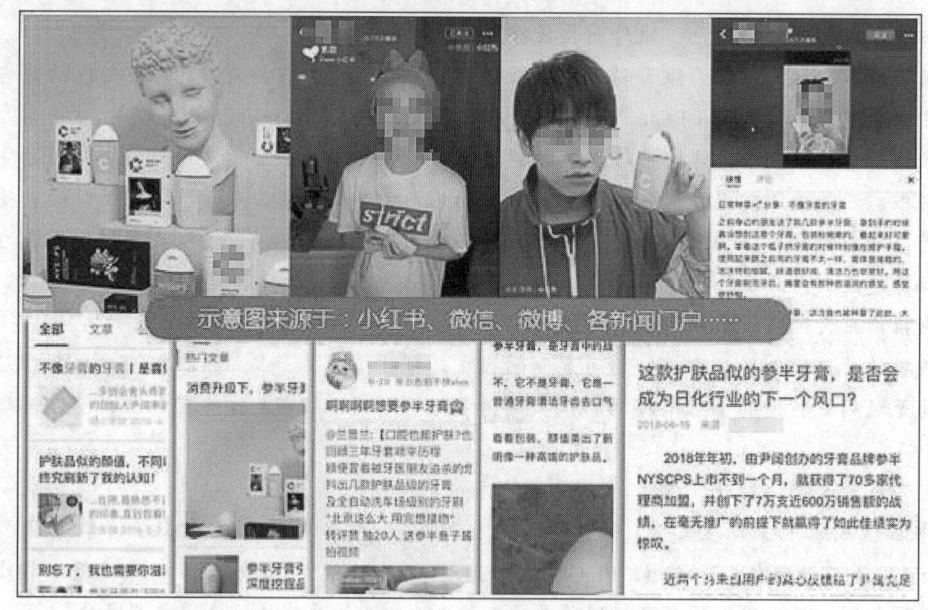

图 12-2　小红书上打造的“网红”牙膏

该牙膏品牌被无数消费者成功“种草”，在各社交媒体上掀起了一股讨论热潮，给该品牌产品带来了上亿次曝光，引发了千万次热搜互动。

小红书的爆款打造，归根结底还是在内容的营销和 KOL 的匹配上，城外圈深谙小红书推广的关键，为了满足广告主在小红书打造爆款、提升产品销量的需求，通过精准的 KOL 选择、高质量的笔记内容、海量小红书达人资源等方式为广告主提供投放策略，以自有的智能营销平台，依托智能算法优化成本，实现智能投放。

资料来源：小红书品牌课堂。

思考讨论题

请结合本案例，谈谈社交电商平台如何开展大数据营销？

第 13 章　搜索引擎营销

本章导读

搜索引擎营销是指企业或个人利用网络用户对搜索引擎的依赖和使用习惯，在人们检索信息的时候尽可能将营销信息传递给目标用户。本章在介绍搜索引擎的基本概念、搜索引擎营销的含义与特点等的基础上，重点分析搜索引擎营销的主要模式。通过对本章的学习，读者可以掌握搜索引擎营销的基本思路和方法。

知识结构图

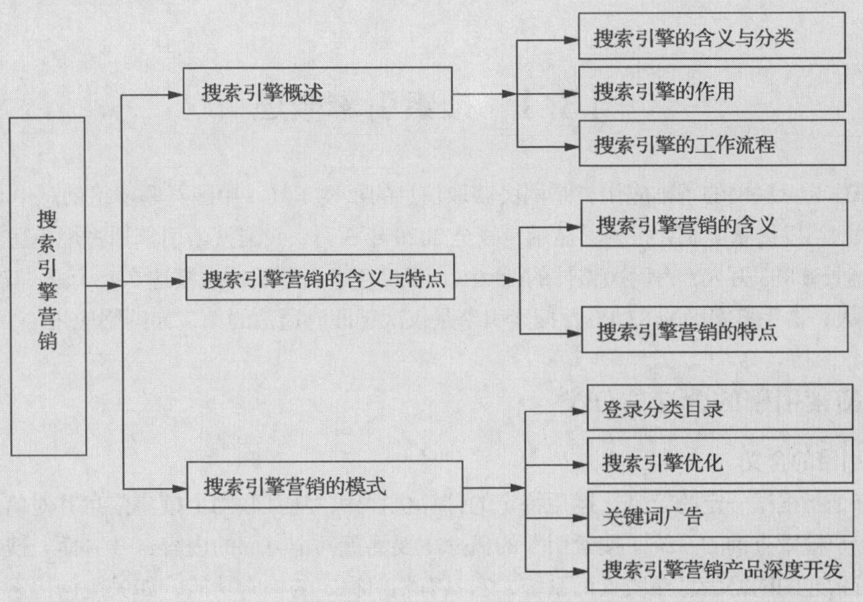

开篇案例

2019 年我国搜索引擎行业健康发展

2019 年，我国搜索引擎行业竞争激烈，产品和服务持续丰富和完善，行业发展更加健康有序。

1. 搜索服务内容生态布局加快演进

信息流服务是基于兴趣的主动推送服务，能够对基于需求的主动搜索服务进行有效补充，帮助搜索引擎完善内容生态布局，缓解 App 间的数据壁垒导致的流量获取难题，让企业获得更多的用户和收益。百度依托搜索引擎入口不断优化算法，提供文字、短视频等富媒体内容，持续改进信息流产品。字节跳动发展移动端搜索产品，涵盖旗下信息流、短视频、问答等产品的内容，同时抓取全网资源，为用户提供综合搜索服务。

2. 人工智能技术推动搜索产品创新和服务质量提升

一是人工智能技术推动产品创新，使将知识体系作为搜索结果的新产品出现了。基于机器人学习的人工智能知识搜索引擎 Magi，通过机器学习将自然语言信息提取成结构化数据，可以为用户提供除网页链接以外的知识体系搜索结果，为行业构建和完善知识图谱。二是人工智能技术提升服务质量。搜索引擎开放人工智能技术接口，与搜索小程序融合，促进开发者为用户提供更加智能的服务，覆盖视频、生活服务、购物、旅游等众多领域。百度智能小程序 2019 年 11 月活跃用户超过 3 亿人，在搜索流量中的占比超过 30%；360PC 端小程序 2019 年 12 月活跃用户数超过 5 000 万人。

3. 行业发展环境持续完善

一是监管部门加强对商业信息的监管。针对教育领域搜索广告扰乱正常网络秩序，损害用户利益的情况，教育部会同公安部要求搜索引擎进行改进，完善推荐规则、突出广告提示，规范商业化推荐行为，防范安全风险。二是企业重视青少年搜索环境的建设维护。中国搜索推出专为青少年定制的搜索引擎 App“花漾搜索”，利用人工智能技术剔除损害青少年身心健康的不良信息。

资料来源：中国互联网络信息中心。

13.1 搜索引擎概述

搜索引擎作为互联网的基础应用，是网民获取信息的重要工具。中国互联网络信息中心发布的第 45 次《中国互联网络发展状况统计报告》显示，截至 2020 年 3 月，我国搜索引擎用户规模达 7.50 亿人，较 2018 年年底增长 6 883 万人，占网民整体的 83.0%；手机搜索引擎用户规模达 7.45 亿人，较 2018 年年底增长 9 140 万人，占手机网民的 83.1%。搜索引擎是仅次于即时通信的第二大网络应用。

13.1.1 搜索引擎的含义与分类

1. 搜索引擎的含义

搜索引擎是指根据一定的策略，运用特定的计算机程序，从互联网上搜集信息并对信息进行组织和处理，以供用户检索查询的系统。搜索引擎的概念主要涵盖两个方面的内容：一方面，搜索引擎是由一系列技术支持构建的网络信息在线查询系统，它具有相对稳定的检索功能，如关键词检索、分类浏览式检索等；另一方面，这种查询系统借助不同网站的服务器，协助网络用户查询信息，并且该服务是搜索引擎的核心服务项目。

2. 搜索引擎的分类

目前，在网络上运行的搜索引擎为数众多，按照不同的分类标准，它们可分为不同的类型。例如，从搜索内容来分，搜索引擎可以分为大型综合类搜索引擎、专用搜索引擎、购物搜索引擎等；按照使用端的不同，其可以分为 PC 端搜索引擎和移动端搜索引擎等；从工作原理的角度对搜索引擎进行分类，其又可分为分类目录式搜索引擎、全文检索式搜索引擎、元搜索引擎和集成搜索引擎等。

13.1.2 搜索引擎的作用

互联网上的信息繁多且毫无秩序，而搜索引擎能够提取各个网站的信息，建立起数据库，并检索与用户查询条件相匹配的记录，按一定的排列顺序返回结果。因此，搜索引擎是人们在互联网中“探宝”的必备工具，帮助人们在浩瀚的信息海洋里方便快捷地找到需要的信息。由于搜索引擎的商业价值极高，越来越多的企业将搜索引擎作为主要的网络营销手段，并取得了较好的宣传效果。

对企业而言，搜索引擎主要具有如下作用。

一是作为市场信息发现的工具。搜索引擎是一种重要的市场信息发现工具，企业对搜索引擎的利用能力，决定了企业的信息发现和市场运作能力。通过搜索引擎，企业可以搜索的信息主要包括供货商和原材料资源信息，市场供求、会展及其他商务信息，设备、技术、知识等信息，组织、人才及咨询信息等。

二是作为信息传播的工具。随着网民人数的增加，更多人将在网络上进行搜索作为信息获取的首选方式，而任意一个搜索请求，都可能查到数以万计的内容。由于搜索引擎所采用的搜索技术、信息分类方式等有所不同，信息查询的效率也不同。搜索能力通常会受到 3 个方面的影响：①所选搜索引擎链接的信息资源数量和信息资源范围；②所设想的关键词与系统预设的信息资源分类方式的一致性；③系统自身技术水平和信息搜索能力。高效的站内搜索可以让用户快速、准确地找到目标信息，从而更有效地促进产品或服务的销售。对网站访问者搜索行为开展深度分析，则可帮助企业进一步制定更为有效的网络营销策略。

阅读资料 13-1 一个村庄与世界的互联

篁岭是一个山清水秀的江南小乡村，这里远离城市的污染和喧嚣，空气纯净，地肥水美，食物绿色，风景如画。土生土长的篁岭人，祖辈以务农为生，靠天靠地吃饭，老百姓的生产生活条件也很艰苦。与外界相比，这里显得落后、闭塞，虽然拥有宝贵的旅游资源，却依然守着金饭碗过着苦日子。

2009 年婺源县乡村文化发展有限公司正式成立，怀揣光大篁岭之梦的曹锦钟成为公司的副总裁。景区成立之初，通过传统的宣传推广，篁岭吸引了一些游客，企业也逐渐走向正轨。不过在曹锦钟看来，游客的数量远远没有达到预期，而且大部分游客都来自江西本地及附近的几个省市，与公司把篁岭推向全国、推向世界的设想存在巨大差距。切实有效的宣传推广手段成为公司最急迫的需求。

要让更多的人知道篁岭，就要让更多的人搜索到篁岭，而提到搜索，曹锦钟和公司首先想到的是百度。于是公司尝试与百度进行合作，而这次合作让公司业绩得到了迅速提升。曹锦钟介绍，在与百度搜索推广合作之后，公司网站流量由每天的300人增加到900人，咨询电话由50个增加到200个，两年间就使篁岭景区的游客量和经营业绩翻了三番。

业绩的突飞猛进，让每一个篁岭人都感到无比兴奋。然而走在景区中，曹锦钟又发现了一个有趣的现象，以前游客来景区带的是相机，现在却是人手一个手机或者平板电脑，拍好照片后直接上传。这让他有了新的思考，即利用移动互联的变化来提升篁岭景区的品牌知名度。

在移动互联时代，更好地抓住手机移动端的客户，将成为篁岭景区未来品牌营销的优势和成功的保障。因此公司跟百度进一步合作，开发手机移动客户端。游客可以通过手机搜索，快速找到景区的详细旅行攻略，并进行网络订票。自驾游的客人还可以通过百度地图直接导航到景区。

由于百度推广和移动推广的转换率特别高，公司每年在百度推广的投入就占到营销总费用的五成，而由百度获得的新客户则占到六成以上。其中移动端新客户占新客户总数的比重高达52.3%，业务量在原有基础上有了巨大增长。

对于百度推广和移动推广带来的两次提升，曹锦钟很感慨："对于我们来说，百度就是一个万能的工具，它不仅让有需求的客户找到我们，而且我们也可以通过它去掌握更多的信息资源。"

篁岭从一个普通村庄到现在和全世界互联，实现了质的飞跃，给游客带来了科技化、人性化、智能化的国际化景区游览体验。更重要的是，篁岭老百姓的生活得到了巨大的改善。

13.1.3　搜索引擎的工作流程

了解搜索引擎的工作流程对日常搜索应用和网站提交推广都会有很大的帮助。搜索引擎的工作流程可分为以下几个步骤。

1. 抓取网页

每个独立的搜索引擎都有自己的网页抓取程序，该程序被称为蜘蛛（Spider）。搜索引擎蜘蛛访问网站页面时，类似于普通用户使用的浏览器。蜘蛛会跟踪网页中的链接，连续地抓取网页，即爬行。蜘蛛发出页面访问请求后，服务器返回超文本标记语言（Hypertext Markup Language，HTML）代码，蜘蛛把收到的代码存入原始页面数据库。搜索引擎为了提高爬行和抓取的速度，都会使用多个蜘蛛并分布爬行。

蜘蛛访问任何一个网站时，都会先访问网站根目录下的robots.txt文件，如果文件禁止搜索引擎抓取某些文件或目录，蜘蛛将遵守协议，不抓取被禁止的网站。和浏览器一样，搜索引擎蜘蛛也有标明自己身份的代理名称，站长可以在日志文件中看到搜索引擎的特定代理名称，从而辨识搜索引擎蜘蛛。

2. 索引

搜索引擎抓取到网页后，还要做大量的预处理工作才能提供检索服务。其中，最重要的就是提取关键词，建立索引数据库。索引（Index）是将蜘蛛抓取的页面文件分解、分析，并以巨大表格的形式存入数据库的过程。在索引数据库中，网页文字内容及关键词的位置、字体、颜色等相关信息都有相应的记录。

3. 搜索词处理

用户在搜索引擎界面填入关键词，单击"搜索"按钮后，搜索引擎即对搜索词进行处理，包括中文分词处理、去除停止词、指令处理、拼写错误纠正、整合搜索触发等。搜索词的处理必须十分快速。

4. 排序

对搜索词进行处理后，搜索引擎程序便开始工作，从索引数据库中找出所有包含搜索词的网页，并且根据排名算法计算出哪些网页应该排在前面，然后按照一定格式返回搜索页面。

13.2 搜索引擎营销的含义与特点

13.2.1 搜索引擎营销的含义

搜索引擎营销（Search Engine Marketing，SEM）是基于搜索引擎平台，通过一整套的技术和策略系统，利用人们对搜索引擎的依赖和使用习惯，在人们检索信息的时候尽可能将营销信息传递给目标用户的一种营销方式。搜索引擎营销要求以最少的投入获得来自搜索引擎最多的访问量，并获取相应的商业价值。用户利用搜索引擎进行信息搜索是一种主动表达自己真实需要的方式，因此搜索与某类产品或某个品牌相关的关键词的用户，就是该产品或品牌所寻找的目标受众或潜在目标受众，这也是搜索引擎应用于网络营销的基本原理。

搜索引擎营销得以实现的基本过程是，企业将信息发布在网站上使其成为以网页形式存在的信息源，企业营销人员通过免费注册搜索引擎、交换链接或付费的竞价排名、关键字广告等手段，使企业网站被各大搜索引擎收录到各自的索引数据库中。这样，当用户利用关键词进行检索（对于分类目录则是逐级目录查询）时，检索结果中就会罗列相关的索引信息及其链接，用户根据对检索结果的判断，选择有兴趣的信息并单击进入信息源所在网页，从而完成了企业从发布信息到用户获取信息的整个过程，如图 13-1 所示。

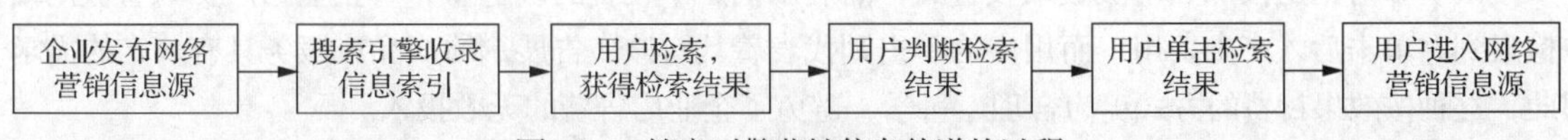

图 13-1 搜索引擎营销信息传递的过程

企业实施搜索引擎营销，主要为了完成以下几项重要任务。[①]

1. 构造适合搜索引擎检索的信息源

信息源被搜索引擎收录是搜索引擎营销的基础。由于用户检索之后还要通过信息源获取更多的信息，因此企业网站的构建不仅要求对搜索引擎友好，而且要求对用户友好。网站优化包含对用户、搜索引擎、网站管理维护 3 个方面的优化。

2. 创造被搜索引擎收录的机会

网站建设完成并发布到互联网上，并不意味着可以达到搜索引擎营销的目的。无论网站建设得多么精美，如果不能被搜索引擎收录，网站中的信息便无法通过搜索引擎被用户发现，也就无法实现网络营销信息传递的目的。因此，让尽可能多的网页被搜索引擎收录是网络营销的基本任务之一，也是搜索引擎营销的重要步骤。

3. 争取在搜索结果中排名靠前

企业信息如果出现在靠后的位置，通常无法吸引用户的注意力，被发现和单击的机会就会降低，也就无法保证搜索引擎营销的效果。因此，搜索引擎营销需要企业信息在搜索结果中争取到好的排名。

4. 方便用户获取信息

企业营销的最终目的是将浏览者转化为顾客，用户单击检索结果进入网站，并不意味着已经成为购买者，他们最终是否购买还要取决于产品本身的质量、价格等因素。在这个阶段，搜索引擎营销与网站信息发布、顾客服务、网站流量统计分析等工作有着密切的联系，企业应对浏览者感兴趣的信息进行深入的研究，在为用户获取信息提供方便的同时与用户建立密切的关系，使其成为产品或服务的购买者。

① 程虹．网络营销[M]．北京：北京大学出版社，2013.

13.2.2 搜索引擎营销的特点

搜索引擎营销的实质就是通过搜索引擎工具，向用户传递他们所关注对象的营销信息。与其他网络营销方法相比，搜索引擎营销有以下特点。

1. 用户主动创造“被营销”的机会

搜索引擎营销和其他网络营销方法最主要的不同点在于，用户主动创造了营销机会。以关键词广告为例，它平时在搜索引擎工具上并不存在，只有当用户输入了关键词时，它才在关键词搜索结果中出现，这就使用户主动创造了“被营销”的机会。

2. 以用户为主导

搜索引擎检索出来的是网页信息的索引而不是网页的全部内容，所以这些搜索结果只能发挥引导的作用。在搜索引擎营销中，使用什么搜索引擎、通过搜索引擎检索什么信息完全是由用户自己决定的，在搜索结果中单击哪些网页也取决于用户的判断。搜索引擎营销这种以用户为主导的特性，极大地减少了营销活动对用户的干扰，完美贴合了网络营销的基本思想。同时，比起随便单击广告条的人，搜索者的访问更有针对性，从而使搜索引擎营销可以产生很好的营销效果。

3. 按效果付费

搜索引擎营销是按照点击次数来收费的，而展示则是不收费的。这意味着企业的广告只有被网络用户检索到并单击后才产生费用，而用户的单击则代表着其对该广告展示的产品或服务具有一定的需求。因此，这种按效果付费的方式更为合理、科学，避免了企业广告费的无效投入。

4. 分析统计简单

企业在和搜索引擎建立业务联系后，可以很方便地从后台看到每天的点击量、点击率，有利于企业分析营销效果，从而优化营销方式。

5. 用户定位精准

搜索引擎营销在用户定位方面表现突出，尤其是搜索结果页面的关键词广告，完全可以与用户检索所使用的关键词高度相关，从而提高营销信息被关注的概率，最终达到增强网络营销效果的目的。

除此之外，门槛低、投资回报率高、动态更新随时调整、广泛使用等都是搜索引擎营销的显著特点。

但需注意的是，搜索引擎营销的效果表现为网站访问量的增加而不是销售量的提升，其使命是获得访问量，至于访问量是否可以最终转化为收益，不是搜索引擎营销可以决定的。要想真正提高销量，企业还要做好各个方面的工作。

13.3 搜索引擎营销的模式

搜索引擎营销追求高性价比，力求以最少的投入获得最多的来自搜索引擎的访问量，并产生商业价值。搜索引擎营销的模式主要有以下几种。

13.3.1 登录分类目录

网站登录搜索引擎的方法比较简单，只需要按照搜索引擎的提示逐步填写即可。比较常用的搜索引擎登录有百度网站登录等，如图 13-2 所示。

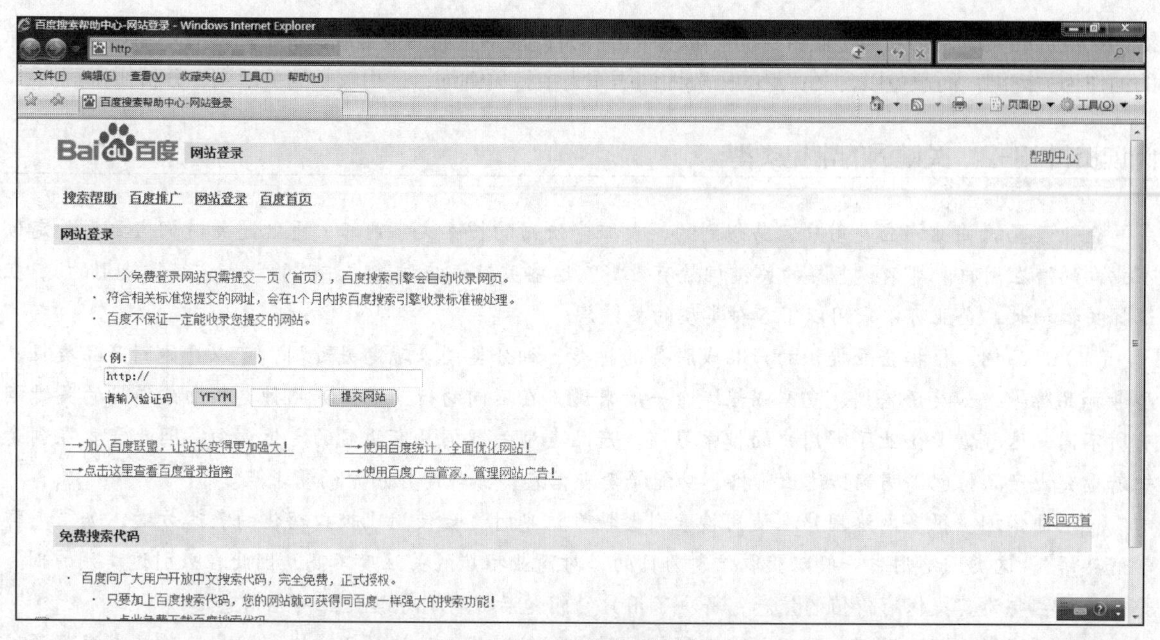

图 13-2 百度的网站登录界面

通常搜索引擎登录审核需要提供网站名称、网站地址、关键词、网站的描述和站长联系方式等信息。大部分的搜索引擎是要对所收到的信息进行人工审核的。管理员在收到用户提交的信息后会访问网站，判断用户所提交的信息是否属实，所选择的类别是否合理，并决定是否收录该网站。登录审核通过后，搜索引擎数据库更新时会显示收录信息。

搜索引擎登录有免费登录和付费登录之分。

1. 免费登录分类目录

免费登录分类目录是最传统的网站推广手段。目前多数重要的搜索引擎都已开始收费，只有少数搜索引擎可以免费登录。搜索引擎的发展趋势表明，免费搜索引擎登录的方式将逐步退出网络营销舞台。

2. 付费登录分类目录

付费登录分类目录与免费登录分类目录相似，只是用户在网站缴纳费用后才可以获得登录的资格。一些搜索引擎提供的固定排名服务通常也是在收费登录的基础上展开的。此类搜索引擎营销的效果与网站本身没有太大关系，主要取决于费用。因此，一般情况下，只要缴费，信息都可以被登录。但与免费登录分类目录一样，这种付费登录搜索引擎的营销效果也正日益变差。

13.3.2 搜索引擎优化

所谓搜索引擎优化，是指通过对网站栏目结构和网站内容等基本要素的优化设计，提升网站对搜索引擎的友好性，使得网站中尽可能多的网页被搜索引擎收录，并且在搜索中获得好的排名效果，从搜索引擎的自然检索中获得尽可能多的潜在用户。具体来说，企业可以采取以下优化措施。

1. 关键词优化

用户在搜索引擎中检索信息都是通过输入关键词来实现的，选择关键词是整个网站登录过程中最基本也是最重要的一步，是我们进行网页优化的基础。然而，选择关键词并非一件轻而易举的事，要考虑诸多因素，如关键词与网站内容的关联性、词语间组合排列的合理性、与搜索工具要求的符合度、与热门关键词的区分度等。选择关键词应该注意：仔细揣摩潜在客户的心理，设想其查询有关信息时最可能使用的关键词；挑选的关键词必须与企业自身的产品或服务有关；根据企业的业务或产品的种类，尽可能选取具体的词作为关键词，而避免以含义宽泛的一般性词语作为主打关键词；选用较长的关键词，分析错拼词。

阅读资料13-2 关键词的常见类型

企业设置的关键词应是用户容易想到的、大概率使用的搜索文字内容，也就是关键词主要用于定位有意向的潜在用户。那么，怎样的关键词最有效呢？这些关键词应该是“相关的”和“经常使用的”。在选择关键词时，企业可以采用以下5种类型的关键词。

（1）产品词。根据企业提供的产品或服务的种类、细分类型来确定关键词，可以具体到产品类目、型号和品牌等，如英语培训、皇家猫粮等。一般来说，在不同的行业中，产品种类和细分类目的关键词有所不同，这就需要企业了解用户的搜索习惯。产品类型关键词具有明显的定位意向，因此需要在创意中着重突出产品特色，明确传达出价格、功能等卖点信息，抓住潜在用户的需求点。

（2）通俗词。很多网络用户在使用搜索引擎搜索信息时，会使用比较口语化的表达方式，如“怎样学好英语”。这类网络用户一般以获取信息为目的，对商业推广的关注度不高，因此在吸引这类用户时，企业应该主要为其提供有价值的信息，解决了用户的问题后，再引导其关注网站信息。

（3）地域词。将产品词、通俗词与地域词相结合，针对某个地域的用户进行推广，如“上海英语培训班”“上海哪个英语培训班好”。搜索这类关键词的用户通常有较强的目的性，希望在搜索的地域内获得服务。企业在营销时需要突出产品或服务在地域上的便利。

（4）品牌词。企业拥有一定的品牌知名度之后，可以使用品牌词，如“海尔”。此外，企业拥有专业技术或专利名称后，也可以使用一些专有品牌名称，以吸引了解过该品牌信息的潜在用户。

（5）人群相关词。很多用户在使用搜索引擎时，可能不会直接表达对产品或服务的需求，但是其搜索行为会传达特定的信息。这些信息可能会与企业的推广信息产生重合，将用户变成企业的潜在用户，如搜索“绘画技巧”“绘画基础”的用户可能对绘画培训有需求。

资料来源：陈德人. 网络营销与策划：理论、案例与实训（微课版）. 北京：人民邮电出版社，2019.

2. 网站栏目结构优化

网页级别（Page Rank，PR）是Google搜索排名算法中的一个组成部分。PR值越高，说明该网页在搜索排名中越重要。不完善的网站内容管理系统会导致网站结构散乱，非常不利于网站PR值的提升，并会影响搜索引擎收录。尽管网站结构问题在中小型站点中并不突出，但对于存在较多二级域名的大型网站来讲，网站结构就变得非常重要。

3. 网页优化

静态网页是指网页文件中没有程序，只有HTML代码，一般以.html或.htm为后缀名的网页。静态网页内容不会在制作完成后发生变化，任何人访问都显示一样的内容，如果需要内容发生变化就必须修改源代码，然后再上传到服务器上。静态网页上都有一个固定的统一资源定位器（Uniform Resource Locator，URL），且网页URL以.htm、.html、.shtml等常见形式为后缀，不含有动态网页的“？”。而搜索引擎一般不会从一个网站的数据库中访问全部网页，搜索蜘蛛也不去抓取网址中“？”后面的内容，所以采用动态网页的网站在进行搜索引擎推广时，需要做一定的技术处理才能适应搜索引擎的要求。

4. 内部链接优化

网站的内部链接简称网站内链，是指在一个网站域名下的不同内容页面之间的互相链接，内链可以分为通用链接和推荐链接。合理的内链布局有利于提高用户体验和搜索引擎蜘蛛对网站的爬行索引效率，利于网站权重的有效传递，从而增加搜索引擎的收录与提升网站权重。内部链接的优化，包括相关性链接、锚文本链接、导航链接等的优化。如果网站有两个以上的域名，要避免两个或更多域名同时指向一个空间，因为搜索引擎可能会认为这是网页复制，从而把其中一个 URL 收录，将另一个 URL 列为复制站点。当网站存在复制站点时，搜索引擎会认为网站有作弊的嫌疑，对排名极为不利。

阅读资料13-3　网站内链优化的作用

1. 提升网站权重

当内链有很好的效果时，企业可以通过观察数据看出网站用户体验的提升，网页内容被浏览的次数将大大提高；加之内容的可传递性，用户访问量会迅速提升。传递的人越来越多，网站的营销效果就会在无形中提升。另外，内链的合理架构会引导蜘蛛爬行，内链网络数量的增加会极大地提升网站整体的权重值。只有不断地做好内链优化，企业才能真正把权重提高到一个新的层次。

2. 提高网站收录率

网站收录情况可以说明网站所做工作成效的高低，也能说明这个网站的内部链接做得如何。内链的优化可以让蜘蛛爬行得更加深入，不然蜘蛛只会爬行网站首页，很少会进入相关的频道。这是因为如果内链质量太差，没有跳转，死链接就会处处存在，蜘蛛一旦进入就很难爬出来。相反，网站内链优化到位，会不断提高收录率，增加更多的点击率，也会大幅增加网站被搜索到的概率。

3. 增强用户体验

网站内部的整体筹划，包括清晰的网站建设思路、频道筹划、内容的有机跳转等，都可以极大地方便用户进行查找与阅读，增加用户的访问时间，提高访问效率，从而增加销售的机会。对于网站，这意味着已经成功了一半。因此我们必须重视内链建设，建设时万不可马虎了事。

4. 提升关键词排名

网站内链的形式可以有多种变化，除了内容的上下页跳转之外，还可以通过文章中的锚文本链接来进行跳转。例如，我们在百度百科上看到的许多锚文本链接，能使其长尾关键词排名得到提升。

5. 利于网站健康发展

网站的优化有很多的组成部分，其中内链占据着相当重要的位置，因为它能提高网站的排名乃至网站权重，使网站的生命得到健康延续。因此，企业千万不能忽视内链的重要性，只要把网站内部的综合质量提高了，使链接细节化，一切就都能水到渠成。

资料来源：链接优化-SEO 研究中心。

5. 外部链接优化

外部链接优化可以从以下几个方面着手：首先，尽量保持外部链接的多样性，外部链接的类别有博客、论坛、新闻、分类信息、贴吧、知道、百科、相关信息等；其次，每天增加一定数量的外部链接，可以使关键词排名获得提升；最后，与一些网站相关性比较高、整体质量比较好的网站交换友情链接，巩固关键词排名。

6. 网站内容优化

很多人认为只要进行了搜索引擎优化就可以提升营销效果，实际上对于网络营销而言，基于网站内容的推广才是搜索引擎营销的核心。网站内容推广策略是搜索引擎营销策略的具体应用，高质量的网站内容是网站推广的基础。从直接浏览者的角度来看，网上的信息通常并不能完全满足所有用户的需要，每增加一个网页的内容，就意味着为满足用户的信息需求付出了一点努力。因此，网站内容推广策略的基本出发点是可以为用户提供有效的信息和服务，这样，无论用户通过哪种渠道来到网站，都可以获得尽可能详尽的信息。

13.3.3 关键词广告

关键词就是用户在搜索框中输入的文字，其形式多样，可以是中文、英文或中英文混合体，可以是一个字、两个字甚至是一句话。按照搜索目的不同，关键词大致可以分为导航类关键词、交易类关键词和信息类关键词。

关键词广告是当用户利用某一关键词进行检索时，在检索结果页面会出现的与该关键词相关的广告内容，如图 13-3 所示。由于关键词广告是在发生特定关键词检索时才出现在搜索结果页面的显著位置，所以其针对性比较高，被认为是性价比较高的网络营销模式，近年来已成为搜索引擎营销中发展最快的一种营销模式。

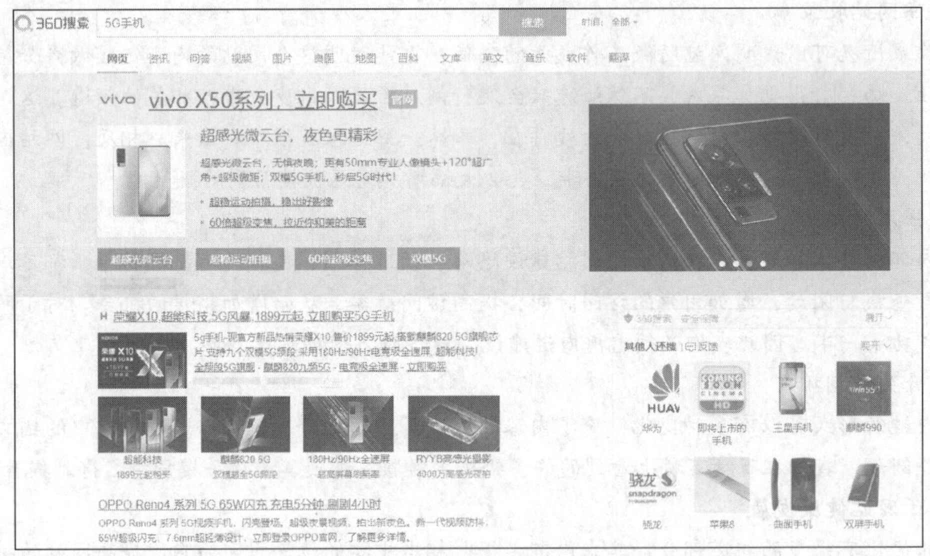

图 13-3 360 关键词广告示例截图

用户通过关键词在搜索引擎中查找相关信息，这些相关信息能否被找到，和关键词的选择、使用分不开。搜索引擎通过分析用户关键字、词、句的内容、种类、频率，可以直接分析用户的搜索行为，揭示用户对网上信息的兴趣所在。

关键词广告的形式比较简单，不需要复杂的广告设计过程，因此极大地提高了广告投放的效率。同时，较低的广告成本和门槛使得个人店铺、小企业也一样可以利用关键词广告进行推广。关键词广告通常采用点击付费计价模式，企业只为点击的广告付费。

关键词广告还有一种竞价排名的方式，是将出价高的关键词排在前面，这为经济实力比较强而且希望排名靠前的网站提供了方便。企业对于关键词广告可以方便地进行管理，并随时查看流量统计。传统的搜索引擎优化中缺乏关键词流量分析手段，并不能准确统计所有访问者来自哪个搜索引擎，以及使用的关键词是什么。而付费的关键词广告可以提供详尽的流量统计资料和方便的关键词管理功能，企业可以根据自身的营销策略更换关键词广告。

此外，基于网页内容定位的网络广告是关键词广告搜索引擎营销模式的进一步延伸，其广告载体不仅是搜索引擎搜索结果网页，也可以延伸到合作伙伴的网页。

13.3.4 搜索引擎营销产品深度开发

随着互联网技术带来的信息爆炸，用户对于信息的需求更加个性化。传统的搜索引擎大而全的信息内容与用户更加准确、深度的内容需求形成矛盾。因此，内容与用户精准连接并提升用户的搜索体验，成为现有搜索引擎产品功能突破的关键。

百度进一步加强搜索引擎的信息分发能力，与百度内容产生循环互补效应，以搜索引擎技术和手机百度 App 信息流为基础，通过“搜索+推荐”的方式分发百家号等自有内容和联盟内容，提升内容与用户的适配度和广告的转化能力。搜索引擎信息分发能力升级的背后是实时的匹配计算与动态建模，而这些功能依赖的是搜索引擎丰富的用户标签积累、自然语言处理以及深度学习等技术的应用。搜索引擎技术基因成为信息分发能力升级的关键因素。

谷歌正加强移动搜索引擎对于信息、用户、服务之间的连接作用。例如，根据用户搜索食品的请求来前置食谱等相关信息，并且与周边餐厅的线下服务相结合提供 O2O 服务。在移动互联网时代，用户获取信息更加碎片化与场景化，搜索引擎将通过用户的搜索行为，将用户的需求与实体服务相结合，激活搜索引擎。

2016 年推出的搜狗知音引擎，是搜狗在“自然交互+知识计算”的人工智能战略下，自主研发的新一代智能语音交互系统。知音引擎集成了搜狗领先的语音识别、对话问答、机器翻译、语音合成等多项核心技术，向用户提供人机交互的完整解决方案。得益于搜狗在语音交互领域的研发优势与技术积累，搜狗知音引擎真正实现了能听会说，能理解会思考。

在稳定接入搜狗自有产品体系，如搜狗输入法、搜狗 AI 硬件、搜狗搜索、搜狗地图、搜狗百科等产品之外，搜狗知音引擎还在车载、智能家居、可穿戴设备等多样化应用场景上落地，与小米、海尔、创维、魅族、蔚来等多家企业合作，为行业和个人用户提供优质可靠的语音交互服务。未来，搜狗知音引擎将在物联网（Internet of Things，IOT）场景中得到更为广泛的应用，帮助用户实现万物语音互联的智慧生活。

阅读资料 13-4 如何进行搜索引擎营销

第一步，了解产品或服务针对哪些用户群体（例如，25～35 岁的男性群体；规模为 50～100 人的贸易行业的企业）。

第二步，了解目标群体的搜索习惯（目标群体习惯使用什么关键词来搜索目标产品）。

第三步，目标群体经常会访问哪些类型的网站？如图 13-4 所示。

图 13-4 不同类型的网站

第四步，分析目标用户最关注产品的哪些特性（影响用户购买的主要特性，如品牌、价格、性能、可扩展性、服务优势等）。

第五步，竞价广告账户及广告组规划（创建Google及百度的广告系列及广告组，需要考虑管理的便捷性以及广告文案与广告组下关键词的相关性），如图13-5所示。

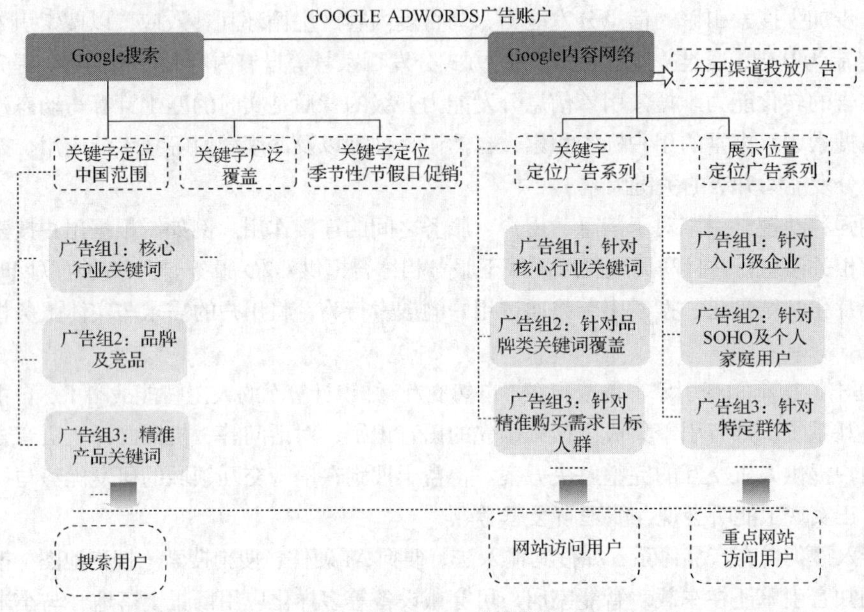

图13-5　Google广告规划

第六步，相关关键词的选择。我们可以使用谷歌关键词分析工具以及百度竞价后台的关键词分析工具，这些工具都是以用户搜索数据为基础的，具有很高的参考价值，如图13-6所示。

图13-6　百度竞价后台的关键词分析工具

资料来源：百度文库。

练习题

一、单选题

1. 根据（　　）的不同，搜索引擎可以分为大型综合类搜索引擎、专用搜索引擎、购物搜索引擎等。

A. 使用端　　B. 工作原理　　C. 搜索内容　　D. 使用原理

2. 目前最大的中文搜索引擎是（　　）。

A. 搜狗　　B. 360综合搜索　　C. 百度　　D. 雅虎

3. 在搜索引擎中检索信息都是通过输入（　　）来实现的，它是整个网站登录过程中最基本，也是最重要的一步，是我们进行网页优化的基础。

A. 产品词　　B. 关键词　　C. 地域词　　D. 品牌词

4. 以下有关搜索引擎营销特点的描述错误的是（　　）。

A. 以用户为主导　　B. 按效果付费　　C. 分析统计复杂　　D. 用户定位精准

5.（　　）要尽量保持多样性，其类别有博客、论坛、新闻、分类信息、贴吧、知道、百科、相关信息等。

A. 内部链接　　B. 外部链接　　C. 全方位链接　　D. 以上均不正确

二、多选题

1. 根据搜索内容的不同，搜索引擎主要可以分为（　　）。

A. 大型综合类搜索引擎　　B. 专用搜索引擎
C. 购物搜索引擎　　D. PC端搜索引擎
E. 移动端搜索引擎

2. 搜索引擎优化的方法包括（　　）等。

A. 登录分类目录　　B. 关键词优化　　C. 内部链接优化
D. 外部链接优化　　E. 网页优化

3. 关于搜索引擎的作用，说法正确的有（　　）。

A. 市场信息发现的工具
B. 市场信息传播的工具
C. 企业对搜索引擎的利用能力，决定了企业的信息发现和市场运用能力
D. 由于搜索引擎所采用的搜索技术、信息分类方式等会有所不同，这将影响信息查询的效率
E. 搜索能力通常不会受到所选搜索引擎链接的信息资源数量和信息源范围的影响

4. 通常搜索引擎登录审核需要提供（　　）等。

A. 网站名称　　B. 网站地址　　C. 关键词
D. 网站的描述　　E. 站长联系方式

5. 企业设置的关键词应是用户容易想到的、大概率使用的搜索文字内容，可采用的关键词类型包括（　　）。

A. 产品词　　B. 通俗词　　C. 生僻词
D. 地域词　　E. 人群相关词

三、名词解释

1. 搜索引擎　　2. 搜索引擎营销　　3. 关键词广告　　4. 网站内链

四、简答及论述题

1．搜索引擎营销最主要的模式有哪几种？

2．搜索引擎营销的特点主要有哪些？

3．试论述搜索引擎优化的具体措施。

4．试论述在目前的竞争态势下，国内主要搜索引擎产品如何进行深度开发。

案例讨论

头条搜索上线

随着智能手机的普及，搜索引擎也迎来了时代的变局，根据百度2014年第三季度的财报，百度移动端流量首次超过PC端。这一阶段，搜索引擎已经向移动端发力。

2014年4月，移动搜索引擎神马搜索诞生，这款搜索引擎是UC与阿里巴巴共同打造的产品。背靠阿里和UC，神马搜索的发展速度很快，上线一周后，UC优视董事长兼CEO俞永福就宣布，神马移动搜索月活跃用户已突破1亿人，在国内移动搜索市场上用户渗透率突破20%。

数据显示，截至2015年3月，在移动搜索领域，神马搜索的市场份额达到13.35%，位列第二。排在首位的百度搜索市场份额达79.61%，搜狗搜索以5.8%排列第三。

2016年，“竞价排名”危机爆发，百度一时间成为众矢之的。为此，百度进行了大幅度整改，控制商业推广信息占比不超过30%，加强对“商业推广”字样的标注强度。当年，百度的营收增速下滑到了6%，而上一年其营收增速超过30%。

到了2018年，在移动搜索领域，神马搜索和搜狗搜索的市场份额均有较大提升。神马搜索占据2018年中国移动搜索市场22.3%的份额，搜狗搜索占到了13.5%，百度的市场份额为62.2%。

近两年，百度开始押注人工智能和信息流。信息流曾是今日头条起家的基础，崛起于移动互联网时代的今日头条，在利益上与百度有了越来越多的碰撞。2019年8月，头条搜索悄然上线，这显然属于直抄百度的后路。

有媒体对百度搜索和头条搜索进行了对比，从页面布局来看，头条搜索主要以移动搜索为主。目前，头条搜索在内容的丰富度上不及百度。

今日头条作为挑战者，曾让腾讯头疼不已。不过，在搜索领域，不少人认为，头条搜索目前很难撼动百度的地位，毕竟技术挑战难度依然很大，而且在这条搜索引擎的大河里，它有不少沉没者。

资料来源：艾瑞网。

思考讨论题

1. 头条搜索上线后要面临哪些竞争？

2. 你是否看好头条搜索？请说明你的理由。

第 14 章 其他网络营销工具与方法

本章导读

在网络营销活动中，采取恰当的营销工具与方法是取得成功的关键。本章主要介绍论坛营销、病毒式营销、许可 E-mail 营销、SNS 营销、二维码营销等网络营销工具与方法的概念、特点以及应用这些营销工具时的操作流程等。通过对本章的学习，读者可以较为全面地掌握这几种网络营销的工具和方法。

知识结构图

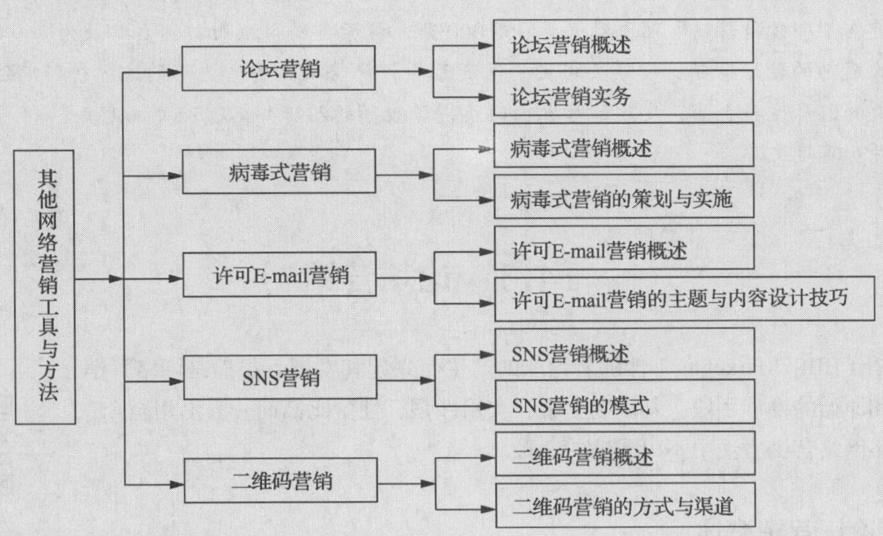

安琪酵母的网络论坛营销

酵母是蒸馒头和做面包的必需品，但不能直接食用，而安琪酵母股份有限公司（以下简称“安琪公司”）创造性地生产出了可以直接食用的酵母。作为一款人们不熟悉的新产品，而且还是颠覆了消费者认知的产品，其推广的难度可想而知。之前安琪公司作为一家既无原料优势又无资金优势的地方科研单位，首选性价比非常高的论坛营销，通过论坛来炒作和推广产品，于是公司开始在新浪、搜狐、TOM 等有影响力的社区论坛里制造话题。

2008 年电视荧幕上正热播各种婆媳关系类的影视剧，于是安琪公司围绕婆媳关系，策划“一个馒头引发的婆媳大战”的论坛炒作方案，营销帖以第一人称讲述了南方的媳妇和北方的婆婆关于馒头发生争执的故事。因为当时婆媳关系是网络上的热点，而该帖又是通过真人讲真事的形式与大家讲故事，所以帖子发出来后引发了不少讨论，其中就涉及酵母的应用。这时专业人士把话题的方向引到酵母的其他功能上去，让人们知道了酵母不仅能蒸馒头，还可以直接食用，并具有很多的保健美容功能，如减肥。减肥是女性永恒的话题，而当时正值 6 月，正好是减肥旺季，所以那些关注婆媳关系的女性同时也记住了酵母的另外一个重要功效——减肥。

为了让帖子引起更多的关注，安琪公司做了大量的辅助工作，如选择权威网站，利用它们的公信力把帖子推到好的位置。当时安琪公司就选择了新浪女性频道中关注度比较高的美容频道，把相关的帖子细化到减肥沙龙版块等。果然，有了好的论坛和好的位置，帖子马上引发了更多普通网民的关注。

由于论坛帖子引发了很多跟帖，其中也有争议性的声音。对于这种帖子，安琪公司在容忍不同看法的同时，通过专业的发帖团队进行互动引导，并对帖子中一些不当的言论及时进行处理等。该项目执行一个月后，安琪公司的电话量陡增，网络上关于“安琪即食酵母粉”“安琪酵母粉”的讨论也大幅增多。营销活动开始前，搜索“即食酵母粉”网页结果为 11 900 条，搜索“酵母减肥”网页结果为 368 000 条；一个月后，搜索“即食酵母粉”网页结果为 368 000 条，搜索“酵母减肥”网页结果为 769 000 条。

通过这次成功的论坛营销，安琪公司由一家既无原料优势又无资金优势的地方科研单位，逐渐发展成为国内最大的酵母生产企业，安琪酵母也由此获得了较高的品牌知名度和关注度。

资料来源：百度文库。

14.1 论坛营销

论坛营销（BBS Marketing）伴随着论坛的产生而兴起和发展，虽然是网络营销中较为简单和原始的推广手段，却以易上手、实用性强、性价比高而一直沿用至今，逐渐成为众多网络营销方法中不可或缺的一种。

论坛营销

14.1.1 论坛营销概述

1. 论坛营销的含义

论坛营销是一种常见的网络营销方法，是指企业利用网络论坛交流平台，通过文字、图片、视频等方式发布产品和服务信息，以宣传企业、展示产品、提供销售服务、增进与网络用户关系并最终促成产品销售的网络营销行为。

2. 论坛营销的特点

（1）成本低，操作简单。企业开展论坛营销几乎不需要什么成本，因为在主流论坛上从注册到发帖都是免费的。同时论坛营销的操作非常简单，一般只需要注册论坛账号、发帖、顶帖、回复即可。

（2）适宜口碑传播。论坛内的所有内容都是由用户的发帖产生的，如果帖子传递的营销信息能够成功激起用户的兴趣与讨论，就会产生良好的口碑效应。

（3）传播针对性强，便于开展精准营销。开展论坛营销的企业可以在针对特定行业（如旅游、健康、餐饮、培训等）的论坛中发帖，把信息有针对性地、精确地发给目标受众，从而实施精准营销。

（4）沟通氛围好，互动性强。论坛中的用户往往具有相同的兴趣和爱好，感兴趣的话题容易激起大家的共鸣。通过与论坛中的用户积极沟通、友好互动，能进一步提升营销的宣传效果。

14.1.2 论坛营销实务

1. 论坛营销前的准备工作

论坛营销前的准备工作很重要，是决定论坛营销成败的关键。

（1）确定论坛营销的目标。论坛营销的目标是指在一段时间内，实施论坛营销的企业所期望实现的预期成果。有了目标就有了行动的方向，企业论坛营销的工作计划就能由此而制订。因此，制定目标是开展论坛营销的第一步。和其他营销方式的目标一样，论坛营销的最终目标也是促进销售，但在不同阶段，论坛营销的具体目标还是有很大差异的。到底是增加流量、注册量，还是提升品牌知名度、塑造良好的口碑，或是直接提升销量等，都要视具体情况而定。

（2）了解论坛营销的产品。开展论坛营销的企业要对产品的性能、质量、销售亮点、存在的不足等进行充分了解，这样才能在后期的论坛营销中将产品客观、诚恳地介绍给目标受众。在论坛营销活动过程中，企业不能仅仅强调产品的优点而对产品的不足闭口不谈，这样很可能会适得其反。用户一旦购买之后发现问题而在论坛里提出质疑或投诉，将会给企业造成极大的信誉危机。

（3）了解目标用户在论坛中的行为与需求。只有了解目标用户的行为与需求，论坛营销才能做到有的放矢。开展论坛营销之前，企业应弄清楚目标用户聚集在哪些论坛，用户在论坛里喜欢做什么，他们喜欢什么样的话题、资源以及内容等。而且企业还要了解论坛用户最有共性的问题有哪些，哪些问题是最需要解决的，以及企业能解决其中的哪些问题等。

（4）了解竞争对手。所谓“知己知彼，百战不殆”，企业在开展论坛营销前要了解竞争对手有没有做过类似的推广、效果如何等，还要分析他们具体的推广方式。例如，他们是如何引流的，是发超链接还是文本链接或者借助 QQ、微信等自媒体平台。通过研究竞争对手，企业就能知道产品是否适合进行论坛推广，如果适合，又该如何操作及改进等。

2. 论坛的选择

选择适宜的论坛开展营销非常重要，企业在筛选时应注意以下几点。

（1）论坛数量要适宜。目标论坛数量不是越多越好，企业要量力而行，根据自身的人力、物力而定；否则选择太多的论坛，企业无力维护，反而成为营销的负担。选择论坛时要优先考虑有潜在客户的论坛、人气旺的论坛、有签名功能的论坛、有修改功能的论坛以及有链接功能的论坛等。

（2）论坛质量很关键。论坛质量是营销的关键，判断论坛质量高低要看论坛氛围如何，用户群是否集中、精确等。企业对本身所在的行业进行分析，根据分析得出的结果寻找所在行业的一些著名论坛和主题论坛，在主题集中的论坛上进行论坛营销，往往会起到事半功倍的效果，如企业要推广汽车，那么就只找汽车类论坛。同时根据所要推广的品牌或者产品，分析目标客户群体和论坛主要用户群体的契合度，寻找目标市场高度集中的行业论坛。

（3）论坛大小不是决定性因素。论坛不一定越大越好，不要忽略小的论坛和地方性论坛。很多企业做推广的时候不愿意在小的论坛、地方性论坛发帖。其实地方性论坛、小论坛的影响力虽然有限，但可能是企业目标客户集中的地方，而且相对大论坛来说，其限制也更少。

（4）尽量选择人气旺的论坛。论坛的人气往往是决定帖子能否火起来的首要因素。企业在开展论坛营销之前可以通过多种途径对目标论坛的人气进行分析，如通过网络文献、搜索引擎检索、咨询专业人士等，然后再对目标论坛进行选择。

3. 论坛账号注册

在论坛营销活动中，账号名字的重要性不言而喻。名字简单易记、富有特色，并且具有亲和力的论坛账号更容易被识别和记忆。论坛账号名要尽量用中文，要易记且有特色。一般可以直接用公司名、产品名作为账号，当然也可以用一些富有特色、具有一定寓意的名字。尽量不要用晦涩难记的名字，最不推荐的是英文名或无意义的字母组合，那些随意打出的英文名或数字难以给人留下好的印象。

4. 熟悉目标论坛

企业选定论坛后，最好不要急于采取营销活动，如发布广告帖等，否则容易被禁言、封号。企业应该先去了解论坛的特点和规则，以及论坛各版块的特点、差异和论坛用户的特点等，再根据所推广的产品类型，选择潜在客户群集中的论坛及版块，发布形式不同的内容，满足不同论坛、不同版块和人群的要求，从而高效率地进行论坛营销。

（1）分析论坛的特点。企业要明确目标论坛的管理尺度，即目标论坛允许做什么，不允许做什么。学会分析这个论坛，如用户喜欢什么类型的帖子？这个论坛谁发的帖子会火？论坛的意见领袖什么时候会发帖？论坛管理员喜欢什么样子的帖子？管理员什么时间在线？论坛哪些版块能发布广告（链接、品牌、QQ、微信）等，企业应把这些全部分析一下，然后把数据记录起来，综合分析。

（2）分析论坛各版块和用户的特点。如每个版块的主题特色是什么？用户群的风格和喜好是什么？哪些版块热度最高？将营销信息发到哪些版块合适等。同样的内容发到不同的内容版块，取得的效果会相差甚远，如发到某一版块，可能会被删帖、扣积分；而发到另一版块，却又可能被加精推荐。所以，我们要深入了解目标论坛用户热衷于哪些话题内容以及哪一类的主题和资源等。

5. 撰写论坛帖

论坛帖的质量非常重要，它能直接影响论坛营销的效果。下面分别介绍两类常见的论坛帖的撰写技巧。

（1）硬广帖的撰写技巧。硬广帖可以利用高权重论坛做SEO长尾关键词的排名，如在一些高权重的论坛上专门在广告版块发帖。注意要在标题中加入一些长尾关键词，内容中也要出现几次长尾关键词。一般一个帖子中最好只有1～3个关键词，标题出现一次长尾关键词。长尾关键词不要堆积，要自然一点，长尾关键词还可以在帖子的回复中出现几次。

（2）软文帖的撰写技巧。在论坛上发软文帖可降低帖子被删除的概率，所以企业一定要高度重视软文帖的写作。在撰写软文帖时应注意掌握以下技巧。

① 写好软文帖的标题。标题的目的在于吸引用户，有一个好的标题，帖子便成功了一半。好的标题应该具有视觉冲击力，要能激发网友强烈的点击欲望。标题措辞很重要，要有新意，不能背离主题，可以适度、合理地夸张，此外还可以提出疑问、寻求帮助，以此获得共鸣。

② 在卖点和用户需求间找到平衡点。在撰写软文帖时，应找准产品的卖点和用户需求间的平衡点。

具体做法是，首先把产品所有的特色、优势、亮点写出来，并列好优先级；然后再把目标用户及其所有的需求、希望、需要解决的问题写出来，也列好优先级；最后将两者进行对比，从中找出最佳的匹配点。

③ 把握写作语气和词汇。软文帖的写作语气要尽量轻松化、通俗化，除非是写给专业人士或探讨专业性极强的话题，否则帖子一般要使用轻松化、通俗化的语气，这样写出来的帖子更符合绝大部分网友的阅读习惯，而且也更容易引起大家的讨论。

④ 配图和排版。软文帖只有文字会比较枯燥，加上几张与主题相关的图片会产生更好的阅读效果。例如，某些主题的帖子可能全篇以图为主，配以少量的说明文字，效果同样很好。此外帖子要段落分明，适当分段，这不仅可方便网友阅读、引用，而且方便自己修改。在帖子中适当加入表情符号可以有效强化帖子主题，活跃讨论氛围，但是表情符号也要适量，过多的表情符号会影响网友的正常阅读。

⑤ 合理布局关键词。要注意软文帖中关键词的合理布局，很多软文帖在写作过程中忽略了关键词密度的合理分布。帖子就算写得再好，没有关键词也很难被搜索引擎收录。一篇好的软文帖不是用华丽的辞藻堆砌而成的，而是将关键词贯穿于整篇软文帖，却让网民在阅读时很难发现。

6. 如何做好发帖维护

（1）有选择性地发广告。不要在论坛上随意发广告，尤其是广告性很强的帖子。基本上所有的网民都会排斥论坛广告，同时对发广告的人会产生抵触心理。为了避免被用户排斥甚至被封号，企业切勿在论坛上乱发广告。

（2）借助论坛意见领袖发帖。意见领袖又叫舆论领袖，是指在人际传播网络中经常为他人提供信息，同时对他人施加影响的“活跃分子”。意见领袖是论坛的中心，他们在大众传播效果的形成过程中起着重要的中介或过滤的作用。由他们将信息扩散给受众，受众会更加容易接受，如意见领袖推荐的产品可能会被跟风购买等。

（3）长帖短发。论坛中看帖的人大都缺乏耐心，太长的帖子，不管写得多么精妙，都很少有人能够坚持看完。所以企业一定要长帖短发，将一帖分成多帖，以跟帖或连载的形式发，每隔一段时间发一帖，让他人产生期待。

（4）注重负面信息的处理。在很多论坛里面，消费者在购买产品后，可能会发表对该产品的负面言论，这种负面言论通常会比正面言论获得更多关注。在进行论坛营销时要特别注意处理产品的负面信息，对有负面信息的帖子要及时跟帖澄清事实、消除误解。

（5）利用其他外部资源做好辅助推广。发布帖子后，企业可以在第一时间邀请论坛好友或者 QQ 好友、微信好友等参与话题，以增加文章的浏览量和给予好评。为了增加分享量，每一个论坛中都会安装百度分享插件，企业可以通过百度分享把文章传递到站外。此外，企业可以在条件允许的情况下购买置顶帖，组织论坛发帖团队广为传播等，这些方法都会大幅度提高用户的参与度，提升最终的营销效果。

7. 论坛数据监控和营销效果总结

经过一段时间的论坛营销推广，企业需要知道在哪些论坛发过帖，这些帖子的宣传效果如何，这个时候就需要统计和管理，并分析营销成功或失败的原因，对帖子进行及时的维护。

（1）数据的监控。在进行论坛营销时，除监测一般的咨询量或销售量等常规数据外，企业还需要监测以下比较有针对性的数据。首先是帖子点击量。点击量是最基本的监测数据，如果点击量过低，后面的一切计划都无法顺利执行，点击量直接反映了帖子的标题是否足够吸引人。其次是回复量。回复量反映了帖子的卖点、话题设计是否足够受人关注，在保证点击量的基础上，回复量少的原因可能是主帖内的亮点不够，话题设计得不吸引人。再次是参与 ID 数，参与 ID 数能真实地反映帖子的参与人数。最后是传播量，这是一个很关键的数据，直接反映了论坛营销的成败。通过查看论坛帖子被转载的次数，企业能够知晓本次论坛营销的效果。

（2）总结论坛营销的效果。现实中一次成功的论坛营销要至少经历不被删除—吸引关注—打动用户—持续关注—加精推荐—被人转载 6 个阶段，有些非常成功的帖子会引起病毒式传播，产生很大的影响力。很多时候论坛营销并没有达到企业所期望的理想效果，此时企业就需要总结可能存在的问题，如弄清楚到底是论坛帖的标题有问题、话题有问题、内容有问题，还是论坛平台自身有问题等。

14.2 病毒式营销

14.2.1 病毒式营销概述

1. 病毒式营销的概念

病毒式营销是一种常用的网络营销方法，其原理是通过“让大家告诉大家”的口口相传的用户口碑传播，利用网络的快速复制与传递功能让企业要传递的营销信息在互联网上像病毒一样迅速扩散与蔓延。病毒式营销常被用于网站推广、品牌推广、为新产品上市造势等营销实践中。需要注意的是，病毒式营销成功的关键是要关注用户的体验和感受，即是否能给受众带来积极的体验和感受。

2. 病毒式营销的特点

病毒式营销通过自发的方式向受众传递营销信息，因此它有一些区别于其他营销方式的特点与优势。

（1）推广成本低。病毒式营销与其他网络营销方式最大的区别就是它利用了目标受众的参与热情，由用户自发地对信息进行二次传播。这样原本应由企业承担的推广费用就转嫁到了外部媒体或受众身上，他们充当着免费的传播媒介，因此大大节省了企业的广告宣传费用。例如，法国达能旗下的高档矿泉水品牌依云，就采用病毒式营销的方式以极低的成本获得了良好的传播效果。

依云矿泉水在 2009 年首次尝试病毒式营销，推出营销短片《滑轮宝宝》（*Roller Baby*），设计者应用计算机三维动画技术，塑造了滑轮宝宝们可爱的形象。短片中一群穿着纸尿裤的可爱宝宝不仅玩起了轮滑，还摆出了各种酷酷的姿势，甚至大跳嘻哈，如图 14-1 所示。

图 14-1　依云矿泉水广告视频截图

这段时长60秒的短视频在YouTube上独家播放，短短一周点击率就超过了600万次，在推出后不到两个月的时间里，浏览量就超过了2 500万次。这在当时创造了吉尼斯世界纪录，成为在线广告史上观看次数最多的视频。其实，这段视频是依云矿泉水的一个创意广告，体现了依云矿泉水“保持年轻”的宗旨，但因为制作精美，内容新颖有趣，人们争相转发，收到了令人惊叹的传播效果。

（2）传播速度快、传播范围广。在当今的网络社会，信息传播极为迅速，所有信息几乎都可以做到实时传播。而且随着自媒体的兴起，网民对感兴趣的信息可借助博客、微博、微信、短视频平台等进行转发，相当于无形中形成了一个强大的“信息传播大军”，因而能大大拓展信息的传播范围。下面就以网易云音乐的病毒式营销案例来做进一步的分析。

2017年3月20日，网易云音乐包下了杭州地铁1号线的车厢以及江陵路地铁站，发起了一场名为“看见音乐的力量”的营销活动。活动结束后，网易云音乐从应用平台上的4亿条评论里，选定85条向公众发布。网易用户原创的优秀评论，不仅让受众感受到了“音乐的力量”，而且还戳中人心，并使人们产生强烈的共鸣。于是，人们积极分享转发，迅速引爆了当时的社交网络。

（3）效率高、更新快。由于病毒式营销中，目标受众的信息传递者是其“身边的人”，相比大众媒体广告播出环境与接收环境的复杂性，病毒式营销广告的信息传递者与主动接收者的心态更为积极。因此病毒式广告克服了信息传播中的噪声影响，增强了传播的效果，提高了营销信息的接收效率。

同时，由于病毒式营销的信息传递者对“病毒”的记忆性与关注度较高，随着信息传递过程的继续，最开始的传播力已经慢慢转化为购买力，而新一波的“病毒”也会相继而来，将“病毒”的威力继续传递下去。因此在整个病毒式营销的过程中，不仅有旧营销信息的传递，还有营销信息的转化与新营销信息的接力，信息更新速度相比大众媒体广告更快。

阅读材料14-1 快看呐！这是我的军装照

2017年7月29日，为庆祝中国人民解放军建军90周年，人民日报策划推出了一款换脸“军装照”H5小游戏。用户只需扫描二维码，上传自己的照片，就可以生成帅气的军装照。这款H5小游戏一经推出，浏览量立即呈井喷式增长。截至2017年8月2日17时，“军装照”H5小游戏的浏览次数累计达8.2亿次，独立访客累计1.27亿人，一分钟访问人数峰值高达41万人。这款H5小游戏将1927—2017年这90年间11个阶段的22套军装全部呈现出来，用户上传照片选择年限即可制作自己专属的军装照。强大的图像处理技术——国内首创的“人脸融合”既能突出用户的五官特点，还自带美颜滤镜，让照片呈现非常自然的图片效果，使用户产生一种对军旅生活的向往和在朋友圈展现自我的欲望。

14.2.2 病毒式营销的策划与实施

1. 病毒式营销的策划

病毒式营销策划的核心是制造具有爆炸性的传播话题。话题只有足够出人意料，足够新鲜有趣，才能激起网络用户的兴趣和转发的热情。病毒式营销的话题有很多种，最常见的有3种，分别是情感性话题、利益性话题和娱乐性话题。

借情感性话题营销是指开展病毒式营销的企业以情感为媒介，从受众的情感需求出发，寓情感于营销之中，激发受众的消费欲望，并使之产生心灵上的共鸣。例如，前些年异军突起的白酒新贵江小白，就是靠一手漂亮的“情感牌”营销赢得了消费者尤其是青年消费者的心，如图14-2所示。江小白那充满了“情感”的营销活动，总是让人们心里充满了温情。

图 14-2　江小白的情感营销

借利益性话题营销是指开展病毒式营销的企业，以引人注目的利益话题来激起受众的高度关注和参与热情。例如，2018 年 9 月 29 日，支付宝官方微博推出了一个转发抽中国锦鲤的活动，支付宝会在转发该微博的网友中抽出一位集全球宠爱于一身的“中国锦鲤”（见图 14-3），奖品包括服饰、化妆品、各地美食券、酒店等。一时间转发火爆，大家都希望生活中的好运气砸中自己。而后，在国庆节即将到来之际，支付宝官方微博再次发文宣布从转发中抽取一名用户帮还一年花呗，该条微博的转发量也相当惊人。

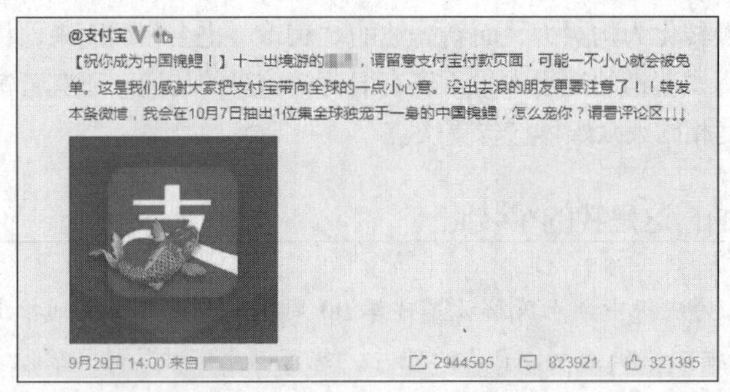
@支付宝

【祝你成为中国锦鲤！】十一出境游的，请留意支付宝付款页面，可能一不小心就会被免单。这是我们感谢大家把支付宝带向全球的一点小心意。没出去浪的朋友更要注意了！！转发本条微博，我会在10月7日抽出1位集全球独宠于一身的中国锦鲤，怎么宠你？请看评论区↓↓↓

9月29日 14:00 来自　2944505　823921　321395

图 14-3　支付宝官方微博发起的抽奖公告

借娱乐性话题营销是指开展病毒式营销的企业将娱乐元素融入话题，通过营造轻松愉快的沟通氛围来增强受众的黏性，并最终促进产品的销售。例如，2009 年 5 月 19 日，一段 3 分 23 秒的视频几乎在同一时间出现在土豆、优酷等大型视频网站中。《鞋袭——总统的反击》和《一只鞋子引发的血案》这样的名字，使人很容易就猜到这可能是胡戈的新作，联想到以前胡戈的《一个馒头引发的血案》等作品，这段拥有两个名字的视频很快就吸引了众多网友的注意，人们情不自禁地点击进行观看。虽然是一个广告视频，《一只鞋子引发的血案》却引起了网友们极大的兴趣，不少网友自发地向朋友介绍了这段视频，使它像病毒般迅速传播开来。该视频在土豆、优酷等网站的点播次数很快就超过了百万次，视频相继被大量网页、博客引用。

阅读材料 14-2　七喜的病毒式营销

七喜通过融合一系列热门话题和小人物幻想等各种搞笑因素于一体的趣味性视频，对七喜当时的“开盖有奖”“中奖率高达 27%”等活动进行了生动的演绎，牢牢地抓住了观众的眼球。其视频在优酷、土豆、人人网、开心网、微博等各大视频及社交网站被大家疯狂转发，取得了很好的营销效果。面对市场上众多大品牌饮料产品的竞争，七喜在产品功能、口味上并无太多特别之处，但其选择了扬长避短，突出自身特色，在视频中通过传递“中奖率高”的特点使得消费者一下子就能记住七喜，从而与其他品牌进行了有效区分。随后，七喜通过视频续集的方式发动了第二波、第三波大规模营销，大幅提升了品牌知名度。七喜当年的销售额也一举进入饮料类的前三甲。

2. 病毒式营销的实施

病毒式营销的实施一般需要经过规划整体方案、进行创意构思和设计营销方案、制造话题和选择信息传播渠道、发布和推广话题等，下面就对每一阶段的具体工作做简要介绍。

病毒式营销的第一步是规划整体方案。在这一阶段，企业需制定病毒式营销的总体目标，拟定实现目标的计划，设立相应的组织部门并配备所需的人员。

病毒式营销的第二步是进行创意构思和设计营销方案。企业在进行病毒式营销创意构思时一定要追求独特性和原创性，人云亦云或是跟风抄袭等不仅难以激发起受众的兴趣，甚至会让人反感和厌恶。因此，病毒式营销对创意人员有着很高的要求，需要企业能慧眼识人，找到能担此大任的优秀人才。在这一阶段的另一个任务是设计营销方案。病毒式营销不是将话题抛出后就大功告成，而是要从多个方面综合考虑，设计全面具体的营销方案，要制定应对不同情况的营销措施。例如，当话题发布后，激起了受众强烈的兴趣并被争相转发时，企业就应该再次制订对应的方案，借势营销，以增强营销效果。

病毒式营销的第三步是制造话题和选择信息传播渠道。病毒式营销的话题在前文中已经做过介绍，企业在制造话题时要融入情感、利益和娱乐等元素，这样更容易获得受众的关注。在选择信息传播渠道时，企业首先应考虑哪些是目标受众最易接触的平台，是论坛、QQ、微博、博客、微信还是短视频等，然后从中进行选择。当然，企业也可采取组合策略，充分利用各种传播渠道发布信息。

病毒式营销的第四步是发布和推广话题。发布和推广话题要选准时机，要尽可能吸引到有影响力的名人和意见领袖的参与。例如，2014 年 6 月由美国波士顿学院前棒球选手发起的 ALS（肌肉萎缩性侧面硬化病，俗称“渐冻人”）“冰桶挑战赛”（ice bucket challenge）迅速风靡欧美社交网络。该挑战赛要求参与者在网络上发布自己被冰水浇遍全身的视频内容后，便可要求其他人来参与这一活动。被邀请者要么在 24 小时内接受挑战，要么就选择为 ALS 患者捐出 100 美元，或两者都做，然后可以点名三个朋友接受挑战。发起者的初衷是让更多的人关注这种罕见疾病，同时也达到募款的目的。在社交媒体上，最先积极相应的是比尔·盖茨、库克、杰夫贝索斯、拉里佩奇等互联网和科技领袖们，接下来是美国的富豪、文艺界和体育界名人也纷纷接受挑战。在这些意见领袖的带动下，短短三个多星期，“冰桶挑战”已经替美国的“渐冻人”关怀机构募集到 4 000 多万美元善款，为上年同期的 20 倍。2014 年 8 月 18 日，这一活动蔓延至中国互联网圈，小米的创始人雷军成为首个受邀参与挑战的名人。接下来，随着一个个中国 IT、互联网商业领袖参与，“冰桶挑战”开始风靡中国互联网。

病毒式营销的第五步是对营销效果的总结和分析。对营销效果进行总结和分析，可以帮助企业从中发现问题，适时调整病毒式营销的策略，并为下一次活动提供借鉴。

14.3 许可 E-mail 营销

14.3.1 许可 E-mail 营销概述

1. 许可 E-mail 营销的概念

E-mail 是一种利用计算机通过电子通信系统进行书写、发送和接收的信件，是一种利用电子手段进行信息交换的通信方式。电子邮件结合了电话通信和邮政信件的优势，既能像电话一样快速地传送信息，又能像邮政信件一样具备收件人信息、邮件正文等。同时用户利用 E-mail，也可以免费收到大量的新闻、专题邮件等，实现轻松的信息搜索。正是由于使用简单、投递迅速、形式多样、传递快捷、易于保存等特点，电子邮件被广泛应用。

凡是利用 E-mail 开展营销活动的商业行为都可以称为电子邮件营销，但未经用户许可而大量发送的电子邮件通常被称为垃圾邮件。发送垃圾邮件开展营销活动是一种违法的商业行为，很容易招致用户的反感。而许可 E-mail 营销则是在用户允许的情况下，通过电子邮件的方式向目标用户传递有价值信息的一种网络营销手段。用户允许商家发送电子邮件是开展许可 E-mail 营销的前提。因此，一些网站在用户注册成为会员或申请网站服务时，就会向用户询问"是否愿意接受本公司不定期发送的产品的相关信息"，或者提供一个列表供用户选择希望收到的信息，在用户确定后，才可以在提供服务的同时附带一定数量的商业广告。

许可 E-mail 营销具有成本低、快速实施、目标精准、主动出击等优势，因此自诞生之日起，就被众多开展网络营销的企业所重视。

2. 许可 E-mail 营销的两种基本方式

按照 E-mail 地址资源所有权的划分，许可 E-mail 营销可分为内部列表许可 E-mail 营销和外部列表许可 E-mail 营销这两种基本的方式。两者各有其侧重点和优势，并不矛盾，必要时企业可以同时采用。

内部列表就是平时所说的邮件列表，包括企业通过各种渠道获取的各类用户的电子邮箱地址资源（更具体的可以是用户的注册信息）。内部列表许可 E-mail 营销就是在用户许可的前提下，营销者利用注册用户的邮箱地址开展的 E-mail 营销。外部列表是指专业服务商或者其他可以提供专业服务的机构提供的电子邮箱地址资源，如专业的 E-mail 营销服务商、相同定位的网站会员资料、免费邮件服务商等。外部列表许可 E-mail 营销就是在用户许可的前提下，营销者利用专业服务商提供的电子邮箱地址资源开展的 E-mail 营销。

内部列表许可 E-mail 营销和外部列表许可 E-mail 营销各有优势。表 14-1 分别从主要功能、投入费用、用户信任程度、用户定位程度、获得新用户的能力、用户资源积累情况、邮件列表维护和内容设计、许可 E-mail 营销效果分析 8 个方面对两种方式进行了比较。

表 14-1 内部列表许可 E-mail 营销和外部列表许可 E-mail 营销的比较

比较项目	内部列表许可 E-mail 营销	外部列表许可 E-mail 营销
主要功能	顾客关系、顾客服务、品牌形象、产品推广、在线调查、资源合作	品牌形象、产品推广、在线调查
投入费用	相对固定，主要是日常经营和维护费用，与邮件发送量无关，用户数量越多，平均费用越低	没有日常维护费用，营销费用由邮件发送量、定位程度等决定，发送数量越多费用越高
用户信任程度	用户主动加入，对邮件内容信任程度高	邮件为第三方发送，用户对邮件内容的信任程度取决于服务商的信用、企业自身的品牌、邮件内容等因素
用户定位程度	高	取决于服务商邮件列表的质量
获得新用户的能力	用户相对固定，对获得新用户效果不显著	可针对新领域的用户进行推广，吸引新用户能力强
用户资源积累情况	需要逐步积累，规模取决于现有已有的用户数	在预算许可的情况下，可进行多方合作，快速积累用户
邮件列表维护和内容设计	需要依靠自己的专业人员操作	由服务商专业人员负责，可对邮件发送、内容设计等提供相应的建议
许可 E-mail 营销效果分析	由于是长期活动，较难准确评估每次邮件发送的效果，需长期跟踪分析	有服务商提供专业分析报告，可快速了解每次活动的效果

内部列表许可 E-mail 营销以少量、连续的资源投入获得长期、稳定的营销资源，外部列表许可 E-mail 营销则是用资金换取临时性的营销资源。内部列表许可 E-mail 营销在顾客关系和顾客服务方面的效果比较显著，外部列表许可 E-mail 营销可以根据需要选择投放给不同类型的潜在用户，因而在短期内即可获得明显的效果。

3. 实施许可 E-mail 营销需要注意的问题

在实施许可 E-mail 营销时，企业需注意以下具体问题。（1）针对已有用户信息，分类整理用户邮件资料，按照其消费习惯，制定个性化的营销信息并定期沟通联系。（2）充分把握任何可以获取用户电子邮箱地址的机会，如以打折优惠作为获得用户电子邮箱地址的条件。（3）正确使用许可邮件列表，采用“内部期刊”“信息简报”等形式定期发送最新活动通知、促销信息等。（4）与用户充分沟通，由用户确定收邮件的频率与邮件的类型。（5）在用户生日或节日时发送祝福邮件，拉近与用户的关系。（6）奖励优秀用户。好用户值得特殊的礼遇，企业可发送邮件告知他们专享的优惠等。

14.3.2 许可 E-mail 营销的主题与内容设计技巧

1. 邮件主题设计技巧

邮件主题能让用户了解邮件的大概内容或最重要的信息，是企业许可 E-mail 营销最直观的体现。一个好的邮件主题应能够引起用户的兴趣，进而令其决定阅读邮件正文。设计许可 E-mail 主题时应掌握如下的技巧。

（1）要把邮件最重要的内容体现在邮件主题上。通过邮件主题用户就能确定这封邮件是不是他感兴趣的，内容对他有没有价值，进而决定是否要打开邮件详细阅读。即使用户不打开邮件，通过邮件主题，企业已经把最重要的信息传达给用户了。

（2）主题要明确，要和邮件内容相关联。一般来说，发件人中除了显示发件人名称和电子邮箱地址之外，很难容纳更为详尽的信息，而用户对发件人的信任还需要通过邮件主题来进一步强化。将邮件主题的空间留出一部分来推广品牌是很有必要的，尤其是在用户对于企业品牌的信任程度不高的情况下。因此邮件主题一定要明确，与邮件内容一定是相关联的。

（3）邮件主题尽量要完整地体现品牌或者产品信息。有独特价值的产品、信息或者令人印象深刻的品牌出现在邮件主题中时，用户即使不阅读邮件内容也会留下一定的印象。

（4）邮件主题应含有丰富的关键词。除了加深用户的印象外，添加关键词也是为了让用户易于检索收件箱中的邮件，因为部分用户收到邮件后并不一定马上对邮件中的信息做出回应，有些人甚至时隔多日之后才突然想起曾经收过的某个邮件中含有自己需要的信息。

（5）邮件主题不宜过于简单或过于复杂。尽管没有严格的标准来限制主题的字数，但应尽量将其保持在合理的范围之内，这样的主题既能反映比较重要的信息，又不至于在邮件主题栏默认的宽度内无法展示有价值的信息。

（6）邮件主题要有吸引力。是否阅读邮件，完全取决于收件人的个人意愿。因此，在保证信息明确和完整的情况下，企业还要注意邮件主题对用户是否有吸引力。例如，当当网在开学前发给用户的邮件主题“开学季”所有教材教辅一律满 100 元减 50 元”就非常有吸引力。

2. 邮件内容设计技巧

如果说许可 E-mail 营销中邮件主题的作用在于吸引用户，那么邮件内容的作用则是说服用户。为了达到最终的营销目标，设计许可 E-mail 营销邮件的内容时，企业应掌握如下的技巧。

一是目标要一致。这里的一致是指许可 E-mail 营销的目标应与企业总体营销战略相一致，因此邮件内容应在既定目标的指引下进行设计。

二是内容要系统。一些开展许可 E-mail 营销的企业不能从整体上对邮件内容进行规划，发给用户的邮件内容或过多，或过少，或经常改变行文风格，让用户觉得这些邮件之间没有什么系统性、联系性，进而会怀疑邮件的真实性。经常发送这样的邮件很难培养用户的黏性，久而久之就会削弱许可 E-mail 营销提升品牌形象的效果，并且影响许可 E-mail 营销的整体效果。

三是内容来源要稳定。许可 E-mail 营销是一项长期任务，必须有稳定的内容来源，这样才能确保按照一定的周期发送邮件。邮件内容可以是自行撰写、编辑或者转载的，无论哪种来源，都需要保持相对稳定性。不过应注意的是，邮件列表是一个营销工具，并不仅仅是一些文章或新闻的简单汇集，企业应将营销信息合理地安排在邮件内容中。

四是内容要精简。内容过多的邮件不会受到欢迎。首先，用户邮箱空间有限，占用空间太多的邮件会成为用户删除的首选对象；其次，接收或打开较大的邮件耗费的时间也较多；最后，太多的信息让用户很难一下子接受，反而降低了许可 E-mail 营销的有效性。

五是内容要灵活。邮件内容应在保证系统性的前提下，根据企业营销目标的调整而做相应的改变。同时，企业也要根据用户消费行为和偏好的变化改变邮件内容的写法。

六是选择最佳的邮件格式。邮件常用的格式包括纯文本格式、HTML 格式和富媒体格式，或者是这些格式的组合。一般来说，采用 HTML 格式和富媒体格式的邮件内容丰富，表现形式多样，视觉效果会更好；但存在文件过大，需要发送链接或附件，导致用户在客户端无法直接阅读邮件内容等问题。到底哪种邮件格式更好，目前并没有定论，如果可能，企业最好给用户提供不同内容格式的选择。

14.4 SNS 营销

14.4.1 SNS 营销概述

1. SNS 营销的概念

SNS（Social Networking Services）即社会性网络服务，专指旨在帮助人们建立社会性网络的互联网应用服务。SNS 营销是随着网络社区化而兴起的营销方式。SNS 社区在中国发展的时间并不长，但是现在SNS已经成为备受广大用户欢迎的一种网络交际模式。SNS营销就是利用SNS网站的分享和共享功能，在六度分隔理论[①]的基础上实现的一种营销。通过病毒式传播的手段，让产品被更多的人知道。

SNS 是一种延时的通信工具，从一个圈到另一个圈，理论上可以使信息在整个 SNS 网站中传遍。在情感表达方面，SNS 营销比其他营销手段更加丰富多彩，是一种更加容易增加亲密度的工具。

企业要在 SNS 中的某个社区做营销，就一定要去了解该社区的特点，如风格、氛围、话题等，这样才能明白什么样的营销信息可以在该社区中很好地传播。了解完这些信息后，企业可以建立自己的品牌群组，这样传播的信息更具有针对性，并且会受到意见领袖在无形中的帮助。因此，企业必须多接触社区中的一些非常受关注的用户，找到他们的兴趣点，吸引其注意力，进而通过他们将话题传递给他们的粉丝，这样再进行营销，成功率就会高很多。

---

① 六度分隔理论（Six Degrees of Separation）由美国著名社会心理学家斯坦利·米尔格拉姆（Stanley Milgram）于 20 世纪 60 年代最先提出。1967 年，他想要描绘一个联结人与社区的人际联系网，做了一次连锁信实验，结果发现了“六度分隔”现象。简单地说，就是你和任何一个陌生人之间所间隔的人不会超过 6 个。也就是说，最多通过 6 个人你就能够认识任何一个陌生人。

2. SNS的特点

无论是综合的SNS还是垂直的SNS，都没有特定的用户群体，其中的人员分布很广泛，全国各地、各行各业的都有，这就给SNS网站以无限的资源，由广大用户在使用中慢慢地积累起来。所以，SNS用户可以通过其他用户提供的资源轻易地在网站上找到自己想要的东西，这样就逐渐形成了一定的用户群体，并有较高的用户黏性，这样庞大的用户资源也成了SNS最大的价值。以下是对SNS营销优势的总结。

（1）SNS营销可以满足企业不同的营销策略。作为一个不断创新和发展的营销模式，越来越多的企业尝试着在SNS网站上施展拳脚。无论是开展各种各样的线上活动（如悦活品牌的种植大赛，伊利营养舒化奶的开心牧场等）、产品植入（如地产项目的植入，手机作为礼品的植入等），还是市场调研（在目标用户集中的社区调查了解用户对产品和服务的意见）以及病毒式营销等（植入了企业元素的视频或内容可以在用户中像病毒传播一样迅速地被分享），所有这些都可以在这里实现。为什么这么说呢？因为SNS最大的特点就是可以充分进行人与人之间的互动，而这恰恰是一切营销的基础。

（2）SNS营销可以有效降低企业的营销成本。SNS社交网络的“多对多”信息传递模式具有更强的互动性，能受到更多人的关注。随着网民网络行为的日益成熟，用户更乐意主动获取信息和分享信息，社区用户显示出高度的参与性、分享性与互动性。SNS营销传播的主要媒介是用户，主要方式是“众口相传”，因此与传统广告形式相比无须大量的广告投入，相反用户因为具有参与性、分享性与互动性的特点，所以很容易加深对一个品牌和产品的认知，容易有深刻的印象。

（3）可以实现目标用户的精准营销。SNS社交网络中的用户通常是互相认识的朋友，用户注册的数据相对来说较真实，企业在开展网络营销的时候可以很容易对目标受众按照地域、收入状况等进行筛选，从而有针对性地进行宣传和互动。企业在营销经费不多，但又希望能够获得比较好的效果时，可以只针对部分区域开展营销，如只针对“北上广”的用户开展线上活动，从而实现目标用户的精准营销。

（4）SNS营销是真正符合网络用户需求的营销方式。SNS营销模式的迅速发展说明其符合了网络用户的真实需求——参与、分享和互动，它代表了网络用户的特点，也符合网络营销发展的新趋势，没有任何一个媒体能够把人与人之间的关系拉得如此紧密。无论是朋友的一篇日记，推荐的一个视频，参与的一个活动，还是朋友新结识的朋友，都会让人们在第一时间及时了解和关注到身边的动态，并与他们分享感受。只有符合网络用户需求的营销模式才能在网络营销中发挥更大的作用。

14.4.2 SNS营销的模式

SNS网站虽然不是即时通信工具，但是它的即时通信功能也是很完善的。在SNS网站中，人们可以就自己喜欢的、当下热点的话题进行讨论，可以发起一些投票，提出一些问题以调动大家的参与热情。那么，SNS营销的模式有哪些呢？

1. 分享

SNS营销分享的内容可以是产品、店铺，或者是行业及与产品相关的资讯，又或者是日常生活的内容等。例如，肯德基为提升Value（超值产品）的产品线，推出新的9元下午茶组合，主要通过SNS网站的投放吸引用户参与并产生二次传播（包括人人的新鲜事，街旁的签到触发Feeds，开心网的游戏组件动态提醒），使活动被广而告之。肯德基每天14:00—17:00在人人网发起“集结9元党”活动，用户邀请几名好友即可参与抽取“9元人人礼券”，用户参加活动的信息会适时在人人新鲜事中展示，从而产生二次传播，如图14-4所示。活动结束后，各在线广告总共获得约44.2亿次曝光量及约537万次的点击量，并有58 231条动态同步至四大SNS网站。

图 14-4　肯德基 9 元下午茶“轻松一客”活动流程

2. 转发

转发可以分为两种情况：一种是企业自己进行转发，即通过“假转”这种方式提高转发数；另一种是通过付费找他人进行真实转发，前提是雇佣的人一定要知名度较高，可以让更多的人通过他了解到该话题。

3. 评论

参与评论与转发类似，是 SNS 营销中的重要部分。企业可以在评论里留下自己的联系方式寻求合作，也可以用第三方的身份给自己的产品做一个不错的评价，这样可以引起他人参与评论或吸引其对自己的产品进行关注。

4. 私信

通过私信的方式进行营销要讲究一定的技巧，如要私信一些什么样的内容、私信的对象是谁等。企业必须在弄清楚这些问题的前提下才能通过私信的方式进行营销，不能盲目海量私信，那样做只会事倍功半。

5. 粉丝

不管是在 SNS 还是微博，或是 SNS 动态，企业想引来更多流量或者拥有更强的影响力，必须重视粉丝及好友的数量。因为粉丝数量的基数不同，所展现的效果是不一样的。

14.5　二维码营销

14.5.1　二维码营销概述

1. 二维码及二维码营销的概念

二维码是日本电装公司于 1994 年在一维条码技术的基础上发明的一种新型条码技术。二维码是某种特定的几何图形按照一定的规律，在二维方向上分布的记录数据符号信息的图形。在代码编制上，二维码巧妙地利用构成计算机内部逻辑基础的“0”“1”比特流的概念，使用若干与二进制相对应的几何图形来表示文字数值信息，通过图像输入设备或光电扫描设备自动识读以实现信息自动处理。二维码图像指向的内容非常丰富，可以是产品资讯、促销活动、在线预订等。二维码的诞生丰富了网络营销的方式，它打通了线上线下的通道，为企业带来了优质的营销途径。

二维码营销是指企业将营销信息植入二维码中，通过引导消费者扫描二维码来推广该营销信息，以促进消费者产生购买行为。在当今网络营销逐渐从 PC 端向移动端倾斜的时代，二维码营销以其低成本、应用广泛、操作简单、易于调整等优点得以迅速发展。

2. 二维码营销的优势

从企业的角度来看，二维码营销主要具有如下优势。

（1）方便快捷。用户只需用智能手机扫描二维码，就可随时完成支付、查询、浏览、在线预订、添加关注等操作，帮助企业方便快捷地开展网络营销活动。

（2）易于调整。二维码营销内容的修改非常简单，只需在系统后台更改，无须重新制作投放，成本很低。因此，二维码营销的内容可根据企业营销的需要而实时调整。

（3）有利于实现线上线下的整合营销。二维码为人们的数字化生活提供了便利，能够更好地融入人们的工作和生活之中。企业进行二维码营销时，可将链接、文字、图片、视频等植入二维码内，并通过各种线下途径和网络平台进行投放，从而方便企业实现线上线下的整合营销。

（4）易于实施精准营销。开展二维码营销的企业，可以对用户来源、途径、扫码次数等进行统计分析，从而制定针对用户的更精准的营销策略。

（5）帮助企业更容易地进入市场。随着移动营销的快速发展和二维码在人们工作和生活中的广泛应用，功能齐全、人性化、省时实用的二维码营销策略能够帮助企业更容易地进入市场。

14.5.2 二维码营销的方式与渠道

1. 二维码营销的方式

从企业运营层面来看，二维码营销主要包括以下几种方式。[①]

（1）植入社交软件。植入社交软件是指以社交软件和社交应用为平台推广二维码。以微信为例，微信可以让企业和用户之间建立友好的社交关系，企业通过设置微信二维码提供各种服务，能为用户带来便捷的操作体验。

（2）依托电商平台。依托电商平台是指将二维码植入电子商务平台中，企业依托电商平台的流量，引导用户扫描二维码。现在很多的电商平台中都有二维码，用户扫描二维码后即可下载相应 App，或关注网店账号。

（3）依托企业服务。依托企业服务是指企业在向用户提供服务时，引导用户扫描二维码对企业进行关注，或下载相关应用。例如，在电影院使用二维码网上取票时，企业通过二维码引导用户下载相应 App，或查看相关营销信息。

（4）依托传统媒介。依托传统媒介，是指将二维码与传统媒介结合起来，实现线上营销和线下营销的互补，如在宣传海报上印刷二维码，提示用户扫码进行预约和订购，参加相应促销活动等。

2. 二维码营销的渠道

二维码营销渠道既包括线上渠道也包括线下渠道。企业很少会选择单一的渠道开展二维码营销活动，而是会选择在线上和线下同时进行。

（1）二维码营销的线上渠道。

可供企业选择的二维码营销线上渠道有很多，但较为适合的是社交平台和即时通信工具。这是因为社交平台和即时通信工具均具有很强的社交属性和分享功能，可将企业植入的二维码快速、广泛地进行传播，从而达到企业的营销目的。常见的二维码营销线上渠道包括用户基数大且与企业目标消费者定位较为吻合的网络论坛和贴吧，以及微信和微博等。尤其是微信，除了具有以上所说的社交和分享功能，它还具有二维码扫描功能，能够非常方便地帮助用户读取二维码信息，轻松实现扫码支付、扫码订单、

① 许耿，李源彬. 网络营销：从入门到精通（微课版）. 北京：人民邮电出版社，2019：205.

扫码收款、扫码骑行等多种应用。

（2）二维码营销的线下渠道。

与其他营销方式相比，二维码对线下渠道也有很强的适应性。随着二维码的应用场所越来越多，二维码的线下营销渠道也在不断拓展。目前主要的线下渠道包括线下虚拟商店、实体商品的包装及快递包装、宣传单、画册、报纸、杂志以及名片等。线下二维码营销的关键是吸引用户扫描二维码，这样才能有效促进企业线上营销与线下营销的融合。

练习题

一、单选题

1．（　　）是论坛的中心，他们在大众传播效果的形成过程中起着重要的中介或过滤的作用，由他们将信息扩散给受众，受众会更加容易接受。

A．网红　　B．意见领袖　　C．论坛管理员　　D．以上均不是

2．在实施病毒式营销的过程中，首要步骤是（　　）。

A．方案规划和设计　　B．信息源和传递渠道设计
C．原始信息发布　　D．效果跟踪管理

3．病毒式营销与其他营销方式的最大区别是（　　）。

A．利用了目标受众的参与热情　　B．利用了发起者的积极性
C．利用了网络媒体的开放性　　D．利用了网络媒体的公平性和便捷性

4．二维码是（　　）公司在一维码技术的基础上发明的一种新型条码技术。

A．中国华为　　B．美国 IBM　　C．日本电装　　D．德国西门子

5．（　　）除了具有社交和分享功能外，还具有二维码扫描功能，能够非常方便地帮助用户读取二维码信息，轻松实现扫码支付、扫码订单、扫码收款、扫码骑行等多种应用。

A．微博　　B．博客　　C．QQ　　D．微信

二、多选题

1．下列关于论坛营销中论坛选择的说法正确的有（　　）。

A．目标论坛数量越多越好
B．目标论坛越大越好
C．小的论坛和地方性论坛有时候也可以成为目标论坛
D．一般的论坛营销不需要建立论坛数据库
E．选择论坛可以只注重数量，不注重质量

2．病毒式营销的主要特点包括（　　）。

A．推广成本低　　B．传播速度快　　C．具有公益性
D．效率高　　E．更新快

3．设计许可 E-mail 营销邮件内容应掌握的技巧包括（　　）。

A．目标要一致　　B．内容要系统　　C．内容来源要稳定
D．内容要精简　　E．内容要灵活

4．下列属于 SNS 营销模式的有（　　）。

A．分享　　B．评论　　C．转发

D．私信　　　　　　　E．粉丝

三、名词解释

1．论坛营销　2．病毒式营销　3．许可 E-mail 营销　4．内部列表许可 E-mail 营销　5．二维码营销

四、简答及论述题

1．论坛营销的特点有哪些？

2．实施许可 E-mail 营销需要注意哪些问题？

3．试论述论坛营销前的准备工作有哪些。

4．试论述病毒式营销的策划方法。

5．试论述二维码营销的渠道。

京东的精准邮件营销

Amy 是京东的一个新会员，她最近想当一位家庭主妇，因此自己想开始学一些厨艺，于是到京东去买些厨具。结果她发现选中的那款商品没有货，然后她看到京东有“到货提醒”功能，于是她选择了该功能，填上了自己常用的邮箱地址，然后确认。过了几天这个商品有货了，Amy 收到的一封邮件说，亲爱的用户，你上次想买的东西有货了，并且京东还在这封邮件里给她推荐了几个相关的商品。可能由于很多原因，Amy 改变主意了，感觉自己选的没有推荐的好，于是她购买了邮件中推荐的商品，通过邮件 Amy 完成了她在京东的第一次购物。

过了一段时间，Amy 又迷上了摄影，于是想在京东买一款单反相机。她搜索浏览了很长时间，但对于一个摄影“菜鸟”来说，她不知道该如何选择。没想到有一天她打开邮箱，发现里面躺着一封“京东告诉您如何挑选单反相机”的邮件，这不正是 Amy 需要的吗！她立马打开邮件，通过邮件到达专题页面，参照里面的内容，果然找到了自己满意的相机并果断下单购买。

Amy 的爸爸快要过生日了，她打算送爸爸一部手机，在京东有一部手机她感觉不错，就是价格有些贵。Amy 有些犹豫，先放到购物车吧，再看看有没有其他便宜一些的，但是当天也没有找到更合适的，她正好有其他的事情就去忙了。结果 3 天后，她收到一封“您购物车里的商品降价啦”的邮件，打开一看，就是她想买的那部手机，降价了 500 元。降价后的价格她觉得可以接受，就果断购买了。

……

就这样，Amy 喜欢上了京东的邮件，因为京东的邮件总能给她惊喜，能帮助她购物，好像能读懂她的心思，这是其他网站所没有的功能。

资料来源：36 大数据。

思考讨论题

请结合本案例，谈谈企业如何开展电子邮件营销。

第 15 章 网店开设与运营

本章导读

与传统开店模式相比，网上开店具有进入门槛低、资金投入少及经营方式灵活等优点，因而备受创业者尤其是首次创业者的青睐。本章详细介绍网上开店的选择和具体流程，并对网上店铺的经营与售后服务进行了较为深入的阐述。通过对本章的学习，读者可以对网店的开设与运营实务有一个较为全面的了解。

知识结构图

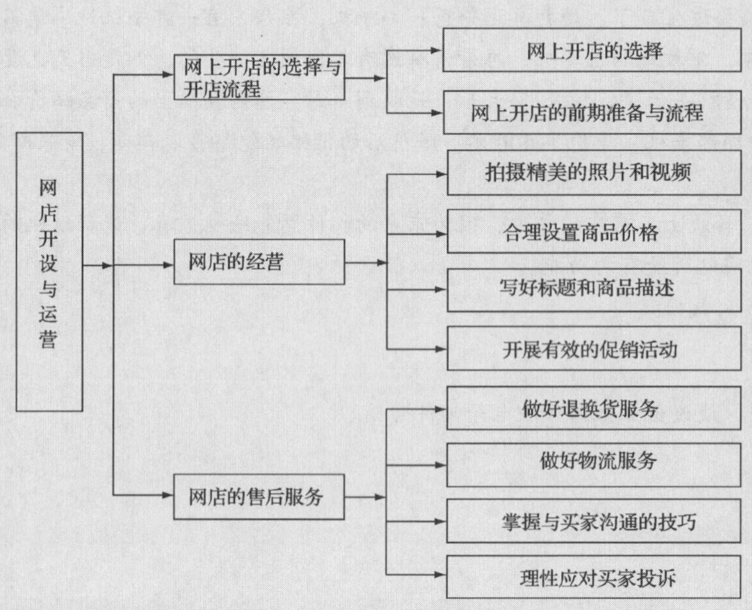

开篇案例

张女士的网店创业之路

30岁的张女士拥有一家自己的网店，还给小店起了一个好听的名字“最浪漫的事”。开店之后，小店不仅是她赚钱的工具，同时还成了她快乐的源泉以及情感的寄托。

张女士是湖南某家杂志社的编辑，工作时间自由，属于网络一族，月收入可观，房子也是公婆赠送的，没有月供压力，小日子过得又舒服又滋润。空闲时间多了，张女士便有些“不安分”，总是琢磨着要做点什么。

在同事的启发之下张女士想开自己的网店，正好自己也有点闲钱，开一个网店既不费劲，投资也不大，看上去还挺有意思的，经营得好说不定还能赚上一笔。

但是卖什么呢？张女士一方面向自己在网店方面比较精通的同事取经，一方面自己还去关注了各大理财论坛和网店联盟，向各路高手虚心求教，一番“折腾”之后总结出一个结论：一定要把握住时尚，卖自己最熟悉、最容易找到进货渠道的商品。其实对于小本经营来说，一个好的进货渠道也就是绝佳的资源。张女士年轻漂亮，生平最爱除了老公就是逛街，她发现如今的年轻女性绝对是消费的主力军，整个消费经济的很大一部分事实上就是靠女性来拉动的。所以她把目标锁定在了她最熟悉的女装和女士内衣上面，同时发动各路“神仙”帮助她找到了好的进货渠道。

有第一笔生意，自然就会有第二笔生意。张女士开始慢慢地增加商品的种类和数量，因为进货渠道好，她经常能够以最低的价格拿到质量上乘的商品，所以她给自己的每一件商品的定价永远都低于市场价。这种超低的价格以及优良的质地，让她的小店的点击率越来越高。不仅如此，张女士还紧追时尚潮流，精心地挑选每一件衣物的款式和颜色。她觉得自己的品位还不算太差，自己的选择也一定能够符合大多数女顾客挑剔的胃口，让她们眼前一亮。张女士是文科出身，所以还是很有一些文采的，她通常会为自己店里的衣物写上一段感性的文字描述，或者配一首小诗、故事，这些细节使得她的小店吸引了更多的人。信誉和质量是开网店最讲究的。有一次，一位顾客拍了她的一件商品，但是第二天又对她说：“真是对不起，我昨天逛街的时候买了，这次就不买了，下次再光顾您的店可以吗？”张女士还是第一次遇到这种情况，心想还是算了吧，希望自己的好态度能让这位顾客再次光临。

在日后的经营当中这种事情屡次发生，张女士有些急了。毕竟是小本经营，所以不得不“锱铢必较”，做生意和买东西都要讲一个诚信。就这样，张女士只好对那些拍了不买的人实行严厉警告，但同时又对每一个真心交易的顾客真诚相待。她对自己的老顾客的合理要求会尽量满足，对于新顾客，如果她们衣物尺码不合适可以马上退换。张女士认为，做网店最讲究的就是信誉和质量方面的问题，只有网店的信誉和质量以及售后服务都做到位了，生意才会越做越大，越来越好。张女士的小店已经开了两年多，售卖的商品也变得越来越多，也有了一部分固定的顾客，每月除去交给网站的费用基本能够保证6 000元左右的纯利，同时张女士的本职工作也完成得非常出色。只要能够把握住窍门，合理地安排时间，谁说鱼和熊掌不能兼得？如今，张女士早已月入过万元，让收入不如她的老公徒呼奈何。她计划以后进购一些小饰品进行尝试，让自己的小店往多样化、特色化的方向发展，发展到一定的规模就建立一个私人的交易平台。

张女士的网店创业经历其实对于广大的上班族而言，是有很大的借鉴意义的。不管从个人审美、经营能力还有拥有的时间等方面来考虑，其实都体现了由小变大的发展过程。事实上，大多数网店能够用这样的方法来经营。

资料来源：爱货网。

15.1 网上开店的选择与开店流程

如今，网上购物已经成为我国很多消费者的首要选择。巨大的网购市场吸引了无数尝试网上开店的创业者，据亿邦动力 2020 年 5 月发布的资讯，2019 年淘宝每天约新开设 4 万家店铺。2020 年线下店铺网上开店转型加速，网上店铺正以前所未有的速度高速发展。

15.1.1 网上开店的选择

对于创业者来说，网上开店主要有两种选择：一是自建网站开店，二是借助第三方平台开店。到底选择哪一种方式，需要视具体情况而定。下面就分别对这两种开店方式进行介绍。

1. 自建网站开店

自建网站开店是指卖家不依托第三方平台，而是独立建设网站销售商品。卖家自建网站开店在前期需做大量的准备工作，主要有域名注册、空间租用、网页设计、程序开发和网站推广等。

自建网站开店的主要优势是拥有独立的经营自主权，能够独享流量，并且推广方式也不受第三方平台的限制。同时，也不需与第三方平台分享利润。自建网站开店的缺点也很明显，如前期需要投入大量的资金，无法分享第三方平台的巨大流量，网店维护及运营成本较高等。所以自建网站开店一般适用于资金充裕、实力较强的卖家。

2. 借助第三方平台开店

除了自建网站开店外，卖家还可以借助第三方平台来开店。第三方平台主要包括天猫、京东商城等传统的 B2C 平台和淘宝等 C2C 平台。近年来微信兴起，带动了微商的发展，因而微信也成为非常重要的第三方平台。微信平台既可作为 B2C 平台，也可作为 C2C 平台，前者如京东微店，直接通过卖家对接消费者，后者是众多个人对个人的微店。在上述平台上开店，卖家只需少量投入即可拥有自己的店铺，并借助网站的人气来带动商品的销售。例如，淘宝的卖家不仅可以在淘宝平台上开店卖货，或通过淘宝直播卖货，而且还可以借助抖音、今日头条、快手、微博、UC 等多个平台引流，从而提高销量。

在第三方平台上开店的优势主要有技术门槛低、初期投入少；可以分享平台的巨大流量，节省大量宣传推广费用；也可借助平台的信用提高消费者的信任度等。缺点主要是店铺的同质化程度高，价格竞争较为激烈，同时还要受平台的诸多限制，经营方式不如自建网站灵活等。

卖家在 B2C 与 C2C 平台上开店的主要区别在于 B2C 平台对卖家的资质要求较高，一般需要为知名品牌企业，或是获得该类企业授权的代理商、零售商及服务提供商，同时还要具有良好的商誉、较强的实力和一定的影响力等。

因此，对于个人创业者或是实力不足的中小企业来说，借助第三方平台，采用 C2C 模式是最佳的开店选择。

15.1.2 网上开店的前期准备与流程

网上开店与开实体店类似，卖家首先要想好经营什么商品，然后选择合适的第三方平台开店或者是选择自己设立销售网站。在开设店铺后，卖家通过进货—营销推广—发货—售后服务等一系列的流程，最终实现网上店铺的正常运转。

1. 网上开店的前期准备

在开设网店之前，卖家必须进行全方位的自我评估。以个人开店为例，卖家应该综合考虑个人的兴趣、事业目标、资金投入能力和个人精力等诸多因素。

具体而言，网上开店的准备工作主要包括以下内容。

（1）了解网上开店的优势与风险。与开设实体店相比，网上开店虽然具有资金投入少、经营方式灵活、受传统因素限制较少等优点，但这些并不能保证卖家只赚不赔，卖家必须对网上开店所蕴藏的风险有一个清醒的认识。正是因为网上开店门槛低，所以卖家众多，加上网上价格透明，往往会导致卖家之间的激烈竞争。因此，如果没有自己独特的竞争优势，网店很难在竞争中生存。

（2）掌握网上开店软件的使用技能。网上开店要求卖家对计算机和网络知识有一定的了解，同时要具备必要的软件应用技能。这些技能主要包括掌握网上搜寻信息和收发邮件的技能；熟练使用各种即时通信软件，如 QQ、微信、阿里旺旺等；会使用 Photoshop 等修图软件，具备一定的图片修饰能力；而且还要会使用 Adobe Premiere、快剪辑、超级转换秀、iMovie、会声会影、爱剪辑等视频剪辑软件，能够对视频进行后期处理。

（3）具备网上开店的硬件资源。网上开店也需要一些基本的硬件资源。这些硬件资源主要包括基本的办公场地、能够上网的计算机、便于与客户联系的电话或手机、高像素的数码相机、扫描仪以及传真机或打印机等。如果通过直播方式卖货，还需有相应的直播设备。

2. 网店的开设与运营流程

（1）考察市场，确定在网上销售的商品。考察市场的目的在于确定适合在网店上销售的商品。因此，卖家要充分了解网络消费者行为方式和网络市场的特点，同时还要考虑货源情况、自身的兴趣和能力等，切不可盲目选择。

（2）选择网上开店的形式。根据本章 15.1.1 节的介绍，我们知道，卖家既可以选择自建网站开店，也可以选择借助第三方平台开店。究竟选择哪一种方式开店，卖家需要视具体情况而定。有实力的企业可以选择自建网站或在 B2C 平台上开设网店，而中小企业、个人创业者则适合在 C2C 平台上开设网店。

（3）申请开设网店。不同的网上开店形式以及不同的网络平台对卖家开店的要求有所不同，受篇幅所限，本书无法一一介绍。这些具体的申请要求与流程在互联网上均有详细的介绍，感兴趣的读者可以进一步阅读。

（4）寻找货源。除非卖家销售自己生产的商品，否则开店都会遇到寻找货源的问题。寻找货源有两种途径，一是线上，二是线下。下面将分别进行介绍。

① 线上寻找资源。卖家可以利用搜索引擎在线寻找货源信息，另外也可登录国内知名贸易网站，如阿里巴巴、慧聪网等。只要在网站上发布求购信息，卖家很快就可以收到很多反馈和报价。线上寻找货源时，卖家要特别注意辨明真伪，以免上当受骗。

② 线下寻找资源。线下寻找货源的途径很多，卖家既可从厂家直接进货，也可选择在批发市场上购进商品。值得注意的是，线上和线下寻找货源并非截然不同的两种途径，在线上线下不断融合的环境下，我们已经很难将这两种途径完全分开。

（5）在网店上展示商品。卖家有了货源之后，就可以在网店展示商品了。卖家在发布商品信息时要注意在标题中突出卖点。标题要写得尽可能全，以增加被搜索到的概率。好的标题关键词应该涵盖“品牌、型号”“吸引人的价格信号”“店铺信用等级或好评率”“高成交记录”等内容。同时，上传商品图片时也要下一番工夫。商品的照片对商品的销售影响巨大，一张精心修饰、清晰、漂亮的照片可以吸引众多消费者，反之，则商品可能无人问津。

此外，在描述商品时需要尽可能地将商品的优势和特色体现出来，可采取“文字+图像+数据”的组合方式，全方位地进行展示。

（6）选择合适的物流商。网店所销售的商品除了无形商品外，必然会涉及物流的问题。因为只有通过物流这一环节，实体商品才能被送达消费者的手中。目前卖家可选择的物流商分为快递公司、邮政、物流托运三大类，其中以快递公司最为常见。市场上主要的快递公司有顺丰、韵达、圆通、申通、中通等，卖家要多尝试与不同的物流商合作，以选择最为合适的一家。

此外，对网店来说，选择合适的包装也非常重要。因为一旦包装出了问题，商品就很容易损坏，并会由此造成与消费者之间不必要的纠纷。

阅读资料 特殊商品的包装

1. 易变形、易碎的商品

这一类商品主要包括瓷器、玻璃制品、CD光盘、字画等。对于这类商品，包装时要多用些报纸、泡沫塑料或者泡沫网。易碎怕压的商品四周都应用填充物充分填充以避免晃动，并在包装外注明“怕压”“易碎”等字样。

2. 液体类商品

对于这类商品，应先用棉花裹好，再用胶带缠好封口，然后在外面包裹塑料袋，这样即使液体漏出也会被棉花吸收，并且有塑料袋保护，液体不会流到包装外面。

3. 衣服、床上用品等纺织品

这类商品可以用不同种类的纸张（牛皮纸、白纸）单独包好，以防止脏污。外包装可以使用纸箱或快递专用加厚塑料袋，也可以用自制布袋进行包装。

4. 电子产品、贵重精密仪器等

对于这类商品，可以用泡棉、气泡布、防静电袋等包装材料包装好，并用瓦楞纸在商品边角或者容易磨损的地方加强保护，再用填充物将纸箱空隙填满。

（7）做好售后服务工作。网店的商品卖出之后，卖家还应积极做好售后工作。优秀的售后服务会给顾客带来良好的购物体验，有助于培养顾客的忠诚度，也有助于提升网店的知名度与美誉度，这对于进一步提升网店的销量具有重要的意义。

15.2 网店的经营

开设网店的各项准备工作完成之后，卖家应该立即着手开展各项经营工作，主要包括拍摄精美的照片和视频，合理设置商品价格，写好标题和商品描述，开展有效的促销活动等。

15.2.1 拍摄精美的照片和视频

对于网上销售，商品的展示至关重要，精美的照片和视频能够全方位地展示商品的卖点，以此赢得消费者的青睐和信任。

1. 相关器材的选择和保养

俗话说："工欲善其事，必先利其器。"在网上开店，一些专业的摄影和摄像器材是必备的。一般来说，需要的设备包括数码相机、三脚架、专业的摄影灯、拍摄用的背景以及反光板等。这些器材中数码相机是精密的仪器，需要精心保养。最重要的是保持镜头的清洁，平常操作要严格按照说明书进行，不用时要注意防潮防尘，避免摔碰。

2. 拍摄商品照片和视频

考虑到成本因素，网店的卖家一般很少会去专业的摄影棚里拍摄商品，大多数卖家只能选择在家或办公场所内进行拍摄。但这些地方的拍摄条件往往较差，不仅背景杂乱而且缺少专用的工具台，这时卖家更要注意场景的布置和用光的技巧。

（1）常见的场景布置。

① 使用反光板布置场景。反光板在外景中起辅助照明作用（作为副光），有时也作为主光。不同的反光表面可以产生软硬不同的光线。近年来，反光板在内景拍摄中也得到了普遍运用。常见的是金银双面可折叠的反光板，这种反光板的反光率比较高，光线强度大，光质适中，价格一般为几十元，携带也比较方便。

② 使用墙纸。生活中能够用于布置场景的材料很多，如美化家居用的花纹墙纸非常适合用来充当小型商品照片的背景。

③ 使用背景。使用背景进行拍摄的优点是可以衬托实物的大小、颜色和形状，也更加生动，但缺点是有时会喧宾夺主，不利于突出商品。此外，选用的背景不同，商品给人的感觉也很不同，因此卖家应根据实际情况选择是否使用背景或者使用何种背景。图15-1和图15-2所示分别为同一商品使用背景的效果图和未使用背景的效果图。

图15-1　使用背景的效果图

图15-2　未使用背景的效果图

（2）用光技巧。光线的运用直接关系到拍摄的效果。光线的运用技巧主要包括顺光、逆光、侧光、顶光、反射光和底光等，下面分别进行介绍。

① 顺光。如果大部分光线都从正面照亮被摄物体，则为顺光。顺光的特性在于可以均匀地照亮被摄物体，物体的阴影被自身遮挡，影调比较柔和，能隐没被摄物体表面的凹凸及褶皱，但处理不当会难以突出被摄物体的质感和轮廓。

② 逆光。如果光线从被摄物体的后面照射过来，就是逆光。逆光通常会让背景相当明亮，但主体往往一片漆黑，只有轮廓没有层次，拍摄时应该避免使用逆光。逆光可以通过人工补光来弥补，补光能勾画出拍摄对象的轮廓，丰富和活跃画面。

③ 侧光。侧光是指光线的照射角度和摄影者的拍摄方向基本呈90°。侧光在摄影创作中主要应用于需要表现强烈的明暗反差或者展现物体轮廓造型的拍摄场景中。对于表面粗糙的商品，如棉麻制品、皮毛等，为了体现质感和层次感，建议采用侧光。

④ 顶光。将光源置于商品顶端打光，称为顶光。这种光线布置可以起到淡化被摄物体阴影的效果，

打顶光要注意光线柔和，否则被摄物体顶部将出现强烈的明暗反差效果，严重影响照片美感。

⑤ 反射光。反射光是指光源所发出的光线不是直接照射被摄物体，而是先对着具有一定反光能力的物体照射，再由反光物体的反射光对被摄物体进行照明。在平常的摄影创作中，最常用的反光工具是反光板和反光伞。使用反射光可以使光线更加集中，便于增加亮度。

⑥ 底光。拍摄透明的商品如玻璃器皿、水晶等时，为了表现商品清澈透明的质感，建议采用侧光或底光。底光从物体的下面往上打，能很好地表现商品的透亮质感。

3. 后期处理照片和视频

利用数码相机拍摄的照片和视频需要后期处理，有多种图片处理软件和视频编辑软件可供卖家使用。当然，软件只是一种工具，能否制作出精美的照片和视频还有赖制作者的水平。卖家应认真学习相关技术，努力成为这方面的高手。如果一开始不具备这种技能，卖家还可以将后期制作的工作外包，请专业人士帮助完成。

15.2.2 合理设置商品价格

商品定价看似简单，但实际操作起来并不容易。由于网络信息透明化，消费者可以很容易地获得同类商品的报价。定价过高会影响销量；但定价过低，虽然会增加销售量，但可能会使卖家丧失利润。

1. 定价时应考虑的因素

（1）市场竞争情况。如果商品供不应求，则卖家可以适当提高价格，以增加利润。如果服务到位，高价还可以塑造商品高质量、高品位的形象。若市场竞争激烈，这时稍低的价格可能会大大增加销量。因此卖家在定价之前要首先了解商品所在市场的竞争情况。

（2）网店的形象。如果网店出售的商品没有独特的竞争力，卖家就要以低价取胜；如果网店拥有较高的知名度，信用等级较高，卖家就可以适当提高商品的售价。例如，淘宝上的皇冠店，如果商品定价偏低，反而会让买家质疑商品的质量。

2. 定价策略

定价策略一般分高价策略和低价策略两种，下面分别予以介绍。

（1）高价策略。高价会给人质量可靠、档次较高的感觉。当网店的目标顾客是高端人群时，卖家可以采取高价策略。

当商品质量较高时，卖家同样可以采用高价策略。俗话说“一分钱，一分货”“便宜无好货，好货不便宜”。如果商品质量较高，采用低价策略不但不会增加销售量，反而会使买家对商品的质量产生怀疑。

卖家可以提供更高水平的服务时，也可以采用高价策略。好的服务绝对是有“价值”的，所以也值得买家付出更高的价格。

（2）低价策略。现在许多网店都在采用“每日低价”的策略，力争让自己的商品在同类商品中是最低价。低价策略在通常情况下是有竞争力的，但是并非绝对有效，因为过于低廉的价格会造成买家对商品质量和性能的“不信任感”和“不安全感”。

要想用好低价策略，网店需要具备以下条件。

① 低成本。进货成本低、业务经营费用低是低价格的基础。

② 存货周转速度快。如果存货周转速度快，网店就可以节省大量的仓储成本和运输成本，从而降低商品价格。

③ 买家对商品的性能和质量很熟悉。这样买家不会对商品的质量产生怀疑，如日常生活用品、图书

音像等标准化商品。

④ 能够向买家充分说明价格便宜的理由。

⑤ 店铺的信誉度高，可以让买家相信商品的质量。

15.2.3 写好标题和商品描述

好的标题能够突出卖点并提高被买家搜索到的概率，而丰富的商品描述则可以帮助买家全面了解商品的信息，打消其购买的顾虑。

1. 在商品标题中突出卖点

买家通过输入关键词来搜索商品信息，但由于个体的差异，人们的输入偏好并不相同。为了提高被买家搜索到的概率，商品标题中应尽可能多地包含一些能够突出卖点的关键词。一般来说，商品标题应该涵盖以下信息。

（1）价格信号。价格信号是每个标题必不可少的内容，卖家可使用“特价”“清仓特卖”“仅售××元”“包邮”“买一赠一”等词汇吸引买家。

（2）进货渠道。如果网店的商品是厂家直供的，是从国外直接购进的或是外贸尾货的，卖家一定要在标题中表明商品的特殊性。

（3）网店高信誉度记录。如果网店的信誉度高，如钻石级、皇冠级等，卖家可以在标题中标明，以增强买家对商品的信心。

（4）品牌和型号。如果商品品牌度高或者型号比较特殊，卖家可以把这些特殊情况写进标题。

（5）超高的成交量。如果商品的成交量较高，卖家可以在标题中标明“已热销××件”。超高的成交量代表着口碑，会吸引更多的买家购买。

图15-3是一个好的商品标题的范例，该女装的标题包含了大量的卖点和关键词，虽然很长但并不冗余。“天天特价”体现了价格优势，“2017”表明商品为当时最新款，“韩版”是时尚的标志，“修身”“春夏”“伞裙”“蓬蓬裙”“欧根纱”“半身裙”“网纱裙”等从多个角度涵盖了买家可能使用的关键词，不仅突出了卖点，而且大大增加了商品被搜索到的可能性。

图15-3 商品标题的“卖点”

2. 丰富对商品的描述

商品描述的内容一定要丰富，所遵循的原则是“宁可多写，不要少写”。这是因为对商品的描述越详细、越丰富，买家所能了解到的商品信息就越全面，这有助于买家打消顾虑，促使买家采取购买行动。同时，详细的商品描述也有助于减少售后买卖双方可能产生的纠纷。

网店对商品的描述应该采用“文字+图片+数据”的形式，以全方位、立体地展现商品的全貌。

（1）要以文字的形式描述商品的品牌、型号、原料、产地、售后服务、生产厂家、性能、使用注意事项等，文字描述切忌简单、生硬，要口语化、通俗化，尽量明确买卖双方的责任，给买家提供一个明确的预期。

（2）图片是展示商品的关键。图片一定要清晰明了，精美大方，而且要从多个角度进行展示。为了防止被竞争对手盗用图片，卖家还可以在照片上加水印。

（3）用数据说话，体现商品优势。以参数形式表现商品相对于同类商品的优势，可以让人信服、眼前一亮。

（4）卖家可以经常到其他网店逛逛，学习写商品描述的技巧。

15.2.4 开展有效的促销活动

促销活动在网店的经营过程中起着至关重要的作用。下面以淘宝平台上的网店为例，简要介绍常见的网店促销活动和手段。

1. 在淘宝社区中推广

淘宝社区是淘宝网为卖家提供的一个相互交流的平台。卖家可以通过看帖和发帖，在淘宝社区中交换经验和信息。卖家发帖也可以积攒人气，如果发的帖子质量很高，很有可能被版主加精，加精的帖子可以吸引大家阅读，从而增加网店的点击率，达到宣传网店的目的。

2. 参加秒杀活动

秒杀活动是淘宝网上常见的促销活动。秒杀活动可以在短期内大大增加销售量，如果卖家亟须消化库存或者想打响某品牌，秒杀活动是一种非常有效的推广手段。但是，秒杀活动可能会造成“赔本赚吆喝”的情况，所以使用不能过于频繁。

3. 加入天猫

天猫是阿里巴巴集团打造的B2C网站，是由从淘宝网中独立出来的淘宝商城改名而来的。天猫整合了大量的品牌商、生产商，为买家和卖家提供一站式解决方案，提供100%品质保证的商品，以及7天无理由退货、购物积分返现等优质服务。在天猫购物要比在淘宝网上购物更加放心，服务也更加贴心，所以卖家要努力成为天猫的一员。

4. 开通淘宝直播

淘宝直播是阿里巴巴推出的直播平台，定位于“消费类直播”。淘宝直播有很多种类型，分为店铺直播（卖家号）、达人直播（买家号）、天猫店直播（卖家号）、全球购直播（卖家号）、阿里巴巴直播（卖家号）等。直播的商品几乎涵盖所有商品品类，但需注意，网店开通淘宝直播是需要满足一定的条件的，如要求微淘层级L1以上，网店一钻及一钻以上级别，具有一定的老客户运营能力，具有一定主营类目所对应的商品等。另外，卖家还可以和淘宝个人主播合作开通淘宝直播。淘宝对个人主播有较高的要求，如微博粉丝要多于5万人，最近7天内至少有一条微博的点赞数和评论数过百，粉丝的互动率要高等。个人主播拥有庞大的粉丝群，所以往往会取得较好的销量。

5. 通过抖音、火山等短视频平台引流

短视频与电商的结合被视为新时代的“屏幕即渠道，内容即网店”。对于以淘宝为代表的电商平台而言，发力短视频是一次寻找新的流量来源，构建新的购物消费场景的尝试。2018 年 3 月，抖音上线直接通往淘宝的外链，但首批名额仅向百万粉丝级别的红人开放。2018 年 5 月，抖音正式上线网店系统，用户可以进入达人个人主页的商品橱窗，点击商品就可以跳转淘宝购买，如图 15-4 所示。现在抖音等短视频平台炙手可热，流量惊人，淘宝网店选择与这类平台合作，是其促进销售的又一重要途径。

图 15-4　抖音短视频跳转淘宝网店

6. 折价促销

折价促销是网店较为常见的一种促销方式。折价促销一般选择在重大节日期间进行，因为这时消费者往往都有购物的冲动和购物的时间。卖家一般采用 5～9 折的折扣率来吸引消费者购买，用于增加网店的人气，提高销量或处理库存。但是折价促销要避免“先提价后折价”的不诚信行为，因为这种欺骗行为会严重影响网店的信誉。

7. 拍卖式促销

拍卖也是常见的网店促销方式之一，它的一般流程是卖家先为商品设定一个起拍价，有兴趣的消费者在规定时间内出价，拍卖结束后，出价最高的人就可以得到商品。到拍卖结束时，如果没有人出价，该商品就会流拍（没有人竞拍）。如果卖家想要增加网店的人气，可以给商品设定一个较低的起拍价，同时辅以相应的广告宣传活动。

8. 免费包邮

免费包邮是网店吸引消费者购买的一种常见促销手段。但为了促使消费者更多购买以及考虑到网店成本因素，网店通常会对交易金额有一定的要求，只有超过某一标准之后才提供免费包邮服务。

9. 赠品促销

消费者在购物时往往希望能获得一定的赠品，所以赠品促销也是网店可以选择的一种重要促销方式。但必须注意的是，送出去的赠品千万不能是伪劣商品，这样不仅会招致消费者的不满和反感，而且还容易遭到相关部门的处罚。

10. 提供 VIP 会员服务

针对优质消费者提供 VIP 服务，不仅能够满足消费者的心理需求，而且还可以提升消费者的忠诚度，促使其重复消费，最终帮助网店提高销量。

此外，淘宝上的网店还可以使用橱窗推荐位和直通车，以及利用“双十一”“6·18”等购物节来开展促销活动，限于篇幅，本书不再逐一展开介绍。

15.3 网店的售后服务

与实体店不同，网店的交易是在虚拟的网络平台上完成的。消费者无法亲眼看到商品，加之买卖双方又无法面对面地沟通与交流，所以买卖双方很容易在交易后产生纠纷，因此做好网店的售后服务工作尤为重要。

网店的售后服务

15.3.1 做好退换货服务

退换货服务一旦处理不当，就会严重影响网店的声誉，进而带来极为不利的后果，因此卖家需要高度重视。为做好退换货服务工作，网店需要注意以下两点。

（1）事前对退换货条件进行详细的说明。事先获悉能否方便地退换货，是影响买家做出购买决策的重要因素之一。所以卖家应提前主动告知买家在何种情况下可以退货，退货后多久可以退款，退货运费由哪方来承担等。只有提前说明退换货的条件，才能最大限度地避免买卖双方产生纠纷。这里需要注意的是，退换货说明要尽可能详尽、全面、严谨，以免引起买家的误解。例如，在界定运费的承担方时，可以这样明确规定：由于商品的质量问题、运输磨损等问题引起的退换货运费由卖家来承担；而由于买家自身的原因造成的退换货费用，则应由买家来承担。

（2）积极应对买家的退换货要求。当买家提出退换货要求的时候，卖家必须积极应对。卖家应首先了解买家退换货的原因，并确定责任的归属问题。如果是卖家的责任，就要勇于承担，同时要尽快与买家达成退换货协议，争取让买家满意；如果是买家的责任，卖家也要耐心地解释不予退换货的原因，以求得买家的理解。在应对买家的退换货要求时，卖家一定要注意沟通技巧，以免激化矛盾。

15.3.2 做好物流服务

虽然网店销售的商品是通过第三方物流公司送达买家手中的，但是当物流出现问题时，买家依然会将责任归咎到卖家的身上，因此卖家必须重视物流问题，并制定好相应的对策。以下几个建议可供参考。

（1）联系多家物流公司，寻找最适合的一家。卖家要联系多家物流公司，通过比较，选择最适合的一家与之合作。同时，在物流配送的过程中，卖家还要积极与物流公司沟通，时刻关注商品的运送状态。

（2）售前充分说明物流情况。卖家在售前要与买家沟通，充分说明物流中可能遇到的不可控因素，希望出现问题时买家能够予以谅解。

（3）主动与买家联系，避免买家产生焦虑情绪。如果订单运输时间较长，卖家要主动联系买家并说明物流情况，同时告知买家查询物流的方法，以避免买家焦虑。

15.3.3 掌握与买家沟通的技巧

在网店运营的过程中，卖家与买家的沟通极为关键。一旦沟通不畅，轻则会失去一笔生意，重则会招致买家的差评甚至是投诉。因此，卖家应该积极掌握一些必要的沟通技巧，以避免引起买家的不满。

1. 基本的沟通技巧

（1）换位思考。换位思考就是凡事从对方的立场思考问题而非主观臆断。沟通能力强的卖家会将心比心、设身处地为买家着想，把买家的满意当作一切行为的准则。当买家对商品不满时，卖家要理解买家有权对商品有不同的认识和见解，允许买家发表不同的意见。如果刻意与买家争辩，卖家即使占据了上风，但极有可能会永远失去与之做生意的机会，可谓得不偿失。

（2）礼貌沟通，耐心热情。俗话说“礼多人不怪”，卖家在与买家沟通的过程中礼貌相待，“百益而无一害”。虽然网上交易的双方无法谋面，但通过即时通信工具卖家同样能表达对买家的尊敬。讲礼貌不仅能体现一个人的修养，也是赢得买家信任和好感的利器。卖家在与买家沟通时，要多用“您”“请”“谢谢”等礼貌用语，对于买家的留言要争取第一时间回复，如果回复晚了，要向对方表达歉意。

同时卖家在与买家沟通时还应做到耐心热情，对于买家的提问要耐心解答，细心回复，即使买家问了一大堆问题而最终未买任何商品，也不要抱怨或是流露出任何不满的情绪。卖家应珍惜每一次与买家沟通的机会，把沟通当成宣传网店、树立网店形象的良机。

（3）善于倾听。卖家与买家沟通时一定要善于倾听，当买家说话时不要轻易打断，对买家提出的疑问要及时准确地回答，这样才能形成良好的沟通氛围。当买家表现出犹豫不决或者表述不清时，卖家也应该先问清楚买家困惑的原因是什么，要了解买家真正的意图，而不是简单地打断或随意回复。

（4）说话留有余地。卖家与买家沟通时谈到自己的商品及店铺时，实事求是地介绍或是稍加赞美即可，万万不可忘乎所以、自吹自擂。在交流时不要使用“肯定、保证、绝对”等字样，这是为自己“留条后路”。这样的回答事实上也无损于商品的质量，反而显示了卖家的真诚。说话要留有余地，这样才能进退自如。

（5）避免消极情绪和冲突。在网店经营的过程中，卖家难免会遇到各种各样不易沟通的买家。有的过于挑剔，有的不懂礼貌，还有的疯狂砍价……遇到这种买家，的确会让人很生气，如果无法控制局面，卖家的情绪很容易爆发。这时，卖家一定要做好自我调节，避免消极情绪的产生，更要避免与买家产生冲突。

2. 应对不同类型买家的沟通策略

（1）“老手”买家。如果买家话不多，简单问一下商品质量就买了，可能就是“老手”买家。这类买家网购经验丰富，一般不会对商品过于苛求，只要其质量与网店描述的基本一致，就会给好评。这样的买家是比较好沟通的。

（2）新手买家。新手买家往往会反复询问，常常在买与不买之间犹豫不决。对于这样的买家，卖家需要耐心讲解，打消其网购的顾虑。如果沟通得当，做到让买家满意，以后他就可能成为网店的忠实客户。

（3）砍价型买家。有些买家对价格非常敏感，不断砍价，并且不达目的决不罢休。这时卖家可采取的沟通策略是，不与买家在价格上做过多的纠缠，而是通过其他方面的让步来达成交易，如包邮、赠送礼物等。如果实在不行，就礼貌地拒绝买家的砍价请求，但要注意千万不要与买家发生争执。

15.3.4 理性应对买家投诉

做生意不可能让所有的人都满意，收到买家投诉是常有的事，网店当然也会遇到。买家的投诉并不可怕，关键是看卖家如何应对。下面就阐述一下理性应对买家投诉的原则。

（1）及时应对，礼貌沟通。当接到买家投诉时，卖家必须在第一时间积极、礼貌地回应。这样做，一可以让买家感受到卖家对自己的重视，二可以表达卖家积极解决问题的诚意，三可以及时防止买家的投诉对网店造成更大的负面影响。

（2）耐心倾听买家的抱怨。在处理投诉的过程中，卖家要耐心地倾听买家的抱怨，不要轻易打断，更不要随意指责，而是鼓励买家倾诉，让他们尽情发泄心中的不满。在买家充分发泄之后，再向买家进行解释和道歉。

（3）为买家着想。卖家应设身处地地替买家考虑，对买家的感受要表示理解，并用适当的语言给予安慰，如"谢谢您告诉我这件事""对于发生这类事件，我感到很遗憾""我完全理解您的心情"等。这样做可以安抚买家的情绪，为进一步解决问题奠定良好的基础。

（4）提出完整的解决方案。买家投诉、抱怨目的多是获得一定的补偿。这种补偿可以是物质上的，如给予经济补偿或是退换货等；也可以是精神上的，如获得卖家的道歉等。如果卖家在解决买家投诉问题时，能同时从物质和精神这两个层面上着手为买家提供完整的解决方案，显然能更有效地解决问题。

练习题

一、单选题

1．下列适合初次创业者选择开店的平台是（　　）。

A．阿里巴巴　　B．慧聪网　　C．淘宝网　　D．京东

2．我国最大的C2C电商平台是（　　）。

A．爱乐活网　　B．淘宝网　　C．易趣网　　D．拍拍网

3．C2C（Consumer to Consumer）是指（　　）的一种电子商务模式。

A．商家对商家　　B．商家对个人　　C．个人对商家　　D．个人对个人

4．光线从被摄物体的后面照射过来，称为（　　）。

A．正光　　B．侧光　　C．逆光　　D．底光

5．下列网站中（　　）是从淘宝网分离出来的。

A．1号店　　B．天猫　　C．库巴网　　D．京东商城

二、多选题

1．相比实体店，网上开店的优势包括（　　）。

A．进入门槛低　　B．经营方式灵活　　C．销售量大

D．资金投入少　　E．无推广费用

2．借助第三方平台开店的优势包括（　　）。

A．拥有独立的经营自主权

B．借助平台的信用提高客户的信任度

C．可以分享平台的巨大流量，节省宣传推广费用

D．技术门槛低、初期投入少

E．能够独享流量

3．为做好退换货服务工作，网店需要注意（　　）。

A．据理力争，坚决不退、不换　　B．事前对退换货条件进行详细的说明

C．承担所有退货运费　　D．息事宁人，一律答应退货

E．积极应对买家的退换货要求

4．下列说法不正确的是（　　）。

A．与开设实体店相比，开网店具有资金投入少、经营方式灵活、受传统因素限制较少等优点，因此能保证卖家只赚不赔

B．淘宝网开店主体必须是具有法人资格的企业

C．天猫是从1号店分立出来的网上B2C商城

D．网上开店要求经营者对计算机和网络知识有一定的了解，同时要具备必要的软件应用技能

E．对于个人创业者或是实力不足的中小企业来说，C2C平台是最佳的开店选择

5．光线的运用直接关系到拍摄的效果。光线的运用技巧主要包括（　　）。

A．顺光　　B．逆光　　C．侧光

D．顶光　　E．反射光

三、名词解释

1．自建网站开店　2．淘宝直播　3．淘宝社区　4．天猫　5．砍价型买家

四、简答及论述题

1．个人网上开店的前期准备工作主要有哪些?

2．使用低价策略，网店需要具备哪些条件?

3．商品标题中应该涵盖哪些内容?

4．试论述网店商品的描述技巧。

5．试论述理性应对买家投诉的原则。

从淘宝到天猫：绽放女装旗舰店

打开绽放女装旗舰店的商品页面，呈现在眼前的是色彩鲜明的亚麻服装，旅拍形式的视觉效果以及文艺范儿十足的文案内容。

创始人三儿之前在某旅游节目工作，而妻子茉莉则在某畅销书作家的公司担任美术总监。夫妇二人一个对旅行有经验，另一个也喜欢旅行并对美有十足的鉴赏力，这都为后来做绽放品牌埋下了种子。

1．属于白领女性的绽放

在博客特别火的那几年，已经是中国女性博客博主的茉莉，经常在自己的个人博客“十分钟年华不老”上发布有关女性成长的文章，分享自己热爱的电影、书籍和服饰。慢慢地，她发现不少粉丝除了喜欢她的文字外还十分中意她分享的服装。于是夫妻俩决定开一家淘宝女装店。

他们给网店取名“绽放”，意为积极向上的能量。基于之前的工作经验，三儿和茉莉对旅行中的人的着装需求比较了解，因此以旅行为切入点。为了更好地贴近自然，提高旅行中穿着的舒适度，夫妻俩采用了以亚麻为主的面料。

原来，绽放针对的市场人群大多以28～38岁的白领女性为主，其中也不乏全职妈妈，她们的共同点是有独立的经济收入和一定层面的文化知识。因此，她们对服饰的第一要求是舒适，其次才讲究格调和美观。

2．花式玩转粉丝经济

早在几年前，运营个人博客“十分钟年华不老”时，茉莉就在网上吸引了一批粉丝。随着绽放网店的开业，这批博客上的粉丝也逐渐被导流到了淘宝网店中，他们成了绽放最原始的一批忠实消费者。

令人惊讶的是，起初绽放是不重视旺旺客服的，但商品质量和品牌文化驱动了消费者的购买意向，

绽放的好评率依然是100%。对茉莉来说，“打理的人太少，询问的人太多”，网店自然而然就走上了自主购物的形式。就在绽放初步形成品牌文化之后，三儿意识到只有在一线接触到消费者，才能提高客户服务的水平。于是夫妻俩又开始建立旺旺客服机制，但同时也发现只依赖旺旺客服来接触消费者是远远不够的。

3. 别具一格的微信运营

新媒体是“玩”出来的，三儿很懂这个道理。他称呼自己的粉丝微信群为“微学院”，并根据粉丝对品牌的认识先后设置教务处、助教等职务。以助教为例，担任这个职务的人除了需要对品牌有足够高的黏性外，还要有互联网思维，能带动群内气氛、维护粉丝关系。而担任不同职务的粉丝带动其他粉丝随时在群里分享品牌商品，才能够更大范围地提高品牌影响力，提高品牌商品销售量。而这样的机制不仅能够极大提高粉丝对品牌的黏性，还能够将品牌理念在潜移默化中植入粉丝的生活。绽放女装旗舰店的社群如图15-5所示。

图15-5　绽放女装旗舰店的社群

4. 带着粉丝去旅行

旅行是两人生活中不可或缺的一部分，也一直是网店分享给消费者的理念。这是他们的特色，也是他们擅长的东西。慢慢地，“旅行”被赋予到商品中，成为一种风格。“这是一个品牌和用户之间情感的连接”，但仅在新媒体上与用户进行远距离的交流是很难维系良好关系的。三儿想出了另一个主意——让绽放的团队带着粉丝去旅行，这样不仅可以拉近与粉丝的距离，还可以围绕品牌强化公司的文化价值。

如今，旅行已经成为越来越多人的重要需求，无论是身体还是心灵，有一件衣服可以承载它，帮助人们更好地释放自我，更轻松地进入状态，这是非常必要的。从这个层面上，绽放认为自己在做的不只是服装，更是一个品牌，一个理解旅行是什么、懂得旅行魅力的服装品牌，让消费者穿上这样的衣服后更加愉快。

5. 未来不只在线上

2018年7月，绽放10周年之际，万千粉丝翘首以盼的绽放生活馆正式开幕了。之所以称之为生活馆，是因为茉莉和三儿想把他们能想到的美好生活的元素都加进去，除了有绽放女装、三茉童装、咖啡区、小剧场、绘画与绽放故事展示墙之外，他们还聚焦了彩色亚麻的各种衍生品。这次和生活馆一同落成的还有绽放家居馆，彩色亚麻床品、桌布、围裙等商品陆续进场，甚至还有各种原木家具。

2018年7月14日下午，绽放在生活馆里准备了一场特别的生日会。三儿和茉莉请了68位全国各地的“绽友”前来见证绽放生活馆的开幕，还请到了他们的好友、著名作家饶雪漫以及另外几位非常优秀的女性朋友做分享。下午两点活动才正式开始，但有“绽友”早早地就来到了大厅里，为此，绽放特地准备了拍照墙和道具，供绽友在等待时间里拍照留念。

也有许多没有抢到入场券的“绽友”，她们自发地来，就是为了看看第一家绽放生活馆的样子，看看从来没有见过但仿佛是老朋友的三儿和茉莉。

从单纯的文艺青年到开淘宝店再到公司化，三儿和茉莉一路走来，情怀还在，初心依旧。在他们看来，绽放是某个瞬间的静态，也是个动态的漫长过程。奔走红尘，家要成，钱要挣，但别忘了什么才是自己最想要的人生。

他们始终相信每位女性都是一朵特别的花，可能是热烈的玫瑰，也可能是纯净的水仙。但无论是哪种花，绽放都该是她最好的姿态。让“绽放”的生活方式成为每位女性不断实现自我成长的养分，只有当内在的核足够充盈，开出的花朵才会无比娇艳而充满力量。

资料来源：根据绽放女装旗舰店品牌故事及其他网络文献汇编。

思考讨论题

从夫妻店到原创品牌，绽放比其他同类型网店更早入局线上女性亚麻服饰市场并获得了巨大的成功。但随着当下文艺女装店的普及，请你谈谈这样的粉丝运营方式是不是长久之计？今后还需做哪些改变？

参考文献

[1] 宋沛军. 网络营销理论与实务[M]. 西安：西安电子科技大学出版社，2010.

[2] 李东进，秦勇，朴世桓等. 网络营销[M]. 北京：中国发展出版社，2015.

[3] 惠亚爱，乔晓娟，谢蓉. 网络营销：推广与策划[M]. 北京：人民邮电出版社，2019.

[4] 黄建莲. 网络营销[M]. 北京：机械工业出版社，2012.

[5] 刘海燕，陆亚文. 移动营销[M]. 北京：人民邮电出版社，2018.

[6] 劳帼龄. 网络营销[M]. 北京：化学工业出版社，2012.

[7] 时启亮，王莹. 网络营销调研技术[M]. 北京：中国人民大学出版社，2006.

[8] 李东进，秦勇. 广告学：理论、方法与实务（微课版）[M]. 北京：人民邮电出版社，2019.

[9] 朱迪·斯特劳斯，雷蒙德·弗罗斯特. 网络营销[M]. 5版. 时启亮，孙相云，刘芯愈，译. 北京：中国人民大学出版社，2010.

[10] 冯晖. 网络广告实务[M]. 2版. 北京：中国水利水电出版社，2015.

[11] 陈卫峰. 软文营销：那些让人拍案叫绝的创意文案[M]. 北京：电子工业出版社，2016.

[12] 冯英健. 网络营销基础与实践[M]. 4版. 北京：清华大学出版社，2013.

[13] 胡小英. 企业软文营销[M]. 北京：中国华侨出版社，2015.

[14] 阿里学院. 网络整合营销[M]. 北京：电子工业出版社，2013.

[15] 金文姬，秦勇. 市场营销学[M]. 北京：人民邮电出版社，2017.

[16] 姜旭平. 网络营销[M]. 北京：中国人民大学出版社，2012.

[17] 郑昊，米鹿. 短视频：策划、制作与运营[M]. 北京：人民邮电出版社，2019.

[18] 车云月. 搜索引擎营销实战技术[M]. 北京：清华大学出版社，2018.

[19] 王楗楠，王洪波. SEO网站营销推广全程实例[M]. 北京：清华大学出版社，2013.

[20] 刘东明. 微博营销：微时代营销大革命[M]. 北京：清华大学出版社，2012.

[21] 王建平，梁文. 软文写作与营销实战手册：软文写作技巧+文案创意+即刻引爆传播[M]. 北京：人民邮电出版社，2017.

[22] 孙锐，周宁. 网络营销——网商成功之道[M]. 北京：电子工业出版社，2011.

[23] 李东进，秦勇. 电子商务实务教程[M]. 北京：中国发展出版社，2013.

[24] 许耿，李源彬. 网络营销：从入门到精通（微课版）[M]. 北京：人民邮电出版社，2019.

[25] 王咏莲，孙菲. 网络营销[M]. 北京：北京理工大学出版社，2010.

[26] 陈德人. 网络营销与策划：理论、案例与实训（微课版）[M]. 北京：人民邮电出版社，2019.

[27] 韦康博. 新媒体运营与营销秘笈[M]. 广州：世界图书出版公司，2016.

[28] 周虹. 电子支付与网络银行[M]. 北京：中国人民大学出版社，2006.

[29] 陈志浩，刘新燕. 网络营销[M]. 武汉：华中科技大学出版社，2010.

[30] 徐茂权. 网络营销决胜武器：软文营销实战方法·案例·问题[M]. 2版. 北京：电子工业出版社，2015.

[31] 杨纪梅等. 网络营销操作手法全揭秘[M]. 北京：化学工业出版社，2011.

[32] 王宜. 赢在网络营销[M]. 北京：人民邮电出版社，2011.

[33] 刘兴发. 决胜网络营销[M]. 北京：人民邮电出版社，2010.

[34] 周贺来. 网络营销实用教程[M]. 北京：机械工业出版社，2010.

[35] 严刚. 字里行间的商业秘密——软文营销[M]. 北京：清华大学出版社，2012.

[36] 徐艟. 淘宝网络营销[M]. 合肥：中国科学技术大学出版社，2013.

[37] 宋晓兵，董大海. 网络营销[M]. 北京：对外经济贸易大学出版社，2011.

[38] 刘全胜. 网络营销与成功案例[M]. 北京：金盾出版社，2011.

[39] 陶红亮. “互联网+”网络营销推广实战宝典[M]. 北京：中国华侨出版社，2016.

[40] 胡玉萍. 网络成名致富之道：博客推广与精准营销[M]. 北京：机械工业出版社，2010.

[41] 贾森・米列茨基. 网络营销实务：工具与方法[M]. 李东贤，李子南，漆敏等，译. 北京：中国人民大学出版社，2011.

[42] 海天理财. 一本书读懂 O2O 营销[M]. 北京：清华大学出版社，2015.

[43] 张波. O2O 移动互联网时代的商业革命[M]. 北京：机械工业出版社，2013.

[44] 谭贤. O2O 营销实战宝典[M]. 北京：人民邮电出版社，2015.

[45] 黎友隆. 网络营销[M]. 北京：中国言实出版社，2012.

[46] 王艺. 微信小程序：设计发布+营销运营+成交转化+应用案例[M]. 北京：清华大学出版社，2018.

[47] 海天电商金融研究中心. 大数据分析与营销完全攻略（案例实战版）[M]. 北京：清华大学出版社，2016.

[48] 夏雪峰. 微信营销应该这样做[M]. 北京：机械工业出版社，2014.

[49] 曾杰. 一本书读懂大数据营销[M]. 北京：中国华侨出版社，2016.

[50] 韩布伟. 大数据营销[M]. 北京：化学工业出版社，2016.

[51] 黑马程序员. 搜索引擎营销推广（SEO 优化+SEM 竞价）[M]. 北京：人民邮电出版社，2018.

[52] 魏艳. 短视频直播：营销与运营[M]. 北京：人民邮电出版社，2019.

[53] 甄妮. 电商企业大数据营销的应用研究——以阿里巴巴为案例分析[D]. 广东外语外贸大学，2015.

[54] 张薇，马卫. 基于 SIR 模型的社交媒体病毒营销传播机理研究[J]. 江西社会科学，2016（1）：222-228.

[55] 肖黎. 消费者网上购物心理分析及企业网络营销对策研究[J]. 商业研究，2007（5）：151-153.

[56] 石宏. 如何利用百度站长工具做 SEO 关键词排名[J]. 计算机与网络，2018，44（7）：47-47.

[57] 康福. 利用内容营销提升长尾词 SEO 优化策略[J]. 计算机与网络，2018，v. 44；No. 577（9）：50.

[58] 任杰. 消费者在线购买参照点形成机制分析[J]. 商业研究，2017（2）：26-32.

[59] STEWART D W，Zhao Q. Internet Marketing，Business Models，and Public Policy[J]. Journal of Public Policy & Marketing，2013，19（2）：287-296.

[60] FRANK HüBNER. Online-Marketing：Social Media Marketing[J]. MITP-Verlag，2015，volume

84（5）：241-272.

［61］CHAFFEY，DAVE. Internet Marketing：Strategy，Implementation and Practice（3rd Edition）［J］. International Journal of Information Management the Journal for Information Professionals，2009，24（1）：108-110.

［62］LOOY V，AMY. Search Engine Optimization［M］. Springer International Publishing，2016.